高等学校会计学系列教材

会计制度设计（第二版）

Design of Accounting System

周亚荣 编著

武汉大学出版社

图书在版编目(CIP)数据

会计制度设计/周亚荣编著.—2 版.—武汉:武汉大学出版社,2016.7
高等学校会计学系列教材
 ISBN 978-7-307-17747-5

Ⅰ.会… Ⅱ.周… Ⅲ.会计制度—设计—高等学校—教材 Ⅳ.F233

中国版本图书馆 CIP 数据核字(2016)第 073499 号

责任编辑:陈 红　　责任校对:汪欣怡　　版式设计:马 佳

出版发行：**武汉大学出版社** （430072　武昌　珞珈山）
　　　　　（电子邮件:cbs22@whu.edu.cn　网址:www.wdp.com.cn）
印刷：武汉宏达盛印务有限公司
开本:787×1092　1/16　印张:19.75　字数:462 千字　插页:1
版次:2010 年 11 月第 1 版　　2016 年 7 月第 2 版
　　2016 年 7 月第 2 版第 1 次印刷
ISBN 978-7-307-17747-5　　定价:35.00 元

版权所有,不得翻印;凡购我社的图书,如有质量问题,请与当地图书销售部门联系调换。

高等学校会计学系列教材编委会

主　任　王永海

副主任　唐建新　余玉苗　谢获宝

编　委（以姓氏笔画为序）

王永海　卢雁影　冉秋红　刘启亮

刘颖斐　李青原　余玉苗　余国杰

余明桂　郑春美　唐建新　谢获宝

欧阳电平　潘红波

总　序

会计是人类文明思想的结晶。中世纪的商品交换孕育了复式簿记，迄今已有五百多年的历史。在这五百多年的历史中，人们的生活观念和生活方式发生了重大转变，社会经济制度发生了重大变革，人类认识世界、改造世界的技术和工具都有了重大进步，人类对于自身和自然环境的认识也发生了深刻的变化，而复式簿记所反映的会计基本思想一直没有改变，这是人类文明思想史上的一大奇迹。财富积累是人类文明的基础，也是人类文明发展的基本动力，从这个意义上说，一部人类文明发展史就是一部财富积累的历史。人类获取财富的方式可能会随着社会经济制度、技术进步和人口资源环境因素的变化而变化，但是，人类追求公平占有财富和保护财产权益的信念始终是不会改变的，这也许就是复式簿记思想不会改变的根本原因。

改革开放三十多年来，我国会计体系从满足计划经济的需要向满足社会主义市场经济的需要转变，中国会计正在经历一场深刻的变革，出现了前所未有的繁荣景象。在中国会计改革的宏伟画卷中，企业会计准则和会计制度改革无疑是最光彩夺目的篇章。1993年7月1日开始实施的《企业会计准则》标志着我国会计核算模式为适应社会主义市场经济的需要发生了根本性的变革，会计核算不再按照所有制、行业和部门区分，而是采用国际通行的借贷记账法、会计要素分类、会计等式和会计报表体系，实行国际惯例中的谨慎性原则、制造成本法、资本保全原则等。《企业会计准则》的颁布实施开始了我国会计工作的新篇章。2007年1月1日开始实施的三十九项企业会计准则和四十八项注册会计师审计准则，标志着适应我国市场经济需要、与国际惯例趋同的企业会计准则体系和注册会计师审计准则体系正式建立。两大准则体系立足国情，借鉴国际惯例，内容体系完整，既充分考虑了我国经济发展进程和会计实务发展的需要，又保证了我国会计准则与国际财务报告准则在理念、原则、方法等方面的一致性。两大准则体系的颁布实施有利于保护投资者的利益，维护我国市场经济制度；有利于提高社会经济资源的配置效率，进一步满足会计决策有用性的需求；有利于我国会计国际互动趋同，使我国会计真正成为国际上可以理解的"商业语言"。

会计改革与发展需要科学的会计理论做指导，同时也为会计理论创新提供了无穷无尽的源泉。我们正处在这样一个会计变革的伟大时代，会计理论既应该反映我们这个时代会计变革的基本特征，又应当成为指导会计变革的基本依据，这应该是现阶段会计理论创新的时代精神。正是在这种时代精神的激励下，我国会计理论创新百花齐放，显示出一派欣欣向荣的景象。

教材是知识的载体和传播媒介，高等学校会计和财务管理本科专业教材自然要反映出我国会计理论创新的最新成果，反映出我国会计理论创新的时代精神。2002年，我们组织编写了《武汉大学会计学系列教材》和《武汉大学财务管理系列教材》，这两套系列教材在我校会计和财务管理本科专业教学中发挥了重要作用，获得了较好的使用效果。随着新会计准则体系和注册会计师审计准则体系的颁布实施，特别是近年来我国会计理论研究成果丰硕，我们感到有必要修订这两套系列教材，以反映我国会计理论创新的最新成果，这是我们组织修订我校会计和财务管理专业本科系列教材的初衷。

《武汉大学会计学系列教材》和《武汉大学财务管理系列教材》集中反映了我校会计学科在教学科研上的研究成果。这两套系列教材在内容上力求反映出新会计准则和审计准则体系的基本理念、原则、方法等，力求反映出我国会计理论创新的最新成果；在编写方式上继续保持原有的体例安排，沿用国际上通行的教材体例，每章包括学习目标、本章小节、关键名词释义，并附有大量的思考题和练习题，以方便教师组织教学和学生学习。

我们在编写过程中力求使教材在内容上更加全面、完善，在体例安排上力求更加合理，但由于水平和时间的限制，修订以后的教材在内容体系、结构安排和体例上仍然可能有不完善的地方，缺点和错误亦在所难免，衷心地期待专家学者和广大读者提出宝贵的批评意见！

武汉大学会计系列教材编委会
2010 年 6 月于武昌珞珈山

第二版前言

本书出版以来，主要在大学会计专业本科学生中使用。被多所学校选为教材，被多家单位选为培训教材，受到广大师生和读者的欢迎。

在教学过程中，我们发现该书第一版中个别地方尚有文字疏漏或表述问题，这些问题急需纠正，以免影响教学和阅读效果。另外，该书第一版出版后，国内外会计环境发生了巨大变化，例如随着金融危机的爆发以及国际环境的变化，国际会计组织对其会计准则进行了部分修订与完善。为保持我国企业会计准则与国际财务报告准则的持续趋同，财政部根据我国国内企业和资本市场发展的实际需要，在借鉴国际财务报告准则的基础上，于2014年年初陆续发布了《合并财务报表（修订版）》、《财务报表列报（修订版）》、《职工薪酬（修订版）》、《长期股权投资（修订版）》、《合营安排》、《在其他主体中权益的披露》、《公允价值计量》等七项准则。又如，2010年4月，继财政部等五部委联合发布《企业内部控制基本规范》后，财政部会同证监会、审计署、银监会、保监会又制定颁布了《企业内部控制应用指引第1号——组织架构》等18项应用指引、《企业内部控制评价指引》和《企业内部控制审计指引》。这些内容都需要调整和更新。

鉴于此，我们重新编写了《会计制度设计》的书稿。主要修改和调整内容如下：

第一，根据2014年会计准则和企业内部控制应用指引，对相关章节的内容做了调整和改写。

第二，根据我们收集的最新资料，对部分章节的案例和作业做了调整、更新和添加。

《会计制度设计》第二版全书共设15章，编写人员和具体分工如下：周亚荣撰写第一章至第六章以及第十一章；聂汶力撰写第七章、第十二章；周颖撰写第八章；吴壮倩撰写第九、十章；程晓彤撰写第十三章、第十四章；尹欣撰写第十五章。全书由周亚荣进行总纂。在修改书稿过程中，我们参考、借鉴了国内外同行的研究成果和文献资料以及相关教材，在此向有关专家和学者表示诚挚谢意。尽管我们尽心尽力进行修订，但是，书中难免还有不足和问题，敬请读者批评指正。

周亚荣
2016年4月

前　言

　　会计制度设计是会计学科体系中的一个分支。在西方国家，它早已是会计专业学生必修的一门专业主干课程。我国 20 世纪 80 年代初期，一部分财经院校就将会计制度设计列为会计专业的必修课。多年来，设置该课程的作用日益被会计界人士所认识。随着 2006 年新《企业会计准则》在上市公司的实施及 2008 年《企业内部控制制度基本规范》的出台，我国会计准则的国际趋同化和企业内部控制制度规范体系的建设取得了重大突破。与此同时，我国会计实务界却面临着会计规范由具体的会计制度"指导型"向会计准则"指引型"的挑战，这使得设计会计制度不仅是国家财政部门的一项重要工作，也是中介机构会计师事务所的一项重要会计咨询服务业务。另外，我国现在虽然有会计准则、企业会计制度，但是国家的规定只是对诸如会计科目、会计报表、业务核算原则、核算方法作出的原则性或示范性规定。每个企业、单位还需要结合各自实际情况"量体裁衣"，设计各具特色的会计制度。所以作为高级会计人员，掌握会计制度设计的基本原理和基本方法，也就显得更加重要。

　　本教材的特色主要体现在两个方面：一是将 2006 年《企业会计准则》和 2008 年《企业内部控制制度基本规范》等最新知识体系全面、系统、科学地融入全书之中。考虑到内部控制对会计制度设计的重要性，本教材增加了对会计控制系统设计的篇幅，不仅有内部控制系统设计原理，还包括主要资产、重要业务的内部控制设计。二是针对本学科实践、操作性强的特点，本教材在主要章节都包含有非常具体详细的实务案例，介绍了如何进行企业、单位会计制度设计，同时在每章后用一些案例分析和习题强化学生对这些实务知识的掌握。除了文字方面注重清楚明确以外，本教材还提供了大量的图形和表格，这已大大增加了教材的说明和解释能力。

　　本教材共设 15 章，大体分四个部分，第一部分是关于会计制度及会计制度设计的介绍，包括一些基本概念、会计制度设计的产生和发展过程以及我国最新的会计规范体系。第二部分是会计组织系统设计，包括会计机构的设置、会计人员的配备以及两者的协调关系。第三部分是会计信息系统设计，包括确定原始凭证、记账凭证、会计账簿、会计报表的种类与格式以及它们之间的有机结合模式，会计科目和账务处理程序设计。第四部分是会计控制系统设计，包括货币资金控制、实物资产（分存货和固定资产）控制、销售与收款控制、采购与付款控制、成本费用控制、对外投资控制等。编写人员和具体分工如下：周亚荣撰写第一章至第六章以及第十一章，陈晶撰写第七章，罗子昱撰写第八章，王梦媛撰写第九章、第十章，张亚男撰写第十二章、第十三章，尹欣撰写第十四章，王玉敏撰写第十五章。王梦媛和陈晶对各章进行了统稿，全书由周亚荣进行总纂。

　　本教材既可作为高等院校会计学专业会计制度设计课程教材使用，也可作为会计师事务所及其他会计实务工作者设计具体单位会计制度的参考用书。

本教材在编写过程中得到了武汉大学经济与管理学院会计系领导的鼓励和支持，得到了武汉大学出版社范绪泉等编辑的支持和帮助，借此机会表示衷心的感谢。

本教材在编写过程中参考、借鉴了新准则讲座资料、最新科研成果以及相关教材，在此向有关专家和学者表示诚挚谢意。

由于编者水平有限，书中难免有不足和错误之处，恳请读者批评指正。

编　者

2010 年 10 月

目 录

第一章　会计制度设计概论 ·· 1
　　第一节　会计制度与会计制度设计 ··· 1
　　第二节　会计制度设计的产生和发展概述 ··· 4
　　第三节　会计制度设计的任务和原则 ·· 11
　　第四节　会计制度设计的程序 ·· 14

第二章　会计制度的总体设计 ·· 19
　　第一节　总体设计及其作用 ··· 19
　　第二节　调查研究 ·· 20
　　第三节　调查提纲和资料整理 ·· 25
　　第四节　会计制度总则设计 ··· 27

第三章　会计组织系统设计 ·· 31
　　第一节　会计机构的设置 ·· 31
　　第二节　会计岗位设计与会计人员配备 ··· 36
　　第三节　会计档案管理制度及会计人员交接制度设计 ··························· 44

第四章　会计科目和账务处理程序设计 ··· 52
　　第一节　会计科目的设计原理 ·· 52
　　第二节　会计科目的设计方法 ·· 57
　　第三节　账务处理程序的设计 ·· 65

第五章　会计核算系统设计 ·· 77
　　第一节　会计凭证设计 ··· 77
　　第二节　会计账簿设计 ··· 95
　　第三节　财务会计报告设计 ··· 107

第六章　内部控制系统设计原理 ··· 124
　　第一节　内部控制概述 ··· 124
　　第二节　内部控制系统设计的意义和原则 ·· 128
　　第三节　内部控制系统设计的内容 ··· 131

第七章 资金营运管理会计制度设计 …… 144
第一节 资金营运活动内部控制概述 …… 144
第二节 资金营运业务处理程序的制度设计 …… 145
第三节 资金营运活动内部控制的要点与措施 …… 149

第八章 实物资产管理会计制度设计 …… 160
第一节 实物资产管理会计制度设计概述 …… 160
第二节 实物资产内部控制的要点 …… 162
第三节 实物资产内部控制的内容与措施 …… 165

第九章 采购业务管理会计制度设计 …… 185
第一节 采购业务内部控制概述 …… 185
第二节 采购业务处理程序的设计及主要风险 …… 188
第三节 采购业务控制措施 …… 197

第十章 销售业务管理会计制度设计 …… 206
第一节 销售业务内部控制概述 …… 206
第二节 销售业务处理程序的设计及主要风险 …… 211
第三节 销售业务控制措施 …… 218

第十一章 成本核算与管理会计制度设计 …… 230
第一节 成本核算与管理会计制度设计概述 …… 230
第二节 成本核算制度设计 …… 232
第三节 成本费用的内部控制设计 …… 239

第十二章 筹资与投资内部控制制度设计 …… 246
第一节 筹资与投资的内部控制要求与内容 …… 246
第二节 筹资与投资的主要风险及控制措施 …… 251
第三节 筹资与投资活动处理程序的设计 …… 255

第十三章 工程项目内部控制制度设计 …… 264
第一节 工程项目内部控制概述 …… 264
第二节 工程项目的内部控制制度设计 …… 265
第三节 工程项目的内部控制要点和措施 …… 267

第十四章 担保内部控制制度设计 …… 275
第一节 担保业务内部控制概述 …… 275
第二节 担保的内部控制流程 …… 276

第三节　担保的内部控制方法 …………………………………………… 279

第十五章　会计信息化系统制度设计 ……………………………………… 285
　　第一节　会计信息化系统概述 …………………………………………… 285
　　第二节　会计信息化系统内部控制制度设计 …………………………… 289

参考文献 …………………………………………………………………………… 302

第一章 会计制度设计概论

◎ 学习目标：
1. 了解会计制度设计的含义及作用。
2. 掌握会计制度设计的基本内容。
3. 了解与领会我国现行的会计制度体系。
4. 了解会计制度设计的基本原则。
5. 掌握会计制度设计的基本程序。

第一节 会计制度与会计制度设计

一、会计与会计制度

会计是经济管理的重要组成部分，它主要以货币为计量尺度，对再生产过程中的经济活动进行反映和控制。在反映和控制时，不仅要运用专门的方法，而且要遵循一定的规范。俗话说："没有规矩，不成方圆。"同样，没有规范，会计处理就会陷入混乱。即使是会计的萌芽"结绳记事"，也要在事前确定一个规矩作为依据。正如《周易正义》引郑玄注称："事大，大结其绳；事小，小结其绳。"这种规定，就是当时处理会计业务的规定。如果没有这种规矩，随心所欲地变换结绳大小所指的事物，时间长了会造成混乱，就会失去"结绳记事"的作用。这样的规矩就是原始的会计制度。

会计制度是进行会计工作的规范和准则，是会计工作的规则、方法和程序的总称，是经济管理制度的重要组成部分。会计制度有广义和狭义之分。广义的会计制度包括会计法律（如《会计法》）和法律以外的各项会计法规、公认会计准则和基层单位会计规章制度。狭义的会计制度一般只包括公认会计准则和基层单位会计规章制度。在许多国家，其《公司法》、《证券交易法》、《商法》和《税法》中都规定了与会计处理相关的某些条文，这些条文对会计工作也起到规范作用，从广义看也属于会计制度。在我国，长期以来《企业会计制度》一直是重要的会计制度，但随着财政部 2006 年企业会计准则体系的颁布，《企业会计制度》的重要性正在降低。现行主要的会计制度从狭义看就是会计准则（包括基本准则和具体准则）和基层单位自己根据会计准则制订的会计规章制度两部分。

二、会计制度设计的含义及作用

（一）会计制度设计的含义及内容

会计制度设计是指对会计的规范和准则所涉及的会计组织系统、会计信息系统、会计控制系统及其他涉及会计工作的有关方面进行设计。既然会计制度设计是为进行会计工作制订出准则和规范，就必须针对现实的或即将发生的会计工作中存在的问题，提出解决的原则或方法，并以制度的形式固定下来，作为日常会计工作的依据。所以，会计制度设计作为一种实践活动，其具体对象是会计工作过程。会计工作过程就是运用会计方法对经济活动进行反映和控制，提供会计信息的过程。由此，会计制度设计应当包括如下内容：

1. 会计组织系统设计

会计工作是由会计机构和会计人员来完成的，它们构成会计组织系统。会计组织系统设计包括会计机构的设置、会计人员的配备以及两者的协调关系。在设置会计机构时，要明确其职责范围、管理权限以及具体承担的工作任务。配备会计人员时要明确不同岗位的会计人员任职资格、会计人员的分工及轮岗制度等。

2. 会计信息系统设计

会计是一个以提供财务信息为主的信息系统。会计信息系统设计就是规划提供财务信息的诸多方面。一是会计信息载体的设计，主要是确定原始凭证、记账凭证、会计账簿、会计报表的种类与格式以及它们之间的有机结合模式。二是会计信息处理程序的设计，主要是设计会计信息收集、加工整理、输出的程序，也就是会计核算组织程序。从原始凭证到记账凭证，再到会计账簿，最后到会计报表，需要经过一系列的处理程序，不同的处理程序其效率与效果不同，需要根据企业的具体情况选择适用的程序。三是设计反映会计信息的具体项目，主要是设计科学合理的会计科目。会计科目设计是会计制度设计的重要内容，每一个会计科目反映具有特定内容的会计信息，提供一项会计指标，会计科目体系就形成一个完整的会计指标体系。

3. 会计控制系统设计

会计控制是按照既定的会计目标，对会计行为和企业经济活动所进行的制约。会计控制是企业为了提高会计信息质量，保护资产的安全完整，确保有关法律法规和规章制度的贯彻执行等而制订和实施的一系列控制方法、措施和程序。从会计的角度加强内部控制，其主要内容包括货币资金控制、实物资产（分存货和固定资产）控制、销售与收款控制、采购与付款控制、成本费用控制、对外投资控制等。

（二）会计制度设计的作用

认真设计并严格贯彻执行会计制度，对规范会计行为，保证会计信息的客观、真实，具有重大意义。会计制度设计的作用可概括为以下3个方面：

1. 具体落实国家的财经政策和法规制度

认真设计企业会计制度，可以把政府相关部门制订的各项财经政策、法规制度真正在企业中落到实处。国家统一制定的法律、规章着重解决企业会计工作中带有普遍性的问题。企业是国民经济的细胞，每一个企业在经营内容、经营规模、人员构成、企业文化等方面的具体情况千差万别。为了保证国家统一制定的法律、规章真正在每一个企业得到贯彻落实，企业必须针对自身具体情况，以国家的财经政策和法规制度为依据，设计适用于本企业的会计制度。

2. 保证会计信息及时、准确地产生，保证会计工作有条不紊地进行

完善的会计制度是经过周密规划后拟订的，它们是会计人员处理会计业务的指南和

"操作手册"。有了这个指南和操作手册，会计人员在业务处理手续、核算方法、操作程序以及工作职责等方面按其执行，使会计工作忙而不乱，井然有序，而不致无章可循，责任不清。同时，严密的会计制度为防止差错和各种舞弊行为的发生创造了良好的基础。显然根据这种会计制度产生的会计信息也应该是及时、全面和准确的。可见会计制度设计不仅是进行会计工作的前提，也是及时有效地提供会计信息的前提。

3. 加强企业内部管理，有效维护市场经济秩序

从企业内部看，会计制度的设计与制订是企业进行会计核算，实施会计监督，整顿会计工作秩序的一项制度保证。通过会计制度的约束，可以纠正一些单位会计工作混乱、管理松懈的现象，杜绝不设账、造假账等违法行为。另外，从社会生活看，在市场经济条件下，会计信息已成为一种重要的社会资源，为社会公众所关注。例如随着证券市场的发展，证券投资者不断增多，企业的股东和成千上万的中小投资者，都迫切需要了解上市公司财务会计方面的真实信息，以进行风险判断，作出投资决策。科学、合法合理的会计制度能使上市公司提供真实、可靠、完整的会计信息，从而维护市场经济秩序、维护广大股民的利益。

三、我国现行会计制度体系

从广义看，我国现行的会计制度可以分为三个层次：

第一层次的会计制度体现为国家颁布的一系列法律。如《会计法》、《注册会计师法》、《审计法》、《公司法》、《证券法》等。其中，《会计法》是直接规范会计业务和会计行为的最高法律规范，是会计工作的根本大法；其他法律则从不同的角度部分或间接地对会计工作作出规定，各个单位及其会计人员在从事会计工作时也应遵循这些规范。我国的《会计法》于1985年1月12日经全国人大审议通过，1993年12月29日全国人大通过《关于修改〈中华人民共和国会计法〉的决定》，1999年10月31日全国人大又审议通过了再次修订后的《会计法》，现行的《会计法》即为1999年修订，2000年7月1日开始实施的新《会计法》。《会计法》对会计工作的规定是完整的、总括性的，作为规范会计工作的根本大法不可能对具体的会计核算、会计行为作出规定，为了搞好会计核算，加强会计监督，还需要具体的会计制度。

第二层次的会计制度是一些与会计工作有关的法律和规章。比较重要的有《企业会计准则》、《独立审计准则》和适用于上市公司的《公开发行股票公司信息披露的内容与格式准则》。就会计核算和会计报表的编报而言，《企业会计准则》始终是极其重要的会计制度。我国于1992年由财政部制定和颁布了首个《企业会计准则——基本准则》，并于1993年开始实施。1997年至2004年，为规范企业会计实务，财政部还陆续颁布和修订了16个具体会计准则。尽管这些会计准则的颁布和实施极大地提高了我国的会计发展水平，推动了经济进步，但是由于这些会计准则是陆续制定的，内容上不完整，并且与国际会计准则和国际财务报告准则之间存在差异，这在一定程度上阻碍了国际经济交流，影响了经济发展的速度。为此，我国财政部组织国内外专家加紧会计准则的修订和制定，于2006年颁布了新修订和制定的《企业会计准则——基本准则》以及38项具体会计准则，新会计准则体系的颁布基本实现了我国会计准则与国际会计准则和国际财务报告准则

的趋同。

值得说明的是目前我国第二层次的会计制度还包括：企业会计制度和政府与非营利组织会计制度。其中《企业会计制度》于2001年1月1日实施，《金融（保险）企业会计制度》于2002年实施，《小企业会计制度》于2005年1月1日实施。目前仍有少数非上市的中小企业在执行上述制度。政府及非营利组织会计制度包括1998年开始实施的《财政总预算会计制度》、2013年的《行政单位会计制度》、《事业单位会计制度》和2005年开始执行的《民间非营利组织会计制度》。随着新会计准则的执行，具体会计准则的完善，企业会计制度的重要性在降低。

第三层次的会计制度是在国家会计法律和法规、会计准则和规则以及信息披露准则等指导下，由企业根据自身的经营管理需要而制订的适用于本企业内部财务与会计管理的工作规范和管理制度。这些规范和制度在不同企业之间具有较大的差异，但是它们在保证会计工作质量方面的作用是相同的。

本教材着重讲述第二、三层次，即狭义的会计制度设计的基本原理和基本方法。

第二节 会计制度设计的产生和发展概述

会计制度设计是会计实践发展到一定时期的产物。总体来看，会计制度设计的进步促使会计核算方法的进步，会计核算方法的进步又进一步促使会计理论的不断成熟。可以说，会计制度设计的进步成为先进的会计核算方法的催化剂。

一、会计制度设计的初级阶段——账簿体系和结算方法的初步建立

会计制度设计是从账簿设计开始的。在会计工作还处在简单计量行为的原始社会时期，人类社会生产力水平极低，人们所需的生产资料极为有限，剩余产品屈指可数，当时的计量行为还处于树上刻记、结绳记事和书契等简陋状态上，继书契之后的账簿也是一种很简单的"流水账"，它是记录经济业务的唯一方式和方法。所以这时无所谓会计制度设计。

到了奴隶社会，由于生产力的发展，会计也有了一些发展和进步。例如我国西周王朝，在账簿设置方面，把以前叙述式的单一流水账逐步发展为"三账"，即草流、细账和总清三种账簿，并有了一定的格式。草流即以前的流水账，细账即明细账，总清即总账。对会计账簿的这一划分是会计记录的重要进步，说明人们对经济管理的要求更高了，用一本流水账来记录各种经济事项已不适应经济管理的需要。在会计报告方面，有了"日成"、"月要"、"岁会"之类的文字性会计报告，它们分别相当于现在所说的旬报、月报和年报，这是会计制度设计在报表方面的成就。在会计工作组织方面，朝廷中设置了专管钱粮赋税的机构和官员。可见，账簿的设置、会计机构的出现是会计制度设计的开端，但是，这时的设计水平无论从形式还是从内容上都处于极为低级的阶段。

进入封建社会，经济有了进一步发展，经济业务日益增多，出于对地租收付的管理，在记账方法方面，我国西汉时期已广泛采用"出入"、"收付"等行为动词作为记账符号，用"收入－付出＝结存"这一平衡公式来计算货币资金和财产物资的增减结余情况。记账符号的出现和平衡公式的运用，促进了账簿格式的改进，当时的账簿已使用上收下付式。

我国唐、宋时期的"四柱清册"，明、清时期的"龙门账"都是会计制度设计方面的成果，使财产物资的结算方法和盈亏计算方法向前迈进了一大步，在记账原理方面也初步运用了复式记账理论。然而这些方法总体来看仍然是对单式记账法的改进，而作为会计核算制度两大支柱的会计科目和会计报表的设计还缺乏完整性、系统性、严密性和科学性。在漫长的奴隶社会和封建社会里，由于生产力水平的限制，会计的发展是缓慢的，会计制度设计的发展也同样是缓慢的。这一阶段的主要特点是：第一，以账簿设计为主；第二，以结算方法为重点；第三，讲究会计核算的适用性。

二、会计制度设计的中级阶段——会计循环模式的建立与完善

会计制度设计的中级阶段以复式记账法的建立为标志，以资产负债表和利润表的设计和运用、产品成本计算方法的完善为主要特征。

意大利数学家卢卡·帕乔利总结的民间流传的记账方法成为借贷复式记账法，使记账方法的设计有了突破性进展。同时，会计账户由人名账户逐步扩展到非人名账户，这些"人名"和"非人名"账户后来演变成现代会计中的会计科目。这时的账簿组织已演变成比较完整的体系，包括原始记录簿、日记簿和分类账。从记账程序看也有了一定的规范，即首先在原始记录簿中记载经济业务的内容，然后据以记入日记簿（即确定每笔业务的会计分录），再根据日记簿登记分类账。但这种账簿组织体系还存在明显的缺点：第一，没有规范化的凭证而用原始记录簿来代替，其业务内容的真实性和可信性将受到一定影响；第二，分类账中尚未分离出现金收付日记簿，不便于清楚地反映现金的增减情况。随着企业规模的扩大，经济交易事项的增加，购销业务剧增，现金收付活动随之增加，这使账簿设计又有较大的进步：现金日记簿从分类账中分离出来成为序时账簿；出现了反映购销业务的购货日记簿、销货日记簿。至此，由现金日记簿、购货日记簿、销货日记簿和普通日记账构成了完整的账簿体系。

至产业革命后，上述账簿体系进一步发展，会计制度设计取得了巨大成果，即建立了会计循环模式——经济业务发生后，首先取得和填制凭证，再根据凭证（分录簿）过入各种分类账，然后编制会计报表。如此反复循环进行，称为会计循环。会计循环模式的设计和完善使会计核算趋向规范化、标准化和科学化。英国第一部《公司法》规定资产负债表是公司对外的必报报表，应公布公司的资产、负债和所有者权益的情况；到19世纪末20世纪初，企业盈利情况不仅是经营者关心的问题，同时逐步引起投资人和潜在投资人的关注，于是损益表正式成为企业的第二张重要报表。至此会计循环模式以资产负债表和损益表的设计和完善而告完成。与此同时，为科学地计算损益，要求正确计算成本。成本核算规程的设计由简单法（品种法）逐步发展成为包括简单法、分批法、分步法、分类法等方法的一系列方法。规定各种成本计算方法的程序、费用归集和分配方法、设计成本计算单的格式和内容，是成本核算规程的重要内容，也使会计制度设计进入较高级的阶段。成本会计制度的诞生和发展，更加充实和完善了会计循环模式。

三、会计制度设计的高级阶段——设计工作由满足事后核算向满足内部管理需要发展

20世纪40年代后，西方发达国家出现了以着重加强企业内部经营管理、提高经济效

果和效率为目的的管理会计，它可以不以会计凭证为依据，根据以往会计资料和对市场的预测资料以及经营管理者的经营目标，要求会计人员设计出灵活多样的内部报表作为成本控制或效益预测的主要工具。这些内部报表没有规定的格式，没有规定的编报时间，也不要求完全用货币作为统一计量尺度。它们或者是对过去会计信息的累积，或者是对现有数据资料的分析，或者是对未来经营情况的预测，总之是围绕提高企业经济效益、争取利润最大化的目标开展设计工作。

电子计算机的出现，使会计领域发生了深刻的革命。手工簿记系统下的各种信息载体（凭证、账簿和报表）被搁置一旁，而代之以能集合大量数据的磁盘，全部处理手续除操作人员输入数据外，均由计算机按预先设计的程序自动完成，最后生成人们所需要的信息。这时会计制度设计实质上变为电脑程序的设计即"编程"。

为适应现代化大生产和企业规模扩大、管理层次增加的需要，加强企业（集团）内部经营管理，划清经济责任和核算各责任单位的经济责任，责任会计赖以产生，从而出现了责任会计制度设计的新课题。

以上管理会计制度、电算化会计制度和责任会计制度的设计，把会计制度设计推向高级阶段。

综上所述，会计制度设计工作古已有之，它是会计方法进步的先导，是会计理论产生和发展的基础。在国内，这种实践活动于20世纪40至50年代才逐步被会计学者总结上升为理论，并逐步成为会计学科体系中一门独立的学科。

四、我国近代以来会计制度设计的改革

会计制度是设计的"产品"，会计核算制度是会计制度的重要组成部分，我国历次会计改革在很大程度上表现为会计核算制度改革。会计改革主要体现为会计制度设计的改革或会计其他方面的改革，如会计管理体制、会计监督、会计教育等方面的改革无不与会计制度设计改革有着密切的联系。

我国近代以来经历了四次较大的会计制度设计改革。

（一）20世纪初第一次会计制度设计改革——借贷记账法的冲击

20世纪前，我国一直沿用自己创造的收付记账法。进入20世纪后，西方的借贷记账法通过我国在日本留学的会计学者传入国内，冲击着我国古老的会计领域。1908年刚创办的大清银行首次运用了借贷记账法。到民国时期，我国会计界前辈、著名会计学家潘序伦和赵锡禹先生等为引进借贷记账法作出重大贡献。在这一时期，围绕着"改革"中式簿记还是"改良"中式簿记，学术界进行了长期的争论，但争论并未使会计制度改革停止。1914年，当时的北洋政府组织了一次较大的政府会计改革，史称"民三"会计改革。改革的主要内容是会计制度和会计方法，要点是：（1）结合日本和欧美的会计方法，创立了以主要簿和补助簿为主干的账簿组织体系；（2）将全部经济事项划分为收入类、付出类和结存类，并据此设计会计科目，使科目的设计更加规范和统一；（3）对现金收付事项，用收付复式记账法处理，对转账业务则用借贷记账法进行处理，同时规定记账数字一律采用阿拉伯数字，停止使用中文数字记账；（4）设计了原始凭证和记账凭证格式，规定了使用要求；（5）建立了较完整的会计报告体系，规定会计报告分为旬报、月报和

年报三种，还要求附送相关说明，并对其编制、报送和审议规程作出规定；（6）在账簿格式设计方面，不仅对账簿长短宽窄作了具体规定，而且改传统的自右向左的直式书写法为自左向右的横式书写法，从而打破了几千年的书写习惯。以上是政府会计核算制度的改革，此外这次改革还对会计预算制度、金库出纳制度、审计组织机构等方面进行了一些改革，并颁布了《会计法》和《审计法》。在企业会计方面，各资本主义国家在我国开办的工厂、商行和银行以及被资本主义国家控制的海关、铁路、邮政部门已先行运用了借贷记账法；中国自办的一些企业和事业单位也都逐步采用了借贷记账法。

第一次会计制度设计改革使我国在会计制度方面开始摆脱长期封建会计制度的旧模式，向新的会计制度模式迈进了一大步。但这次改革不完整、不彻底，它主要围绕记账方法和账簿改革展开，在理论上没有成熟的指导思想，在实践上还有许多行业和企业仍然采用收付记账法。

（二）第二次会计制度设计改革——建立各行业统一的会计制度

近代史上第二次会计制度设计改革从中华人民共和国成立之后开始。中华人民共和国成立前，各行业、各企业的会计制度都不统一，既没有全国性的会计准则来规范各行业的会计制度，也没有各行业统一的会计制度规范系统内各单位的会计工作。面对这种情况，随着生产关系的变革，社会主义制度的建立，如何设计出适应社会主义会计工作的会计制度，成为当时主管全国会计工作的财政部会计制度司所面临的新课题。中华人民共和国成立后至20世纪80年代初，我国第二次会计制度设计改革经历了以下几个阶段。

中华人民共和国成立初的头三年，主要解决会计制度不统一的问题。经过一年左右的时间，先后在纺织、轻工、重工、交通等部门设计建立了所属企业的统一会计制度。在各行业统一会计制度的基础上，财政部着手建立全国性统一会计制度。1951年11月，召开了全国第一次企业财务管理及会计工作会议，作出了统一会计制度的决议，随之设计了适用于全国工业企业、供销企业、建筑安装企业和建设单位的统一会计科目和会计报表格式，同时在全国范围内建立了国有企业的决算报告制度。各部门和全国性统一会计制度的建立为我国会计制度的建设打下了基础，初步扭转了会计工作的混乱局面。这一阶段会计制度改革的重点是国有企业。接着在"一五"时期，对已建立的会计制度进行修订和完善，并且中央各主管部门分别制订了适合本部门生产经营特点的成本核算制度。

统一会计制度的不断充实和完善，对及时、正确、全面地提供会计信息、保证会计信息的口径一致、提高会计核算质量具有重要意义。但是我们应该看到，中华人民共和国成立后至"一五"时期我国会计制度设计改革，主要是学习原苏联的会计理论和设计方法，结合我国实际情况，吸收其他西方发达国家的科学核算方法较少。例如，在资产负债表的设计原理上基本照搬前苏联的做法，把其"经营资金＝经营资金来源"这一平衡公式稍加改动，成为"资金占用＝资金来源"的平衡公式，作为复式记账和构建资产负债表（当时称为资金平衡表）的理论依据；并且在表内各项目的排列上不是按各项资产变现速度快慢来排列，而是按固定资产、流动资产和专项资产三大段来排列；对于"资金来源"只区分为借入资金来源和自有资金来源，而未按国际惯例区分为负债和所有者权益；在成本核算规程的设计上，把管理费用等期间费用都要求在完工产品间进行分摊，也与国际惯例不符。以上这些情况都是在我们缺乏会计制度设计的经验、强调会计的社会属性过多的情况下产生的。

在1958年至1959年，会计工作受大破大批"烦琐哲学"思想的影响，一些人提出会计制度越简化越好的错误主张，实行所谓"以表代账"，甚至搞"无账会计"，会计制度设计工作受到严重破坏。1960年至1966年，由于经济的发展，使人们认识到"经济越发展，会计越重要"的道理，理论界批判了"无账会计"的错误做法，使会计制度设计工作又得到重视。这一时期，财政部拟订了一些新的会计制度，如《国营企业会计核算工作规程》、《建设单位简易会计制度》等。在记账方法上，一些学者在20世纪60年代设计了增减复式记账法，并在商业系统推行。值得一提的是，本时期设计的会计制度是根据我国具体情况自行设计的，但设计时所采用的基本原理仍未摆脱前苏联模式。

从1978年开始，随着全国工作重心转移到经济建设上来，我国会计制度设计出现了新局面。1978年国务院修改颁布了《会计人员职权条例》，1981年以后，财政部先后设计了《国营工业企业会计制度——会计科目和会计报表》、《国营施工企业会计制度——会计科目和会计报表》、《国营供销企业会计制度——会计科目和会计报表》、《国营建设单位会计制度——会计科目和会计报表》、《会计档案管理办法》、《城市房产会计制度》等。

总体看来，我国第二次会计制度设计改革是在计划经济制度下进行的，因此，这些制度不可避免地具有计划的特色，充分表现在会计科目的拟订、会计报表的设计、成本计算方法的设计、利润分配程序的设计等方面。在指导思想上，是制订分行业分所有制的统一会计制度，并强制执行。尤其是在这次改革的头七八年，借用某一国家的会计制度较多，使我国会计制度设计走了一些弯路，把会计作为"国际商业语言"来考虑的不够。从某种意义上说，它在若干方面脱离国际惯例更远了，但也不可否认它为计划经济服务所起的作用。

（三）会计制度设计的第三次改革——与国际会计惯例接轨

第三次会计制度设计改革从20世纪80年代中期至90年代中后期结束，其中1992至1993年达到高潮。这次改革大体可分为三个阶段。

第一阶段以1985年《会计法》的颁布实施与同年3月财政部正式颁布《中外合资经营企业会计制度》和《中外合资经营工业企业会计科目和会计报表》为标志，至1992年设计颁发《外商投资企业会计制度》为止。《会计法》的颁布把我国会计工作纳入法制轨道，它是会计制度的最高层次表现形式，标志着我国会计工作将进入规范化、标准化时期，宣告第三次改革的序幕已经拉开。《中外合资经营企业会计制度》是新中国成立后第一部参照国际惯例设计的全新会计制度，它与当时的国有企业会计制度相比，在会计核算的一般原则、会计要素、平衡公式、成本项目等方面都进行了改革。随着外商在华投资的增加，中外合资经营企业已不是独有的组织形式，财政部1992年颁布实施的《外商投资企业会计制度》就是在上述合资经营企业会计制度的基础上设计的，在许多方面结合国际惯例对合资经营企业会计制度作了补充或修改。例如，采用了财务会计与税务会计相分离的做法，用应付税款法核算时间性差异；企业对外投资采用成本法和权益法核算的规定等。第一阶段的会计制度设计改革为以后两阶段的改革奠定了基础。

第二阶段改革以1992年5月财政部发布的《股份制试点企业会计制度》为标志。其主要内容与外商投资企业会计制度基本相同，只在个别方面有些区别。例如，会计要素中的投资人和权益改为"股东权益";提取坏账准备的范围不包括"应收票据",且提取比例改为 3‰~5‰;企业对外投资只有在占被投资企业资本总额 50%以上时才采用权益法核算等。该制度为国内其他企业会计制度改革提供了宝贵的经验。1992 年 11 月发布的《企业会计准则》中大部分规定与其相同。第一、二阶段的改革为第三阶段的改革做了充分准备。

第三阶段改革以《企业会计准则》和分大行业的会计制度的发布实施为标志。1992年 11 月财政部发布的《企业会计准则》和此后陆续出台的大行业会计制度于 1993 年 7 月 1 日开始实施,从而把第三次会计制度设计改革推向高潮。《企业会计准则》把全国各行业的企业会计工作统一到一个标准上,实现了会计指标的口径统一,解决了改革前日 40多个分行业按所有制区分的会计制度中有关会计指标不可比的大问题,改变了我国近代以来全国没有统一的会计标准的局面,使会计制度设计改革在与国际惯例接轨方面迈出了决定性的一步。这次改革的主要内容是:

(1) 改变和统一了记账方法,取消了原来一些行业实行的增减记账法(如商业企业)和收付记账法(如银行);

(2) 改变了记账公式,所有企业均采用"资产=负债+所有者权益"的记账公式,并以此作为构建资产负债表的理论依据,同时改原资金平衡表中的三段平衡为总额平衡方式;

(3) 建立坏账准备制度(商业企业允许提取商品削价准备;金融企业允许提取投资风险准备、未决赔款准备)、资本保全制度和加速折旧制度;

(4) 改国有工业企业的完全成本法为制造成本法,使其与外商投资企业成本核算方法一致;

(5) 改变了资产负债表各项目的排列顺序,使其与国际惯例一致;

(6) 改变了会计报表体系,一方面增设财务状况变动表为第三张报表,另一方面将成本报表作为企业内部报表不再对外报送;

(7) 改变了利润总额的组成,将投资收益作为利润总额的组成要素,同时将原来的产品销售利润和其他销售利润合为营业利润;

(8) 建立了科学的基本与国际接轨的会计指标体系(1993 年颁布的《财务通则》规定为 8 项指标,1995 年财政部又将其修改为 10 项指标);

(9) 改变了会计核算模式,以会计准则来统驭行业会计制度,代替以前分行业按不同所有制形式建立的会计制度;

(10) 1993 年底发布《注册会计师法》,改革了会计监督制度,使以前国家行政监督过多的局面大为改观,向着会计的社会监督转变。

(四) 会计制度设计的第四次改革——创新与趋同相结合的新准则体系

1992 年的基本会计准则颁布后,财政部原打算用几年的时间建立企业会计的具体准则及与企业会计准则相配套的《预算会计准则》,但由于种种原因,具体会计准则一直没有出台。此后,从 1997 年第一个具体会计准则《关联方关系及其交易的披露》至 2004年,为规范企业会计实务,财政部陆续颁布和修订了 16 个具体会计准则。尽管这些会计准则的颁布和实施极大地提高了我国的会计发展水平,推动了经济进步,但是由于这些会计准则是陆续制订的，内容上不完整，并且与国际会计准则和国际财务报告准则之间存在差异，这在一定程度上阻碍了国际经济交流，影响了经济发展的速度。为此，我国财政部组织国内外专家加紧会计准则的修订和制订，于2006年颁布了新修订和制订的《企业会计准则——基本准则》和38项具体会计准则，新会计准则体系的颁布基本实现了我国会计准则与国际会计准则和国际财务报告准则的趋同。

国际会计准则委员会主席戴维·泰迪评价："中国企业会计准则体系的发布实施，使中国企业会计准则与国际财务报告准则之间实现了实质性趋同，是促进中国经济发展和提升中国在国际资本市场中地位的非常重要的一步。"

2006年会计准则体系与原会计准则相比，主要有以下几方面的变化：

（1）在基本准则方面，其对会计要素、会计信息质量要求（原来称会计原则）的界定，使我国准则不只着眼历史，更着眼未来——未来现金流量的现值；不只着眼可靠性，更着眼相关性——为投资者、债权人和社会公众提供有用的信息；不只着眼确认与计量，更着眼透明披露——有助于消除因信息不对称而给报表使用者造成的误导。

（2）在《投资性房地产》、《非货币性资产交换》、《债务重组》、《金融工具的确认和计量》等具体准则中，适当地引入了公允价值的计量模式，这不仅影响到损益核算，从"反利润主导"的误区中脱身出来，更重要的是，使中国会计人确立了市场经济条件下的会计哲学观。公允价值计量模式使计价不至于脱离经济环境和经济实质，更能满足报表使用者的核心需求。

（3）在资产减值方面，导入了"资产组"的概念，并且计提的资产减值准备不允许冲回。

（4）金融工具的确认与计量方面，一是改变了衍生金融工具的"表外"特点，使隐性风险显性化；二是改变了贷款按五级分类计提减值准备的传统做法，使商业银行贷款减值准备的计提更精细、更客观；三是公允价值的全面引入要求银行对宏观经济和市场环境具有较强的预见力，需要建立严格的"盯市"制度。

（5）财务报告准则方面，《财务报表列报》规范财务报表的种类与基本要求，《现金流量表》、《中期财务报告》、《分部报告》规范具体编制，《合并财务报表》规范合并范围、合并程序以及披露事项，以此形成一套严谨的报告链。

（6）特殊领域方面，既有《生物资产》规范"有生命的动物和植物"的确认、计量和披露，又有《石油天然气开采》规范矿区权益的取得以及油气的勘探、开发等阶段的会计处理，使特殊领域的会计准则自成体系。

如上所述，2006年现行《企业会计准则》发布以来，我国企业会计准则已实现了与国际财务报告准则的实质趋同。但随着金融危机的爆发以及国际环境的变化，国际会计组织对其会计准则进行了部分修订与完善。为保持我国企业会计准则与国际财务报告准则的持续趋同，财政部根据国内企业和资本市场发展的实际需要，在借鉴国际财务报告准则的基础上，于2014年年初陆续发布了《合并财务报表（修改版）》、《财务报表列报（修订版）》、《职工薪酬（修订版）》、《长期股权投资（修订版）》、《合营安排》、《在其他主体中权益的披露》、《公允价值计量》等七项准则，且要求所有执行《企业会计准则》的企业于2014年7月1日正式执行这些准则。基层企业、单位在设计自身会计制度时需时刻关注会计准则的修订。

第三节 会计制度设计的任务和原则

一、会计制度设计的任务

如第一节所述，会计制度设计的内容十分广泛，要设计好这些内容，必须将其作为一个系统工程来考虑。总的来看，会计制度设计的任务是：对会计工作对象全面地进行规划，使它们具有系统完整的内容和恰当的业务处理程序，达到全面、及时、真实、经济地提供会计信息的目的。具体而言体现为以下几方面：

（一）设计出科学的会计核算制度，建立严密的会计信息系统

2006年颁布的《企业会计准则——基本准则》指出：财务会计报告的目标是向财务会计报告使用者提供与企业财务状况、经营成果和现金流量等有关的会计信息。这些信息一方面要反映企业管理层受托责任的履行情况，另一方面要有助于财务会计报告使用者作出经济决策。会计信息要满足上述需要，必须在企业会计制度中设计一套科学的程序和方法，这些方法包括如何以会计科目、原始记录、会计凭证、会计账簿、会计报表等完成信息的收集、整理、分类、计算、登记和存储。所有这些内容，构成了会计核算制度的具体内容，这些具体内容的有机组合形成了一个完整的会计信息处理系统。一个科学的会计核算制度，既能简化会计核算手续，又能全面、及时、准确地提供管理所需的各种会计信息，满足各项经济业务的管理要求。

会计制度设计的重要任务之一，就是要设计出一套科学的会计核算制度，为进行日常会计核算工作提供依据；建立一套科学的会计信息系统，为企业生产经营决策、社会公众和政府部门提供有用的会计信息。由于会计工作可以手工操作，也可以电算化，因此，企业会计核算制度和会计信息系统应根据本单位使用的不同核算工具作出设计。

（二）明确会计机构的设置和会计人员的职责

会计的主要职能是对再生产过程中的资金运动进行反映和控制。为了完成这些职能，首先需要明确会计机构的设置和会计人员的职责，以使企业的会计和会计监督部门不受其他业务部门的干扰，能够独立地行使其职能。这项任务包括确定会计机构的名称、机构的规模、机构内部岗位及责任、权限等内容。《会计法》第三十六条规定："各单位应当根据会计业务的需要，设置会计机构，或者在有关机构中设置会计人员并指定会计主管人员；不具备设置条件的，应当委托经批准设立从事会计代理记账业务的中介机构代理记账。"由此可以看出，企业的会计机构设置和会计人员安排有三种形式：独立的机构，独立的人员；没有独立的机构，但有独立的人员；既无独立的机构，又无独立的人员，委托有关中介机构代理记账。到底采取何种形式，有关人员在机构中应当承担何种责任，企业应当在会计制度中明确规定。只有这样，才能有组织地进行会计工作并充分发挥会计人员的积极性，提高工作效率。

（三）确定一套行之有效的会计控制和会计监督系统

会计控制和监督包括事前、事中和事后的控制和监督，内容比较广泛。首先，会计必

须监督各项经济活动不违反国家制订的有关方针、政策和各项财经制度，确保会计核算的合法性，以使会计信息具有客观性和真实性。其次，会计必须监督会计核算过程中所采用的方法应当和现行会计准则、会计制度的规定相一致，确保会计核算的合理性，以使会计信息具有可比性。再次，通过各项监督手段和监督工具保护企业中各项财产物资的安全与完整，同时促使企业创收节支，合理使用企业中的资金和各项财产物资，以增加企业经济效益。

因此，会计制度设计的任务之一是设计完整的内部控制和监督制度。该项任务包括：明确规定所有经办人员，包括企业各级管理人员、各职能部门以及会计部门的人员在业务处理上的岗位责任，促使其自觉遵守国家财经法纪，保护资产安全、完整，保证会计信息质量；制订必要的内部控制制度，如会计机构内部稽核制度、审批报销制度、财产清查制度、资金调度控制制度、销售及收入控制制度、采购及付款控制制度、对外投资控制制度等，以使会计控制和监督制度化。

应该指出的是，会计制度的设计不是一劳永逸的，而是经常性的工作。因为，会计制度作为设计的成果属于上层建筑的范畴，上层建筑必须适应经济基础，才能促进经济的发展，会计制度总是受到经济制度的制约，当经济制度或经济体制改变或改革时，会计制度就要随之改革，设计工作也就要及时跟进。大范围全局性的会计制度设计改革体现为周期性地发生，而小规模的局部性会计制度设计（如对原有制度的修订和补充），则体现为经常性地进行，是一项日常工作。2013年财政部颁布新的《行政单位会计制度》、《事业单位会计制度》以及2014年初制订或修订了《公允价值计量》等七项企业会计准则，即是最好的例证。

二、会计制度设计的原则

（一）合规性原则

设计会计制度时，必须以国家颁布的各项财经法规为依据。在社会主义市场经济条件下，会计工作作为维护市场经济正常运转的重要手段，应加强会计立法。如第一节所述，《会计法》是我国会计工作的根本大法，是居于最高层次的会计规范，是办理会计业务的基本依据。它对会计核算、会计监督、会计机构、会计人员和法律责任等内容作出了规范。基层单位设计的会计制度必须与国家颁布的《会计法》要求相一致。

《企业会计准则》和《企业会计制度》是基层单位进行会计核算工作的第二层次的规范。它们不仅是各单位组织会计管理工作和产生相互可比、口径一致的会计信息的依据，也是国家财经政策在会计工作中的具体体现，更是维护社会经济秩序的重要保证。就我国企业会计准则而言，它包括基本准则和具体准则两个层次。基层单位会计制度设计，必须符合基本准则中一般原则的规定，符合会计要素确认、计量的规定，也要与具体会计准则相协调，同时遵守《企业会计制度》中的规定。

（二）真实性原则

基层单位的会计核算以及通过会计核算所提供的会计信息不仅仅是单位内部事务，而且关系到投资者、债权人、国家、社会公众等方面的利益。对单位内部而言，会计信息是各级管理者作出改善管理、提高效益决策的依据；对整个社会而言，会计信息是投资者、债权人、政府部门评价单位经营成果和财务状况，作出投资决策的依据。从这个角度讲会计信息是引导社会资源优化配置和维护社会经济秩序的重要依据。因此，法律上对会计核算，尤其是会计信息的生成和披露问题作出了规定，以规范会计核算秩序，保证会计信息真实、完整。所以，基层单位在进行会计制度设计时，对会计核算的依据、会计核算的内容和基本程序的设计等必须符合法律对有关信息生成和披露的规定，以规范会计核算秩序，保证会计信息真实、完整。

（三）科学性原则

科学性有两方面的含义：一是系统性，即设计会计制度时要从整体上考虑，不能顾此失彼。会计制度作为一个信息提供系统，与其他制度之间不能出现互相矛盾、口径不一的情况，它们之间应当是一个相互协调、互为补充的大系统。另外，各项内部控制制度之间也应相互呼应，协调一致。二是合理性，即设计出的会计制度既有利于提高会计工作质量，又简便易行；既符合会计理论，又有利于会计实践；既体现国家的财经政策、法律法规要求，又能体现本单位特色。

（四）针对性原则

基层单位会计制度是单位对其生产经营活动过程进行会计管理的章程，这决定了单位会计制度设计一定要从实际出发，针对单位的具体情况，"量体裁衣"设计出适合本单位特点的会计制度。单位的设立形式、组织机构、规模大小、经营范围和经营方式等各不相同，即使同一部门的不同行业、同一行业的不同企业之间，也各有其具体特点。例如：国有独资企业与上市股份公司的设立形式会有所不同；大中型企业与小企业会计组织机构的设置，人员的配备及专业人员的业务水平也会有所差别。因此，设计会计制度切忌生搬硬套，必须符合单位实际，才能行之有效。

（五）成本收益比原则

成本收益比原则的基本要求是：对任何一个方案或项目均应比较其成本和效益，从中选择效益最好的方案。对设计会计制度而言，就是在目前的经济发展水平和经济政策下，进行制度设计时，通过制度收益和制度成本的比较来选择制度效益最大的设计方案。

这里的制度成本，是指设计成本和运行成本之和。既包括设计制度时所发生的各种直接或间接设计成本，也包括会计制度具体实施时所发生的运行成本，还包括单位其他部门、员工为保证制度设计、修订和正常运行等而发生的成本。制度收益指该制度实施、运行后产生的收益。制度效益即指制度收益补偿制度成本后形成的差额。由于市场经济条件下收益与成本的关系表现为"收益递减"，因此设计制度时应特别注意并非制度越完善越严密就越好。例如：在为小企业设计内部控制制度时，"横管到边，纵管到底"就不符合成本收益比原则。应权衡制度成本及其产生的收益，进行相应抉择，从而力求使设计的会计制度不仅科学化，而且制度效益最大化。

（六）内部控制原则

内部控制制度是单位为了加强岗位责任，提高会计信息质量，保护资产的安全、完整，在企业内部组织分工、业务处理、凭证手续和程序等方面所规定的既相互联系又相互制约的一系列管理制度。

《会计法》第二十七条规定："各单位应当建立、健全本单位内部会计监督制度。单位内部会计监督应当符合下列要求：（1）记账人员与经济业务事项和会计事项的审批人员、经办人员、财物保管人员的职责权限应当明确，并相互分离、相互制约；（2）重大对外投资、资产处置、资金调度和其他重要经济业务事项的决策和执行的相互监督、相互制约程序应当明确；（3）财产清查的范围、期限和组织程序应当明确；（4）对会计资料定期进行内部审计的办法和程序应当明确。"由此可知内部控制贯穿单位的生产、流通、分配各个环节，在以下的具体制度设计中都需重点考虑内控原则，并视单位规模大小、业务繁简，将内部控制运用到会计制度的各个部分。

（七）适应性原则

会计制度是指导会计工作的规范性文件，一经建立，在一定时期内，应保持相对稳定。否则，会给会计工作带来不利，造成会计核算的混乱和会计信息的失真。但是，会计总要适应一定的经济体制和管理要求，并随经济体制、单位规模、经营特点的变化而变化。这就要求进行会计制度设计时，要对单位未来一定时期内的发展情况作出恰当估计，以保持会计制度具有一定的适应能力。同时，新的会计制度投入正式使用前，应采取谨慎的态度进行小范围实验，然后不断修改完善，切不可操之过急。

第四节　会计制度设计的程序

会计制度设计的程序是指设计各项会计制度时应按什么步骤进行，它是从确定设计项目到具体进行设计、最后付诸实施的全过程。由于设计工作是政策性强，而且技术性强的实践活动，必须统筹规划、精心组织，才能设计出合格的"产品"。会计制度设计的程序主要分为以下三个阶段：

一、准备阶段

会计制度设计是否能达到预期的目的，在很大程度上取决于设计的准备工作是否做得充分、细致、周全。这一阶段应做好如下工作：

（一）确定设计的内容和目的

会计制度的设计工作，从设计工作所涉及的范围可以分为全面设计和局部设计两种类型。全面设计是指设计整套的会计制度。当新建立了企业、单位，当企业、单位面临的客观环境或生产经营业务变化较大，原有会计制度无法适应新形势时，都需要设计一套完整的会计制度。局部设计是指对会计制度的某些个别部分进行设计，包括修订性设计和补充性设计两种。从设计内容方面可分为会计组织系统设计、会计信息系统设计、会计控制系统设计三方面。对于不同类型、不同内容的会计制度在设计上有不同的要求。因此，在设计之前，首先要明确设计的内容和设计的目的，以便合理地安排设计工作，提高工作效率。

（二）制订设计方案和设计规划

制订设计方案，即拟订设计的计划。其内容一般包括以下几方面：

1. 确定设计的时间安排

时间安排要根据设计类型来确定，如果是全面设计，安排的时间就要长一些，否则可短一些。总之，要有一个进度表。

2. 明确设计的内容

所谓设计内容，是指设计的具体项目。如果是全面设计，应通过列出设计清单的形式，列明所要设计的项目。如果是局部设计应列出设计所涉及的具体部分及这些部分所涉及的具体项目。修订性设计则要列清修改的项目和修改的内容。

3. 配备设计人员

根据设计的内容和工作量，要配备一定数量的设计人员。选派会计制度设计的人员时，要配备各方面的人员，包括：具有丰富实践经验、对本单位情况十分了解的高级会计师、会计师；来自会计教学和会计研究战线、具有厚实理论功底的会计专家；见多识广、对不同行业和不同企业会计工作现状有充分了解的注册会计师等。参加设计的人员数量应根据设计内容来确定。

(三) 调查研究

调查研究是设计会计制度的基础，只有在充分调查研究的基础上，才能设计出高质量的会计制度。调查研究的内容一般包括以下几方面：

1. 调查企业生产经营的实际情况

会计制度设计人员主要应调查企业的性质与规模、产品的特点、生产工艺过程与特点、原材料供应情况、市场情况与产品销售情况、生产设备情况、员工人数、筹资方式与资本构成情况、盈利和利润分配情况、机构设置与人员配备情况、定额管理情况、历年的生产经营情况和经济效益等。凡与会计制度设计有关的所有生产经营情况，均须详细调查，作为会计制度设计的参考。

2. 调查企业现行会计准则、会计制度的执行情况

会计制度设计人员应调查了解基层单位现行会计制度的基本内容、特点、存在的问题和缺陷。其中要对材料采购、验收、货款结算情况，存货的收、发、结存、清查盘存情况，销售的开票、发货、运输与结算情况，生产费用的核算与成本计算方法，固定资产、工资、往来款项的核算情况，内部控制制度的内容及实施情况等作重点调查。对科目、报表（主要是内部报表）、凭证、账簿的设置及格式，成本核算组织体系及有关凭证表单格式的适用性也应了解。

3. 征询意见

征询单位领导、各职能部门特别是会计部门以及主要会计人员对新设计的会计制度的要求和意见。例如，材料按什么成本价格进行日常核算、采用何种产品成本计算方法、是否实行定额成本法、对内部控制制度的要求、对内部报表指标的要求等。

4. 调查其他相关情况

主要包括：（1）单位的组织机构与人员情况，主要了解企业、单位各职能部门与会计部门的机构与人员情况和分工情况、岗位责任情况等；（2）收集本企业的有关规章制度，如公司章程、技术操作规程等，分析其与会计制度设计的关系，了解财务、统计、业务核算的实施情况和存在的问题，作为设计会计制度的参考；（3）收集同行业中先进企业的会计制度，作为设计本企业会计制度的参考。

二、设计阶段

（一）进行总体设计

总体设计是对所设计的项目在事前调查研究的基础上，所拟订的总体规划，它是对设计对象的轮廓性描述，是具体设计的纲领性文件，也可称为设计大纲。一个科学的设计大纲可以引导设计人员以最快的速度、最高的质量、最少的投入完成会计制度的设计任务，其主要内容包括：（1）会计科目的种类和主要会计科目；（2）账簿组织系统图；（3）主要产品成本流程图；（4）主要业务工作流程图；（5）关于采购、销售、筹资、投资、成本和利润等的核算方法与控制制度；（6）主要的会计报表和应提供的会计指标；（7）会计管理工作的总体思路；（8）会计制度设计的进度计划。

（二）进行具体设计

具体设计是根据总体设计所拟订的各项内容，分别进行详细设计，形成设计文件草案的设计过程。这是整个设计工作的中心环节。这一阶段除对总体设计中拟订的各项内容进行具体设计外，根据科学性原则还应补充总体设计中未能拟订的内容，并将各项局部内容进行协调和审定，最后形成完整的设计文件草案。

三、试行和修正阶段

制度的试行和修正是设计工作的检验阶段。会计制度涉及面广，不可能一次设计就很完善，难免有考虑不周之处，因此，必须检查验证。

试行阶段中，设计者应深入基层进行现场观察和测定，以发现设计草案中的缺陷和薄弱环节，并听取群众意见，尤其应特别注意各职能部门和会计人员对制度草案正反两方面的意见。试行中，对某些部分还可根据反映，另行拟订几种不同方案，对比试验，进行优选。

经过试行后，应将试行情况进行小结，对正反两方面意见进行筛选，肯定正确部分，对缺陷部分进行修改补充。最后修正定稿，作为正式会计制度，贯彻实施。

值得说明的是，一项新制度的实施时间一般定在年初的 1 月 1 日，个别情况下也可定在 7 月 1 日，而不宜定在其他月份。这是因为新制度执行时有新旧制度的衔接问题，其中有些账项要调整，有些科目的发生额或余额要调整到新科目中去，所有这些调整要在新制度执行当期的财务报表附注中予以说明。另外，为做好新旧会计制度的衔接工作，也需要制订一项衔接方面的制度，主要说明新旧制度如何转换以及会计处理上的重大变化及原因。这项制度也是新会计制度的不可缺少的组成部分。2006 年会计准则体系中的《企业会计准则第 38 号——首次执行企业会计准则》即是该种制度的最好例证。

☞思考题：

1. 什么是会计制度设计？为什么要进行会计制度设计？
2. 会计制度设计的基本内容有哪些？
3. 简要了解我国会计制度设计的发展历程，评价现行的会计制度体系。
4. 会计制度设计要把握哪些原则？

5. 会计制度设计的基本程序有哪些？

☞**资料阅读：**

　　为加强我国企业内部控制，2006年6月成立了企业内部控制标准委员会，该委员会成立后，即通过了《企业内部控制标准制订程序》，通过该程序大家可以了解实务中会计制度设计的基本程序。

企业内部控制标准制订程序

　　一、为了深入贯彻落实科学民主决策精神，提高企业内部控制标准制订工作的透明度，增强企业内部控制标准的科学性、合理性和适应性，特制订本程序。

　　二、企业内部控制标准由财政部会同有关部门制订并发布。企业内部控制标准的起草工作由企业内部控制标准委员会秘书处（设在财政部会计司，以下简称委员会秘书处）负责，有关咨询专家组参加。

　　三、草拟的企业内部控制标准分为建议稿、讨论稿、征求意见稿、草案和送审稿。

　　四、企业内部控制标准的制订过程分为立项阶段、起草阶段、公开征求意见阶段和发布阶段。

　　（一）立项阶段

　　委员会秘书处根据我国经济发展和企业发展的实际需要，提出内部控制标准建设立项意见，向企业内部控制标准委员会委员和有关方面征求意见。内部控制标准建设立项意见应包括对立项的背景和理由作出的说明。

　　委员会秘书处根据企业内部控制标准委员会委员和有关方面的意见和建议，对内部控制标准建设立项意见作出修改调整，按规定程序报财政部并经有关部门同意后正式立项。

　　委员会秘书处应将立项情况向企业内部控制标准委员会委员通报，并以适当形式向社会公布。

　　委员会秘书处应根据需要，结合确定的企业内部控制标准建设项目和立项意见，依托咨询专家组，成立项目研究组，开展课题研究，形成研究报告。

　　（二）起草阶段

　　内部控制标准建设项目立项后，委员会秘书处应立即组成项目起草组，并将项目起草组的成员及有关情况向企业内部控制标准委员会委员通报。

　　项目起草组根据所承担的内部控制标准建设项目，及时提出工作计划和时间表，在有关研究报告和实际调查研究的基础上，起草完成建议稿，经委员会秘书处审查修改后形成讨论稿，并提交企业内部控制标准委员会委员征求意见，根据委员意见再次修改后形成征求意见稿。

　　（三）公开征求意见阶段

　　委员会秘书处将征求意见稿送财政部会计司审查同意后，由财政部会计司向各省、自治区、直辖市、计划单列市财政厅（局）以及中央有关业务主管部门财务司

（局）和有关中央管理企业等印发征求意见稿；同时，在有关网站和主要媒体上予以公布，并通过召开座谈会、研讨会等形式，向社会广泛征求意见。

项目起草组应对社会反馈的意见进行汇总、分析，并对征求意见稿进行修改，形成草案，由委员会秘书处再次提交企业内部控制标准委员会委员征求意见。

（四）发布阶段

项目起草组根据企业内部控制标准委员会委员的意见对草案进行修改，形成送审稿；委员会秘书处将送审稿送财政部会计司审查同意后，按规定程序报财政部及其他有关部门领导审定、会签后联合发布，并由财政部会同有关部门组织实施。

五、已经发布实施的企业内部控制标准，如需进行重大修订，修订程序同上。

六、本程序所称企业内部控制标准，是指由财政部会同国务院有关部门制订的企业内部控制规定。

各企业根据国家有关法律法规和国务院有关部门制订的企业内部控制标准建立健全本企业的内部控制制度，不适用本程序的规定。

七、本程序自发布之日起生效。

资料来源：企业内部控制标准委员会，http://www.casc.gov.cn/nkbz/index.htm.

第二章 会计制度的总体设计

◎ 学习目标：
1. 了解总体设计的含义及作用。
2. 掌握确定调查研究内容的原则及调查研究的具体内容。
3. 了解调查提纲的编制及资料的整理和分析。
4. 掌握会计制度总则的内容及设计方法。

第一节 总体设计及其作用

一、总体设计的含义

总体设计是指对某一确指单位所要设计会计制度的内容及其设计工作作出的全面安排及规划。总体设计涉及两个方面的问题：一是对本次会计制度设计中所涉及的设计内容勾画出总体框架和总体规划，经过各方面论证后确定最后的设计方案；二是对本次会计制度设计的工作程序、所需人员、设计经费、设计进度、设计时间等作出安排。

总体设计是一个规划性的文件，总体设计对会计制度设计的指导思想、设计内容、设计方法、设计程序等方面的问题提出了一些原则性的思想，是经广泛征求意见并在专家学者充分论证的基础上确定的。总体设计是会计制度设计具体进行过程中的纲领性文件，总体设计已确定了所要设计会计制度的基本内容，其好坏直接关系到将来设计定稿的会计制度的可行程度。因此，在进行会计制度的具体设计前，一定要组织精干人员，认真做好这一工作。

完成总体设计的通常做法是：首先，做好调查研究工作；其次，在调查研究的基础上进行综合分析，提出各种可供选择的总体方案；最后，会同有关人员、专家学者反复分析对比各种总体设计方案，从中选出并确定最优的一个。总体设计方案一经确定，应保持其相对稳定，尽量避免频繁的、大幅度的调整和修改。当然，在具体的设计过程中如果客观环境发生了变化，或者出现了未曾预料到的新情况、新问题，应当及时调整总体设计方案。

二、总体设计的作用

设计会计制度时经过总体设计，可以起到如下作用：

（一）保证所设计会计制度的可行性

在总体设计过程中，已对所设计会计制度的主要内容提出了方案，并经过论证后作出决策,这就保证了所设计会计制度的可行性。通过总体设计,对所设计的会计制度的内容作出规划,在进行具体设计时,就可以根据这些规划设计出具体的会计制度。如果不经过总体设计的过程,贸然按照制度设计者的主观设想进行具体设计,就难以保证所设计制度的可行性,而且将来发现不妥之处,返工的工作量会很大,将浪费大量的人力和物力。

(二) 使各项制度之间同步协调

一个完整的单位管理制度体系是由若干套具体制度共同组成的。就会计制度而言,它不仅与单位中其他管理制度密切相关,而且会计制度中每一个具体制度之间也彼此紧密地联系在一起。因此,在会计制度的总体设计中要同时考虑有关制度的内容,对不同制度的相互联结采取协调一致的办法和措施。通过总体设计,应达到两方面的协调:首先是各具体会计制度之间的协调。一套完整的会计制度是由若干个具体的会计制度组成的,各个单一的具体会计制度之间或者存在着内在的逻辑联系,或者存在着直接的前后衔接。例如:在财务会计报告制度总体设计的有关内容中,确定了除国家统一规定的必须设置的对外公布的财务会计报告外,还确定了满足单位内部管理需要的内部会计报表的种类和形式,并对这些会计报告中应反映的指标或项目也加以明确。那么,在总体设计中涉及有关会计科目、会计凭证、会计账簿的内容时,就不仅要考虑到其与财务会计报告指标的过渡与衔接问题,还要对有关计算方法提出相应的设计要求。在总体设计中确定了基本思路以后,设计人员就可以有目的地具体设计财务会计报告、会计科目、会计凭证、会计账簿相互之间的协调和衔接办法,以保证编制会计报表的数据需要。

其次是单位内部不同管理制度之间的协调。会计制度并不是孤立地存在于单位之中,与单位会计制度并存的还有其他各项有关经营管理的规章制度。会计制度与其他管理规章制度共同构成单位完整的管理制度体系。在这个管理制度体系中,每一个单项或者专业管理制度之间既相互依存,又相互制约。在进行会计制度设计时,应从总体上充分考虑制度之间的依存制约关系。例如:在设计成本管理制度时,就要考虑怎样和业务核算中的班组工时管理制度、机器台班产量记录制度、劳动人事制度等相衔接。

总之,通过总体设计可使单位各具体会计制度之间达到协调,使单位内部不同管理制度之间达到协调。

(三) 有利于会计制度设计工作的有序开展

会计制度设计工作,要按照所设计的制度内容和预定的时间进度逐项去完成。在总体设计中,不仅对会计制度中各个组成部分的基本内容和相互关系在总体上作出了规划或提出了基本原则、基本方法和基本要求,而且对制度设计所需的人员配备、时间进度、经费开支等资源耗费作了初步估算和安排。这就有利于设计工作的分工合作,按照既定的原则、方法和要求进行设计,并按照规定的时间进度完成设计任务。

第二节 调查研究

一项会计制度设计得是否符合管理要求,是否适合用户需要,与设计的准备工作是否充分有着密切的关系,而调查研究是设计工作准备阶段的重要内容。

一、确定调查研究内容的原则

在制度设计的准备阶段通过调查，有计划地收集各种与会计制度设计有关的资料，同时，通过对这些资料的研究和整理，揭示其内在的客观规律，以此确定会计制度设计的总体思路。调查研究是做好会计制度总体设计的关键一步。会计制度总体设计之前的调查研究内容和调查研究原则，必须根据会计制度设计的要求和对会计制度设计对象的了解程度予以确认。

（一）调查研究的内容取决于会计制度设计的种类

会计制度设计的类型从其涉及的内容看，有全面设计、补充设计和修改设计三种情况。如果是全面设计，在进行调查研究时就要对单位有关会计工作的全部情况以及与会计工作密切相关的生产经营情况等展开调研。调查的面要宽，调查所获取的信息要广，这是全面设计会计制度调查研究的重要原则。如果进行的是补充设计，调查研究的重点则应当是与设计有关的内容，对设计无关或者关系不大的内容只要作面上的了解和掌握就可以了。如果进行修改设计，则要重点调查现有的或者现在正在实行的会计制度在哪些方面已经不适应目前客观环境的变化，同时要认清目前的客观环境对会计制度的设计提出了什么新的要求，从而准确地寻找会计制度修改的切入点。

（二）调查研究的内容必须和单位生产经营特点相结合

不同单位的具体情况千差万别，其会计核算和会计监督的具体方法也各有不同，反映在会计制度的设计上其要求也各不一样，所以在进行会计制度设计之前，要针对设计对象生产经营的特点有的放矢地展开调查。例如：设计制造企业会计制度前，应把调查研究的重点放在购、产、销三个环节。采购环节物料的流动特点，包括物料的采购、保管、出库、结算等过程；生产环节产品生产过程的特点，是成批生产还是单件小批生产，是多步骤的连续式生产还是单步骤生产；销售环节，是直销还是由中间商代理等都应作调查。而如果设计商品流通企业会计制度，只要对购、销两个环节作调查研究。

（三）调查研究的内容取决于会计制度设计者的具体情况

会计制度设计工作既可以由本单位的会计人员承担，也可以聘请外单位的专家、学者或者经验丰富的会计实务工作者承担。因为会计制度设计工作的承担者不同，调查研究的内容也会有所区别。如果是由本单位自己的员工设计会计制度，由于这些员工长期生活在这个单位，对单位的情况十分了解，因此调查研究的方法和内容相对而言可以简化一些。反之，如果是委托会计师事务所或者高校中的有关专家学者设计会计制度，由于他们是单位的局外人，对单位的生产经营及相关情况不了解，为使单位的会计制度设计得切实可行，那么调查研究的范围就要广一些，调查研究的内容就要多一些，调查研究的方法也要复杂一些。

（四）调查研究的内容与制度设计对象有关

调查研究的内容还要看会计制度是为新建单位设计还是为原来的老单位设计。如果是为新建单位设计会计制度，那么这一新建单位的性质、生产特点、经营规模、组织结构等则是调查研究的重点。如果会计制度设计的对象是现存的老单位，那么，除了对上述情况进行调查研究外，还要对单位各种现有会计制度的执行情况作全面的调查研究。

二、调查研究的具体内容

如果进行会计制度的全面设计，一般应调查以下内容。

（一）调查单位的性质和规模

调查单位的性质和规模时，主要了解：该单位是企业还是事业单位或非营利组织；如果是企业，则该企业是国有独资企业，还是外商投资企业或股份制企业；从大行业来看它属于何种类型的企业（制造业还是农业等）；从小行业看属何种企业（加工、采掘、纺织等）；该企业现在规模或设计规模有多大（主要是生产能力，员工总人数），属于大型企业还是中小型企业。

了解单位的性质和规模，主要是为了确定：单位会计机构的设置（名称定为部、处、科或股）；所需会计人员的多寡及其分工的详细程度；会计科目的繁简程度（大型企业会计科目应多一些）；固定资产的单价起点；会计核算形式；有关财产物资的分类和计价方法（如材料的日常核算是采用实际成本还是采用计划成本）。

（二）调查企业生产业务和组织结构情况

1. 企业的生产业务情况

对制造企业应调查了解以下情况：企业当前生产产品的种类、数量、质量以及今后的生产发展规划；产品的一般生产方法和工艺流程，是大量大批生产还是单件小批生产，是连续式生产还是单步骤生产；耗用的主要原材料和所需的劳务供应情况、半成品的储存情况；生产设备的有关情况；产品生产的协作情况和质量管理情况等。对商品流通企业和各种提供劳务的企业，应着重调查了解经营业务的范围、提供劳务的方式；各种业务费用的开支情况；商品的流通渠道和经营方式等。

了解生产业务情况，主要为日后在设计有关明细科目、成本核算方法、费用分摊方法、固定资产折旧方法等打下基础。

2. 企业的组织机构

通常应调查了解以下内容：企业是集团组织，还是单一企业；企业内部采取何种管理体制：是 U 形组织结构——直线职能制，H 形组织结构——控股公司制，还是 M 形组织结构——事业部制；企业设置了哪些分公司或子公司，下设哪些生产车间或职能部门；企业以何种方式管理其分支机构等。

企业内部的组织结构不同，管理体系不同，管理制度的内容和要求也必然有所不同。调查企业组织机构，主要为日后设计会计组织机构（岗位设计、人员职责）及内部控制制度作准备。

（三）调查企业主要职能部门的情况

企业主要的职能部门包括：财务机构、供应机构、销售机构、技术部门等。对财务机构应了解其现有的会计制度及执行情况；财务部门内部的分工情况；企业长期资金、流动资金、专项资金的来源及其构成和使用情况；企业的筹资渠道是否畅通；资金的管理权限和资金的内部调拨使用管理办法；有无对外投资的管理办法和制度，对外投资业务的决策程序是否正确；有无对重大建设项目的资金管理和控制制度；会计档案管理制度等。

对供应机构应了解：企业主要原材料的供应地点、运输方式、经常采用的结算方式；

采购计划的编制、审批手续；原材料的入库、出库手续；原材料日常核算的方法及其与财务部门的联系；原材料供应有无季节性；主要材料的月均消耗量；有无贵重材料和稀有材料；仓库管理制度；消耗定额制度等。

对销售机构应了解：企业产品的主要销售地区、销售方式、结算方式；是否有销售合同和售后服务制度；销售折扣和折让制度；近几年来主要产品的销售趋势和市场占有率；销货手续等。

对技术和质量管理部门要了解：技术部门主要人员的业务素质如何；是否有较强的成本意识；对产品的质量管理是否有较完善的控制制度等。

了解以上情况，为会计科目、会计凭证、内部控制制度的设计作准备。

（四）调查企业生产经营方针及管理者对新制度的要求

了解企业生产经营情况的历史资料，包括：近几年的生产、技术、财务计划；销售计划和利润计划的完成情况；与同行业中其他企业的比较等。

调查该企业的生产经营方针是否改变：是否转产及转产何种产品；新产品是否经过试制、预计投产后市场的需求状况；是否需要增添设备及资金来源渠道；近期内是否进行较大规模的技术改造等。

了解管理当局对会计工作的要求。企业的各个部门、各级管理人员，在职权范围内行使其决策和管理职能时都离不开会计信息，管理人员所处的位置不同、行使的职能不同，对会计信息的要求也就各不相同。应了解他们对会计工作的要求，如需要提供哪些内部报表和资料，对责任会计有何要求等。

了解以上情况主要为设计管理会计制度和责任会计制度打下基础。

（五）其他情况

除调查了解上述所列的各项情况以外，也要充分了解其他一些情况，如：企业的劳动工资管理情况，包括员工的招聘、录用管理制度；员工的培训、考核、定级、辞退制度；企业实行的工资制度、奖励制度及福利政策、社会保障制度等。另外，企业与所在地有关单位经常性的业务联系、与政府部门的联系等也需要了解清楚。

三、调查研究的方法

会计制度设计调查的方法很多，设计人员可以通过实地观察、岗位访问、开座谈会、问卷测试、请求有关人员提供书面材料等方法获得制度设计所需的有关资料、信息。以下介绍常用的三种方法。

（一）观察法

观察法是指根据预定的目标、计划，对调查对象进行观察，并通过记录、分析有关感性资料进行调查的方法。它是会计制度设计中常用的调查研究方法之一。例如：对企业的管理状态、生产经营状况、员工的工作态度、企业管理者与员工的关系等情况，可以通过观察法来搜集资料。

运用观察法时，在观察前应确定观察目标、制订观察计划、拟订观察提纲，观察提纲一般包括观察谁、观察什么、何时观察、何地观察、观察目的等具体内容。在观察时，应注意以下三点：一是保持被观察者的自然状态，避免干扰；二是把观察与思考、分析结合起来，没有思考、分析，就捕捉不到有用的信息；三是认真做好观察记录。记录的方式可以多种多样，既可以事先将观察项目细化为不同的指标体系，按一定方式列出表格，在观察时调查者只需依据判断在表格上画上记号；也可以对某个重点项目做重点记录；还可以将观察到的现象、感受和体验等做全面的描述性记录。但不管是哪一种形式的记录，都应做到准确客观、全面完整、系统连续。另外，有条件的话，尽可能地做一些摄像和录音。在观察后，应及时做好以下工作：一是按预定计划对事实资料进行分类、归档和统计；二是对缺漏、错误记录进行修正与追补，使之系统化、准确化；三是对资料进行分析，撰写观察报告。

（二）问卷法

问卷法是以书面提出问题的方式收集资料的一种调查方法。这种方法主要用统一设计的问卷，要求调查对象对问卷做出填答，从而获得某一群体对某一现象或问题的看法和意见。例如要了解员工对现有会计制度的认知程度、不同阶层管理人员对新会计制度的要求等，可通过问卷法收集资料。

问卷的形式主要有三种：一是封闭型问卷。这种问卷不仅要提出问题，还要提供可选择的答案，只允许答卷者在问卷所限制的范围内进行挑选。这种问卷具有标准化、简单易行、心理干扰小、样本大、便于统计、能解决多因素复杂问题等优点；但也存在缺乏灵活性、指导性、深入性，容易受社会因素的影响等缺点。二是开放型问卷。这种问卷只提出问题，不列出答案，让被调查者自由陈述自己的想法。问卷的题型可以是填空式的，也可以是问答式的。开放型问卷具有了解信息全面、灵活度高的优点，但存在样本小、不便于统计等缺点。三是综合型问卷。这种问卷综合了开放型与封闭型问卷的优点，并弥补各自的不足。这种问卷的设计要以封闭型为主，适当加入若干开放型问题。一般对于比较确定的问题，用封闭型问题提出，对于尚未明了的问题，或深层次的调查，则采用开放型问题提出。

在使用问卷法收集资料时，应注意以下几点：一是题量要适当地多一些。由于问卷法容易受社会变量的影响，题量太少，容易导致答案失真。因此，问卷应从不同角度多出一些题目，以检验被调查者回答的一致性。二是问题要便于被调查者回答。问题设计要与被调查者的背景、所处环境等相适应，并能引起他们积极回答的兴趣。三是尽量采用封闭型与开放型相结合的综合问卷形式。其中封闭型试题要按标准化测试的原则进行编拟；开放型问题应具有启发性，有利于被调查者回答。四是应采用匿名答卷方式。

（三）访谈法

访谈法是通过调查者与被调查者直接接触、直接交谈的方式收集资料的调查方法。与观察法相比，访谈可以直接了解受访者的思想、心理、观念等深层内容；与问卷法相比，访谈可以直接询问受访者本人对某问题的看法，并提供机会让受访者用自己的语言表达他们的观念，因此，该法有较广泛的使用范围。例如通过对各职能部门负责人的访谈，可以了解各主要职能部门的情况，了解他们对会计制度设计的要求等。

访谈法的运用过程主要包括以下内容：

（1）设计访谈提纲。在访谈之前要设计一个访谈提纲，明确访谈的目的和所要获得的信息，列出所要访谈的内容和提问的主要问题。

（2）恰当进行提问。要想通过访谈获取所需资料，对提问有特殊要求。在表达上要求简单、清楚、明了、准确，并尽可能地适合受访者。另外，适时、适度的追问也是必要的。

（3）准确捕捉信息，及时收集有关资料。访谈法收集资料的主要形式是"倾听"。倾听应在不同的层面进行：在态度上，访谈者应该是"积极关注地听"，而不是"表面地或消极地听"；在情感上，访谈者要"有感情地听"，避免"无感情地听"；在认知上，要随时将受访者所说的话和信息迅速纳入自己的认知结构中加以理解和同化，必要时还要与对方进行对话，与对方交流共同构建新的认识。另外，在倾听时要注意不要轻易打断对方的讲话，要保持适度的容忍与沉默。

（4）适当地作出回应。访谈者不只是提问和倾听，还需要将自己的态度、意向和想法及时地传递给对方。回应的方式多种多样，可以是诸如"对"、"是吗"、"很好"、"明白了"等言语行为；也可以是点头、微笑等非言语行为；还可以是重复、重组和归纳总结。

（5）及时作好访谈记录。如有条件，还要进行录音或录像。

为了使访谈能够有效地顺利进行，还应注意在访谈前应对访谈对象有所了解；访谈的问题应该是由浅入深、由简入繁，而且要自然过渡；在回应中要避免随意评论；访谈者要注意自己在访谈中的非言语行为；要讲究访谈的结束方式。

第三节 调查提纲和资料整理

设计人员经过调查研究会取得大量的资料，这些资料大部分与所设计的会计制度有关，也可能有少数资料与该次制度设计相关性不大。为使调查工作深入、细致，使调查内容不致重复或遗漏，使设计工作能更顺利进行，在调查研究进行前有必要拟出调查提纲，并在设计人员中进行适当分工开展调查，在调查后需要对取得的资料加以整理和分析。

一、调查提纲的编制

调查提纲是对所要调查的内容，事先拟订好调查项目，以便调查时逐条逐项进行，不使调查内容重复或遗漏。这些内容最好以表格形式来体现，调查后这些表格就成为设计工作底稿之一，便于归档保管和日后查考。调查提纲的格式如表 2-1 所示。即使是修订旧制度，也应有一个简单的调查提纲。

表 2-1　　　　　　　　　调查提纲（工作底稿一）

被调查单位：　　　　　　　　　　　　　　　　　　　　　　　年　　月　　日

序号	调查项目	内容	备注	被调查人
1	一、企业性质及规模			
2	1. 性质			
3	2. 规模			

续表

序号	调查项目	内容	备注	被调查人
4	二、生产业务、组织结构情况			
5	1. 产品种类			
6	2. 产品生产方法和工艺流程			
7	3. 原材料供应情况			
8	4. 生产设备情况			
9	5. 生产协作和质量管理情况			
10	6. 组织结构			
11	7. 管理体制			
12	三、职能部门			
13	1. 财务机构			
14	2. 供应机构			
15	3. 销售机构			
16	4. 技术部门			
17	四、……			
…	……			

调查人：

设计过程首先是调查研究过程，要深入基层员工全面调查，切忌闭门造车，这是会计制度设计能否符合实际，并使其得到顺利贯彻执行和达到预期效果的关键。

二、对调查资料的整理和分析

设计者在获得调查资料后，应对其加以整理和分析。调查资料一般可分为两类：一类是表明企业一般情况的资料，如企业的性质和规模；企业内部机构设置和人员配备；资产总额、负债总额、所有者权益总额；近几年平均销售量、利润总额；生产经营方针和计划；产品制造程序；原材料供应情况等。这些资料与设计会计制度有一定关系，但大多数都不能在设计中直接加以利用。第二类是与设计有密切关系的资料，如产品种类、产品的工艺过程、产品生产周期、设备情况、仓库管理制度、各级管理人员对内部报表和责任会计的要求、现行会计制度的缺陷等，它们与设计的制度密切相关。

对上述两类资料加以整理，目的是初步划分出可利用的资料，这是一个去粗取精的过程。可以将与设计直接相关的资料列入工作底稿二，其格式参见表2-2。

表 2-2　　　　　　　　　　　调查资料分类底稿（工作底稿二）

被调查单位：　　　　　　　　　　　　　　　　　　　　　　　　　年　　　月　　　日

内容＼项目＼调查提纲序号	会计机构	会计科目	会计报表	会计凭证	会计账簿	内控制度	责任会计
1							
2							
3							
4							
5							
6							
〜〜〜	〜〜〜	〜〜〜	〜〜〜	〜〜〜	〜〜〜	〜〜〜	〜〜〜
…							

表 2-2 实际上是对调查资料的分类和分析，日后在设计局部性会计制度时（表中各项内容可看作局部性会计制度）即可直接引用参考。

三、进行总体设计

根据工作底稿一、二的资料，可以对该设计项目作出总体分析，它是对即将开始的具体设计进行粗线条的构思，构思结果形成总体设计的内容。总体设计的主要内容包括：

（1）根据企业的性质和规模确定会计机构的名称及会计人员基本数量。

（2）根据企业的经营业务提出核算方面的基本设想：会计科目的类别和总账科目的繁简程度；内部报表的种类及主要会计指标；应采用的账务处理程序；会计凭证的种类和账簿体系。

（3）根据产品种类、工艺特点确定所采用的成本计算方法、费用分摊标准。

（4）提出企业财产物资管理和内部控制制度的基本设想：货币资金、实物资产（分存货、固定资产）、采购业务、销售业务的管理及控制是重点。

（5）确定应提供的管理所需的各项资料，主要是各职能部门所需的会计资料。

以上内容只是全部会计制度的轮廓性描述，经充分讨论后形成文字材料，然后据此进行具体设计。

第四节　会计制度总则设计

一、会计总则与总体设计的区别

会计制度总则是指写在会计制度最前面的概括性的适用于会计工作各个环节的总的原

则。在我国，一项会计制度的第一章的名称基本上称为"总则"，有时也称总说明。

会计总则是设计某项会计制度的基本指导思想和基本规定，它与总体设计既有联系又有区别。从联系方面看，它们都是制约具体设计的。从区别上看，首先，总体设计指出的是各项局部制度的设计所采用的基本方法，如设计的账务处理程序是采用记账凭证核算形式还是科目汇总表核算形式或其他形式，又如设计的成本计算方法是采用品种法还是分批法、分步法；而会计总则中不指出这些方法，一般是说明所设计制度的依据、采用的一般原则等有关内容。其次，总体设计属于对各局部制度的构思，也可称为具体设计的提纲，它是设计人员自己留用的"设计蓝图"，并不加入未来的设计成果中；而会计总则作为该项会计制度的指导思想和基本规定，是设计成果的重要组成部分，是对该制度中运用的重要会计政策的说明。再次，从设计步骤看，总体设计在前，会计总则设计在后。

二、会计总则的一般内容及设计

会计总则一般包括以下内容：该会计制度制订的目的与依据、该制度的适用范围、会计组织机构设置、会计工作任务、会计核算一般原则、记账方法、计量货币、文字选择、财务报告要求等。这些内容概括地规定了一些指导性原则和总的要求、总的任务，是企业组织会计工作的重要依据。通过会计制度总则，企业的会计人员和其他相关人员可以了解该会计制度制订的目的、实施的要求，掌握会计制度的总精神，掌握指导会计工作的规范，对会计制度的贯彻实施、明确会计工作任务，做好会计工作有着重要的意义。

设计会计总则时，该项会计制度制订的目的和依据、该会计制度的适用范围两项内容值得注意。目的和依据是制订会计制度的主要前提。不同要求的会计制度其制订的目的与依据也有所不同。如财政部制定的《企业会计准则——基本准则》（2006年发布）第一章第一条指出："为了规范企业会计确认、计量和报告行为，保证会计信息质量，根据《会计法》和其他有关法律、行政法规，制定本准则。"通过第一章的学习，我们已知道会计准则是我国现行会计制度体系的第二层次，它的制订依据显然是第一层次的《会计法》。而财政部2006年发布的《企业会计准则——存货》的第一章第一条指出："为了规范存货的确认、计量和相关信息的披露，根据《企业会计准则——基本准则》，制订本准则。"存货准则属具体准则，它的制订依据是基本准则。又如财政部、国家档案局制订的《会计档案管理办法》（1998年发布）第一章第一条指出："为了加强会计档案管理，统一会计档案管理制度，更好地为发展社会主义市场经济服务，根据《会计法》和《档案法》的规定，制订本办法。"由此可见，由于会计档案属于档案范畴，在制订依据方面除《会计法》外还要依据《档案法》的规定。

会计制度的适用范围，是该会计制度存在的另一个前提条件，没有这个条件该会计制度也就没有存在的必要。如财政部2006年发布的《企业会计准则——存货》第一章第二条指出："下列各项适用其他相关会计准则：（1）消耗性生物资产，适用《企业会计准则第5号——生物资产》。（2）通过建造合同归集的存货成本，适用《企业会计准则第15号——建造合同》。"本规定采用了排除法，指出除上述两类存货外，其他存货都适用。又如财政部2001年发布的《内部会计控制规范——基本规范（试行）》第一章第三条指出："本规范适用于国家机关、社会团体、公司、企业、事业单位和其他经济组织。"由此可见，该规范的适用范围很广，涵盖了包括企业（含公司）、政府及非营利组织的所有单位。

除以上两方面的内容外，会计总则中所包含的诸如会计核算一般原则、记账方法、计量货币、文字选择、财务报告要求等内容的设计具有通用性，以下通过实例说明会计总则的设计。

三、会计总则设计实例

以下是财政部2006年发布的《企业会计准则——基本准则》的总则部分。

第一章　总　　则

第一条　为了规范企业会计确认、计量和报告行为，保证会计信息质量，根据《中华人民共和国会计法》和其他有关法律、行政法规，制订本准则。

第二条　本准则适用于在中华人民共和国境内设立的企业（包括公司，下同）。

第三条　企业会计准则包括基本准则和具体准则，具体准则的制订应当遵循本准则。

第四条　企业应当编制财务会计报告（又称财务报告，下同）。财务会计报告的目标是向财务会计报告使用者提供与企业财务状况、经营成果和现金流量等有关的会计信息，反映企业管理层受托责任履行情况，有助于财务会计报告使用者作出经济决策。

财务会计报告使用者包括投资者、债权人、政府及其有关部门和社会公众等。

第五条　企业应当对其本身发生的交易或者事项进行会计确认、计量和报告。

第六条　企业会计确认、计量和报告应当以持续经营为前提。

第七条　企业应当划分会计期间，分期结算账目和编制财务会计报告。

会计期间分为年度和中期。中期是指短于一个完整的会计年度的报告期间。

第八条　企业会计应当以货币计量。

第九条　企业应当以权责发生制为基础进行会计确认、计量和报告。

第十条　企业应当按照交易或者事项的经济特征确定会计要素。会计要素包括资产、负债、所有者权益、收入、费用和利润。

第十一条　企业应当采用借贷记账法记账。

☞**思考题：**

1. 什么是会计制度总体设计？为什么要进行会计制度总体设计？
2. 调查研究有哪些具体内容？确定这些内容时应遵循何种原则？
3. 调查研究中主要用到哪些方法？各有何优缺点？
4. 什么是会计制度总则设计？与会计制度总体设计有何区别？
5. 会计制度总则设计包括哪些内容？应如何进行设计？

☞**案例设计：**

资料：某单位决定筹组服务公司，并在其下开设一家百货商店。请你代为设计一套会计制度。该商店的情况如下：该商店由公司投资30万元，在银行开立结算账户，实行独立核算。除会计由公司会计人员兼任外，另招收10名员工，负责商店所有其他各项业务工作。商店经营日用百货,向本市有关批发企业和生产厂家购进,在商店中零售,所得盈利除按规定缴纳各项税款外,30%上交公司,其余70%留归商店作为扩大经营和员工奖金之用。假定已对上述百货商店进行了调查研究,并有如下调查结果:

(1) 商店员工的分工为:设经理一人兼采购工作,会计由公司会计人员兼任,其余人员为营业员,仓库保管及出纳工作分别由一名营业员兼任,商店的收款员由不兼任其他职务的营业员轮流担任。

(2) 该商店固定资产仅有运货车辆等少数几种,商店房屋是向其他单位租用的。商店有各种货架、商品容器和供周转用的包装物及向外单位租用的包装物。

(3) 该商店经营的商品范围有可能再增加,人员也将会增加。商店员工除经理和会计具有相当的专业经验外,其余全是新参加工作的人员。商店附近设有银行。

(4) 为便于加强管理,要求会计每月提供各种主要商品的购、销及结存情况的资料。

要求:仅对下列内容作出总体设计,其余按同业的会计制度办理。

1. 提出商品采购、入库、出库的手续制度的意见。
2. 仓库保管账是否同时核算数量与金额?会计部门对库存商品如何进行控制。所采用的方法有何优缺点。
3. 会计对商品的领取、销售和结存如何进行监督?
4. 对于现金、银行存款的收、支,出纳应设置什么账簿登记?会计如何进行管理和核算?
5. 固定资产和非商品物资如何进行管理和核算?
6. 为满足商店管理的要求,确定每月应提供哪些会计报表?

第三章 会计组织系统设计

◎ 学习目标：
1. 了解和掌握怎样为单位建立会计机构，如何配备会计人员。
2. 明确会计机构中各岗位的责任制度。
3. 理解会计人员职业道德的重要性。
4. 了解会计档案管理制度及会计人员交接制度的设计。

第一节 会计机构的设置

正确反映和监督会计对象是会计的基本职能，保证会计信息的真实性和完整性，提高会计信息的使用价值是会计工作的基本目标。要充分发挥会计职能，及时完成会计任务，有效实现会计目标，必须建立健全会计机构。会计机构是企业组织系统中一个重要的基础构件，担负着反映和监督企业经济业务运作，进行财务分析、财务控制、成本管理、信息管理、信用管理及其战略与资源管理、建立绩效评估与薪酬分配等重要职责。建立科学、适用的会计机构对企业管理具有重大意义。

设置会计机构，既要符合《会计法》等法规的要求，又要与各单位的管理要求和管理组织形式相适应。《会计法》第36条规定："各单位应当根据会计业务的需要，设置会计机构，或者在有关机构中设置会计人员并指定会计主管人员；不具备设置条件的，应当委托经批准设立从事会计代理记账业务的中介机构代理记账。"由此可知，单位会计机构的设置有三种情况，以下分别论述：

一、设置独立的会计机构和会计人员

为了科学、合理地组织和开展会计工作，保证本单位会计管理工作的正常进行，各单位原则上应当设置独立的会计机构。实行企业化管理的事业单位，大中型企业（包括集团公司、股份有限公司、有限责任公司等），业务较多的行政单位、社会团体和其他组织都应设置独立的会计机构，配备一定数量的会计人员。

（一）设置独立会计机构的原则
1. 会计机构的设置要与各单位的规模和管理要求相适应

单位的业务类型和经营规模决定经济业务的内容和数量，也影响会计机构的设置及其内部分工。一般而言，对经营类型复杂，业务量多的大中型企业，设置的会计机构应该大些，可设置成"处"；对经营类型简单，业务量少的小型企、事业单位，设置的会计机构可以小些，称为"科"或"室"；大型集团公司的会计机构可设置为"部"。

会计机构的设置也要和单位的管理要求相适应。在传统管理模式下，一些单位将财务机构与会计机构合并设置在一起，只设一个财务科室，由总会计师或主管财务工作的副总经理领导，负责整个企业的财务和会计两方面的管理工作。财务、会计机构的合并设置便于财会业务集中管理，并能提高工作效率。但随着经济的发展，企业面临的理财环境越来越复杂，财务管理的内容也越来越丰富，财务机构与会计机构合并设置所带来的职责不清的弊病越来越明显。越来越多的企业按照现代企业制度的要求将财务与会计分开，设置独立的机构，各司其职。在总会计师或财务副总经理之下，设置平行的财务部和会计部，其中会计部主要负责会计核算、办理纳税、内部会计控制、编制财务报告等；财务部负责资金筹集、编制财务预算、投资经营决策、营运资金日常管理、利润分配、信用和保险等。

2. 会计机构设置要体现专业分工原则

会计机构无论大小，其内部对会计人员都应根据会计业务的不同进行明确的分工并规定各个岗位会计人员的职责和权限。这不仅是加强会计管理、明确经济责任的需要，而且是贯彻内部控制制度的需要。通过专业分工和岗位责任制，使各项工作做到分工协作，相互制约和监督，减少会计差错，防止舞弊，使会计信息质量达到相关和有用的目的，满足投资者、债权人及国家宏观调控的需要。

3. 会计机构设置要符合科学有效原则

企业组织机构的设置有其自身的规律性和科学性，会计机构的设计也必须本着提高管理效率的科学性原则。企业管理的目的是使企业经营能有条不紊，以最小的投入，取得最大的经济效益，即遵循成本效益原则。因此，会计机构设计也要符合科学、有效的原则，避免机构重叠、人浮于事、相互扯皮的现象，最大限度地提高会计工作效率。

4. 会计机构设置要体现系统配合原则

企业组织系统具有集合性、关联性、环境适应性、功能性、动态性和层次性等特征，在会计机构设置时，应根据企业生产经营特点进行系统分析和设计，使会计机构与有关职能部门，诸如供应部门、销售部门、人力资源管理部门等密切配合，建立有机的协调关系，共同完成企业管理系统任务，以充分发挥会计工作在企业管理中的核心地位。

（二）会计机构设置模型

1. 国外会计机构设置

国外企业财务会计工作组织一般有三种体制，即董事长领导下的财务总监制、总经理领导下的总会计师制和总经理领导下的财务副总经理制。第一种体制可称为所有权管理型机构，它权威性高，主要为维护股东利益服务；第二、第三种体制可以称为经营管理型机构，主要为加强企业经营管理服务。其中第三种体制下又分为财务部和主计部两个机构，是上文提到的财务机构与会计机构分设的形式。其会计机构设置如图3-1所示。

图3-1中计划部负责各项财务计划的编制，经营部负责资金的筹集及对外对内投资业务，信贷部负责客户信用调查、坏账处理及对分公司等下属单位的放贷业务等。

2. 集团公司会计机构设置

集团公司是拥有多个控股子公司、分公司和其他分支机构的企业。从集团公司从事的经营范围看，它可以是同一行业的，也可以是不同行业的；从其分支机构分布的地域范围看，可能是我国境内的集团公司，也可能是一个跨国性集团公司。因此，此类公司经济业

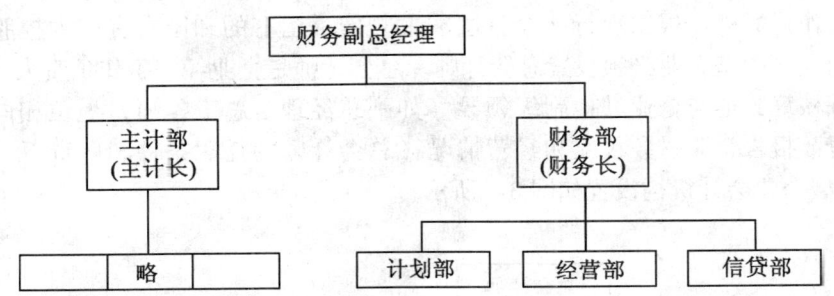

图 3-1 国外会计机构设置图

务类型复杂，涉及面广，辐射性强。那么，会计机构除了日常的会计核算、财务管理工作外，还要收集汇总各子公司所在地的经济信息，管理和运作集团公司各分支机构或分公司之间的资金。所以，集团公司的会计机构通常独立于其他管理部门，专门组成一个财务公司或投资控股公司，同时将对总公司本部的财务会计管理与对子公司的控制管理划分为两部分，采取非集中核算的方式，即各子公司财务会计部门负责整理有关本公司业务的原始凭证，进行明细核算，上报有关会计报表；总公司财务会计部门进行总分类核算，编制集团公司财务报告。集团公司对外的现金往来、物资购销、债权债务的结算由总公司财务会计部门集中办理。集团公司会计机构设置如图 3-2 所示①。

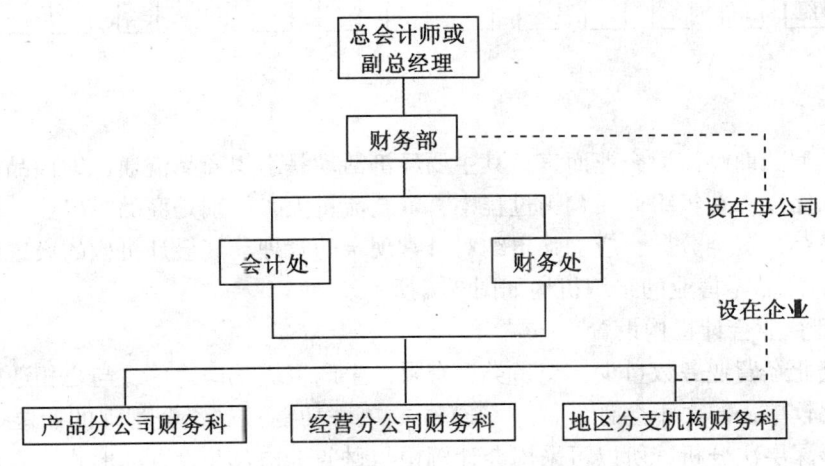

图 3-2 集团公司会计机构设置图

3. 大中型企业会计机构设置

由于大中型企业的规模大、业务量繁多，资金流量大，内部管理难度相应增大。会计机构除负责日常的核算外，还要开展对资金的运作和管理、负责投资经营决策、信用和风

---

① 赵岩，崔国萍. 企业会计制度设计. 上海：立信会计出版社，2009.

险管理等工作，所以会计机构通常采用会计核算、财务管理分开设置的模式，以加强企业财务管理工作。另外，根据现行《会计法》的规定，国有的和国有资产占控股地位或者主导地位的大、中型企业必须设置总会计师。总会计师是企业经济工作负责人，全面负责企业的经济核算，他与企业其他副级领导（如副总经理、总工程师）地位相同，直接对总经理负责，报告企业财务状况和经营情况（总会计师的任职条件和职责下一节深入讲述）。大中型企业会计机构设置如图3-3所示。

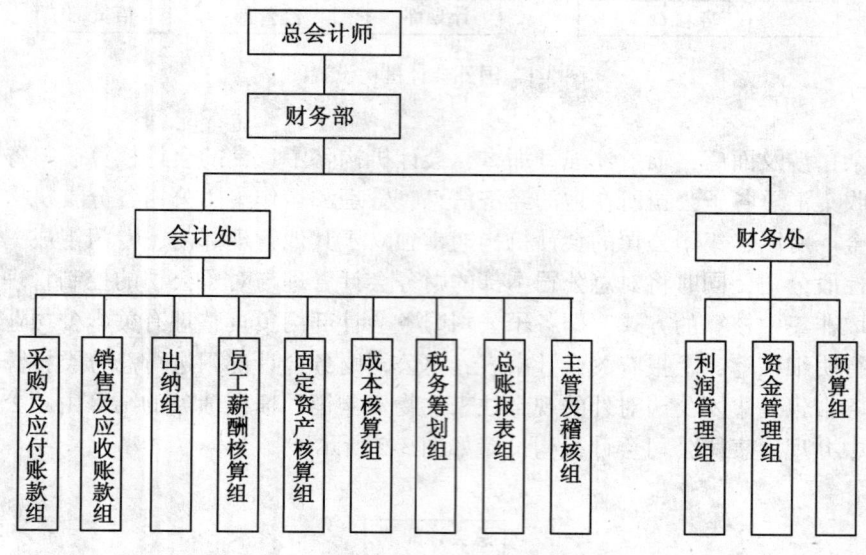

图3-3　大中型企业会计机构设置

对大中型的商品流通企业而言，其主要经济活动是组织商品流通，即商品的购进、销售、调拨和储存。在组织商品购销过程中，资金流量大，特别是商品零售业，其客户是成千上万的民众，资金分散，应加强出纳对日常现金的管理。其会计机构的设置应有别于图3-3，常见的商品零售业的组织机构如图3-4所示。

4. 小型企业会计机构设置

小型企业经营业务数量少，交易类型有限，生产组织结构简单，与之相适应的会计组织结构也比较单一。由于会计发挥"核算"的单一功能，对资金管理的职能少，也很少对数据进行深层次分析，所以可采用会计机构与财务机构合并设置的形式，会计部门宜采用集中核算的方式。小型企业会计机构设置如图3-5所示。

二、不设置独立的会计机构，在有关机构中设置会计人员

根据《会计法》第36条的规定，不具备单独设置会计机构条件的单位，应当在有关机构中设置会计人员，并且指定会计主管人员。对于经营规模小，财务收支数额不大，会计业务比较简单的企业、机关、团体、事业单位和个体工商户等，为适应这些单位的管理要求和组织结构特点，允许其在有关机构中配备专职会计人员。会计人员放在哪个机构，

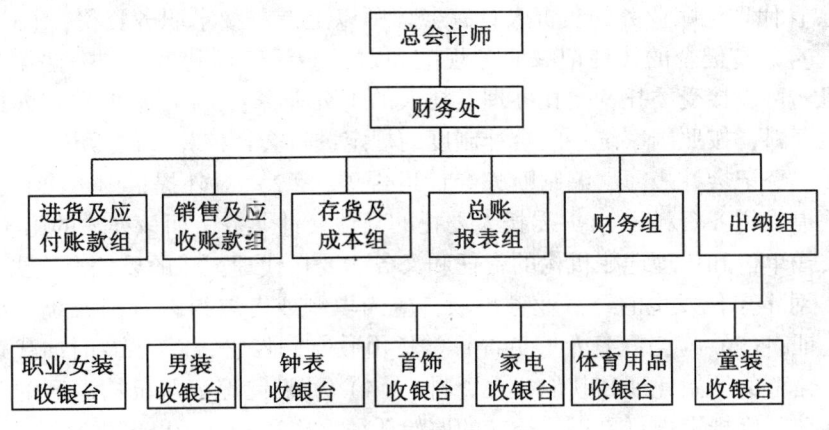

图 3-4　商品零售业的组织机构

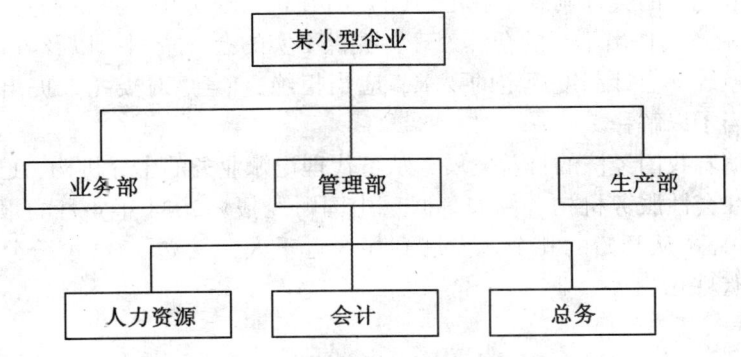

图 3-5　小型企业会计机构设置

要考虑单位的管理组织形式,一般是单位内部与会计工作接近的机构,如计划、统计或经营管理部门,或者是综合部门,如经理办公室等。

值得注意的是专职会计人员中,应指定会计主管人员,这是提高工作效率,明确岗位责任的内在要求,目的是强化会计责任制度,防止出现会计工作无人负责的局面。另外,只配备专职会计人员的单位也必须具有健全的财务会计制度和严格的财务手续,其专职会计人员的专业职能不能被其他职能所替代。

三、代理记账

根据《会计法》第 36 条的规定,不具备设置会计机构和会计人员条件的单位,"应当委托经批准设立从事会计代理记账业务的中介机构代理记账"。为了具体规范代理记账业务,财政部于 2005 年 1 月发布了《代理记账管理办法》,对从事代理记账的条件、代理记账的程序、委托双方的责任和义务等做了具体规定。因此,对不设置会计机构和会计人员的单位,可直接委托经批准设立从事会计代理记账业务的中介机构代理记账。

根据《代理记账管理办法》第 4 条的规定,设立代理记账机构,除国家法律、行政法规另有规定外,应当符合下列条件:(1) 3 名以上持有会计从业资格证书的专职从业人员;(2) 主管代理记账业务的负责人具有会计师以上专业技术职务资格;(3) 有固定的办公场所;(4) 有健全的代理记账业务规范和财务会计管理制度。该办法第 12 条规定,代理记账机构可以接受委托,受托办理委托人的下列业务:(1) 根据委托人提供的原始凭证和其他资料,按照国家统一的会计制度的规定进行会计核算,包括审核原始凭证、填制记账凭证、登记会计账簿、编制财务会计报告等;(2) 对外提供财务会计报告;(3) 向税务机关提供税务资料;(4) 委托人委托的其他会计业务。而该办法的第 14、15 条分别规定了委托单位和代理记账机构的责任和义务。委托代理记账的委托人应当履行的义务包括:(1) 对本单位发生的经济业务事项,应当填制或者取得符合国家统一会计制度规定的原始凭证;(2) 应当配备专人负责日常货币收支和保管;(3) 及时向代理记账机构提供真实、完整的原始凭证和其他相关资料;(4) 对于代理记账机构退回的要求按照国家统一的会计制度规定进行更正、补充的原始凭证,应当及时予以更正、补充。代理记账机构及其从业人员的义务包括:(1) 按照委托合同办理代理记账业务,遵守有关法律、行政法规和国家统一的会计制度的规定;(2) 对在执行业务中知悉的商业秘密应当保密;(3) 对委托人示意其作出不当的会计处理,提供不实的会计资料,以及其他不符合法律、行政法规和国家统一会计制度规定的要求,应当拒绝;(4) 对委托人提出的有关会计处理原则问题应当予以解释。

事实上,随着我国经济的日益发展,从事代理记账业务的中介机构,已成为我国近年来日益成熟的社会性服务机构。例如,据《中国财经报》2008 年 4 月的报道,北京某会计服务有限公司,"从开始的几个人发展到如今近千人,设立了 30 家分公司,服务客户近万家","小代账做出大事业"。

第二节 会计岗位设计与会计人员配备

会计组织机构设计好后,另一个重要问题就是设计各岗位的责任制度及配备相应人员。

一、会计岗位的设置及分工

为科学地组织会计工作,应当建立健全会计部门内部的岗位责任制,将会计部门的工作分为若干岗位,并且为每个岗位规定相应的职责和要求。《会计基础工作规范》对会计工作岗位设置规定了基本原则和示范性要求:一是会计工作岗位可以一人一岗、一人多岗或一岗多人,但应当符合内部牵制的要求;二是会计人员的工作岗位应当有计划地实行轮换;三是会计工作岗位的设计由各单位根据会计业务需要确定。设计会计岗位时,应考虑单位经济管理对会计信息要求的详简程度和单位经济业务工作量的大小。以大中型企业为例,独立设置的会计机构在会计核算、财务管理分设情况下,工作岗位及岗位职责要求如下:

(一)会计核算岗位

1. 采购及应付账款组

本组主要负责记录和监督采购业务；审核采购业务的原始凭证如采购计划、采购合同是否经过供应部门和主管领导的批准；审核材料入库手续是否完备；核算材料采购成本，按合同规定支付货款；根据原始凭证编制记账凭证，登记应付账款明细账；定期组织材料仓库盘点实物，核对材料总账和明细账，做到账账相符、账实相符。

2. 销售及应收账款组

本组主要负责反映和监督销货业务；审核发票账单的真实性、正确性；登记应收账款明细账，设置销货日记簿的企业由本组登记该簿；建立账龄分析表，催收本单位欠款，处理坏账损失业务；核对库存商品总账和明细账，并检查商品是否相符；定期编制商品销售分析报告。

3. 出纳组

出纳组名曰"组"，实则可能只有一人。主要根据国家有关现金管理和银行结算制度及外汇管理的相关规定，根据主管会计审核签章的凭证，办理现金收付和结算业务；序时登记现金及银行存款日记账；保管库存现金和各种有价证券；保管有关空白支票、空白收据及相关的印章；保证现金账户余额与库存现金相符，核对银行存款余额。

4. 员工薪酬核算组

本组负责计算员工的薪酬，办理与员工的各项工资结算；参与制订薪酬总额计划，分析员工薪酬总额计划的执行情况，控制其支出；按计划基数提取薪酬总额，按规定交纳"五险一金"，审核发放员工薪酬；年终计算并编制员工薪酬清算表，参与有关薪酬清算；办理员工个人所得税的计算、交纳和其他代扣工作。

5. 固定资产核算组

本组负责制订固定资产目录（划分生产经营用和非生产经营用固定资产，作为固定资产核算依据）；负责审核订货合同、工程立项批准书等，做好固定资产增加的核算（含购入、自行建造、其他单位投资转入、融资租入、改建扩建、接受捐赠等）；负责审核批准文件，做好固定资产减少的核算（含出售、盘亏、毁损、投资转出等）；使用正确方法计算提取固定资产折旧，核算固定资产大小修理支出；负责协调固定资产清查、盘点和对账工作；督促财产主管部门和使用部门，提高资产利用效率。

6. 成本核算组

本组负责核对各项原材料、物品、产成品、在产品入库领用事项及收付金额，编制材料领用转账凭证；审核受托及委托外单位加工事项；进行成本、费用的分配及账目之间的调整，计算生产及销售成本；做好成本日常控制，进行内部成本核算及业绩考核；编制单位有关成本报表。

7. 税务筹划组

本组负责办理各种税金计提、缴纳、查对、复核等事项，办理所得税的减免税申请事项；办理进出口业务的关税缴纳、免税申请及退税等事项；办理企业有关工商、税务的开业、变更登记等有关事项；负责申办及登记进出口证书业务、单据及结算等事项；负责编制税务报表及相关分析报告。

8. 总账及报表组

本组负责汇总记账凭证的登记、总账的登记及对外报表的编制；负责期末结账、利润计算及结转等工作；对会计报表进行定期分析，写出综合分析报告。

9. 主管及稽核组

本组负责复核各种记账凭证，复核凭证是否合法，内容是否真实，手续是否完备，数字是否正确，会计分录是否符合会计准则和会计制度的规定；对账簿记录进行抽查，看其是否符合要求，并将计算机中的数据与会计凭证进行核对；复核各种会计报表是否符合会计准则和会计制度规定的编报要求，复核中发现问题和差错，应通知有关人员查明、更正和处理；负责审查财务收支，根据财务收支计划和财务会计制度，逐笔审核各项收支，对计划外或不符合规定的收支，应提出意见，并向有关领导汇报，采取措施，进行处理。

（二）财务管理岗位

1. 预算组

本组负责编制企业财务预算，包括现金预算、销售收入预算、生产成本及各项费用预算、资本预算等，并负责各项预算执行情况的检查，处理其他与预算有关事项。

2. 资金管理组

本组负责对企业资金的筹集和运用的管理，包括：根据资本预算，核定资金需要量，筹集资金，对资本结构和资金成本进行控制；对企业各种投资进行可行性研究，包括对外投资、吸收外单位投资、基建投资和设备更新改造的可行性研究；提出决策建议，对投资项目的现金流量进行估算并对其进行控制。

3. 利润管理组

本组负责制订企业利润规划，对利润计划执行和完成情况进行监督和评价；拟订企业利润分配政策，制订利润分配方案，并对已批准的利润分配方案组织实施。

二、会计人员的配备

（一）会计人员的任职要求

同从事任何技术工作一样，从事会计工作的人员要在专业素质方面具备一定的条件。《会计法》第 38 条规定："从事会计工作的人员，必须取得会计从业资格证书。"根据财政部 2005 年颁布的《会计从业资格管理办法》第 2 条的规定，"在国家机关、社会团体、公司、企业、事业单位和其他组织（以下统称单位）从事下列会计工作的人员必须取得会计从业资格：会计机构负责人（会计主管人员）；出纳；稽核；资本、基金核算；收入、支出、债权债务核算；工资、成本费用、财务成果核算；财产物资的收发、增减核算；总账；财务会计报告编制；会计机构内会计档案管理"。本办法第 7 条同时规定，国家实行会计从业资格考试制度。由此可知，会计从业资格证书，是证明能够从事会计工作的唯一合法证明，是进入会计岗位的"准入证"。会计从业资格证书一经取得，全国范围内有效。

根据《会计从业资格管理办法》的规定，申请参加会计从业资格考试的人员，应当符合下列基本条件：遵守会计和其他财经法律、法规；具备良好的道德品质；具备会计专业基础知识和技能。因违反《会计法》的规定，被依法吊销会计从业资格证书的人员，自被吊销之日起 5 年内（含 5 年）不得参加会计从业资格考试，不得重新取得会计从业资格证书。因有提供虚假财务会计报告、做假账、隐匿或者故意销毁会计凭证、会计账簿、财务会计报告，贪污、挪用公款，职务侵占等与会计职务有关的违法行为，被依法追究刑事责任的人员，不得参加会计从业资格考试，不得取得或者重新取得会计从业资格证书。会计从业资格考试科目为：财经法规与会计职业道德、会计基础、初级会计电算化（或者珠算五级）。

要使会计人员具备必要的政治和业务素质，进行在职培训是重要途径之一。要进行知识更新，适应法律、经济、政治、技术上新的要求，在职培训和接受继续教育是必需的。《会计从业资格管理办法》第20条规定，"持证人员应当接受继续教育，提高业务素质和会计职业道德水平。持证人员每年参加继续教育不得少于24小时"。

（二）会计人员的职责

会计人员的职责，概括起来就是及时提供真实可靠的会计信息，认真贯彻执行和维护国家财经制度和财经纪律，积极参与经营管理，提高经济效益。根据《会计法》的规定，会计人员的主要职责是：

进行会计核算。会计人员要以实际发生的经济业务为依据，记账、算账、报账，做到手续完备，内容真实，数字准确，账目清楚，日清月结，按期报账，如实反映财务状况、经营成果和财务收支情况。进行会计核算，及时地提供真实可靠的、能满足各方需要的会计信息，是会计人员最基本的职责。

实行会计监督。各单位的会计机构、会计人员对本单位实行会计监督。会计人员对不真实、不合法的原始凭证，不予受理；对记载不准确、不完整的原始凭证，予以退回，要求更正补充；发现账簿记录与实物、款项不符的时候，应当按照有关规定进行处理；无权自行处理的，应当立即向本单位行政领导人报告，请求查明原因，作出处理；对违反国家统一的财政制度、财务制度规定的收支，不予办理。

除核算和监督外，会计人员的职责还包括：拟订本单位办理会计事务的具体办法；参与拟订经济计划、业务计划，考核、分析预算、财务计划的执行情况；办理其他会计事务，如协助企业其他管理部门做好企业管理的基础工作等。

（三）会计人员的主要权限

为了保障会计人员顺利履行自己的职责，国家在明确会计人员职责的同时，也赋予其必要的权限，主要包括：

有权要求本单位有关部门、人员认真执行国家批准的计划、预算，遵守国家财经纪律和财务会计制度，如有违反，会计人员有权拒绝付款，拒绝报销和拒绝执行，并向本单位领导人报告。对于弄虚作假、营私舞弊、欺骗上级等违法乱纪行为，会计人员必须坚持拒绝执行，并向本单位领导人或上级机关、财政部门报告。

有权参与本单位编制计划、制订定额、签订经济合同，参加有关的生产、经营管理会议。领导人和有关部门对会计人员提出的有关财务开支和经济效果方面的问题和意见，要认真考虑，合理的意见要加以采纳。

有权监督、检查本单位有关部门的财务收支、资金使用和财务保管、收发、计量、检验等情况。

三、会计机构负责人与会计主管的设置

（一）总会计师的设置

《会计法》第36条规定："国有的和国有资产占控股地位或者主导地位的大、中型企业必须设置总会计师。"实际工作中，许多外商投资企业、民营企业等也都设有总会计师。随着事业单位机构改革的进行，对于实行企业化管理的事业单位，其是否设置总会计师，应由这些单位根据内部管理需要自行决定。根据《总会计师条例》的规定，总会计师是单位行政领导成员，协助单位主要行政领导人工作，直接对单位主要行政领导人负责。凡设置总会计师的单位，在单位行政领导成员中，不设与总会计师职权重叠的副职。

《总会计师条例》的第7条规定了总会计师的职责：

（1）编制和执行预算、财务收支计划、信贷计划，拟订资金筹措和使用方案，开辟财源，有效地使用资金；

（2）进行成本费用预测、计划、控制、核算、分析和考核，督促本单位有关部门降低消耗、节约费用、提高经济效益；

（3）建立、健全经济核算制度，利用财务会计资料进行经济活动分析；

（4）承办单位主要行政领导人交办的其他工作。

同时《总会计师条例》的第10~14条规定了总会计师的权限：

（1）总会计师对违反国家财经法律、法规、方针、政策、制度和有可能在经济上造成损失、浪费的行为，有权制止或者纠正。制止或者纠正无效时，提请单位主要行政领导人处理。

（2）总会计师有权组织本单位各职能部门、直属基层组织的经济核算、财务会计和成本管理方面的工作。

（3）总会计师主管审批财务收支工作。除一般的财务收支可以由总会计师授权的财会机构负责人或者其他指定人员审批外，重大的财务收支，须经总会计师审批或者由总会计师报单位主要行政领导人批准。

（4）预算、财务收支计划、成本和费用计划、信贷计划、财务专题报告、会计决算报表，须经总会计师签署。涉及财务收支的重大业务计划、经济合同、经济协议等，在单位内部须经总会计师会签。

（5）会计人员的任用、晋升、调动、奖惩，应当事先征求总会计师的意见。财会机构负责人或者会计主管人员的人选，应当由总会计师进行业务考核，依照有关规定审批。

（二）会计主管的设置

如前所述，对于单独设置会计机构的单位，应指定会计机构负责人；对没有单独设置会计机构，只在其他机构配备会计人员的单位，应该在会计人员中指定会计主管人员。会计主管（即会计机构负责人）是单位中层管理人员，具体组织管理本单位的会计工作。

在单位负责人的领导下，会计主管负有组织、管理本单位所有会计工作的责任，其工作水平的高低、质量的好坏，直接关系到整个单位会计工作的水平和质量，有必要对其从业资格进行严格管理。因此，《会计法》第38条对会计主管的任职资格作了明确规定："担任单位会计机构负责人（会计主管人员）的，除取得会计从业人员资格证书外，还应

当具备会计师以上专业技术职务资格或者从事会计工作三年以上经历。"从这里可以看出，会计主管的任职条件较一般会计人员从业资格更加严格。这主要是由会计主管的地位和职责所决定的。

关于会计主管的任职条件，依据《会计基础工作规范》，会计机构负责人（会计主管人员）除应具有一定会计专业技术资格外，还应具备以下基本条件：

（1）政治素质。即应能坚持原则，做到廉洁奉公。会计工作直接处理经济业务，经济上的问题必然会在会计处理中反映出来，不能坚持原则，就不可能发现已经出现的漏洞，就不会去纠正违反财经纪律和财务会计制度的行为；没有廉洁奉公的品质，还可能犯下通同作弊的错误甚至走上犯罪道路。

（2）工作经历。即主管一个单位或者单位内一个重要方面的财务会计工作时间不少于两年。作为会计机构的负责人或者会计主管人员，没有一定的实践经验显然是不行的，否则既会"误人子弟"（不能对下级实施有效的指导），更会贻误工作，造成经济损失。

（3）政策业务水平。即应熟悉国家的财经法律、法规、规章制度和方针、政策，掌握本行业业务管理的有关知识。市场经济是法制经济。在建立社会主义市场经济的过程中，我国的经济立法工作取得了巨大的成绩，任何单位的经济业务都要直接或间接地受到有关法律、规章的规范。从事财务会计管理工作不了解、不掌握这方面的知识和相关管理知识，容易使单位的经营管理工作走入法律的"盲区"或"误区"，带来危险的后果。

（4）组织能力。即应具有较强的组织能力。组织能力是一种基本的领导能力。会计机构负责人或者会计主管人员应当具备一定的组织能力，包括协调能力、综合分析能力等。它对整个会计工作的效率和质量是十分关键的。

（5）身体条件。即要求身体状况能够适应本职工作的要求。会计工作劳动强度大、技术难度高，作为会计机构负责人或者会计主管人员必须有较好的身体状况，以适应本职工作。

上述这些条件，是对会计机构负责人和会计主管人员素质的全面要求。各单位在选配会计机构负责人或会计主管人员时，应该坚持《会计法》和《会计基础工作规范》的这些标准，严格把关，才有利于把本单位的财务会计工作做好，从而为把本单位的整个经营管理工作做好起到积极的作用。

会计主管的主要职责包括：

（1）遵守国家法规，制订企业财务制度。具体领导本企业的财务会计工作，对各项财务会计工作要定期研究、布置、检查、总结。要积极宣传、严格遵守财经纪律和各项规章制度。要把专业核算与经营管理紧密结合起来，不断改进财务会计工作。组织制订本单位的各项财务会计制度，并督促贯彻执行。根据《企业财务通则》和《企业会计准则》，结合本企业的生产经营特点，制订适合本企业的各项财务会计制度，要贯彻经济核算的原则，以便提高经济效益。要随时检查各项制度的执行情况，发现违反财经纪律、财务会计制度的情况，要及时制止和纠正。有重大问题要向领导或有关部门报告。要及时总结经验，不断地修订和完善本企业各项财务会计制度。

（2）组织筹集资金，节约使用资金。组织编制本单位资金的筹集和使用计划，并组织实施。资金的筹集和使用计划要结合本单位的经营预测和经营决策以及生产、经营、供应、销售、劳动、技术措施等计划,按年、按季、按月进行编制,并根据企业的经济核算责任制将各项计划指标分解下达落实,督促执行。根据生产经营发展和节约资金的要求,组织有关人员,合理核定资金定额,加强资金的使用管理,提高资金使用效果。根据管用结合和资金归口分级管理的要求,拟订资金管理与核算实施办法,并组织有关部门贯彻执行。

(3) 认真研究税法,督促足额上缴。对于应该上缴的税金、费用等款项,要按照国家税法等规定进行严格审查,督促办理解缴手续,做到按期足额上缴,不挤占、不挪用、不拖欠、不截留。积极组织完成各项上缴任务。

(4) 组织分析经济活动,参与经营决策。按月、按季、按年分析计划的完成情况,找出管理中的漏洞,提出改善经营管理的建议和措施,进一步挖掘增收节支的潜力。参加生产经营管理会议,参与经营决策。充分运用会计资料,分析经济效果。提供可靠信息,预测经济前景,为领导决策当好参谋和助手。

(5) 参与审查合同,维护企业利益。审查或参与拟订经济合同、协议及其他经济文件。对于违反国家法律和制度,损害国家和集体利益以及没有资金来源的经济合同和协议,应拒绝执行,并向本单位领导报告。对重要的经济合同和协议,要积极参与拟订,加强事前监督。

(6) 提供财务报告,汇报财务工作。负责按规定定期或不定期地向企业管理当局、职工代表大会报告或股东大会报告财务状况和经营成果,以便高层管理人员进行决策。要按照会计制度和上级有关规定,认真审查对外提供的会计报表,保证会计资料的真实可靠,并及时按规定报送给有关部门。

(7) 组织会计人员学习,考核调配人员。要建立学习制度,组织会计人员学习业务技术,不断提高会计人员的业务水平。定期召开专业研讨会,研究工作问题。要制订对会计人员的考核办法,按期进行考核。参与研究会计人员的任用和调配。对不适合做会计工作的人员,要提出建议,进行调整;对不能胜任会计工作的人员,要帮助培养提高,或者另行安排适当的工作。

四、会计人员的职业道德和继续教育

(一) 会计人员职业道德

会计人员是会计工作的主体,是会计事业发展的决定因素。一个单位会计人员素质的高低,职业道德的好坏直接关系到单位发展以及会计工作的水平和质量;全社会会计队伍的状况,则关系到社会经济和整个会计事业的发展。会计职业道德是会计行业生存和发展的关键,会计行业如果没有职业道德就会存在信誉危机,也就没有前途和发展可言。

从我国目前情况看,我国仅有适用于注册会计师的《中国注册会计师职业道德基本准则》,而无适用于其他会计人员的具体职业道德准则。《会计法》第39条规定:"会计人员应当遵守职业道德,提高业务素质。"这是对会计人员职业道德教育问题的规定,也是修订后的《会计法》在原《会计法》第23条关于"会计人员应当具备必要的专业知识"规定的基础上充实、强化的一项重要内容。关于会计职业道德的基本内容,《会计法》没有作出具体规定，但依财政部1996年发布的《会计基础工作规范》的规定，会计人员职业道德的内容主要包括以下6个方面：

（1）爱岗敬业。即会计人员应当热爱本职工作，努力钻研业务，使自己的知识和技能适应所从事工作的要求。爱岗敬业是做好一切工作的出发点。

（2）熟悉法规。会计工作不只是单纯的记账、算账、报账工作，会计工作时时、事事、处处涉及执法守规方面的问题。会计人员应当熟悉财经法律、法规和国家统一的会计制度，做到自己在处理各项经济业务时知法依法、知章循章，依法把关守口，同时还要进行法规的宣传，提高法制观念。

（3）依法办事。一方面，会计人员应当按照会计法律、法规和国家统一会计制度规定的程序和要求进行会计工作，保证所提供的会计信息合法、真实、准确、及时、完整。另一方面，依法办事要求会计人员必须树立自己职业的形象和人格的尊严，敢于抵制歪风邪气，同一切违法乱纪的行为作斗争。

（4）客观公正。会计信息的正确与否，不仅关系到微观决策，而且关系到宏观决策。做好会计工作，不仅要有过硬的技术本领，也同样需要实事求是的精神和客观公正的态度。否则，就会把知识和技能用错了地方，甚至参与弄虚作假或者协同作弊。

（5）搞好服务。会计工作是经济管理工作的一部分，把这部分工作做好对所在单位的经营管理至关重要。会计工作的这一特点，决定了会计人员应当熟悉本单位的生产经营和业务管理情况，因此，会计人员应当积极运用所掌握的会计信息和会计方法，为改善单位的内部管理、提高经济效益服务。

（6）保守秘密。会计工作性质决定了会计人员有机会了解本单位的财务状况和生产经营情况，有可能了解或者掌握重要商业机密。这些机密一旦泄露给竞争对手，会给本单位的经济利益造成重大的损害，这对被泄密的单位既不公正又很不利。泄露本单位的商业秘密也是一种很不道德的违法行为。因此，作为会计人员，对于自己知悉的内部机密，不管在何时何地，都要严守秘密，不得为一己私利而泄露机密。

（二）会计人员继续教育

为了贯彻落实《会计法》关于"会计人员应当遵守职业道德，提高业务素质。对会计人员的教育和培训工作应当加强"的规定，进一步推进会计人员继续教育工作，财政部根据《会计法》和《会计从业资格管理办法》于2006年制订了《会计人员继续教育规定》。

根据《会计人员继续教育规定》，财政部负责全国会计人员继续教育的管理。各省、自治区、直辖市、计划单列市财政厅（局）负责本地区的会计人员继续教育的组织管理工作。会计人员所在单位负责组织和督促本单位的会计人员参加继续教育。会计人员所在单位应当遵循教育、考核、使用相结合的原则，支持、督促并组织本单位会计人员参加继续教育，保证学习时间，提供必要的学习条件。

会计人员享有参加继续教育的权利和接受继续教育的义务。会计人员继续教育的对象是取得并持有会计从业资格证书的人员。会计人员继续教育分为高级、中级、初级三个级别。会计人员继续教育的内容主要包括会计理论、政策法规、业务知识、技能训练和职业道德等。其中，会计理论继续教育，重点加强会计基础理论和应用理论的培训，提高会计人员用理论指导实践的能力；政策法规继续教育，重点加强会计法规制度及其他相关法规制度的培训，提高会计人员依法理财的能力；业务知识培训和技能训练，重点加强履行岗位职责所必备的专业知识和经营管理、内部控制、信息化等方面的培训，提高会计人员的实际工作能力和业务技能；职业道德继续教育，重点加强会计职业道德的培训，提高会计人员职业道德水平。会计人员继续教育的形式以接受培训为主。在职自学是会计人员继续教育的重要补充。

继续教育主管部门应当加强对会计人员参加继续教育情况的考核，并将考核结果作为评选先进会计工作者、颁发会计人员荣誉证书等的依据之一。对未按规定参加继续教育或者未完成接受培训时间的会计人员，继续教育主管部门应当督促其接受继续教育；对无正当理由仍不参加继续教育的，可采取适当方式向社会公布。继续教育主管部门应当将各单位会计人员继续教育情况列入《会计法》执行情况检查、会计从业资格情况检查的内容。

第三节 会计档案管理制度及会计人员交接制度设计

一、会计档案管理制度设计

会计档案是会计核算的专业材料，是一种重要的经济档案和历史资料，是检查企业、单位过去经济活动的重要依据，也是国家档案的重要组成部分。因此，会计档案管理是会计工作不可忽视的一部分。为防止会计档案被篡改、被盗窃而泄漏经济机密，必须加强其管理，其管理方法也应在会计制度设计时加以规定。

（一）会计档案的范围

《会计档案管理办法》（1998）中明确了会计档案的范围，包括会计凭证、会计账簿和财务报告等会计核算专业资料。具体包括：

（1）会计凭证类：原始凭证，记账凭证，汇总凭证，其他会计凭证。

（2）会计账簿类：总账，明细账，日记账，固定资产卡片，辅助账簿，其他会计账簿。

（3）财务报告类：月度、季度、年度财务报告，包括会计报表、附表、附注及文字说明，其他财务报告。

（4）其他类：银行存款余额调节表，银行对账单，其他应当保存的会计核算专业资料，会计档案移交清册，会计档案保管清册，会计档案销毁清册。

《会计档案管理办法》同时规定，对采用电子计算机进行会计核算的单位，应当保存打印出的纸质会计档案。具备采用磁带、磁盘、光盘、微缩胶片等磁性介质保存会计档案条件的，由国务院业务主管部门统一规定，并报财政部、国家档案局备案。认真保管会计档案，无论是对加强和改善单位经营管理，还是对查验经济财务问题，防止贪污舞弊都具有十分重要的意义。

（二）《会计法》中有关会计档案的法律规定

《会计法》对会计档案的管理和保管提出了明确的要求，并对不按照有关法规和规定保管会计档案所造成过失的法律责任也作了明确规定。其中第 23 条规定:"各单位对会计凭证、会计账簿、财务会计报告和其他会计资料应当建立档案,妥善保管。"第 42 条规定:"未按照规定保管会计资料,致使会计资料毁损、灭失的;""可以对单位并处三千元以上五万元以下的罚款;对其直接负责的主管人员和其他直接责任人员,可以处二千元以上二万元以下的罚款;属于国家工作人员的,还应当由其所在单位或者有关单位依法给予行政处分。"第 44 条规定:"隐匿或者故意销毁依法应当保存的会计凭证、会计账簿、财务会计报告,构成犯罪的,依法追究刑事责任。有前款行为,尚不构成犯罪的,由县级以上人民政府财政部门予以通报,可以对单位并处五千元以上十万元以下的罚款;对其直接负责的主管人员和其他直接责任人员,可以处三千元以上五万元以下的罚款;属于国家工作人员的,还应当由其所在单位或者有关单位依法给予撤职直至开除的行政处分;对其中的会计人员,并由县级以上人民政府财政部门吊销会计从业资格证书。"第 45 条规定:"授意、指使、强令会计机构、会计人员及其他人员伪造、变造会计凭证、会计账簿,编制虚假财务会计报告或者隐匿、故意销毁依法应当保存的会计凭证、会计账簿、财务会计报告,构成犯罪的,依法追究刑事责任;尚不构成犯罪的,可以处五千元以上五万元以下的罚款;属于国家工作人员的,还应当由其所在单位或者有关单位依法给予降级、撤职、开除的行政处分。"

(三) 会计档案的收集与整理

会计档案的收集是通过执行归档制度来实现的。会计部门从收到外来原始凭证和填制自制原始凭证时起,会计档案就开始形成了。财务部门在收到原始凭证后,应及时编制记账凭证。记账凭证在记账后,应按类别和时间顺序收集整理,审查核对、编制目录、连同附件装订成册,并加具封面。一些性质重要的文件、资料、经济合同、公司章程、决议等,也应单独装订成册和编号。

年度终了,会计人员要对会计资料整理立卷。包括会计账簿的装订,特别是活页账要装订成册,并将账页连续编号;会计报表的装订。会计账簿的装订顺序是:封面、启用表、目录、账页、封底。会计报表的装订顺序是:封面、附列资料和编制报表说明、会计报表、封底。装订人和管理人员要签章,以明确责任。整理立卷的会计资料在会计部门保存一年后移交本单位档案管理机构。

财务会计部门在将保存一年后的会计资料向本单位档案管理机构移交时,应编制移交清册。财务会计部门应按规定将全部会计档案移交给档案管理部门,不能自行封包保存,档案管理部门也不能拒绝接受。档案部门接收保管的会计档案,原则上应当保持原卷(宗)册的封装,个别需要拆封重新整理的,应会同财务会计部门和经办人共同拆封整理,以分清责任。

(四) 会计档案的保管与销毁

会计档案要由专人负责保管。保管原则是:存放保管统一,安全方便保密。做到完好无缺,不丢失、不破损、不霉烂、不被虫蛀。会计档案的保管期限按《会计档案管理办法》和省(区)、市实施细则的规定执行。表 3-1、表 3-2 分别列示了企、事业单位的会计档案保管期限。

表 3-1　　　　　　　　企业和其他组织会计档案保管期限表

序号	档案名称	保管期限	备注
一	会计凭证类		
1	原始凭证	15 年	
2	记账凭证	15 年	
3	汇总凭证	15 年	
二	会计账簿类		
4	总账	15 年	包括日记总账
5	明细账	15 年	
6	日记账	15 年	现金和银行存款日记账保管 25 年
7	固定资产卡片		固定资产报废清理后保管 5 年
8	辅助账簿	15 年	
三	财务报告类		包括各级主管部门汇总财务报告
9	月、季度财务报告	3 年	包括文字分析
10	年度财务报告（决算）	永久	包括文字分析
四	其他类		
11	会计移交清册	15 年	
12	会计档案保管清册	永久	
13	会计档案销毁清册	永久	
14	银行存款余额调节表	5 年	
15	银行对账单	5 年	

表 3-2　　　　财政总预算、行政单位、事业单位和税收会计档案保管期限表

序号	档案名称	保管期限			备注
		财政总预算	行政单位事业单位	税收会计	
一	会计凭证类				
1	国家金库编送的各种报表及缴库退库凭证	10 年		10 年	
2	各收入机关编送的报表	10 年			
3	行政单位和事业单位的各种会计凭证		15 年		包括：原始凭证、记账凭证和传票汇总表
4	各种完税凭证和缴库退库凭证			15 年	缴款书存根联在销号后保管 2 年
5	财政总预算拨款凭证及其他会计凭证	15 年			包括：拨款凭证和其他会计凭证
6	农牧业税结算凭证			15 年	

续表

序号	档案名称	保管期限			备注
		财政总预算	行政单位事业单位	税收会计	
二	会计账簿类				
7	日记账		15年	15年	
8	总账	15年	15年	15年	
9	税收日记账（总账）和税收票证分类出纳账		25年		
10	明细分类、分户账或登记簿	15年	15年	15年	
11	现金出纳账、银行存款账		25年	25年	
12	行政单位和事业单位固定资产明细账（卡片）				行政单位和事业单位固定资产报废清理后保管5年
三	财务报告类				
13	财政总预算	永久			
14	行政单位和事业单位决算	10年	永久		
15	税收年报（决算）	10年		永久	
16	国家金库年报（决算）	10年			
17	基本建设拨、贷款年报（决算）	10年			
18	财政总预算会计旬报	3年			所属单位报送的保管2年
19	财政总预算会计月、季度报表	5年			所属单位报送的保管2年
20	行政单位和事业单位会计月、季度报表		5年		所属单位报送的保管2年
21	税收会计报表（包括票证报表）			10	电报保管1年，所属税务机关报送的保管3年
四	其他类				
22	会计移交清册	15年	15年	15年	
23	会计档案保管清册	永久	永久	永久	
24	会计档案销毁清册	永久	永久	永久	

根据《会计档案管理办法》的规定，会计档案保管期满需要销毁时，应由单位档案管理部门会同会计机构提出销毁意见，编制会计档案销毁清册，列明销毁会计档案的名称、卷号、册数、起止年度和该档案应保管期限、已保管期限、销毁时间等内容，并由单

位负责人在会计档案销毁清册上签署意见。销毁会计档案时,应当由档案管理和会计机构共同派人员监销,监销人员在销毁会计档案前,应逐项对会计档案销毁清册所列内容清点核对,核对无误后,在会计档案销毁清册上签名盖章,并将监销情况报告本单位领导。在销毁会计档案前,对于其中未了结的债权债务的原始凭证,例如,涉及林、地、房产权转让契约,证券、图纸有关的货币收支凭证,涉及外事的凭证以及对处理历史遗留问题有重要参考价值的原始凭证,均应单独抽出,另行立卷,由档案部门保管到确无保管必要时销毁。建设单位在建设期间的会计档案,不得销毁。

(五)会计电算化档案管理

1. 立卷、编目

电算化会计档案的立卷,除了计算机打印出来的会计档案按传统会计档案立卷外,其他生成的计算机电子文件的立卷应按电子文件档案立卷。对于会计使用的计算机程序(亦称软件),已经输入存储的会计文件(会计凭证、记账、报表、其他资料等)软盘,都应作为计算机会计档案长期或短期保存。对于供检索会计档案文件使用的软盘,应永久保存。专用的会计数据库里已载入了数据信息的软盘和程序,均应作为计算机会计档案的保管单位,按记录的特点或按时间顺序,分门别类编制档号,再一一填制计算机档案案卷目录,以便查考、利用。

2. 库房管理

归档的载体应作防写处理。不得擦、划、触摸记录涂层。载体应直立存放,并应做到避光、防尘、防变形。要保持适宜的温、湿度。对保存软盘的库房来说,库内环境应在温度15℃~27℃、相对湿度40%~60%范围内选定,一旦选定,在24小时内温度变化不得超过3℃,相对湿度变化不得超过5%,最佳环境温度是18℃,最佳相对湿度是40%,还要远离磁场。

3. 管理人员的职责

管理人员要做好对计算机会计档案的保密:必须对源程序和数据库予以加密,未经财会负责人批准,任何人不得解密;会计数据(磁盘)未经单位领导批准,不得拷贝给制度规定以外的单位;源程序未经版权所有者同意,不得拷贝复制,更不得转让。会计数据软盘,不得带出档案室外,不得丢失;在保管期间不得随意乱放,不得放在不符合保存条件的环境下保存,以防会计数据的自行丢失。对计算机会计软件的备份及恢复:要设立备查登记簿,认真登记备份的时间、数量及保管方式,需要进行数据恢复的错误类型、恢复的时间、恢复到最近状态的具体日期等。防范计算机病毒及其传染:外出工作使用备用盘,在软盘上贴写保护标签,不要在带有病毒的计算机上使用软盘,也不要在计算机上使用带有病毒的软盘,要定期或不定期地对计算机硬盘和软盘进行病毒检测等,严格预防病毒传染、破坏会计软件系统。

二、会计人员工作交接制度设计

会计人员在调动工作或因长期离职时,为了保证会计工作的继续进行,必须有人接替其工作,会计工作的这种移交和接替称为会计工作交接。《会计法》第41条明确规定:"会计人员调动工作或者离职,必须与接管人员办清交接手续。一般会计人员办理交接手续，由会计机构负责人（会计主管人员）监交；会计机构负责人（会计主管人员）办理交接手续，由单位负责人监交，必要时主管单位可以派人会同监交。"这是对会计人员工作交接问题作出的法律规定。办理好会计工作交接，有利于分清移交人员和接管人员的责任，使会计工作前后衔接；可以防止因会计人员的更换出现账目不清、财务混乱等现象。

（一）交接前的准备工作

会计人员工作调动或者因故离职需要办理会计工作交接前，必须做好以下准备工作：

（1）已经受理的经济业务尚未填制会计凭证的，应当填制完毕。

（2）尚未登记的账目应当登记完毕，结出余额，并在最后一笔余额后加盖经办人印章。

（3）整理好应该移交的各项资料，对未了事项和遗留问题要写出书面说明材料。

（4）编制移交清册，列明应该移交的会计凭证、会计账簿、财务会计报告、经管的公章、库存现金、有价证券、支票簿、发票、文件、其他会计资料等内容。实行会计电算化的单位，从事该项工作的移交人员应在移交清册上列明会计软件及密码、会计软件数据盘、磁盘等内容。

（二）交接的基本程序

1. 移交点收

移交人员离职前，必须将本人经管的会计工作，在规定的期限内，全部向接管人员移交清楚。接管人员应认真按照移交清册逐项点收。具体要求是：

（1）库存现金要根据会计账簿记录余额进行当面点交，不得短缺，接管人员发现不一致或"白条抵库"现象时，移交人员要在规定期限内负责查清处理。

（2）有价证券的数量要与会计账簿记录一致，有价证券面额与发行价不一致时，按照会计账簿余额交接。

（3）会计凭证、会计账簿、财务会计报告和其他会计资料必须完整无缺，不得遗漏。如有短缺，必须查清原因，并在移交清册中加以说明，由移交人负责。

（4）银行存款账户余额要与银行对账单核对相符，如有未达账项，应编制银行存款余额调节表调节相符；各种财产物资和债权债务的明细账户余额要与总账有关账户的余额核对相符；对重要实物要实地盘点，对余额较大的往来账户要与往来单位、个人核对。

（5）经管的公章、收据、空白支票、发票、科目印章以及其他物品等也应交接清楚。

（6）实行会计电算化的单位，交接双方应在电子计算机上对有关数据进行实际操作，确认有关数据正确无误后，方可交接。

（7）会计机构负责人（会计主管）移交时，应将经管的财务会计工作情况、重大财务收支问题和机构中会计人员的思想、业务情况向接管人员介绍清楚。

2. 专人负责监交

为了明确责任，会计人员办理工作交接时，必须有专人负责监交。通过监交，保证双方都按照国家有关规定认真办理交接手续，防止交接流于形式，保证会计工作不因人员变动而受影响；保证交接双方处在平等的法律地位上享有权利和承担义务，不允许任何一方以大压小，以强凌弱，或采取非法手段进行威胁。移交清册应当经过监交人员审查和签名、盖章，作为交接双方明确责任的证明。

3. 交接后的相关事宜

会计工作交接完毕后，交接双方和监交人都要在移交清册上签名或盖章，并应在移交清册上注明单位名称，交接日期，交接双方和监交人的职务、姓名，移交清册页数以及需要说明的问题和意见等。

接管人员应继续使用移交前的账簿，不得擅自另立账簿，以保证会计记录前后衔接，内容完整。

移交清册一般应填制一式三份，交接双方各执一份，另一份存档。

（三）移交后的责任

会计工作移交后，明确移交双方的责任是很重要的，根据现行制度的规定，移交人并不因为其移交了会计工作，而不再承担其移交的会计资料上所发生的财务会计问题。《会计基础工作规范》第35条规定："移交人员对所移交的会计凭证、会计账簿、会计报表和其他会计资料的合法性、真实性承担法律责任。"这就是说，如果移交人员所移交的会计资料是在其经办会计工作期间内发生的，那么他就应当对这些会计资料的合法性、真实性负责，即使接管人员在交接时因疏忽没有发现所接收的会计资料在合法性、真实性方面的问题，如事后发现，也应由原移交人员负责，原移交人员不应以会计资料已经交接而推卸责任。

☞思考题：

1. 单位建立会计机构时应综合考虑哪些方面的问题？
2. 如何配备单位的会计人员？
3. 思考会计人员应该具备哪些职业道德以及这些职业道德的重要性。
4. 会计档案主要包括什么？如何进行会计档案管理制度的设计？
5. 为什么要进行会计人员交接制度设计？应该怎样设计？

☞案例设计[①]：

资料：某市面粉公司是一家国有大型企业，是全国500强企业之一，是亚洲和东南亚最大的面粉加工企业。它是生产经营兼投资型企业，经营结构既有生产经营企业的特点，也有集团型企业的特点。现在的公司组织结构虽然根据现代企业制度的要求进行了改革，但在某些方面还存在不足。针对此问题公司请某会计师事务所重新设计了组织结构。修改前、后的组织结构图分别如图3-6、图3-7所示。

要求：1. 修改后的组织结构图与修改前相比增加（修改）了哪些职能部门、岗位，为什么？

2. 请勾画会计（财务）部门岗位设置机构图。

[①] 本案例参考了张文贤. 会计制度设计案例. 上海立信会计出版社，2003. 编者进行了相应的修改。

第三节 会计档案管理制度及会计人员交接制度设计

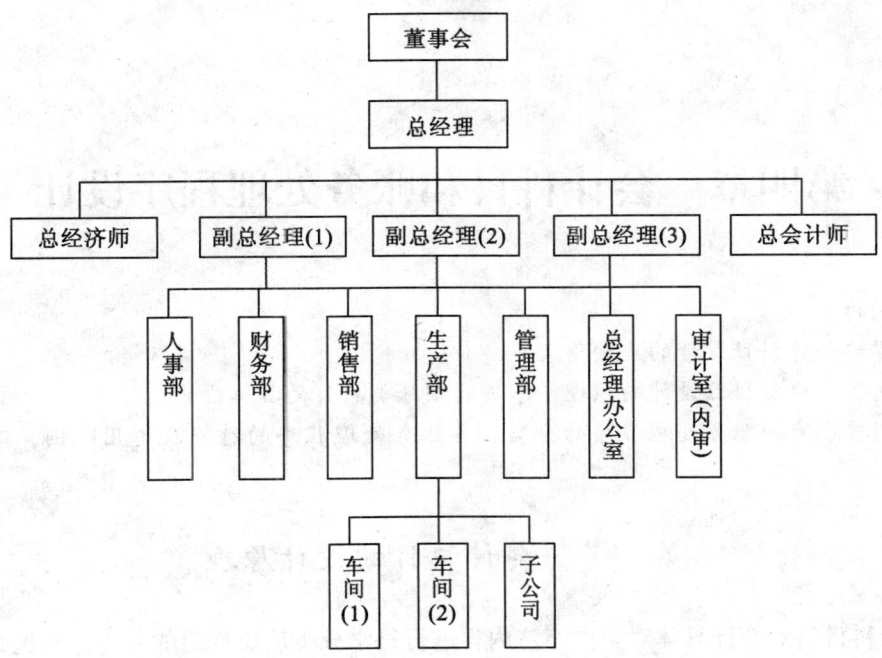

图 3-6 修改前面粉公司组织结构

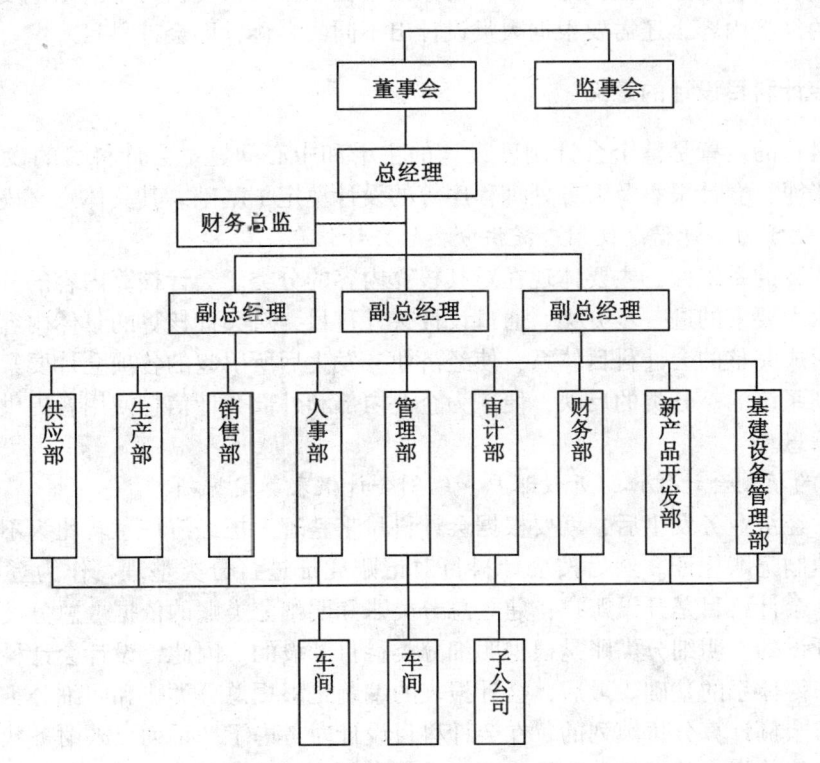

图 3-7 修改后面粉公司组织结构

51

第四章 会计科目和账务处理程序设计

◎ 学习目标：
1. 理解会计科目设计的重要意义。
2. 明确总分类科目设计的原理，掌握明细分类科目的具体设置。
3. 明确现有的账务处理程序的分类，各账务处理程序的特点及适用范围，掌握其设计方法。

第一节 会计科目的设计原理

会计科目是对会计具体对象按经济内容进行科学分类后所规定的名称，它也是会计账户的名称。目前我国将会计的具体对象分为六大要素，即资产、负债、所有者权益、收入、费用和利润，这些要素只是对会计对象按属性区分的大类，为了清晰地反映各大类要素下不同的经济内容，还需要根据大类设计出不同的名称，即会计科目。

一、会计科目设计的意义

会计科目的设置是整个会计制度设计的主干和中心问题。会计科目的设计为会计凭证、会计账簿、会计报表及账务处理程序等的设计奠定了基础。其具体意义表现如下：

（一）便于为会计信息使用者提供分类的会计信息

会计核算的系统性，主要体现在对其核算内容的分类。会计核算内容的分类，就是对会计对象六大要素的进一步分类。通过设计会计科目，对会计核算的具体内容进行系统的分类，并形成完整的会计科目体系，使经济业务发生后所引起的各项会计要素的增减变动情况能得到系统的、分类的反映，便于为企业内部和外部会计信息使用者提供预测、决策所需要的信息。

（二）为填制会计凭证、开设账户和编制会计报表奠定基础

首先，经济业务发生后，就要根据会计科目来整理，把经济信息转化为不同类别的会计信息，填制记账凭证。然后按会计科目对记账凭证进行分类整理，作为登记账簿的依据。其次，会计科目是开设账户，建立总分类账和明细分类账的依据。总分类账是根据总分类科目开设的，明细分类账是根据明细分类科目开设的。因此，设计会计科目是开设账户、建立账簿体系的基础。最后，会计报表的编制是根据总分类账和明细分类账的本期发生额和期末余额计算分析填列的。在会计科目设计时考虑了一系列反映财务状况和经营成果的项目，构成报表的项目名称均来源于会计科目，并且绝大多数报表项目的名称和会计科目是一致的。

由此可见，会计科目的设计是会计循环系统的起点，如果设计不当，既不能提供管理所需的资料，同时还可能造成账目的混乱。

（三）有利于会计工作的合理分工和顺利展开

严密、完善的会计科目体系，有利于单位会计部门的内部分工，也便于会计部门科学合理地组织会计工作，规范会计行为，使会计工作合理、有序地进行。

二、会计科目设计的原则

任何一个作为会计主体的单位都必须设置一套适合自身特点的会计科目体系。设计时应遵循以下原则：

（一）完整性原则

完整性原则要求设计的会计科目必须能够全面地反映会计要素的所有组成部分，没有遗漏，从而使得单位在对每一笔经济业务进行会计反映时，都能找到恰当的会计科目。

（二）互斥性原则

不同的会计科目应有各自不同的经济内容。所以设计出的会计科目在内涵和外延上应不存在重复和交叉，从而保证不会发生同一业务内容既可以用这个会计科目核算又可以用另一个会计科目核算的情况。

（三）口径宽窄适度原则

会计科目是对会计要素的具体化，但究竟应具体到什么程度，应该根据会计信息使用者对会计信息的具体要求而定，既不能太过粗略，使信息使用者得不到所需的信息，又不能太过细致，提供使用者并不需要的信息，或使得单位生成会计信息的成本过高。

（四）差异性原则

会计科目的设计还应反映不同行业、不同企业（政府及非营利组织）的具体情况。企业与政府及非营利组织的会计科目体系会有很大区别，某些特殊行业（例如农业）可能需要与一般行业不同的会计科目体系，而小企业则可能并不需要像大企业那样复杂的会计科目体系。

（五）可比性原则

可比性是重要的会计信息质量特征，会计科目的设计必须保证会计信息具有可比性。具体而言，同一行业、业务相近的企业应使用大致相同的会计科目体系；不同企业所使用的同一会计科目应具有相同的内涵和外延，才不会使会计信息使用者发生误解。

设计会计科目除遵循上述原则外，还应注意会计科目要编号和预留空间。对每个会计科目要科学编号，便于计算机操作（输入时、汇总时）；设计会计科目还要考虑本单位经济业务的发展，预留适当的空间，以便扩充时采用。例如，会计科目编号要预留适当的空号，就是为了将来增添新科目而用。

三、会计科目设计步骤

会计科目的设计不是拟订出各科目的名称就完成任务了，它包括许多内容，例如：科目名称、科目分类、科目编号、科目使用说明、主要经济业务分录举例等。设计时应按以下步骤进行。

(一) 编写会计科目总则

会计科目总则也称会计科目总说明，它是对会计科目这项局部性制度所作的总括的一般性说明。一般包括以下内容：

(1) 设计该科目体系的依据；
(2) 说明该科目体系的适用范围；
(3) 说明科目的编号方法和使用方法；
(4) 说明在何种情况下可增删哪些科目；
(5) 关于明细科目的设计说明。

由此可知，会计科目总则对会计科目这项局部性制度起着控制性作用。近年颁布的会计制度，会计科目总则中的内容一般通过"会计科目使用说明"来解释。我们通过早期（1989年）财政部制订的《国营工业企业会计制度——会计科目和会计报表》中的会计科目总则，了解其内容。

一、会计科目总则

(一) 本制度适用于中央和地方各级工业主管部门和非工业主管部门所属的国营工业企业。

(二) 本制度统一规定会计科目的编号，以便于编制会计凭证，登记账簿，查阅账目。各部门、各企业不要随便改变或打乱重编。在某些会计科目之间留有空号，供企业主管部门和企业增设会计科目之用。

企业在填制会计凭证、登记账簿时，应填列会计科目的名称，或者同时填列会计科目的名称和编号，不应只填科目编号，不填科目名称。

(三) 本制度对企业的记账方法，不作统一规定。在保证把账记清楚、不错不乱的原则下，企业可以根据实际情况自行规定；也可以由企业主管部门根据本系统的具体情况统一规定。

鉴于目前多数国营工业企业采用借贷记账法和增减记账法，本制度在会计科目的设置、使用说明和主要会计事项分录举例中，同时阐明这两种记账方法的记账方向。但这些记账方向是指记入总账科目的方向。在采用借贷记账法时，总账科目与其所属各明细科目的记账方向（借方或贷方）是一致的。在采用增减记账法时，有的总账科目与其所属各明细科目的记账方向（增方或减方）并不完全一致，各明细科目的记账方向，应根据各该明细科目的性质分别确定。

(四) 本制度中引用的现行有关计划、财务、统计等方面的规定，是为了说明会计科目的设置依据和使用方法。今后，这些规定如有修改、废止，企业应按新的规定办理；如果会计科目需要作相应的变更时，由财政部统一修改。

(五) 国务院各主管部门和省、自治区、直辖市财政厅、局在符合本制度统一要求的原则下，可以根据本部门、本地区的具体情况，对本制度作必要的补充规定，并报财政部备案。

国务院各主管部门对本制度的补充规定，如果要求地方国营工业企业统一执行，应先征得财政部同意，并抄送各省、自治区、直辖市财政厅、局。

（六）企业应按本制度和上级部门的规定，设置和使用会计科目。

本制度规定的会计科目，企业没有相应会计事项的，可以不设。在不违反计划、财务、统计制度的规定，不影响会计核算要求和会计报表指标汇总的前提下，可以根据实际情况，报经主管部门同意后增设、合并某些会计科目。

对明细科目的设置，除本制度已有规定者外，企业可以根据需要，自行规定。

（七）各级企业主管部门所属集体所有制工业企业的会计科目，由财政部会同有关部门参照本制度，另行规定。

（二）拟订会计科目表

会计科目表是对设计项目所使用的全部总账科目按一定类别和顺序排列而成的表格。会计科目表的内容包括：科目分类、科目名称、科目编号。

1. 科目分类

科目表中对全部科目的分类基本上是按会计要素进行的。《企业会计制度》（2000）中会计科目表的分类为资产类、负债类、所有者权益类、成本类和损益类五类。《企业会计准则》（2006）应用指南中会计科目表的分类除以上五类外，增加了一类，即资产、负债双重性科目——共同类科目，如"衍生工具"、"套期工具"、"被套期项目"等。基层单位在设计其科目分类时应结合自身实际情况，如商品流通企业的会计科目表，就无须设置成本类科目。

由此可知，会计科目大类的划分基本上是按账户的经济内容进行的。科目分类的意义在于，便于把握科目的经济内容。在大类划分后，还可划分小类。如资产类下分流动资产、一年内到期的非流动资产、固定资产、无形资产等小类；负债下分流动负债和长期负债两小类等。

2. 科目名称

在国外，企业所使用的会计科目表一般都是由企业自行设计的，科目的名称及其内涵、外延通常都是约定俗成的，政府并不为所有企业都规定统一的会计科目体系。在我国，财政部制订并颁布的会计准则、会计制度对企业所使用的会计科目作出了统一规定，企业需要遵照执行。但《企业会计准则》（2006）应用指南中同时规定企业在不违反会计准则确认、计量规定的前提下，可根据本企业的实际情况自行增设、分拆、合并会计科目。对于不存在的交易事项，可不设置相关科目。

3. 科目编号

科目编号包括两类号码：一是序号，二是编号。序号的作用在于使有关人员对该单位的会计科目总数一览便知，而且据此可推测该单位经济活动的复杂程度。编号是科目的代号，其作用是在特定情况下（如计算机处理和电话上报有关数据时）简化工作量；同时它也为报表设计提供了方便。

科目序号从第一个科目编起，直至最后一个科目，中间不能留有空号。科目编号的方法很多，一般分为数字编号法和文字编号法两种。

数字编号法就是用阿拉伯数字排列科目的编号。又分为数字顺序编号法和数字组编号法。

（1）数字顺序编号法，是指按照数字从小到大的顺序排列科目的编号方法。例如：根据每类科目的多少，将资产类科目的编号设为1号至29号；负债类科目编号为30号至49号；共同类科目编号为50号至55号；依此类推，在每类科目之间应留有一定的空号，便于增设科目。这种编号法的优点是简便易行，容易记忆。缺点是编号不能反映会计科目的性质。一般运用于经济业务比较简单，运用会计科目比较固定的单位。

（2）数字组编号法，是将代表科目的数字从左向右按照一定的规律分成若干组，每一组代表一定的含义。我国所使用的会计科目编号法主要有三位数字组和四位数字组两种。以四位数字组为例，第一位表示科目所处的大类，是对全部总分类科目按其所反映的经济内容所作的分组。所选数字从1开始，依次为"1"代表资产类；"2"代表负债类；"3"代表共同类；"4"代表所有者权益类；"5"代表成本类；"6"代表损益类。第二位表示科目所处的大类下的小类，是对某类会计科目按其所反映的经济内容所作的进一步分组。例如资产类科目分为10小类，为保证代码数字不超过4位，所选数字从0开始，依次递升至数字9。"10"表示资产类中的货币资金，"11"表示资产类中的交易性金融资产和应收款项等。第三位表示会计科目在小类基础上进一步的类别划分，可以称其为小小类，只需要一位数字。从0开始，依次递升至最后一个小小类，例如，"100"表示货币资金等。第四位表示会计科目在所属小小类中按某一种排列标准进行排列时所处的位置。各小小类科目虽然包含的科目数量不同，但都在10个以下，因此，只需要一位数字，从1开始，依据科目编号原则进行排列，例如，"1001"表示库存现金，"2001"表示短期借款等。

文字编号法是指用有代表意义的字母排列科目编号的方法。通常采用英文字母编号，例如，以A代表资产类；以AC代表流动资产类；以ACC代表流动资产中的现金等。这种编号法的优点是便于记忆，缺点是书写不如数字方便，所以很少采用。

（三）编写会计科目使用说明

会计科目使用说明是对会计科目的经济内容和使用方法作出的详细解释。解释内容包括以下方面：

（1）说明各科目反映的经济内容及如何运用。经济内容是指该科目的含义，如何运用是指该科目借、贷方各登记什么内容，余额在何方，反映什么内容，主要的科目对应关系是什么。

（2）说明科目的适用条件，包括在何种情况下使用该科目。例如"交易性金融资产"科目是核算企业为交易目的持有的债券投资、股票投资、基金投资、权证投资等交易性金融资产的公允价值。企业持有的直接指定为以公允价值计量且其变动计入当期损益的金融资产，也在本科目核算。衍生金融资产不在本科目核算。企业（证券）接受委托采用全额承购包销方式承销的证券，应在收到证券时将其进行分类。如划分为以公允价值计量且其变动计入当期损益的金融资产，应在本科目核算；如划分为可供出售金融资产，应在"可供出售金融资产"科目核算。

（3）有关财产物资的科目，要说明其分类、计价和计提方法等问题。例如"固定资产"科目，要说明其分类标准、原始价值的确认方法、折旧方法、盘盈盘亏的处理、清理报废的处理等。

（四）编写主要经济业务分录举例

主要经济业务分录举例是将科目使用说明中的科目对应关系条理化和表格化，它实质上是科目使用说明的内容的延续和补充，目的在于加强科目使用的可操作性。编写时要注意所列举的经济业务要全面且有代表性；所罗列的经济业务在顺序上要有一定逻辑性；分录举例最好采用表格形式。

第二节 会计科目的设计方法

如前所述，在我国，财政部制订并颁布的会计准则、会计制度对企业所使用的会计科目作出了统一规定，企业需要遵照执行。这一方面说明，我国企业所使用的会计科目具有很强的可比性。另一方面说明，单位没有设置总分类科目的自主权。以下只介绍总分类科目设计的原理，重点讲述明细分类科目的设计。

一、总分类科目的设计

（一）设计原理

如果设计者是为新成立的单位设计会计科目，可以根据《企业会计准则》的要求，借鉴政府颁布的各项会计制度、相关企业会计科目设计经验和科学成果等进行设计，以使设计出的科目名称通用化、标准化，同时可节约设计成本；如果企业经济业务发生了新的变化或经营管理有新的要求，设计者可以对原有会计科目进行局部修改补充。例如，2006年《企业会计准则》中引入了公允价值这个计量属性，相应地，需要增加"公允价值变动损益"这一科目；如果设计者是为合并或兼并的企业设计会计科目，应该在分析各原有会计科目的基础上，对相同或相近的会计科目加以归类合并，重新设计能覆盖其核算内容、适应管理要求的新的会计科目。

《企业会计准则——应用指南》中规定了162个总分类科目，这些科目中财产物资类是设计的重点。这不仅因为财产物资是企业生产的物质基础，还因为它们收发频繁，容易流失，而且在计价方面也比较复杂。以下以固定资产和原材料科目为例讲解其设计。

固定资产是指能多次参加生产经营过程，而且在使用中始终不改变原有实物形态的劳动资料和劳动条件。固定资产准则中只规定了判断固定资产的使用年限标准，即一年以上，企事业单位可自行设计其单位价值标准。对于小型企业，可以规定单价在1 000元以上的劳动资料才能构成固定资产，而大、中型企业可以规定为2 000元和1 500元以上。实际中要结合具体情况进行设计，例如服装生产企业的缝纫机，其单价一般不超过1 500元，但它却是企业的主要劳动资料，故将其列为固定资产；又如学校和科研单位的图书资料（书、报、杂志）其单价很低，少则几十元，多则上百元，但这些图书资料确属这些单位主要的工作条件，而且量大，累计金额大，故也应列为固定资产。因此确认一项资产是固定资产还是低值易耗品，首先从使用年限标准判断；其次是单价标准，单价标准要结合该资产对单位的生产经营活动有无重大影响、是否属于主要劳动资料来分析。

材料是指生产经营过程中能构成产品实体或有助于产品形成的劳动对象。由于材料品种繁多，规格型号不同，在流动资产中所占比重较大，因此在会计制度中应明确规定材料的分类和材料目录的编制。材料依其在生产经营过程中的用途可分为原材料、辅助材料、燃料和包装材料四类。原材料是指构成产品实体的劳动对象,包括外购半成品和修理用备件;辅助材料是指能直接用于生产、有助于产品形成但并不构成产品实体的材料;燃料包括煤、汽油、液化气等燃料;包装材料指为包装产品、随同产品出售以及借给或租给其他单位使用的各种包装物品。大中型企业,原则上应按以上四类分设一级科目进行核算,企业规模较小,材料不多的,也可只设原材料一个一级科目进行核算,其余可作为二级科目。在材料分类基础上,设计者应帮助企业设计和编制材料目录,其编制方法可参考主管部门编制的"材料目录",列出本企业所使用的各种材料,删去本企业不使用的材料,材料目录一般包括类别、编号、名称、规格或型号、计量单位、计划单价等项目。

表4-1列出了《企业会计准则——应用指南》中给出的会计科目表。

表4-1　　　　　　　　　　　　会 计 科 目 表

顺序号	编号	会计科目名称		顺序号	编号	会计科目名称	
		一、资产类		19	1223	应收分保未到期责任准备金	保险专用
1	1001	库存现金		20	1224	应收分保保险责任准备金	保险专用
2	1002	银行存款		21	1231	其他应收款	
3	1003	存放中央银行款项	银行专用	22	1241	坏账准备	
4	1011	存放同业	银行专用	23	1251	贴现资产	银行专用
5	1015	其他货币资金		24	1301	贷款	银行和保险共用
6	1021	结算备付金	证券专用	25	1302	贷款损失准备	银行和保险共用
7	1031	存出保证金	金融共用	26	1311	代理兑付证券	银行和证券共用
8	1051	拆出资金	金融共用	27	1321	代理业务资产	
9	1101	交易性金融资产		28	1401	材料采购	
10	1111	买入返售金融资产	金融共用	29	1402	在途物资	
11	1121	应收票据		30	1403	原材料	
12	1122	应收账款		31	1404	材料成本差异	
13	1123	预付账款		32	1406	库存商品	
14	1131	应收股利		33	1407	发出商品	
15	1132	应收利息		34	1410	商品进销差价	
16	1211	应收保户储金	保险专用	35	1411	委托加工物资	
17	1221	应收代位追偿款	保险专用	36	1412	包装物及低值易耗品	
18	1222	应收分保账款	保险专用	37	1421	消耗性生物资产	农业专用

续表

顺序号	编号	会计科目名称		顺序号	编号	会计科目名称	
38	1431	周转材料	建造承包商专用	68	1711	商誉	
39	1441	贵金属	金融共用	69	1801	长期待摊费用	
40	1442	抵债资产	金融共用	70	1811	递延所得税资产	
41	1451	损余物资	保险专用	71	1821	独立账户资产	保险专用
42	1461	存货跌价准备		72	1901	待处理财产损溢	
43	1471	融资租赁资产	租赁专用			二、负债类	
44	1501	持有至到期投资		73	2001	短期借款	
45	1502	持有至到期投资减值准备		74	2002	存入保证金	金融共用
46	1503	可供出售金融资产		75	2003	拆入资金	金融共用
47	1511	长期股权投资		76	2004	向中央银行借款	银行专用
48	1512	长期股权投资减值准备		77	2011	同业存放	银行专用
49	1521	投资性房地产		78	2012	吸收存款	银行专用
50	1531	长期应收款		79	2021	贴现负债	银行专用
51	1541	未实现融资收益		80	2101	交易性金融负债	
52	1551	存出资本保证金	保险专用	81	2111	卖出回购金融资产款	金融共用
53	1601	固定资产		82	2201	应付票据	
54	1602	累计折旧		83	2202	应付账款	
55	1603	固定资产减值准备		84	2205	预收账款	
56	1604	在建工程		85	2211	应付职工薪酬	
57	1605	工程物资		86	2221	应交税费	
58	1606	固定资产清理		87	2231	应付利息	
59	1611	未担保余值	租赁专用	88	2232	应付股利	
60	1621	生产性生物资产	农业专用	89	2241	其他应付款	
61	1622	生产性生物资产累计折旧	农业专用	90	2251	应付保单红利	保险专用
62	1623	公益性生物资产	农业专用	91	2261	应付分保账款	保险专用
63	1631	油气资产	石油天然气开采专用	92	2311	代理买卖证券款	证券专用
64	1632	累计折耗	石油天然气开采专用	93	2312	代理承销证券款	证券和银行共用
65	1701	无形资产		94	2313	代理兑付证券款	证券和银行共用
66	1702	累计摊销		95	2314	代理业务负债	
67	1703	无形资产减值准备		96	2401	递延收益	

续表

顺序号	编号	会计科目名称		顺序号	编号	会计科目名称	
97	2501	长期借款				六、损益类	
98	2502	应付债券		129	6001	主营业务收入	
99	2601	未到期责任准备金	保险专用	130	6011	利息收入	金融共用
100	2602	保险责任准备金	保险专用	131	6021	手续费及佣金收入	金融共用
101	2611	保户储金	保险专用	132	6031	原保费收入	保险专用
102	2621	独立账户负债	保险专用	133	6032	分保费收入	保险专用
103	2701	长期应付款		134	6041	租赁收入	租赁专用
104	2702	未确认融资费用		135	6051	其他业务收入	
105	2711	专项应付款		136	6061	汇兑损益	金融专用
106	2801	预计负债		137	6101	公允价值变动损益	
107	2901	递延所得税负债		138	6111	投资损益	
		三、共同类		139	6201	摊回保险责任准备金	保险专用
108	3001	清算资金往来	银行专用	140	6202	摊回赔付支出	保险专用
109	3002	外汇买卖	金融共用	141	6203	摊回分保费用	保险专用
110	3003	外汇结售	银行专用	142	6301	营业外收入	
111	3101	衍生工具		143	6401	主营业务成本	
112	3201	套期工具		144	6402	其他业务支出	
113	3202	被套期项目		145	6403	营业税金及附加	
		四、所有者权益类		146	6411	利息支出	金融共用
114	4001	实收资本		147	6421	手续费及佣金支出	金融共用
115	4002	资本公积		148	6501	提取未到期责任准备金	保险专用
116	4101	盈余公积		149	6502	提取保险责任准备金	保险专用
117	4102	一般风险准备	金融共用	150	6511	赔付支出	保险专用
118	4103	本年利润		151	6521	保单红利支出	保险专用
119	4104	利润分配		152	6531	退保金	保险专用
120	4201	库存股		153	6541	分出保费	保险专用
		五、成本类		154	6542	分保费用	保险专用
121	5001	生产成本		155	6601	销售费用	
122	5101	制造费用		156	6602	管理费用	
123	5103	待摊进货费用		157	6603	财务费用	
124	5201	劳务成本		158	6604	勘探费用	
125	5301	研发支出		159	6701	资产减值损失	
126	5401	工程施工	建造承包商专用	160	6711	营业外支出	
127	5402	工程结算	建造承包商专用	161	6801	所得税费用	
128	5403	机械作业	建造承包商专用	162	6901	以前年度损益调整	

（二）设计实例

为了更好地理解总分类科目设计的原理，掌握科目设计的步骤和方法，我们通过列举一个单位会计科目设计的例子来讲解。①

1. 已知条件和设计要求

有5家个体户决定合股投资1 000万元经销五金、服装、家电及百货商品，并开设音乐茶座。已租入两层楼的房屋一栋，二楼为商场，一楼为茶座大厅，已办理营业执照，准备开业。委托某会计师事务所为其设计会计制度。经事前调查，获得以下资料：

（1）除5家合股投资外，还准备向银行贷款和吸收他人投资，但他人投资不作为股份，只作为长期应付款，按比银行同期存款利率高20%付息。

（2）商场和茶座厅均需重新装修后方能营业。

（3）需购入货架、柜台、音像设备、桌椅等，及运输汽车一辆。

（4）商场购销活动中，库存商品按售价记账，可以赊购赊销。

（5）茶座厅的收入作为附营业务处理。

（6）雇请店员若干人，每月按计时工资计发报酬，奖金视营销情况而定。

（7）房屋按月交纳租金。

（8）按规定缴纳增值税和所得税（其他税种从略），税率按国家规定执行。

（9）公司要求管理费用等共同费用应在商场和茶座厅之间分摊。

（10）利润要按商场和茶座厅分别计算；税后利润按规定提取公积金。

（11）本公司名称为江城有限责任公司。

（12）已在银行开立账号。

（13）购进商品的包装物（纸箱、绳等）出售给废品公司。

要求：为"江城有限责任公司"设计会计科目并对使用中的问题作必要说明。

2. 对现有资料的分析

根据以上资料可作以下分析：

（1）该企业属商业零售企业，其组织形式为有限责任公司，所以可以按商业企业设计其会计制度。

（2）销售商品是该公司主营业务，茶座厅的业务应作为附营业务，在科目设计上要加以区分。

（3）公司要求共同费用如管理人员工资、办公费、水电费、房租等，要在两部分业务中分摊，分配标准应满足公司要求合理确定。

（4）固定资产的单价起点可以按1 000元来确定，音像等电子设备可以用加速折旧法提取折旧，汽车用工作量法提取折旧，其余固定资产可按直线法提取折旧。

（5）考虑到桌椅等单价较低，但数量较多，故可列作"长期待摊费用"，其摊销期可定为5年。

（6）他人投资按公司规定，应设计"长期应付款"科目进行处理，所付利息计入"财务费用"科目。

---

① 为节约篇幅，举例中的"科目使用说明"不再叙述。

（7）购进商品包装物出售后的收入可设计"营业外收入"科目处理。

（8）全部科目体系应在参考《企业会计准则——应用指南》给出的会计科目表的基础上进行设计，科目编号可设计为3位数。

3. 会计科目总则的拟订

根据以上分析和已知条件，该公司会计科目总则可拟订为：

会计科目总则

（1）本科目体系是应江城有限责任公司的委托，根据其提供的资料设计的，适用于该公司的现有业务。

（2）本科目体系采用3位数编号，在使用时，可同时填写科目编号和科目名称，或只填写科目名称，但不得只填写科目编号。

（3）本科目体系按借贷记账法依据权责发生制假设进行设计。

（4）有关科目列出了明细分类科目，未列出明细科目的，公司可根据需要自行设计。

（5）日后业务范围扩大时，可增加一些科目，如开展对外投资时可增加"交易性金融资产"、"持有至到期投资"、"投资收益"等科目；还可增设"应收票据"、"应付票据"科目，分别编号为112、204，以适应票据结算的需要。

4. 会计科目表

会计科目表的格式见表4-2。

表4-2　　　　　　　　　　　江城有限责任公司会计科目表

序号	编号	科目名称	序号	编号	科目名称
		一、资产类	19	231	长期应付款
1	101	库存现金			三、费用类
2	102	银行存款	20	301	待摊进货费用
3	113	应收账款			四、所有者权益类
4	114	坏账准备	21	401	股本
5	121	商品采购	22	413	资本公积
6	122	库存商品	23	414	盈余公积
7	123	商品进销差价	24	421	本年利润
8	131	库存物料	25	422	利润分配
9	133	包装物及低值易耗品			五、损益类
10	141	固定资产	26	501	商品销售收入
11	143	累计折旧	27	502	附营业务收入
12	151	长期待摊费用	28	504	营业外收入
		二、负债类	29	511	商品销售成本
13	201	短期借款	30	512	附营业务成本
14	202	应付账款	31	513	营业税金及附加
15	203	应付职工薪酬	32	514	经营费用
16	210	应交税费	33	515	管理费用
17	221	应付股利	34	516	财务费用
18	223	长期借款	35	521	营业外支出
			36	531	所得税费用

5. 主要经济业务分录举例（见表 4-3）

表 4-3　　　　　　　　　　　　主要经济业务分录举例

业务号	内容	借方科目	贷方科目
1	合股投资存入银行	银行存款	股本
2	向银行借入长期款项	银行存款	长期借款
3	吸收他人投资	银行存款	长期应付款
4	提现备用	库存现金	银行存款
5	支付长期待摊费用	长期待摊费用	银行存款
6	购置固定资产	固定资产	银行存款
7	购入物料用品	库存物料	银行存款
8	购入低值易耗品	包装物及低值易耗品	银行存款
9	购入各种商品	商品采购 应交税费（增值税）	银行存款 或应付账款
10	商品验收入库	库存商品	商品采购 商品进销差价
11	支付采购费用	经营费用	银行存款
12	登记零售收入	库存现金	商品销售收入 应交税费（增值税）
13	登记附营业务收入	库存现金	附营业务收入
14	结转已售商品成本	商品销售成本 商品进销差价	库存商品
15	结转附营业务消耗	附营业务成本	库存物料
16	支付管理费用	管理费用	库存现金
17	支付借款利息	财务费用	银行存款
18	支付员工薪酬	应付职工薪酬	库存现金
19	摊销长期待摊费用	管理费用	长期待摊费用
20	提取折旧	经营费用	累计折旧
21	结转工资	经营费用 管理费用	应付职工薪酬
22	支付房租	经营费用	银行存款
23	登记赊销货款	应收账款	商品销售收入 应交税费（增值税）
24	登记已交增值税	应交税费（增值税）	银行存款
25	分配共同费用	商品销售成本 附营业务成本	管理费用
26	结转收入账户	商品销售收入 附营业务收入 营业外收入	本年利润

续表

业务号	内容	借方科目	贷方科目
27	结转成本费用账户	本年利润	商品销售成本
			附营业务成本
			财务费用
			经营费用
			管理费用
28	提取公积金	利润分配	盈余公积
29	计算股利	利润分配	应付股利
30	支付股利	应付股利	银行存款
31	结转利润	本年利润	利润分配
32	归还借款	长期借款	银行存款

6. 需要说明的几个问题

（1）固定资产单价金额起点为 1 000 元（含 1 000 元），货架、柜台等作为固定资产。

（2）电子设备采用年数总和法提取折旧，折旧年限定为 6 年；其他固定资产采用直线法提取折旧，年折旧率定为 8%。

（3）长期待摊费用在 5 年内摊完。

（4）共同费用按商场和音乐茶座的收入额分配。

（5）股利按合股人出资额进行分配。

二、明细分类科目的设计

总分类科目只能总括反映企、事业单位的经济活动情况，提供总括核算资料，而单位除了需要总括核算资料以外，还需要更详细具体的明细核算资料。为此需要在总分类科目下设置明细科目。基于总分类科目和明细科目之间的统驭与被统驭、补充与被补充的关系，明细分类科目的内容和使用方法应与总分类科目一致，所以设计明细分类科目应首先考虑总分类科目所反映的内容和特点。当前我国财政部一般只规定了总分类科目的设计，因此大量的明细分类科目由企、事业单位根据其生产经营特点、内部管理需要和财务会计报告的需要自行设计。

（一）实物资产类科目

实物资产应按种类和品名设置明细分类科目。企事业单位财产物资种类繁多，所占资产比重大，业务发生频繁。为便于加强管理，明确经济责任，企事业单位要定期检查资产的实有数，揭示其盘盈盘亏情况，所以有必要按财产物资的种类、品名设置明细分类科目。属于这种情况的财产物资总分类科目有"原材料"、"周转材料"、"库存商品"、"工程物资"、"固定资产"等。

（二）债权、债务类科目

债权、债务类资产或负债科目应按债权、债务单位（个人）名称设置明细分类账。企事业单位的债权、债务类科目反映了各种债权、债务事项的发生、收回或偿付及结存情况，各种债权、债务须按户结清。为准确反映单位的债权和债务总额以及每一债权、债务方的金额的具体情况，加强债权、债务的管理，企事业单位应按债权、债务单位或个人名称设置明细分类科目。属于这种情况的科目有"应收账款"、"应付账款"、"预收账款"、"预付账款"、"其他应收款"、"其他应付款"、"应付职工薪酬"、"短期借款"、"长期借款"等。

（三）成本计算类科目

成本计算类科目应按成本核算对象设置明细分类科目。成本计算对象是指费用的最终承担者。按成本核算对象设置明细分类科目，有利于客观反映各对象应负担的费用，准确计算各对象的实际成本。属于这种情况的总分类科目主要是成本类科目，如"生产成本"、"劳务成本"、"工程施工"等。

（四）收入、支出类科目

收入、支出类科目应按业务或项目设置明细分类科目。实务中，有些收入、支出科目所反映的业务种类较多，为准确反映各类业务所实现的收入和发生的支出，单位应按各科目所核算的业务种类设置明细分类科目。如"主营业务收入"、"营业外收入"、"主营业务成本"、"营业外支出"等科目就属于这种情况。

企事业单位对费用进行核算，需要按管理与会计核算的要求，按项目设置明细分类科目。对大中型企业，如果其内部设几个部门和若干车间，为了加强管理、分清责任、考核业绩，还需要结合部门设置明细分类科目。例如，制造业的"管理费用"、"销售费用"、"财务费用"要按项目设计明细分类科目，"制造费用"按车间设置明细科目。商品流通业的"管理费用"、"销售费用"、"财务费用"一般按项目设置明细分类科目，但在实行分项目管理责任制时，也要结合部门设计明细科目。

此外，还有一些明细分类科目的设计比较特殊，例如，"实收资本"科目按投资者设置明细科目；"应交税费"科目按税种设置明细；"委托加工物资"科目按加工合同或委托单位设置明细。

第三节　账务处理程序的设计

一、设计账务处理程序的作用和原则

（一）设计账务处理程序的作用

账务处理程序也称会计核算形式或会计核算组织程序，是指在会计核算工作中，以账簿体系为核心，将会计凭证、会计账簿、会计报表、记账程序和方法有机结合起来的技术组织方法。其中，账簿体系是指会计账簿的种类、格式以及它们之间的相互联系；记账程序和方法是指从审核、整理原始凭证开始，到填制记账凭证、登记各种账簿、编制会计报表为止的一系列工作顺序和方法。建立和设计科学的账务处理程序对企事业单位有着重要的作用。

1. 有利于科学、经济地提供会计信息，保证信息质量

账务处理程序是从收集和整理会计凭证、按复式记账原理对经济业务进行分类、记

账，然后汇总并编制会计报表的全过程，这个过程也就是信息的输入、加工处理和信息输出的过程，它涉及凭证、账簿和报表这三大要素的科学组织，具有较强的技术性。如果设计得不好，就无法科学、经济地提供管理所需要的有用信息。例如，一个经济业务不多，规模较小的企业单位，若采用了较复杂的账务处理程序，不仅费时费力，造成人力物力的浪费，而且还可能影响信息的质量。

2. 有利于会计工作有条不紊地进行

会计工作在一个会计期间（一般为一个月）要完成一次循环，时效性较强，为及时将会计信息提供给有关各方，必须合理组织、精心设计。考虑到各企业单位具体情况千差万别，在目前的会计准则和会计制度中，一般没有对账务处理程序作出规定，而是由各单位自行设计和组织实施。如果采用的账务处理程序不当，可能会致使凭证传递迂回曲折，账簿记录重复或格式不统一，影响会计工作的顺利进行。

3. 为凭证和账簿的设计提供保证

企事业单位的凭证和账簿如何设计在一定程度上取决于所采用的账务处理程序。例如，若采用日记总账账务处理程序，就应设计一本既具有日记账性质又具有总账作用的日记总账；若采用多栏式特种日记账账务处理程序，则无须设置日记总账，而应设置多栏式的现金和银行存款日记账。至于凭证，在有的账务处理程序下可以采用通用凭证，在有的账务处理程序下则必须采用收款、付款和转账三种专用凭证。可见，设计好了账务处理程序，也就为凭证和账簿的设计奠定了基础。

（二）账务处理程序设计的原则

账务处理程序设计一般应遵循以下原则：

1. 与本单位实际情况相结合

每个单位的生产经营和业务工作都各有特点，具体情况各有差异。因此，在设计账务处理程序时，应在符合会计准则、会计制度要求的前提下，从实际出发，选择适合本单位实际情况的账务处理程序，使其与本单位的性质、组织规模的大小，经济业务的繁简程度，经营管理的要求和会计工作的分工特点相适应，以便提高会计工作的质量，做到既不违背统一规定，又能切合实际需要。

2. 能够适应外部信息披露及内部经营管理的需要

在设计账务处理程序时，应考虑其能否准确、及时、全面地提供外部信息披露和内部经营管理所需要的各种会计信息，满足加强内部控制、经营管理和国家综合平衡工作的需要，还要考虑其他有关财务信息需求者的需要。

3. 在保证会计工作质量的前提下降低核算成本

在会计核算工作中，数字计算、分类、汇总和登记的工作量大，只有环环紧扣，组织严密才能保证质量。但同时也必须注意减少不必要的计算和重复转抄，力求简化手续，节约人力和物力，节省核算费用，还应采用先进的会计核算手段，提高工作效率。

二、账务处理程序的特点分析

（一）账务处理程序的分类

目前，实际工作中采用的账务处理程序主要有：记账凭证账务处理程序、汇总记账凭证账务处理程序、科目汇总表账务处理程序、日记总账账务处理程序和多栏式日记账账务处理程序等。总的看来，各种账务处理程序的区别主要在于登记总账的依据和方法不同，而这里的关键在于记账凭证是否汇总和如何汇总。有的账务处理程序对记账凭证不需汇总，直接据以登记总账，如记账凭证账务处理程序；有的则需要汇总，但汇总的方法不同，如科目汇总表和汇总记账凭证两种方式；有的是直接利用账户来汇总，而不是对记账凭证进行汇总，如多栏式日记账账务处理程序。因此现有的账务处理程序可以分为三类：即逐笔过账的账务处理程序、凭证汇总的账务处理程序和账户汇总的账务处理程序，如图4-1所示：

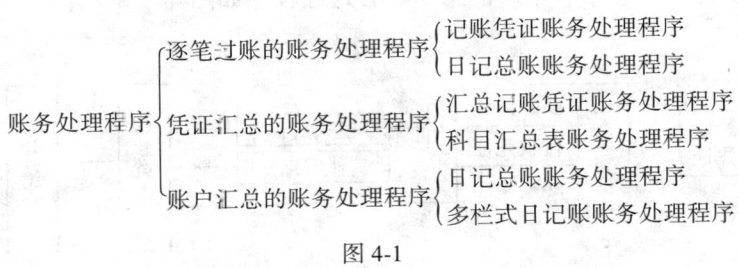

图 4-1

1. 逐笔过账的账务处理程序

逐笔过账的账务处理程序是指直接根据记账凭证登记总账而不需对记账凭证进行汇总的账务处理程序，包括记账凭证账务处理程序和日记总账账务处理程序（由于日记总账账务处理程序是利用棋盘式日记账逐笔记录经济业务，最后各栏目的汇总数即为总账，故可将其视为逐笔过账的账务处理程序，也可视为利用账户汇总的账务处理程序）。逐笔过账账务处理程序的基本模式如图 4-2 所示：

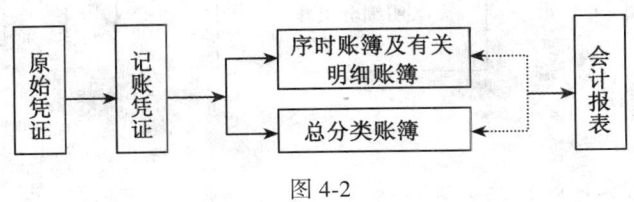

图 4-2

2. 凭证汇总的账务处理程序

凭证汇总的账务处理程序是把记账凭证先按时间（如月）、按科目进行汇总，得出各科目在一定时间内的发生额合计数，再按此合计数记入总分类账簿并据以编制会计报表的账务处理程序。由于汇总的方式不同，这种账务处理程序又分为科目汇总表账务处理程序和汇总记账凭证账务处理程序两种。凭证汇总的账务处理程序如图 4-3 所示：

3. 账户汇总的账务处理程序

账户汇总的账务处理程序是将记账凭证逐笔过入有关账户后，直接在账户上加计发生额合计数，再据以登记总账或直接代替总账，最后编制会计报表的账务处理程序。多栏式日记账账务处理程序和日记总账账务处理程序都有直接利用账户汇总有关科目发生额的功

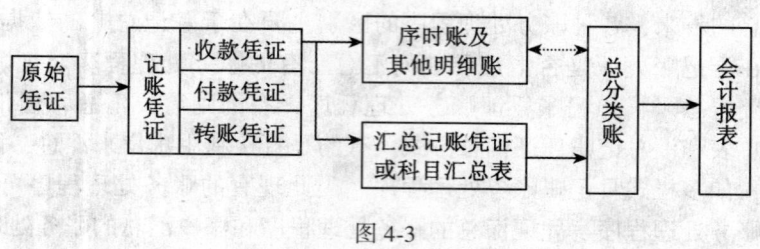

图 4-3

能,只是后者不再登记总账。账户汇总的账务处理程序如图 4-4 所示:

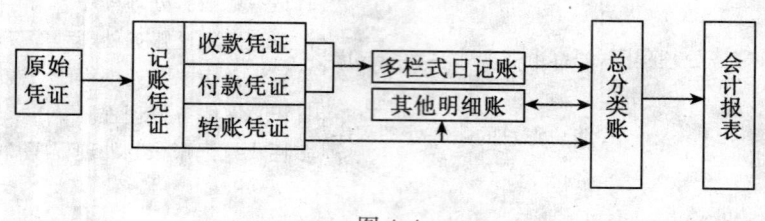

图 4-4

无论何种账务处理程序,其基本的核算模式都是沿着"原始凭证→记账凭证→账簿→报表"这一程序或模式进行的①,图 4-5 表示了各种账务处理程序的共性。

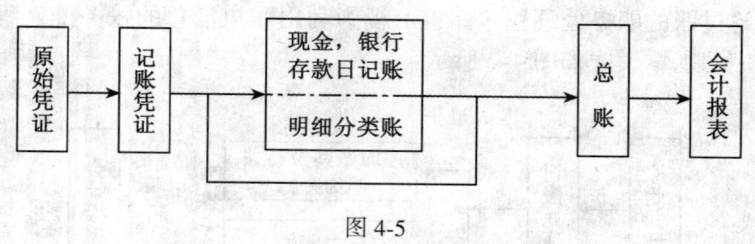

图 4-5

(二) 各种账务处理程序的特点分析

1. 记账凭证账务处理程序分析

这种程序的特点是:直接根据记账凭证登记序时账簿、明细账簿,同时也据以逐笔登记有关总分类账簿,再根据账簿记录编制会计报表。

记账凭证处理程序的主要优点是:程序简明,方法简单,由于根据记账凭证直接登记总账,所以省去了先编制记账凭证汇总表再登记总账的工作;对于一些不经常发生经济业务的会计科目,可以不设置明细账,只需在总账的会计科目摘要栏中对经济业务加以说明即可,使总账内一些会计科目的摘要记录就能够起到明细账的作用,这样就简化了记账程

---

① 廖洪. 新编会计制度设计 [M]. 北京:中国审计出版社,1996.

序和记账工作；而且，总账记录之能够较详明地反映经济活动的情况，便于看账、压账和查账。

记账凭证处理程序缺点主要表现在：不用汇总记账核算而直接登记总账，在业务量大，同类业务重复量大的时候，会增加登记总账的工作量，降低工作效率；另外，这种处理程序还不便于会计工作的内部分工。

综合考虑，记账凭证账务处理程序适用于规模较小、经济业务比较简单的企业单位，一般大中型企业单位不适宜采用这种账务处理程序。

2. 日记总账处理程序分析

日记总账处理程序是设计一种专门格式的账簿——日记总账，用以记录经济业务；逐笔记录视为日记账，汇总的合计数代替总账，并据以编制会计报表的账务处理程序。显然，日记总账兼具日记账和总账两种功能，分科目按专栏反映。因此，日记总账账簿实际上是一种联合账簿，既序时记录又分类记录。

日记总账的账页分左方和右方两个部分。左方为日记账部分，设有日期、记账凭证号数、摘要和发生额四栏；右方为总账部分，这部分是按会计科目分设借方和贷方两栏。登记时，对所发生的每笔经济业务，都要根据收款凭证、付款凭证和转账凭证逐日逐笔进行序时登记，对每一笔经济业务所涉及的各个会计科目的借方和贷方发生额，都应在同一行分别登记，并将发生额合计数记在"发生额"栏内。月末，分别结计出各栏次的合计数，计算各账户的月末借方或贷方余额，进行试算平衡并对账簿记录进行核对。全部科目本月借方发生额合计、本月贷方发生额合计应与发生额栏的本月发生额合计数相符，各科目的借方余额合计应该与贷方余额合计相符。日记总账的格式如表4-4所示：

表4-4　　　　　　　　　　　　日　记　总　账　　　　　　　　　　　　第　　页

年		凭证		摘要	发生额	××科目		××科目		××科目	
月	日	字	号		（合计）	借	贷	借	贷	借	贷
				〜〜〜							
				本月发生额合计 月末余额							

日记总账处理程序的主要优点是：由于日记总账采用多栏式，将全部会计科目分专栏列在一张账页上，因而可以全面地反映各项经济业务的来龙去脉，清晰地反映会计科目之间的对应关系，便于账目的核对和审查，有利于会计分析工作；同时，由于记账凭证不需要汇总，也不需要把日记账和总账结合在一起，因此可以简便会计凭证的处理，简化记账的手续。

日记总账处理程序的主要缺点是：由于全部会计科目都集中在一张账页上，如果企业经济业务复杂，会计科目设置多，日记总账的账页就会过长，记账时容易出现串行的差错，也不便于审阅；同时，在会计人员较多时，也不便于分工记账。

综合考虑，日记总账账务处理程序适用于生产经营规模较小、业务简单、使用会计科目不多的企业单位。

3. 科目汇总表账务处理程序分析

科目汇总表账务处理程序是将一定时期（如一旬、一周或一月）内发生的经济业务，按科目分借方、贷方发生额进行汇总，全部科目反映在一张表内，试算平衡后，再据以登记总账和期末编制会计报表。编制科目汇总表是这种程序的主要特征。

科目汇总表的格式，是按全部会计科目汇总，将汇总的数字填记在科目汇总表上。在实际工作中，也可以根据记账凭证分类汇总，即按现金、银行存款和转账业务分别汇总，编制三种科目汇总表。科目汇总表的格式如表4-5所示：

表4-5 科目汇总表

____日至____日

科目名称	借方发生额	贷方发生额	记　账
库存现金			
银行存款			
交易性金融资产			
应收票据			
应收账款			
坏账准备			
原材料			
〰〰〰〰	〰〰〰〰	〰〰〰〰	〰〰〰〰
合　　计			

制表：

上列科目汇总表的另一种形式是科目日结单[①]，这是银行中采用的汇总工具，由于银行业务量大，每天要编制日记表，所以每个科目每天都要汇总发生额，科目日结单就是用来汇总各科目当天发生额的主要工具，根据科目单的数额登记总账，再根据总账编制日记

---

① 参见廖洪. 新编会计制度设计［M］. 北京：中国审计出版社，1996.

表，是银行账务处理程序的重要特点。所以，银行的账务处理程序便成为科目日结单处理程序，它本质上属于科目汇总表账务处理程序，二者的区别是：不是所有科目在一张表内，而是一个科目一张表；不是一段时间编制一次，而是按日编制。科目日结单的格式见表4-6：

表 4-6 科目日结单

年　　月　　日

借　　方		贷　　方	
传票张数	金　　额	传票张数	金　　额
现金　　张 转账　　张		现金　　张 转账　　张	
合计　　张		合计　　张	

复核：　　　　　　　　　　　　　制单：

科目汇总表处理程序的主要优点是：由于填制科目汇总表时只要在一定时期内将各科目借贷方发生额进行合计填入表内即可，所以汇总手续简便；同时，由于总分类账按定期编制的科目汇总表登记，大大减轻了登记总账的工作量；而且，这种账务处理程序将全部科目在一定时期内的发生额反映在一张表内，一览无余，便于对当期发生额进行试算平衡。

科目汇总表账务处理程序的主要缺点是：由于科目汇总表按总账科目汇总编制，所以不能体现科目之间的对应关系所反映的经济业务实质，因此，科目汇总表只能作为登记总账和试算平衡的依据，不便于分析和检查经济业务的来龙去脉，也不便于查对账目。

综合以上情况分析，科目汇总表账务处理程序适用于经济业务量较大的大中型企业。在实际工作中，由于科目汇总表处理程序的凭证汇总手续比较简便，所以不管是手工处理还是电算化处理，工商企业和其他大型单位均较为广泛地运用这种账务处理程序。

4. 汇总记账凭证账务处理程序分析

汇总记账凭证账务处理程序是把记账凭证（一般分为收款凭证、付款凭证和转账凭证），按期间和科目汇总在"汇总记账凭证"上，对于收、付款凭证，按现金和银行存款科目的对应科目列示并汇总；对于转账凭证，则以各科目的贷方金额为主，汇总其对应的借方科目金额，这样可得到汇总收款凭证、汇总付款凭证和汇总转账凭证三种凭证，将其中各科目发生额记入总账再据以编制会计报表。它是对记账凭证核算形式的简化和发展。

汇总收款凭证、汇总付款凭证和汇总转账凭证的一般格式如表4-7、表4-8、表4-9所示：

表 4-7　　　　　　　　　　　　　　　汇总收款凭证
借方科目：银行存款　　　　　　　　　　2009 年 7 月　　　　　　　　　　　　第×号

贷方科目	金额			合计	总账页数	
	1-10 日收款凭证 1-30 号	11-20 日收款凭证 31-77 号	21-31 日收款凭证 78-105 号		借方	贷方
应收账款					8	5
主营业务收入					8	10
其他业务收入					8	17
合计					—	—

会计（印）　　　　记账（印）　　　　审核（印）　　　　填制（印）

表 4-8　　　　　　　　　　　　　　　汇总付款凭证
贷方科目：银行存款　　　　　　　　　　2009 年 8 月　　　　　　　　　　　　第×号

借方科目	金额			合计	总账页数	
	1-10 日付款凭证 1-27 号	11-20 日付款凭证 28-68 号	21-31 日付款凭证 69-110 号		借方	贷方
库存现金					20	5
固定资产					35	5
管理费用					90	5
合计					—	—

会计（印）　　　　记账（印）　　　　审核（印）　　　　填制（印）

表 4-9　　　　　　　　　　　　　　　汇总转账凭证
贷方科目：原材料　　　　　　　　　　　2009 年 8 月　　　　　　　　　　　　第×号

借方科目	金额			合计	总账页数	
	1-10 日转账凭证 1-25 号	11-20 日转账凭证 26-70 号	21-31 日转账凭证 71-100 号		借方	贷方
生产成本					3	16
制造费用					26	16
管理费用					45	16
合计					—	—

会计（印）　　　　记账（印）　　　　审核（印）　　　　填制（印）

前述科目汇总表是一种不反映账户对应关系的汇总凭证，汇总记账凭证与科目汇总表的主要区别是：科目汇总表是把全部科目集中在一张汇总表上，而汇总记账凭证是按科目分别汇总；科目汇总表只反映每一科目的借方发生额和贷方发生额，而汇总记账凭证除了按科目反映借方发生额或贷方发生额外，还反映账户的对应关系。

汇总记账凭证处理程序的主要优点是：首先，将许多记账凭证的数据汇总起来，月末一次记入总分类账，可以大大减轻登记总账的工作量；其次，凭证的整理归类比较简便，记账数字不易发生错误；再次，汇总记账凭证处理程序在凭证和账簿上保留了科目的对应关系，能较清楚地反映所发生的经济业务内容，便于查找差错和检查经济活动的发生情况。

汇总记账凭证处理程序的主要缺点是：汇总工作量比较大，尤其是当转账凭证量多且涉及的贷方科目较多时，编制汇总转账凭证的工作量会比较大；而且，汇总转账凭证是按贷方科目设置的，不是按经济业务的性质归类汇总，不利于日常核算工作的合理分工；对于经营规模较小、业务比较零星的单位，同一贷方会计科目的转账凭证一般为数不多，如果采用此种核算形式，先编制汇总记账凭证，再据以登记总分类账，不仅不能减少登记总分类账的工作量，反而会增加凭证的汇总手续。

综合考虑，汇总记账凭证核算形式一般适用于规模较大、同类经济业务重复性较强的企业单位。

5. 多栏式日记账账务处理程序分析

多栏式日记账账务处理程序是根据多栏式现金日记账、多栏式银行存款日记账和转账凭证登记总分类账的处理程序。采用这种处理程序时，凡涉及货币资金的经济业务，均先登记于所设置的多栏式现金日记账和多栏式银行存款日记账，期末再根据多栏式日记账登记总分类账；对于不涉及货币资金的转账业务，则根据转账凭证逐笔登记总分类账。因此，在多栏式日记账处理程序下，多栏式的现金和银行存款日记账具有科目汇总表的作用，月终就可根据这些日记账的本月收、付发生额和各对应科目的发生额直接登记总分类账。设置多栏式现金日记账和多栏式银行存款日记账是该种处理程序的特点，实务中也可根据需要分别设置"现金收入日记账"、"现金支出日记账"、"银行存款收入日记账"、"银行存款支出日记账"等多栏式日记账。多栏式日记账格式如表4-10所示：

表4-10 **多栏式日记账**
（现金日记账支出部分）

贷：库存现金

日期		凭证		摘　　要	对方科目				现金支出合计
月	日	字	号		材料采购	管理费用	应付职工薪酬	银行存款	
				合　　计					
				过账页次	6	8	3	10	

多栏式日记账处理程序的优点主要表现在：多栏式现金日记账和多栏式银行存款日记账具有汇总收款凭证和汇总付款凭证的作用，既能反映货币资金的收入与支出合计数，又能反映与其相对应的各个账户发生额的合计数；同时，日记账的登记工作与数据的汇总工作同时进行，减少了汇总凭证的填制，简化了总分类的登记工作量，提高了工作效率；而且，多栏式日记账将全部账户集中在一张账页上，可以反映每一项经济业务所记录的账户对应关系，为检查和分析经济业务提供了方便。

多栏式日记账处理程序的缺点表现在：当业务量较大，运用科目较多时，多栏式日记账设置的专栏势必较多，账页过长，既容易出现串行的错误，也不便于记账和保管，所以它限制了会计科目的数量，只能用于科目不多的单位；同时，在直接根据日记账登记总账的情况下，货币资金核算的总账与日记账的核对关系不存在了，不利于实行会计的内部牵制制度。

综合考虑，多栏式日记账账务处理程序一般适用于规模较大、货币资金收付业务较多且经济业务简单、使用科目较少的企、事业单位，不适用于转账业务很多的企、事业单位。

三、账务处理程序的结合运用

上述五种账务处理程序各有其优缺点，设计时究竟采用何种程序，关键是考虑企事业单位的规模大小和经济业务多少，并结合被设计单位的实际情况决定。以下通过介绍两种新的账务处理程序，来说明设计者可以在选取某些账务处理程序的优点避免其缺点的思路下，运用各种处理程序的长处设计出更适合被设计单位需要的账务处理程序。

（一）多栏式日记账兼汇总转账凭证账务处理程序

前面我们在分析多栏式日记账账务处理程序时曾指出，这种程序对收付款凭证采取了利用多栏式日记账来汇总现金和银行存款对方科目的本期发生额，从而减少了核算工作量，但对转账凭证仍然采取逐笔过账的办法既登记明细账又同时登记总账，造成转账业务的重复劳动。如果某单位收付款业务较多，转账业务也较多，这种重复劳动就更显得费时费力，因此可以采取在保留多栏式日记账处理程序优点的前提下，对转账凭证进行汇总（即吸收凭证汇总的账务处理程序的优点），再根据汇总的各科目数字登记总账，从而达到减轻会计工作量的目的。这种处理程序的过程如图4-6所示，可将其称为多栏式日记账兼汇总转账凭证账务处理程序。

图4-6所示的账务处理步骤为：

①根据原始凭证或原始凭证汇总表编制收款凭证、付款凭证和转账凭证；

②根据收款凭证登记现金和银行存款的收入日记账，根据付款凭证登记其支出日记账；

③根据收款凭证、付款凭证和转账凭证并参考原始凭证及其汇总表登记明细分类账；

④根据现金、银行存款收入、支出日记账有关专栏的合计数登记总账；

⑤根据转账凭证编制汇总转账凭证，据以登记总账，同时核对总分类账和明细分类账是否相符；

⑥根据总分类账和明细分类账的资料编制会计报表。

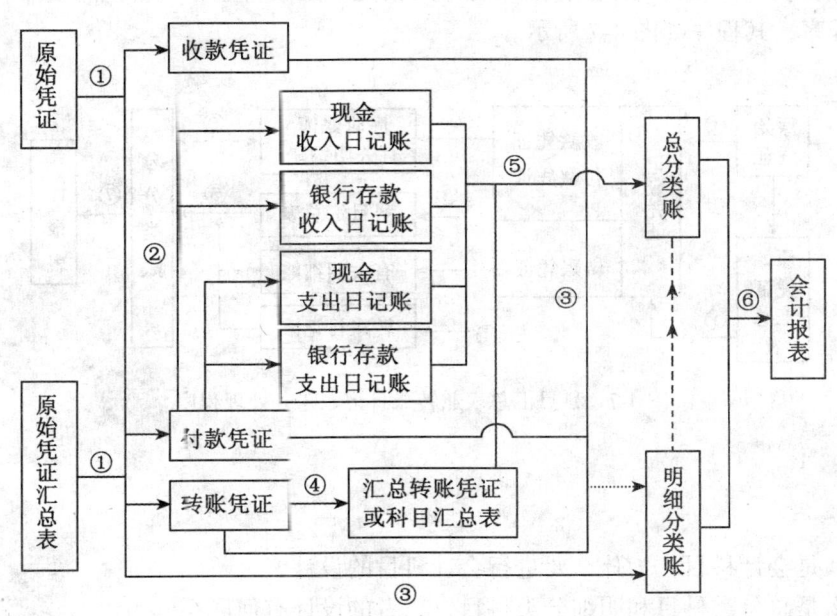

图 4-6 多栏式日记账兼汇总转账凭证账务处理程序

这种账务处理程序适用于收付款业务和转账业务都较多、规模较大的企事业单位。

(二) 科目汇总表兼转账日记账账务处理程序

科目汇总表兼转账日记账账务处理程序是吸收科目汇总表手续简便，容易掌握的优点，同时吸收日记总账处理程序利用账户汇总且账户对应关系清晰的优点，结合产生而成的一种账务处理程序。在这种处理程序下，先对收付款凭证利用科目汇总表定期进行汇总，将汇总的各科目发生额记入总账；同时对转账凭证采用转账日记账进行记账和汇总（转账日记账的格式除名称不同外，其余与日记总账格式相同），并将各科目的汇总数也记入总账。这样总账中记录了两种来源的数字，最后根据总账编制会计报表。显然这种账务处理程序适用于经济业务较多、规模较大的大中型企业。

运用这种账务处理程序时应注意以下两点：

(1) 科目汇总表只汇总现金收付业务和银行存款收付业务。为反映科目对应关系，科目汇总表共有四张，即现金收入科目汇总表、现金付出科目汇总表、银行存款收入科目汇总表和银行存款付出科目汇总表。

(2) 转账日记账只登记转账凭证中的业务，各科目下也与日记账各专栏一样设"借"、"贷"两小栏。记录时逐日逐笔登记，然后定期汇总其发生额。为了在时间上统一，汇总时间即加计各科目合计数的时间原则上应与上述四张科目汇总表的时间一致，若转账业务不多，也可全月作一次汇总。与日记总账处理的不同点是：①日记总账的月末合计数即总账的数额不另过入相关总账，但转账日记账的各次汇总数或全月一次汇总数要过入有关总账，从而使总账的发生额保持完整；②很显然，转账日记账中不能再登记现金业务和银行存款业务。

科目汇总表兼转账日记账账务处理程序严格地说是收付业务科目汇总表兼转账日记账账务处理程序，其程序如图 4-7 所示。

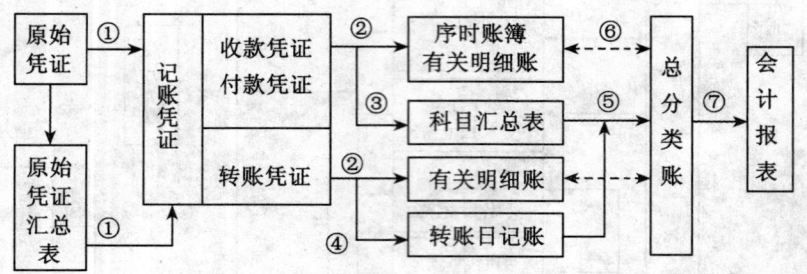

图 4-7　科目汇总表兼转账日记账账务处理程序

☞思考题：

1. 什么是会计科目？为什么要进行会计科目的设计？
2. 什么是总分类科目和明细分类科目，二者的设计有何联系？
3. 明细分类科目的具体设置方法是什么？
4. 现有的账务处理程序有哪些？其特点和适用范围分别是什么？
5. 如何进行科目汇总表账务处理程序的设计？

☞案例设计：

1. 资料：某企业成立车船票、机票代售处，已办理营业执照。经调查已知：
（1）代售处与企业是承包关系，实行单独核算；
（2）开办前，企业拨给 10 万元周转金作为注册资本；
（3）代售处房屋是租入，每月按合同交付租金；房屋要装修；
（4）代售处的收入主要是代销票手续费收入，由车站、码头、机场按规定支付；
（5）代售处已安装电话一部，购置电脑一台，另需购置必要的家具和设备；
（6）与车站、码头、机场的结算方法是：先领回票，每 5 天结算一次，付清票款，取得手续费收入；
（7）每年向企业交一定数额承包费；
（8）代售处人员均为企业员工，开业后工资及福利自理；
（9）按规定交纳有关税金；
（10）已在银行单独开户。
要求：按科目设计程序设计该代售处的会计科目。

2. 请为本章第二节中的"江城有限责任公司"设计其账务处理程序，要求画出流程图，并说明其优缺点。

第五章 会计核算系统设计

◎ **学习目标：**
1. 了解会计凭证、会计账簿、会计报表设计的意义和作用。
2. 掌握原始凭证的设计步骤，了解主要原始凭证的格式，掌握自制原始凭证的设计。
3. 明确账簿的种类、各种账簿之间的关系、掌握账页格式的设计。
4. 了解财务会计报告设计的原则和要求，掌握内部财务会计报告的设计。

第一节 会计凭证设计

会计凭证是会计发展到一定阶段后出现的。在会计产生的初期，人们用流水账的方法记录经济业务时，只是在经济活动发生后，根据回忆记录事项的内容及增减数额，因此当时无会计凭证可言。随着交换的频繁进行，生产力的进一步发展，会计事项越来越多，为考核经济业务真实性的需要，购货方需要销货方提供某种证据用来作为记账的依据，这些证据就成为原始凭证。为便于登记账簿，后来又出现了反映经济业务应记入哪些账户、方向如何、金额多少的记账凭证。由此，会计凭证分为原始凭证和记账凭证两大类，它是记录经济业务、明确经济责任的初始信息载体，是组成账务处理程序的首要要素，也是具有法律证明效力的书面文件。各企事业单位必须取得真实、合法的原始凭证，并据以编制记账凭证，才能登记会计账簿。设计会计凭证是会计制度设计工作的重要内容。

一、会计凭证设计的作用

1. 为记录经济业务提供规范的信息载体

无论原始凭证还是记账凭证，都是记录经济业务已经发生、反映经济活动的本来面貌的信息载体，为使各单位使用的会计凭证在内容上和形式上基本统一，必须事先设计出能满足经济管理需要和记账需要的规范化格式，以备在经济业务发生时填制和使用，使记录和事项一目了然、内容清晰。

2. 有利于明确经济责任

原始凭证和记账凭证上都包括一些必须具备的内容，如原始凭证上记载的业务经办人、凭证开出单位和接收单位、记账凭证上填制的经办人等，说明了该项业务发生时是由谁办理的或哪个单位出具的证明，这对日后查考或追究当事人的经济责任具有重要作用，尤其是发生经济纠纷和经济案件时，会计凭证就成为有力的法律证据。因此设计科学的会计凭证对明确经济责任、处理经济纠纷奠定了基础。

3. 有利于加强内部控制，提高管理水平

会计凭证不仅是记账依据，也是反映业务处理手续，联系有关业务部门的重要方式。科学的自制原始凭证是加强内部控制的重要手段，其本身是内部控制制度的表现形式之一。例如：利用限额领料单控制材料消耗，对降低产品中材料成本具有重要意义；材料入库单、出库单、商品质量检验单等都是重要的原始凭证，对材料和产品的收发领用起着控制作用，若设计的不合理、不科学，则可能起不到应有的控制作用，不利于加强企业管理。

二、会计凭证设计的原则

总的来说，会计凭证设计应遵循以下原则：

1. 清晰性原则

原始凭证是对经济业务的写实，记账凭证是对经济业务的科学分类，所以清晰性原则的含义是：（1）能全面反映经济活动的真实情况，例如经济活动的发生时间、地点、内容、责任等情况，让使用者一看便知而不致产生疑问；（2）凭证要素齐全。即会计凭证中必须具备的项目和内容，如对外原始凭证中应设计凭证名称、填制日期、填制单位、接受单位、业务内容、数量、单价、计量单位、金额大小写、填制人签章等内容。缺少任一要素都显得不完整；（3）中心内容或主要内容应排列在凭证的重要位置；（4）对记账凭证而言，科目对应关系要清楚，不仅要有总分类科目的位置，还要有明细分类科目的位置；（5）颜色鲜明，易于区分不同用途的联次，如收款收据一般为三联，第一联给交款人，第二联记账，第三联为存根，各联颜色应有明显区别并标明各联联次。

2. 经济性原则

经济性原则要求设计者做到：（1）尽量考虑一证两用甚至多用，以节约纸张和减少数字的转抄。如借款凭证代付款凭证，银行各种结算凭证既是原始凭证又是记账凭证等；（2）凭证面积以能充分反映业务内容为原则，不宜过大或过小，过大浪费纸张，增加印制成本，过小不便于保管；（3）专用凭证的常用项目应事先印制在凭证上，以免手写耽误时间且影响整洁和美观。

3. 统一性原则

统一性原则要求凭证的内容和格式应尽量做到统一和标准化。全国性使用的凭证如车船票、增值税专用发票等，有关部门设计时应做到全国统一。一个单位内部使用的凭证更应做到标准化，例如收款凭证中会计科目栏称总分类科目，而付款凭证中该栏又称一级科目，或者收款凭证面积大，付款凭证面积小，都是不符合统一性原则的。贯彻统一性原则不仅使凭证内容更清晰，同时也便于装订和归档保存，还有利于电算化操作和在全国范围内传递及使用信息。

4. 有利于加强内部管理原则

如上所述，自制的许多原始凭证是为加强企事业单位内部管理服务的，设计时应充分注意贯彻这一原则。例如员工考勤表、工时记录、产量记录、管理费用分配卡等的设计，都要便于各种核算、控制、分析和检查，满足管理需要和内部控制的需求。

三、会计凭证设计的任务和范围

会计凭证设计的任务就是根据被设计单位的实际情况，对凭证的种类、内容、用途、格式、传递程序作出科学的规划，绘制出科学、规范的格式，以便为完整、及时、真实地记录经济活动提供所需要的信息载体。同时会计凭证还有整理、审核、保管等问题，在设计中也要考虑。

会计凭证有原始凭证和记账凭证之分，其中原始凭证又分为外来原始凭证和自制原始凭证两种。显然设计一个单位的会计凭证时，只有自制原始凭证和记账凭证是设计的范围。值得注意的是，自制原始凭证中对外使用的凭证，如收款收据、销售发票等，必须符合国家规定的有关票据管理的要求，应加盖税务专用章的应由有关部门监制。其他完全在单位内部流转使用的凭证则可按要求来设计。

四、原始凭证的设计

（一）原始凭证要素

原始凭证是证明经济业务发生的初始文件，其基本要求是忠实地反映经济业务的内容，以便会计人员日后据以科学分类并编制记账凭证。由于经济业务的内容和经济管理的要求不同，每种原始凭证的名称、格式和内容不一样，例如有些原始凭证是内部使用的，另一些是内外部都需要的，因此原始凭证的格式也就多种多样。但无论哪一种原始凭证，在设计时都要把其所反映的经济业务内容如实、完整、详细地反映在凭证上，以提供最确切、最完整、最真实的信息。因此任何一种原始凭证都必须具备一些基本内容，通常称为凭证要素，这些基本要素主要包括：

1. 原始凭证的名称

原始凭证的名称表明原始凭证所记录的经济业务类型，反映原始凭证的用途。如"收料单"表明仓库收到了购入的原材料并已验收入库、"领料单"表明企业内部某职能部门向仓库领用材料的业务、"发票"表明企业的销售或采购业务等。

2. 凭证填制日期

填制原始凭证的日期应该是经济业务发生或完成的日期。如果在业务发生或完成时，由于各种原因未能及时填制原始凭证的，应以实际填制日期为准。如在领料单上要写明填制领料单的日期，以备考查。

3. 凭证的编号

凭证编号是为了加强会计管理和监督。

4. 交易双方单位的名称

一份完整的原始凭证应该能载明交易双方单位的名称，以便准确地反映双方的经济责任，否则就很难追查其真实性。如"××公司"、"××商场"等。

5. 经济业务的基本内容

包括所发生经济业务的摘要、名称、规格及有关附注说明等内容。

6. 经济业务所涉及的数量、单价和金额

如领料单上要有计量单位、数量、单价和金额等，这些不仅是记账所必需的资料，也是检查业务的真实性、合理性和合法性所必需的。

7. 填制单位及有关人员的签章

如领料单上应有主管人员、记账人员、领料单位负责人、领料人和发料人的签名或签章，这是明确经济责任所必需的。

以上这些只是原始凭证的基本内容，是原始凭证的共同特征，对于一些特殊的原始凭证，还应当符合一定的附加条件。例如：

（1）外来原始凭证应该使用统一的发票，发票上应该印有税务专用章，必须加盖开票单位的公章，但几种公认的特殊外来原始凭证例外，如火车票、机票、汽车票等；

（2）支付款项的原始凭证，必须有收款单位和收款人的收款证明，不能仅仅以支付款项的有关凭证代替；

（3）购买实物的原始凭证，必须附有验收证明；

（4）销售货物并发生退回时，必须以退回发票、退回验收证明和对方的收款收据作为原始凭证；

（5）职工暂借款时填制的借款单，必须附在记账凭证后。收回借款时，应该另开收据或者退还借款副本，不得退还原借款凭证；

（6）需经有关部门批准办理的某些特殊业务，应将批准文件作为原始凭证的附件，若批准文件需单独归档，应在凭证上注明批准机关名称、日期和文件字号。

在实际工作中，各会计主体可以根据经济业务的特点和本单位会计核算和管理的需要，按照原始凭证应当具备的基本内容和补充内容，设计和使用适合本单位的各种原始凭证，以充分发挥原始凭证的作用。对于在一定范围内经常发生的同类经济业务，可以由有关主管部门设计统一的原始凭证格式。例如，由税务部门统一印制的增值税专用发票、交通部门统一印制的运费单据、中国人民银行统一印制的结算凭证等。这样可以加强宏观管理，防止舞弊等违法行为的发生。

（二）原始凭证设计的步骤与方法

明确原始凭证的设计步骤，有利于在设计凭证时，统筹规划，合理安排，防止重复、遗漏等现象发生。设计原始凭证的步骤如下：

1. 设计原始凭证的格式和联次

不同种类的原始凭证具有不同的用途，因此，各种原始凭证的具体内容也不同。这就要求企事业单位针对不同用途的原始凭证，分别设计各种原始凭证的格式和联次，并规定各联次的具体用途。设计原始凭证的格式时，要考虑以下几方面：（1）凭证的联次主要根据企业的组织机构、管理要求及与企业外部的关系加以确定；（2）凭证内容排列的先后要考虑凭证传递顺序的要求，应便于登记，一般项目名称在左边，要填制的内容在右边，重要的项目应设置在主要位置；（3）凭证的版式包括印刷纸质、凭证的颜色及印刷数量等，在进行设计时都应作出合理安排。

以下举例说明原始凭证的内容和联次。例如，某企业经常发生委托外单位加工材料业务，根据会计核算和管理要求，需要设计"委托加工材料出库单"及"委托加工材料入库单"两张原始凭证。在"委托加工材料出库单"中，除了要反映原始凭证的基本要素外，还应反映：加工合同的编号，委托加工的单位，发料仓库，加工后材料的名称、规格、单位、数量，交货日期等这一委托加工业务的特殊内容。如果这一业务涉及单位中的供应、仓库和会计等多个部门的话，则此原始凭证应一式四联：一联由供应部门留存；一联交材料仓库发料、记账；一联交财务部门；一联交材料核算组。如企业规模较大，涉及的部门较多，则可适当增加联次。大家可以试着设计"委托加工材料入库单"的联次。

2. 确定原始凭证的传递程序

原始凭证传递程序是指凭证从填制或取得开始，到最后归档时为止，在本企业各部门和人员之间的传递过程和停留时间。在设计中，应明确凭证由什么部门填制，一式几联，凭证的传递途径与业务的流程如何保持同步和一致，并最终如何归档等内容。科学合理的原始凭证传递程序，是建立正常的会计业务核算程序、加强会计工作内部控制、提供真实可靠的会计资料、促进会计工作提高效率的保证。

3. 建立原始凭证的使用保管制度

任何单位在设计完成原始凭证后，都应明确规定原始凭证的使用要求，建立规范化的使用制度，保证原始凭证使用的合理性和合法性。对于使用过的原始凭证，在完成经济业务手续并记账后，必须对原始凭证妥善保管，以便日后查阅。对于未使用的空白原始凭证也应由专人负责保管，特别是事先已经盖章的原始凭证和已经使用的原始凭证存根，更要加强管理，防止丢失。各单位应按照《会计档案管理办法》的要求，对原始凭证的保管办法、保存期限、查阅和复制手续、销毁办法等作出明确规定，建立严密完善的原始凭证保管制度。

（三）各种主要原始凭证的设计

原始凭证种类多，使用范围广，内容差异大，不可能全面予以介绍。下面介绍几种主要原始凭证的设计。

1. 记录存货收发业务的原始凭证

存货的收发是大多数企事业单位都要涉及的业务，从业务环节看主要有存货（材料、商品）采购和验收入库两个环节。记录存货收发的原始凭证如材料入库单、领料单、收货单、商品验收报告单、发货票等。其格式如表 5-1 至表 5-6 所示。

表 5-1 材料入库单

材料类别： 年 月 日 第 号

供应单位	材料名称	编号	规格	单位	数量	单价	金额	合同数量
保管仓库号：			合计					
备注：								

记账： 仓库： 采购：

表 5-2　　　　　　　　　　　　　　　　限额领料单

年　月　　　　　　　　　　　　　　　　　　　　　　限额

材料编号	材料名称	规格	计量单位	领用限额	实际领用			备注
					数量	单价	金额	

日期	请领		实发			退回			限额节余（超支）
	数量	负责人	数量	发料人	领料人	数量	收料人	退料人	

发料人：　　　　　　领料人：

表 5-3　　　　　　　　　　　　　　　　收　货　单

年　月　日　　　　　　　　　　　　　　　　　　　　　编号：

起运站		车（船）号		进货单号	
供应单位		发票号		提货单号	
仓库号		检验凭证号		技术证明号	
付款方式					

材料类别	材料编号	材料名称及规格	单位	数量		计划成本		实际成本	
				应收	实收	单价	金额	单价	金额

备注：

仓库主管：　　　　　检验：　　　　　收货：　　　　　核算：　　　　　制单：

表 5-4　　　　　　　　　　　　　　　　**商品验收报告单**

供货单位：

发票（送货号）：　　　　　　制单日期：　　　　　　　　　　　　第　号

收货单位：	仓库：	运输工具：	车（船）号：
原发件数：	重量：	实收件数：	实收重量：
溢余件数：	溢余数量：	短缺件数：	短缺数量：
质检情况：		负责人：	经办人：

验收：　　　　　　　　审核：　　　　　　　　制单：

表 5-5   销 货 发 票
客户：   年   月   日   第二联

摘要	单位	单价	数量	金额	备注

人民币大写：   万 仟 佰 拾 元 角 分

（2）本联为提货单

审核：   收款：   开票：

表 5-6   **增值税专用发票**
开票日期：   发票联   No：

购货单位	名称									纳税人登记号							
	地址电话									开户银行及账号							
货物或应税劳务名称	计量单位	数量	单价	金额 百十万千百十元角分							税率%	金额 百十万千百十元角分					
合计																	
价税合计	（大写） 佰 仟 万 仟 佰 拾 元 角 分（小写）¥																
销货单位	名称									纳税人登记号							
	地址电话									开户银行及账号							
备注																	

收款人：   复核：   开票人：   销货单位（未盖章无效）：

表 5-1 中的单价指实际单价，"备注"栏登记验收情况，如短缺、盈余、质量是否相符等，"合同数量"栏可记录合同中规定的数量和质量（如一等品、合格品等），以便与实际情况比较。表 5-2 在右上角有限额记录，若本月合计领用数低于限额则为节约，反之为超支，记入"限额结余"栏，注意每次领用都必须由领料人和发料人签章。

表 5-3 所示的收货单应标明材料或商品的运输和检验情况、名称、规格、单位、数量和成本等事项。该凭证应设计为一式三联，一联由收货人留存、一联由收货仓库留存、一联为财务核算联。

表 5-4 所示的商品（材料）验收报告单是对收货进行的补充说明，其主要内容是说明商品的验收情况，该凭证一般为一式四联，第一联为仓库留存、第二联为公司业务部门留存、第三联为公司财务或结算部门留存、第四联交供货单位。

表 5-5 为普通发票，适用于不交纳增值税的商品销售，交客户的一联必须加盖公章，开票人应与收款人分离，双方均应签章。

表 5-6 是增值税专用发票的格式，因其不仅是商事凭证，而且还具有抵扣税款的功能，因此必须有防伪标志，由国家税务总局监制，由国务院税务主管部门指定的印刷企业印制。

在增值税专用发票的设计中除作为发票的原始凭证所应具备的要素外，还应考虑增值税及其抵扣经济业务的需要，增加一些特殊内容。因此增值税专用发票的票面内容包括：购货单位、销货单位名称、地址、电话、纳税人登记号、开户银行及账号（目的是便于核定、交叉稽核），货物或应税劳务名称、金额、税率、税额等。增值税专用发票设计的基本联次可为四联：第一联为存根联，由销货方留存备查；第二联为发票联，购货方做付款的记账凭证；第三联为税款抵扣联，购货方做抵扣凭证；第四联为记账联，销货方做销售的记账凭证。为方便区分，各联应使用不同的颜色。为适应规模不同的企业，根据需要，也可设计为七联专用发票。

2. 产品生产、成本计算的原始凭证

制造业中产品生产、成本计算是其主要业务，该业务环节涉及的原始凭证主要有材料耗用汇总表、职工薪酬分配表、固定资产折旧费用分配表、辅助生产费用分配表等，如表 5-7 至表 5-10 所示。

表 5-7 是材料耗用汇总表的格式，若领用某种材料，则可列示实际单价和计划单价，若领用多种材料，则可只填实际单价或计划单价，"实际金额"和"计划金额"两栏是汇总数字，无论领用一种或多种材料都应填列。

表 5-8、表 5-9、表 5-10 均为反映费用分配情况的原始凭证，设计这类原始凭证时必须与该企业的生产经营特点结合起来，对成本项目的划分要与成本核算一致；应在凭证的显著位置标明费用的分配标准和分配率；要有制单人员和主管会计人员的签章。

表 5-7　　　　　　　　　　材料耗用汇总表
年　月

耗用产品或部门	领料单张数	数量	单 价		金 额	
			实际	计划	实际	计划
A 产品						
B 产品						
C 产品						
管理部门						
车间一般用						
销售部门						
其他						

制表：

表 5-8　　　　　　　　　　　　　　职工薪酬分配表
年　月　日　　　　　　　　　　　　　　　　　　　　金额单位：

应借项目	职工薪酬					合计
	分配标准	分配率	分配金额	工资	福利费	
生产成本——基本 　　　　——明细						
生产成本——辅助 　　　　——明细						
制造费用——基本						
管理费用						
营业费用						
合计						

审核：　　　　　　　　　制表：

表 5-9　　　　　　　　　　　　　　固定资产折旧费用分配表
年　月　日　　　　　　　　　　　　　　　　　　　　金额单位：

项目	分配标准	基本生产车间	辅助生产车间	管理部门	销售部门	合计
折旧费						

审核：　　　　　　　　　制表：

表 5-10　　　　　　　　　　　　　　辅助生产费用分配表
年　月　日　　　　　　　　　　　　　　　　　　　　金额单位：

受益部门	分配标准	分配率	借方科目	分配金额
第一车间			制造费用	
第二车间			制造费用	
第三车间			制造费用	
合计			贷方科目：生产成本——辅助	

审核：　　　　　　　　　制表：

3. 反映货币资金收付的原始凭证

按现行制度规定，货币资金收付绝大部分通过单位的开户银行办理。收付凭证分为三类：通过银行办理结算的收付凭证；单位购销业务发生时的收付凭证；单位内部现金收付凭证。前两类凭证由银行和财税部门设计，如银行设计的收款通知单、进账单；财税部门设计的专用发票等。单位设计的主要是内部现金收付凭证，包括收款收据、借据、差旅费报销单等。

表 5-11 为常见的收据格式。

表 5-11　　　　　　　　　　　　　　收　据
　　　　　　　　　　　　　　　　　　年　月　日

付款单位＿＿＿＿＿＿＿＿＿＿＿＿＿＿＿　收款方式＿＿＿＿＿＿＿＿
人民币（大写）＿＿＿＿＿＿＿＿＿＿＿＿＿＿＿＿＿¥＿＿＿＿＿＿＿
收款事由＿＿＿＿＿＿＿＿＿＿＿＿＿＿＿＿＿＿＿＿＿＿＿＿＿＿＿

收款单位：　　　　审核：　　　　经办人：　　　　出纳：

为体现经济性原则，这类凭证可设计为一证两用的凭证，收据代现金收款凭证、借款单代付款凭证，其参考格式如表 5-12、表 5-13 所示。

表 5-12　　　　　　　　　　　　　　收　据
　　　　　　　　　　　　　　　（代收款凭证）
借：现金　　　　　　　　　　　年　月　日　　　　　　　　　字　号

付款单位或人名：			
收款事由：	单价	数量	金额
贷方科目：	人民币（大写）		

收款人：　　　　审核：　　　　制证：　　　　出纳：

表 5-13　　　　　　　　　　借款单（代付款凭证）
贷方科目：　　　　　　　　　　年　月　日　　　　　　　　　字　号

借款人姓名		借款数		
借款原因				
摘　要	借方科目		金　额	负责人签字
	一级科目	明细科目		

审核：　　　　制证：　　　　出纳：

4. 反映固定资产业务的原始凭证

固定资产的购建、更新改造、折旧、报废和盘点等也是大多数企事业单位均要涉及的业务。这类原始凭证一般没有固定格式，多采用书面报告或自行设计其格式。设计这类凭证时应注意要在凭证上全面、详细记录固定资产的情况，以便记账、提取折旧和日常管理（包括报废、毁损和盘点）。表 5-14 为某一控股集团下属某公司固定资产的报废、毁损单。该原始凭证不仅反映了固定资产的基本情况（使用年限、折旧等），还反映了固定资产报废的原因、技术鉴定的结果、主管部门的意见等。根据涉及的部门及管理核算的需要，该凭证可设计为一式四联。一联交固定资产使用部门；一联交设备管理部门；一联交财务部门；一联交技术鉴定部门。表 5-15 为固定资产盘点报告单的格式，注意盘盈、盘亏都要标明原因。

表 5-14

**某公司
固定资产报废、毁损单**

No0003296
单位编号_____
公司编号_____
设协编号_____

凭证编号	
应借科目	
应贷科目	
记账日期	年 月 日

填报企业（盖章）_____

填报日期____年____月____日

固定资产报废毁损清理情况	类别	资产编号	资产名称	型号及规格	单位	数量	全部使用年限	已使用年限
	资产原值		残　值		已提折旧		余　值	

报废、毁损理　由		设备技术部门负责人签章	财务部门负责人签章	企业负责人签章

公司初审意见及负责人签章	年　月　日	某亍设备管理协会纺织工作委员会技术鉴定意见	负责人（章）年　月　日	某控股集团公司有关部门签章	年　月　日

表 5-15　　　　　　　　　　　**固定资产盘点报告单**
　　　　　　　　　　　　　　　年　月　日

固定资产编号	名称	单位	数量	盘盈		盘亏		毁损		原因
				重置价值	估计折旧	原值	已提折旧	原值	已提折旧	

财务负责人：　　　　　　盘点负责人：　　　　　　制表：

五、记账凭证的设计

记账凭证是根据原始凭证或原始凭证汇总表填制的用于作为记账直接依据的信息载体。其主要作用是对原始凭证所反映的经济业务进行分类，并确定应使用的会计科目及金额。可见记账凭证是会计分录的表格化形式。

（一）记账凭证的分类和凭证要素

记账凭证按使用的形式不同可分为通用记账凭证、专用记账凭证和汇总记账凭证三类。通用记账凭证是指不论收款业务、付款业务，还是转账业务，都记录在一种格式中的记账凭证；专用记账凭证是指将收款业务、付款业务和转账业务分别用不同格式进行记录的记账凭证，一般分为收款凭证、付款凭证和转账凭证三种；汇总记账凭证是指用以对记账凭证进行汇总的凭证。通用记账凭证和专用记账凭证既可用来登记明细分类账也可用来登记总账，但汇总记账凭证只能用来登记总账。

记账凭证按反映会计分录的形式可分为单式记账凭证和复式记账凭证两种。单式记账凭证是在一张凭证中只记录一个会计科目的凭证（另一对应科目虽然也要填写，但只起参考作用并不记账）；复式记账凭证是在一张凭证中记录经济业务所涉及的全部会计科目的凭证。在个别大型企业中，会计分工较细，为了加速凭证的传递和方便记账及汇总，采用单式记账凭证，优点是简单明了，便于分工记账；但缺点较多，凭证的数量至少增加一倍，编制和装订凭证的工作量相应增加，且凭证附件分割，不便查账，为审计工作造成不便。总之，采用单式记账凭证的利小于弊，不符合清晰性和经济性原则。所以绝大多数单位都采用复式记账凭证。

无论哪种记账凭证都须具备以下基本内容，也称为凭证要素：

①凭证的名称。
②凭证的填制日期。
③记账凭证的编号。
④经济业务的内容摘要。
⑤应借、应贷账户的名称、记账方向和金额（包括一级账户、二级或明细账户），即会计分录。
⑥记账标记。
⑦所附原始凭证的张数。
⑧会计主管、复核、记账、制证人员的签名或盖章，收、付款凭证还要有出纳人员的签名或盖章。

在设计时，①～③要素一般置于凭证上端，④～⑥要素一般置于凭证的中部，⑦要素置于凭证右边旁侧，⑧要素置于凭证下端。

（二）记账凭证的设计步骤和方法

记账凭证的设计，一般应按下列步骤进行：

1. 设计记账凭证的种类

在各企业、行政事业单位里，使用何种记账凭证，主要受单位经营规模的大小、经济业务量的多少、财会机构内部分工的粗细等因素所决定，同时还受会计账务处理程序的影响。如果是小型经济单位，且设计的账务处理程序是逐笔过账的处理程序即记账凭证账务处理程序或日记总账账务处理程序，则可设计单一的、通用的记账凭证，无论是现金、银行存款的收付业务，还是转账业务都可以统一使用。如果是大中型企业，且设计的账务处理程序是凭证汇总的处理程序（科目汇总表账务处理程序和汇总记账凭证账务处理程序），则应设计专用记账凭证和汇总记账凭证，以便区分各类经济业务；如果已设计的账务处理程序是利用账户汇总的处理程序，也应选择专用记账凭证。

在一些行业中，经济活动具有特殊性，所设计的记账凭证也具有特殊性。例如银行企业，要办理大量的转账结算，涉及收付款双方单位的名称、开户银行和账号，因此必须用专门格式来反映转账业务。这些结算凭证都属于原始凭证，考虑到经济性原则的要求，有关部门在设计这些原始凭证时辟出专门的位置用来填写会计科目，使其兼具记账凭证的功能（一证两用），这就是银行会计中的特种转账凭证。

2. 设计记账凭证的格式

由于记账凭证的填制方式不同，有些是把同类经济业务所涉及的会计科目集中填列在一张凭证上，反映经济业务的全部内容；有些是把同类经济业务所涉及的会计科目分别填列在几张记账凭证上，一张凭证只记一个会计科目，反映经济业务某方面的内容。由此，记账凭证分为复式记账凭证和单式记账凭证两种，正如在前文记账凭证的种类中所提到的。这就要求设计记账凭证时，应确定采用复式记账凭证还是单式记账凭证，并在此基础上设计凭证格式。

根据单位规模大小等因素确定了使用的记账凭证种类后，就可以按照记账凭证设计原则对各种记账凭证进行格式的设计。这一步骤是设计记账凭证的具体工作和关键。我们通过下面"主要记账凭证的设计"为大家讲解。

3. 规定记账凭证的用途和管理制度

记账凭证格式设计完毕后，应当对各种记账凭证的用途、使用方法及注意事项等作出明确的规定，以保证各种记账凭证的合理使用，使凭证自身的用途与其经济业务的内容相符。例如，通用的记账凭证适用于一切经济业务，而收款、付款和转账等专用记账凭证则分别适用于现金、银行存款的收、支业务和与现金、银行存款无关的转账业务。

此外，由于记账凭证是对原始凭证内容的分类整理和会计加工，它反映了经济业务发生后引起的资金变化情况，因此，它也是重要的会计资料。必须建立完善的管理制度，使记账凭证同原始凭证一起保管和销毁。这也是设计记账凭证时应当注意的问题。

（三）主要记账凭证的设计

1. 通用记账凭证的设计

表 5-16 为通用记账凭证的格式，收付款业务和转账业务都用此格式。其优点是简便；缺点是三种不同业务用同一种格式反映，不便于区分，而且一般在编制时就对凭证进行了顺序编号，日后装订时势必造成收、付、转三种凭证相互夹杂，不利于专门核对收款业务和付款业务的凭证。若想克服该缺点，只有不事先顺序编号，待每日业务终了时再分别集中三种凭证各自按顺序编号，这样处理的结果又无异于采用专用记账凭证，且可用颜色相互区分。因此通用记账凭证一般只适用于规模小业务不多的企事业单位。

表 5-16   记 账 凭 证
                         年 月 日   字 号

摘要	借方科目		贷方科目		金额	附件
	一级	明细	一级	明细		
合计						张

记账: 出纳: 审核: 制证:

在有的企业中,通用记账凭证还有如表 5-17 的设计格式。这种记账凭证的设计思想是将金额栏置于借贷方科目之间,似乎要体现这个金额是借贷方科目共有的,然而若是一借多贷或一贷多借分录,并非借贷方科目可共有金额,同时也不符合人们自左至右的常规阅读习惯,并非一种好的设计格式。

表 5-17   记 账 凭 证
                         年 月 日   字 号

摘要	借方科目		金额	贷方科目		附件
	一级	明细		一级	明细	
合计						张

记账: 出纳: 审核: 制证:

2. 专用记账凭证的设计

收、付款凭证是记录现金、银行存款收入、付出的凭证,对于收款凭证其借方科目是固定的,对于付款凭证其贷方科目是固定的,所以在设计时可以将借方科目置于收款凭证的左上角,将贷方科目置于付款凭证的左上角。这样,既突出了收款凭证借方科目(付款凭证贷方科目)的作用,又有节约栏目的作用。收款凭证的格式如表 5-18 所示,付款凭证的格式如表 5-19 所示。

表 5-18   收 款 凭 证
                         年 月 日   总 字 第   号
                                                      现收字第   号
借方科目:库存现金   附 件   张

摘要	贷方账户		金额	过账
	一级账户	明细账户		
合计				

记账: 出纳: 审核: 制证:

表 5-19　　　　　　　　　　　　　付 款 凭 证　　　　　　　　　　　总 字 第　　号
　　　　　　　　　　　　　　　　　年　月　日　　　　　　　　　　　　银付字第　　号
贷方科目：银行存款　　　　　　　　　　　　　　　　　　　　　　　　　附　件　　张

摘　要	借方账户		金额	过账
	一级账户	明细账户		
合　计				

记账：　　　　　出纳：　　　　　审核：　　　　　制证：

对转账凭证的设计毫无疑问，借贷方科目都必须置于凭证的中部。实际工作中大部分转账业务必须用专用凭证填制，少数转账凭证可用原始凭证代替，如前列举的辅助生产费用分配表等。

表 5-20 和表 5-21 分别列举了两种转账凭证的格式，大家可以作一下对比。这两种转账凭证从凭证要素上看都是齐全的，但格式不同。表 5-20 的特点是突出借方和贷方的账户，后面的金额方向是与账户方向一致的，这与会计分录的编写格式一致。而表 5-21 的特点是突出金额应记的方向，这与登记账户时的处理顺序是一致的，因而能更好地避免把金额记错方向。从这个意义上说，表 5-21 比表 5-20 更符合清晰性原则。但凭证中的账户对应关系，要借助后面的金额栏才能看出，不如表 5-20 那样直接。

表 5-20　　　　　　　　　　　　　转 账 凭 证
　　　　　　　　　　　　　　　　　年　月　日　　　　　　　　　　　　字　　号

摘　要	借方科目		贷方科目		金　额	附件张
	一级科目	明细科目	一级科目	明细科目		
合　计						

会计主管：　　　　　记账：　　　　　复核：　　　　　制证：

表 5-21　　　　　　　　　　　　　转 账 凭 证　　　　　　　　　　　总 字 第　　号
　　　　　　　　　　　　　　　　　年　月　日　　　　　　　　　　　　转字第　　号
　　　　　　　　　　　　　　　　　　　　　　　　　　　　　　　　　　附　件　　张

摘　要	一级账户	明细账户	借方金额	贷方金额	过　账
合　计					

会计主管：　　　　　记账：　　　　　复核：　　　　　制证：

至于原始凭证代转账凭证的格式，则比一般转账凭证要复杂些，因其除具备一般转账凭证的内容外，还应具备能反映经济业务的其他内容。兹列举差旅费报销单代转账凭证的格式如表5-22所示，以供参考。

表 5-22　　　　　　　　　　　差旅费报销单（代记账凭证）

年　月　日　　　　　　　　　　　　　字　号

借方科目			贷方科目			金额			附单据
姓　　名			出差事由						
起止时间：			地点：		车船费	在途住勤补助	住宿费	其他	
月	日	起点	月	日	终点				
									张
合计						预支：	核销：	退补：	

会计主管：　　　　　记账：　　　　　审核：　　　　　制证：

银行的转账凭证有其特定的格式如表5-23所示。

表 5-23　　　　　　　　　　　中国××银行特种转账收入传票

年　月　日　　　　　　　　　　　总字第　　号

字第　　号

收款单位	全称			付款单位	全称			附件
	账号或地址				账号或地址			
	开户银行		行号		开户银行		行号	
金额	人民币（大写）				金　额			
					（位数）			张
原始凭证金额			赔偿金		科目（贷）……			
原始凭证名称			号码		对方科目（借）……			
转账原因					会计　　复核　　记账			
				银行盖章				

3. 汇总记账凭证的设计

汇总记账凭证对记账凭证起汇总作用，一般也应具备记账凭证的有关要素，但因它是登记总账的依据，故无需设计明细科目栏，在下端的经办人中也不设"出纳"签章处。一般的汇总记账凭证的格式如表 5-24 所示，此表可用于汇总收付款凭证，也可用于汇总转账凭证。

表 5-24 汇总记账凭证

年　月　日　　　　　　　　　　　　　　　　　　汇字　　号

借方科目	金　额	贷方科目	金　额
合　计		合　计	

审核：　　　　　制表：

六、凭证设计的其他问题

（一）凭证编号的设计

为了方便记账、对账、查账，会计凭证应当编号。设计人员应对如何编号作出规定。

原始凭证一般采用连续编号，重要的原始凭证如销货发票、材料入库单、收款收据、现金支票等的编号已事先印制，无需另外编号。因此，这里着重讨论记账凭证的"字"和"号"如何编制的问题。

记账凭证的编号是指凭证右上角上的"字"和"号"。根据企事业单位使用的凭证种类不同可有不同的编号方法。对于规模小，经济业务不多，采用通用记账凭证的单位，可按编制记账凭证的时间顺序从"1"起进行连续编号，每月更换一次，凭证的"字"可定为"记"字或"总"字。对于采用专用记账凭证的大中型企事业单位，可根据单位实际情况和以往的习惯，自行规定。原则上每类凭证的"字"数应不相同，且各"字"后要单独连续编号，即从 1 起连续编号。

记账凭证最简单的编号方法是：把收款凭证定为"收"字，付款凭证定为"付"字，转账凭证定为"转"字。由于收、付款凭证中有现金收、付款和银行存款收、付款两种，因而"收"字前面应加上"现"字或"银"字来区分它们，成为"现收字××号"、"现付字××号"、"银收字××号"、"银付字××号"。转账凭证的"字"一般可定为"转"字。注意在采用汇总记账凭证账务处理程序的企事业单位，由于转账凭证要按贷方科目进行汇总，因而，最好将单位所使用的各科目（现金、银行存款除外）都规定一个"字"数，日后在汇总记账凭证时较方便。例如将固定资产科目定为"1"字，则月末所有贷记固定资产科目的凭证全部集合于"1"字下，再按时间顺序连续编号：1 字 1 号，1 字 2 号，1 字 3 号……

（二）记账凭证传递的设计

为了保证会计工作有条不紊地进行和及时提供会计信息，防止会计凭证的失散和账户记录的遗漏，对会计凭证的传递也应在会计制度中加以规定。

会计凭证的传递包括原始凭证的传递和记账凭证的传递。对原始凭证的传递要规定正确的路线和各环节的停留时间，以使其及时传递到会计部门。不同的原始凭证有不同的传递路线，应定时定点，定人传递。例如对领料单，可由负责"材料"账户的会计每月定时去仓库收集或由仓库保管员定时送交会计部门。这里着重讨论原始凭证到达会计部门后如何传递，其一般程序可用图5-1① 表示：

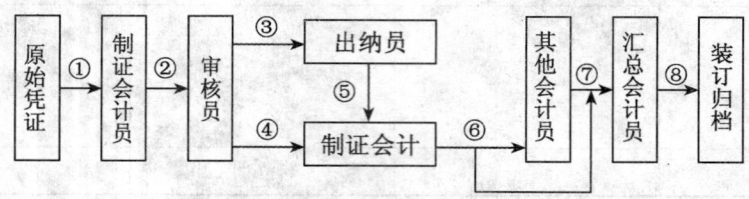

图 5-1 记账凭证传递程序图

说明如下：

①会计部门收到原始凭证后，按其内容和会计人员的分工，交有关会计编制记账凭证；

②制证后立即交负责凭证审核的会计人员审核；

③审核无误的收、付款凭证交出纳收、付款，并编号和登记现金、银行存款日记账；

④审核无误的转账凭证即退还原制证会计员进行编号，并登记其所经管的账簿；

⑤出纳过账后的收、付款凭证转原制证会计登记明细账；

⑥记账凭证由制证会计员传给其他有关会计员，过明细账；

⑦采用汇总记账凭证账务处理程序和科目汇总表账务处理程序的企事业单位，月（旬）末，将全部凭证集中到负责凭证汇总的会计人员处，以编制汇总记账凭证或科目汇总表，并据以登记总账。

⑧次月初，全部凭证交负责装订凭证的会计员装订成册，暂存会计档案室保管。

（三）凭证封面的设计

每月终了，全部凭证应按时间顺序和凭证类别及编号顺序，收集整理，装订成册。装订时应加具封面，封面用纸与会计报告用纸一样，一般用牛皮纸，以免撕裂。封面内容包括：凭证名称、本册起止号码、起止日期、册数号码、装订人签章、装订日期等。其一般格式如图5-2所示。

---

① 廖洪．新编会计制度设计［M］．北京：中国审计出版社，1996.

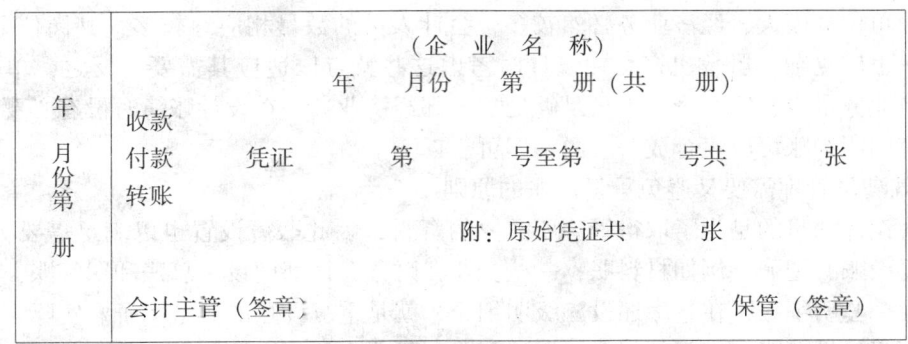

图 5-2　会计凭证封面格式

第二节　会计账簿设计

账簿的设计主要涉及两个方面的问题：一是账簿本身的设计，包括根据企事业单位的特点和经济业务核算的要求设置哪些种类的账簿、各种账簿之间的关系、设置多少本账簿、采用什么形式；二是在确定上述内容后，账页格式的设计，包括一张账页要提供哪些信息、采用的登记方法、内容的版式安排等。会计账簿设计是会计核算制度设计的重要内容之一。

一、会计账簿设计的意义和原则

（一）账簿设计的意义

1. 为连续、分类、系统地记录经济业务提供信息载体

企事业单位的经济活动是多种多样的，为记录不同的经济业务并将其集中地加以反映，必须有不同格式的信息载体。例如，对需要加强控制的货币资金应该有专门的账簿来记录；对固定资产和存货不仅应有总括的记录，还应有明细的记录；对所有权不属于本单位的财产而目前由本单位使用或加工的（如租入固定资产和外单位委托本企业加工的材料等）也应有必要的账簿记录以便查考。所以通过设计不同的账簿以满足不同业务的需要。

2. 账簿设计是对账务处理程序设计的补充

账务处理程序的设计是对企事业单位会计循环工作的总的描述，说明单位会计工作按何种方式把会计凭证、会计账簿和会计报表三大要素有机地结合起来，其中账簿的详细规划在设计账务处理程序时并未进行具体考虑，因而需通过账簿设计来解决这一问题，使账务处理程序具体化且具有可操作性。同时账簿体系是账务处理程序的核心内容，它具有承前（对凭证而言）和启后（对会计报表而言）两种作用，能否迅速及时、科学完整地编制出会计报表，与账簿的设计是否科学严密有直接关系。

（二）账簿设计的原则

账簿设计应做到总分结合、序时与分类相结合，层次清楚，便于分工。具体的，在设计时应遵循以下原则：

1. 与企业规模和会计岗位分工相适应的原则

企业单位规模大，经济业务必然较多，会计人员的数量相应地较多，其岗位分工细，会计账簿也较复杂，册数也多，在设计时考虑这些特点以适应其需要。反之，单位规模小，经济业务量少，几个会计人员足够处理全部经济业务，在设计账簿时没有必要设多本账，所有的明细账可以集合成一、两本即可。

2. 既满足管理需要又避免重复设账的原则

账簿设计的目的是为了取得管理所需要的资料，因此账簿设置也以满足需要为前提，避免重复设账、记账。例如材料账，一些企业在财务会计部门设了总账和明细账，在供应部门又设一套明细账，在仓库还设三级明细账，就是重复设账的典型例子。实际上，可以在财务部门只设总账，供应部门设二级明细账（按类别），仓库设三级明细账（按品名规格），一层控制一层，相互核对，数据共享，既满足了管理需要，又避免了重复设账。

3. 账簿设计与账务处理程序紧密结合的原则

前已述及，账务处理程序的设计实质上已大致规定了账簿的种类，在进行账簿的具体设计时，应充分注意已选定的账务处理程序。例如若设计的是日记总账账务处理程序，就必须设计一本日记总账，再考虑其他账簿；又如若设计的是多栏式日记账账务处理程序，就必须设计四本多栏式日记账，分别记录现金和银行存款收、付业务，然后再考虑其他账簿的设计。

4. 账簿设计与会计报表指标相衔接的原则

会计报表是根据账簿记录编制的，报表中的有关指标应能直接从有关总分类账户或明细分类账户中取得或填列，以加速会计报表的编制，而尽量避免从几个账户中取得资料进行加减运算或分析来填报。

二、会计账簿的种类及其选择的一般方法

不同企事业单位所需用的账簿是不尽相同的。但不管账簿的格式如何，从其所起的作用看，大致可分为四类：序时账簿、分类账簿、序时与分类相结合的联合账簿、备查账簿。序时账簿是指现金、银行存款日记账和转账日记账；分类账簿包括总分类账簿和明细分类账簿；联合账簿是指既是序时记录又是分类记录，既是日记账又是总账的账簿如日记总账；备查账簿是记录非本单位资产或其他重要事项的账簿。

会计账簿从外表形式分，有订本式、活页式、卡片式三种。订本式账簿可防止账页散失和随意更换；活页式账簿可视经济业务的多少随时增添账页或抽取多余的空白账页，避免浪费；卡片式账簿也具备活页式账簿的优点，同时其正反两面均可登记，记录的信息量大，但容易失散，必须严加管理。

一个企业究竟应设计和使用何种账簿，要视企业规模大小、经济业务的繁简、会计人员的分工、采用的账务处理程序以及记账的机械化程度等因素而定。但是为了加强货币资金的管理，无论在哪种情况下，都要设计现金和银行存款日记账这类序时账簿，只是在多栏式日记账账务处理程序下，要将现金和银行存款日记账都分割为专栏的收入日记账和支出日记账两本。至于分类账簿的设计，在采用记账凭证账务处理程序、汇总记账凭证账务处理程序和科目汇总表账务处理程序以及多栏式日记账账务处理程序时，则应设计一本总分类账簿和多本明细分类账簿；而在采用日记总账账务处理程序时，则只设计一本既序时

记录又分类记录的日记总账账簿和必要的明细分类账簿。账务处理程序与账簿的设置可参考表 5-25。

表 5-25　　　　　　　账务处理程序与账簿的设置参考表

单位特点	采用的账务处理程序	可设置的账簿
小规模企事业单位	记账凭证账务处理程序	库存现金、银行存款日记账；固定资产、材料、费用等的明细账；总账
	日记总账账务处理程序	序时账同上；日记总账；固定资产、材料明细账
大中型企事业单位	科目汇总表账务处理程序、汇总记账凭证账务处理程序	序时账同上；固定资产、材料、应收（付）账款、其他应收应付款、交易性金融资产、持有至到期投资、长期股权投资、应交税费、短（长）期借款、实收资本、生产成本、期间费用等明细账；总账
收付款业务多、转账业务少的大中型企事业单位	多栏式日记账账务处理程序	四本多栏式日记账；明细分类账同上；总账；（购货簿、销货簿）
收付款业务多、转账业务也多的大中型企事业单位	多栏式日记账兼汇总转账凭证账务处理程序	四本多栏式日记账；明细分类账同上；总账；（购货簿、销货簿）
大中型企业，但转账业务较少	科目汇总表兼转账日记账账务处理程序	序时账簿；必要的明细账、转账日记账；总账

三、账页设计的要求

账簿是由专门格式的账页组成的，因此，账页格式的设计是账簿设计的主要内容。经济业务内容不同，管理要求不同，账页的格式也有不同，但不管何种账页，一般都应具备以下要素：

①账户名称；
②记账日期；
③凭证字号；
④经济业务摘要；
⑤借、贷方金额及余额；
⑥余额方向标记；
⑦账页的编号。

设计账页时除具备以上内容外，还应符合以下要求：

首先，账页格式要符合账户名称所反映和监督的内容。例如固定资产、原材料、库存商品等明细账户，不但要反映金额，而且要反映数量、品名、规格、计量单位、存放地点等；为加强固定资产管理，在固定资产卡片账中还要反映其购进和调入时间、使用年限、建造单位、折旧记录、大修理记录、主要技术指标、内部转移情况、报废清理的记录等；对原材料，为保证生产正常进行又防止资金积压，还应设计最高储备、最低储备项目；对债权债务类总账及明细账而言，一般只需设计借方、贷方、余额三栏即可，而管理费用、制造费用等费用类明细账，由于其费用项目多，信息量大，需设计多栏式账页来反映。

其次，多栏式账页中有关明细项目的设计应尽可能与会计报表的有关项目一致。例如生产成本账户的账页，应按成本项目设栏次，以便月末编制主要产品单位成本表。

总之，账页设计既要简便适用，避免繁琐复杂，又要能保证全面、系统和有效地反映和监督经济活动情况，在内容安排上要科学合理。

四、各种会计账簿的设计

（一）日记账簿的设计

日记账簿是每日必须记录的账簿，是用来序时记录经济业务的账簿。对企事业单位而言，每日都会发生的经济业务莫过于现金和银行存款两个项目了，所以在我国企业单位中，日记账即指现金日记账和银行存款日记账。如前所述，这两种日记账无论在何种账务处理程序下，也无论在何种规模的企事业单位中，都是必须设置的。理论上讲，除现金和银行存款日记账外，一般企业还应设置转账日记账，以记录其他转账事项。但很多企业对转账业务采取直接记入有关明细分类账的办法加以反映，若设计转账日记账就显得重复过账。对于购销业务频繁的单位，最好还应设置购货日记簿和销货日记簿，以集中反映原材料（商品）的采购情况和产品（商品）的销售情况。至于分录簿（普通日记账），由于我国有记账凭证这种形式，故不应再设。

现金日记账的格式主要有三栏式和多栏式。三栏式现金日记账，将现金的收入和支出同时设置在一张账页上，各个对方科目，不分别设专栏反映。其格式如表5-26所示，它的基本结构为"收入"、"付出"和"结余"三栏或者"借方"、"贷方"和"余额"三栏，两种格式的实质一样，因为现金的收入数是记在现金账户的借方；现金的支出数是记在现金账户的贷方；收支差额就是借贷差额。出纳人员在每日业务终了，应将收、付款项逐笔登记，结出余额，并同实存现金相核对，借以检查每日现金的收、付、存情况及库存现金限额的执行情况。

表5-26　　　　　　　　　　　　现金日记账　　　　　　　　　　　　第　　页

20××年		凭证号码		摘要	对方科目	借方	贷方	余额
月	日	种类	编号					

多栏式现金日记账是按照与现金收入相对应的贷方账户和与现金支出相对应的借方账户分别设置若干专栏，序时并分类地反映与现金收支有关的经济业务的一种日记账。这种日记账是在三栏式日记账基础上发展建立起来的，其各有关专栏的合计数，可用以直接登记有关的总账。这种现金日记账的收入栏和支出栏，如果分别按其对应科目设置专栏，并列入一本账簿，那么账簿的篇幅势必太大，因而一般将这种日记账分为现金收入日记账和现金支出日记账。其格式如表 5-27、表 5-28 所示：

表 5-27　　　　　　　　　　　现金收入日记账　　　　　　　　　第　　页

20××年		凭证号数	摘　要	应贷科目		支出合计	结　余
月	日			……	收入合计		
			合计				

表 5-28　　　　　　　　　　　现金支出日记账　　　　　　　　　第　　页

20××年		凭证号数	摘　要	应借科目		收入合计	结　余
月	日			……	支出合计		
			合计				

银行存款日记账格式有三栏式和多栏式两种，基本结构与现金日记账类似。由于银行存款的收付，都是根据特定的结算凭证进行的，为了反映结算凭证的种类、号数，特设有"结算凭证种类、号数"栏。三栏式银行存款日记账的格式如表 5-29 所示：

表 5-29　　　　　　　　　　　　银行存款日记账　　　　　　　　　　　　　第　　页

20××年		凭证号	摘要	结算凭证		对方科目	收入	付出	结余
月	日			种类	号数				
			合计						

如果银行存款的对应科目较多，为了避免账页过宽，可以分别设置"银行存款收入日记账"和"银行存款支出日记账"，其格式见表 5-30 和表 5-31：

表 5-30　　　　　　　　　　　　银行存款收入日记账　　　　　　　　　　　　第　　页

20××年		凭证		摘要	结算凭证		应贷科目		支出合计
月	日	种类	号数		种类	号数	……	收入合计	
				合计					

表 5-31　　　　　　　　　　　　银行存款支出日记账　　　　　　　　　　　　第　　页

20××年		凭证		摘要	结算凭证		应借科目		收入合计
月	日	种类	号数		种类	号数	……	支出合计	
				合计					

购货日记簿和销货日记簿是专门用来登记购货和销货情况的专用日记簿。若单位这类业务较多，管理上需要掌握购销情况，原则上应设置购货日记簿和销货日记簿，其格式如表 5-32、表 5-33 所示。

表 5-32　　　　　　　　　　　购货日记簿（全部购进业务）　　　　　　　　　第　　页

年		凭证号数	摘要	材料采购借方				现金贷方	银行存款贷方	应付账款贷方	应付票据贷方
月	日			买价	运费	其他	合计				

表 5-33　　　　　　　　　　　销货日记簿（全部销售业务）　　　　　　　　　第　　页

年		凭证号数	摘要	借方科目	现　销				赊　销			
月	日				甲	乙	丙	其他	甲	乙	丙	其他

有的单位规模小，业务不多，可设置一本日记账既登记现金收付业务，又登记银行存款收付业务，这种账簿可统称为出纳日记簿，其格式如表 5-34 所示。

表 5-34　　　　　　　　　　　　　　　出纳日记簿　　　　　　　　　　　　　第　　页

年		凭证号数	摘要	对方科目	现　金			银行存款		
月	日				收入	付出	余额	收入	付出	余额

（二）分类账簿的设计

分类账簿是用于分门别类记录经济业务，以便了解和考核其详细情况或总括情况的账簿。分类账簿包括总分类账簿和明细分类账簿两种。由于各种经济业务的内容差异和管理要求不同，两种账簿的账页格式是不同的。总分类账簿的格式较简单，一般是三栏式；明细分类账簿的格式较复杂，可以是三栏式，也可以是多栏式和数量金额式。分类账簿可以是多本账册，也可以是一本账册，例如将所有的明细分类账用一本账册（其中账页格式可有不同），将总分类账也用一本账册。常见的总分类账簿和明细分类账簿的格式如表5-35 至表 5-39 所示。

表 5-35　　　　　　　　　　　　　三栏式总分类账　　　　　　　　　　　　　第　　页

20××年		凭证		摘要	借方	贷方	借/贷	余额
月	日	种类	号数					
				合计				

表 5-36　　　　　　　　　　　　　三栏式明细分类账

总账科目：

二级或明细科目　　　　　　　　　　　　　　　　　　　　　　　　　　　　　第　　页

20××年		凭证		摘要	借方	贷方	借/贷	余额
月	日	种类	号数					
				合计				

表 5-37　　　　　　　　　　　　　数量金额式明细分类账

类　　别：　　　　计划单价：　　　最高储量：　　　存放地点：　　　　　　第　　页
品名规格：　　　　材料代码：　　　最低储量：　　　编　　号：　　　计量单位：

20××年		凭证		摘要	收入			发出			结存		
月	日	种类	号数		数量	单价	金额	数量	单价	金额	数量	单价	金额
				合计									

表 5-38　　　　　　　　　　　　　管理费用明细账　　　　　　　　　　　第　页

20××年		凭证号数	摘要	应借账户								
月	日			工资薪酬	福利费	差旅费	折旧费	招待费	办公费	水电费	其他	合计
			合计									

表 5-39　　　　　　　　　　　　　营业收入明细分类账　　　　　　　　　　第　页

20××年		凭证号数	摘要	应贷账户				
月	日			主营业务收入	出租收入	……	其他	合计
			合计					

（三）备查账簿的设计

备查账簿顾名思义是用于日后查考某些重要事项的账簿。备查账簿反映的事项主要包括：所有权不属本单位而本单位暂时使用的资产，如经营性租入固定资产；由本单位代管理、代加工、代销售的资产，如代管商品物资、外单位委托本单位加工的材料等；反映重要空白凭证的备查记录，如对从银行购回的现金支票等结算凭证的记录。这些备查资料不能据以编制对外报表，其经济活动也不设表内科目反映，但为了加强管理，了解其来龙去脉，需设置备查账簿予以记录。此列举租入固定资产登记簿、受托加工材料登记簿、空白凭证登记簿的格式如表 5-40、表 5-41、表 5-42 所示。

表 5-40　　　　　　　　　　　　　租入固定资产登记簿

资产名称	规格	合同号	租出单位	租入日期	租期	租金	使用地点	备注

表 5-41　　　　　　　　　　　　　受托加工材料登记簿　　　　　　　计量单位：

材料名称	规　格	合同号	委托单位	接收数量	成品名称	消耗定额	成品数量

接收日	加工日	完工日	完工量	交付日期	加工费用	备　注	

表 5-42　　　　　　　　　　　　　　　空白凭证登记簿

购入日期	凭证类型	起止号码	领用日期	领用人	领用号	交回记录

五、账簿启用及登记制度的设计

（一）账簿启用制度的设计

会计账簿是企事业单位重要的经济档案，为保证账簿记录的合法性、合理性，保证账簿资料的完整性，防止舞弊行为，明确记账责任，启用会计账簿时，应当在账簿封面上写明单位名称和账簿名称；在账簿的扉页上应当附账簿启用表。设计的账簿启用表（或账簿启用及经管人员一览表）应包括下列各项内容：单位名称、账簿名称、账簿页数、启用日期、会计主管人员和记账人员姓名（需加盖名章和单位公章）、经管或接管日期、移交日期、印鉴等。记账人员变动更换时，应在主管会计监督下办理移交手续，并在账簿启用表内注明移交日期，移交人和接管人双方都应签名或盖章，以明确经济责任。该表的尺寸应与账页大小一致，其具体格式如表 5-43 所示。

表 5-43　　　　　　　　　　　账簿启用及交接表

账簿页数	本账簿共计　　页	（本账簿页数 检点人盖章）	
启用日期	公元　　年　　月　　日		

经管人员	负责人		主办会计		复核		记账	
	姓名	盖章	姓名	盖章	姓名	盖章	姓名	盖章

交接记录	经管人员	接管			交出		
		年	月	日	盖章	年	月	日	盖章

备注	

账簿的第一页，应设置账户目录，内容包括账户名称，各账户页次。其基本格式设计如表 5-44 所示。

表 5-44　　　　　　　　　　　　账　户　目　录

编号	科目	页码	编号	科目	页码	编号	科目	页码

表 5-44 中的页码，在使用订本式账簿时，应按顺序编定页数使用，不得跳页、缺号；

使用活页式账页时，平时应按账户顺序编号，并装订成册，年度终了，再按实际使用账页顺序编定页数并建立账户目录。

(二) 账簿登记制度的设计

账簿登记制度的设计，包括以下内容：

1. 登记依据

依据审核无误的会计凭证登记账簿，是最基本的记账规则，是保证会计账簿记录质量的重要环节。账簿资料是会计信息生成的主要载体之一，经过审核的会计凭证，保证了会计记录是经济业务发生的真实反映，防止了虚假错误。

2. 登记规则

会计账簿的登记必须按记账规则进行，下列各项内容在设计中应予以明确。

(1) 会计账簿应按连续编号的页码顺序登记，如发生隔页跳行时，不得随意涂改，应在空行、空页的金额栏内，由左下角向右上角画红线注销，并在摘要栏内写明"此页空白"或"此行空白"，由记账人员和会计机构负责人"压线盖章"以明确责任。

(2) 登记账簿时，应按记账凭证的日期、编号、对应科目、经济业务内容摘要、金额等逐项记入相应账户内。做到登记准确及时、书写清楚。

(3) 为了保证账簿记录的长期清晰，防止涂改，在手工记账时不得使用铅笔及圆珠笔（银行的复写账簿除外）。记账时，应使用钢笔，用蓝黑墨水或碳素墨水书写。

(4) 记账的文字应当使用中文，在民族自治地区，可同时使用当地通用的一种民族文字，在我国境内的涉外企业可同时使用一种外文。

(5) 登账中的文字与数字，应紧靠行格的底线书写，大小占全行的1/3至1/2左右，留有一定空间便于更正错误。

(6) 登账完毕后，在记账凭证相关项目上书写""符号，表示已登记入账，同时在记账凭证上签名并盖章。

(7) 现金日记账根据记账凭证顺序逐笔登记。银行存款日记账根据支票存根或其他银行结算票据逐笔登记，"种类"项按银行结算种类填写；"号数"项填写结算凭证的最后四位数字。

(8) 结出账户余额后，应在"借或贷"项内，写明"借"或"贷"字样，余额为零的账户，在该项内写"平"，并在金额栏内"元"位上写"0"表示。

(9) 账页中下端最后横线以下，一律空置不填。每一账页登记完毕时，在下一页的第一行，日期按上页最后一笔记录的日期填写，摘要栏内写明"承前页"字样，金额栏内，日记账承本日发生额连续累计数及余额，损益账户承本月发生额连续累计数及余额。

(10) 记账中，下列情况可使用红笔：一是按红字更正法更正记账错误时；二是画更正线、结账线、注销线时；三是在多栏式账页中，用红字登记表示减少数；四是调整发出材料成本差异节约额时，用红字登记；五是采购材料等商品时，货物已到达企业，但结算凭证尚未到达企业，月末按暂估价入账，次月初用红字冲回；六是发生销货退回时，用红字冲减此笔销售收入和销售成本。

第三节 财务会计报告设计

一、财务会计报告设计的意义

财务会计报告包括会计报表及其附注和其他应当在财务会计报告中披露的相关信息和资料。对外财务会计报告是一个单位依法向国家有关部门提供和向社会公开披露的，反映该单位某一特定日期财务状况和某一会计期间经营成果、现金流量的文件。对内财务会计报告可反映单位的成本水平及升降情况或管理者所需要的其他情况。若设计的报表不科学，则不能提供这些资料。可见，财务会计报告设计具有重要意义。

（一）为企事业单位的经济活动提供综合性载体，便于有关方面了解情况

财务会计报告是对一个单位账簿资料的浓缩、整理和综合反映的信息载体。由于单位的日常核算资料反映在会计凭证和会计账簿中，而会计账簿种类多、体积大，显然不便报送给有关信息使用者。即使是小单位账簿种类少，也不能对外报送，因为账簿是企事业单位的重要经济档案，送走了，就无法查考。因此有必要设计出另一种表格式信息载体，用来综合反映企事业单位经济活动情况，同时对相关项目用文字加以说明，以便提供给有关方面。

（二）会计报表设计是会计制度设计的核心内容之一

对狭义会计制度而言，会计报表设计与会计科目一样，是组成会计制度设计的两项最重要的工作，因此，会计报表设计是设计工作的核心内容之一。由于会计报表能简明扼要地提供企事业单位经济活动的综合信息和管理者所需要的相关信息，因此科学地设计会计报表，完整地提供有关财务指标，是会计制度设计的重要任务之一。

二、财务会计报告设计的原则和要求

（一）财务会计报告设计的原则

1. 充分反映原则

充分反映是会计核算的基本原则之一，也是财务会计报告设计应遵循的重要原则。按此原则的要求，设计的财务会计报告必须能全面、概括地反映各企事业单位的财务状况和经营性情况。对未能在会计报表里反映的信息，应通过报表附注来说明。要保证所有已核算的会计信息都反映在财务会计报告中。

2. 有利于信息加速生成原则

会计报表是根据总分类账户和明细分类账户编制的，在设计报表项目时，各项目名称最好能与会计科目名称一致，以便直接从有关账户中取得数据。目前，资产负债表和利润表的绝大多数项目与会计科目名称一致，在设计时就遵循了加速生成原则。此外在设计内部报表时最好有一栏用于注明数字来源，此栏可定名为"数字来源"，填制时，可只填科目编号，从而能提高编报速度，及时地报送报表。

3. 清晰性原则

这一原则要求报表能清晰地反映企事业单位的财务状况和经营情况。具体而言，包括

以下含义：首先表内各项目的排列要清晰，项目的排列顺序要有逻辑性，重要内容应排在表的突出位置；其次有关数字的钩稽关系要清晰，例如哪一行数字与哪一行数字相加等于哪一行，哪些数字相乘或相除等于哪一行，要用公式标明；再次应简明扼要，一张表内包括的内容不宜过多过杂。

4. 有利于经济活动分析原则

贯彻这一原则，不仅要求对外财务会计报告要做到便于各会计期间相同指标的分析比较，对内财务会计报告也要做到这一点，以便满足管理需求。例如，在设计内部报表时，可设计"上年实际数"、"年初余额"、"本年计划"、"增减额"、"增减百分比"等栏目，以便于本年实际数与其比较和分析。另外还可设计一些"长期台账"（长期台账是将某些经济指标的若干个会计期间的数字汇集在一张账表上的方法），以便从中得到企业经济发展的趋势。

（二）财务会计报告设计的要求

财务会计报告设计的要求总的看来是做到报表要素齐全且易于编制。也就是说，任何一张报表都必须具备一些内容，这些内容称为报表要素。这些要素包括：

①报表名称；
②编制单位；
③编制时间或报表反映的会计期间；
④计量单位（含货币单位和实物单位）；
⑤经济指标的内容（含指标名称、数量、金额等）；
⑥制表人和审核人。

有的报表中还须列出补充资料。上述6项中，①、②、③项及货币单位一般反映于表的上方（称为表头），④项中的实物单位和⑤项置于表中（称为表身），"制表人"一项一般在表的下端反映（称为表尾）。有补充资料的，可设计在表的右部，也可设计在表尾部分。

三、对外财务会计报告的设计

对外财务会计报告按编报时间的不同，可以分为中期财务报告和年度财务报告。中期财务报告是以短于一个完整会计年度的报告期间为基础编制的财务报告，包括半年报、季报和月报。一套完整的财务会计报告至少应当包括"四表一注"，即资产负债表、利润表、现金流量表、所有者权益变动表及报表附注。中期财务报告至少应当包括资产负债表、利润表、现金流量表和报表附注，其中中期资产负债表、利润表和现金流量表应当是完整报表，其格式和内容应当与上年度财务报表相一致，中期财务会计报告的附注披露可适当简略。

（一）资产负债表的设计

资产负债表是反映一个会计主体某一时点财务状况的报表，资产负债表又称为财务状况表。资产负债表是一张状态表，而不是流量表，它是对一个主体某一瞬间财务状况的快照，列示的是一个主体某一时点的资产、负债和所有者权益情况。该表是根据"资产=负债+所有者权益"这一会计平衡式设计的，其格式如表5-45所示。

表 5-45　　　　　　　　　　　　　资产负债表

会企 01 表

编制单位：　　　　　　　　　　　　年　月　日　　　　　　　　　　　　单位：元

资　产	期末余额	年初余额	负债和所有者权益（或股东权益）	期末余额	年初余额
流动资产：			流动负债：		
货币资金			短期借款		
以公允价值计量且变动计入当期损益的金融资产			以公允价值计量且变动计入当期损益的金融负债		
应收票据			应付票据		
应收账款			应付账款		
预付款项			预收款项		
应收利息			应付职工薪酬		
应收股利			应交税费		
其他应收款			应付利息		
存货			应付股利		
一年内到期的非流动资产			其他应付款		
其他流动资产			一年内到期的非流动负债		
流动资产合计			其他流动负债		
非流动资产：			流动负债合计		
可供出售金融资产			非流动负债：		
持有至到期投资			长期借款		
长期应收款			应付债券		
长期股权投资			长期应付款		
投资性房地产			专项应付款		
固定资产			预计负债		
在建工程			递延收益		
工程物资			递延所得税负债		
固定资产清理			其他非流动负债		
生产性生物资产			非流动负债合计		
油气资产			负债合计		
无形资产			所有者权益（或股东权益）：		
开发支出			实收资本（或股本）		
商誉			资本公积		
长期待摊费用			减：库存股		
递延所得税资产			其他综合收益		

续表

资产	期末余额	年初余额	负债和所有者权益（或股东权益）	期末余额	年初余额
其他非流动资产			盈余公积		
非流动资产合计			未分配利润		
			所有者权益（或股东权益）合计		
资产总计			负债和所有者权益（或股东权益）合计		

会计报表通常是由表头和表体组成的。表头包括报表名称、编制单位名称、日期、金额单位等内容。报表名称一般居中，编制单位名称在左上角，金额单位在右上角。资产负债表上的日期应是结账的日期，按现行会计准则规定，资产负债表要按月、按季、按年编报，因此，资产负债表上的日期应是月末、季末、年末的日期。

资产负债表表体的格式主要有账户式和报告式两种。账户式资产负债表将报表分为左、右两方，左方列示资产类项目，右方列示负债和所有者权益项目。从表5-45可以看出，资产负债表的资产项目按流动性（变现性）排列，流动性强的资产排在前面，流动性弱的资产排在后面。负债项目按偿还期排列，偿还期短的排列在前，偿还期长的排列在后。所有者权益项目按永久性排列，永久性强的排列在前，永久性弱的排列在后。账户式资产负债表的有关项目分列表的两边，最后一行数字平衡，便于阅读；同时在表内项目很多的情况下，也可避免表身太长。我国2006年《企业会计准则》规定资产负债表采用账户式格式。美国的一些企业采用报告式资产负债表的格式。报告式又称顺序式或叙述式，按报告式结构，可将各项指标按顺序逐一往下排列形成。资产项目在上，负债、所有者权益项目在下。其格式见表5-46。报告式资产负债表形成上下两部分平衡关系，在项目不多的中小企业中是完全可以采用的；但表内项目较多时，该表显得过长。

（二）利润表的设计

利润表是反映一个会计主体某一时期财务成果的报表，利润表又称为损益表。损益表是一张动态报表，是反映流量的报表，它是对一个主体某一时期财务成果的录像，列示的是一个主体某一时期的收入、费用和利润情况。该表是根据"利润=收入-费用+利得-损失"这一会计方程式所包含的经济内容和数量关系设计的。

利润表的表头与资产负债表相同，一般应列明报表的名称、编制单位名称、会计期间、报表编号和货币单位等。利润表内的项目一般应列示出营业收入、营业成本、营业税金及附加、销售费用、管理费用、财务费用、资产减值损失、公允价值变动收益、投资收益、营业外收入、营业外支出、利润总额、所得税费用、净利润、基本每股收益和稀释每股收益等。如果是月报，则对于利润表内的每一个项目，应分别列出"本月数"及"本年累计数"；如果是年报，则应列出"上年累计数"和"本年累计数"，以便于比较分析。利润表项目的排列方式和格式有"多步式"和"单步式"两种。

表 5-46　　　　　　　　　　　　资产负债表

会企 01 表

编制单位：××公司　　　　　20××年 12 月 31 日　　　　　　　单位：元

项　　目	行　次	年初数	期末数
资产 　流动资产 　非流动资产 　资产总计			
减：负债 　流动负债 　非流动负债 　负债合计			
所有者权益 　实收资本 　资本公积 　盈余公积 　未分配利润 　所有者权益合计			

多步式利润表是根据利润的组成内容分多步计算出利润总额的方式。这种结构的优点是可以清楚地看出利润的组成情况，有利于分析利润的内部结构；缺点是不便于了解企业的总收入、总成本费用是多少。我国 2006 年《企业会计准则》规定利润表采用多步式格式。多步式利润表的格式如表 5-47 所示。

表 5-47　　　　　　　　　　　　利　润　表

会企 02 表

编制单位：　　　　　　　　　　　年　　月　　　　　　　　　　单位：元

项　　目	本期金额	上期金额
一、营业收入		
减：营业成本		
营业税金及附加		
销售费用		
管理费用		
财务费用		
资产减值损失		
加：公允价值变动收益（损失以"-"号填列）		

续表

项　　目	本期金额	上期金额
投资收益（损失以"-"号填列）		
其中：对联营企业和合营企业的投资收益		
二、营业利润（亏损以"-"号填列）		
加：营业外收入		
其中：非流动资产处置利得		
减：营业外支出		
其中：非流动资产处置损失		
三、利润总额（亏损总额以"-"号填列）		
减：所得税费用		
四、净利润（净亏损以"-"号填列）		
五、其他综合收益的税后净额		
（一）以后不能重分类进损益的其他综合收益		
1. 重新计量设定受益计划净负债或净资产的变动		
2. 权益法下在被投资单位不能重分类进损益的其他综合收益中享有的份额		
（二）以后将重分类进损益的其他综合收益		
1. 权益法下在被投资单位以后将重分类进损益的其他综合收益中享有的份额		
2. 可供出售金融资产公允价值变动损益		
3. 持有至到期投资重分类为可供出售金融资产损益		
4. 现金流经套期损益的有效部分		
5. 外币财务报表折算差额		
……		
六、综合收益总额		
七、每股收益		
（一）基本每股收益		
（二）稀释每股收益		

单步式利润表是将所有收益类项目列在上面，然后列示所有费用支出类项目，最后计算出净利润。这种格式的利润表符合传统的思维方式，有利于反映企业的全部收入和全部支出等指标，但不利于反映利润的构成情况，不便于分析利润升降的原因，因此，目前很少应用。单步式利润表的格式如表5-48所示。

表 5-48　　　　　　　　　　　　　利　润　表
编制单位：　　　　　　　　　　　20××年×月　　　　　　　　　　　　　单位：元

项　目	行　次	本月数	本年累计数
一、收入合计			
营业收入			
投资收益			
公允价值变动收益			
营业外收入			
二、支出合计			
营业成本			
营业税金及附加			
销售费用			
管理费用			
财务费用			
资产减值损失			
营业外支出			
所得税费用			
三、净利润			

（三）现金流量表的设计

现金流量表是指反映企业在一定会计期间现金和现金等价物流入和流出的报表。现金流量表也是一张动态报表，是反映流量的报表。现金流量表对一个主体某一时期现金流动情况进行录像，列示的是一个三体某一时期的现金流入、现金流出及其结余情况。现金流量表可以以现金及现金等价物为编制基础，这是目前被广泛采用的编制基础；也可以营运资金为编制基础，我国在 1995—1997 年要求企业编制的财务状况变动表即以营运资金为基础编制。

设计现金流量表，必须对现金流量的分类进行合理设计。对现金流量可以有不同的分类方法，如英国的现金流量准则，把现金流量分为经营活动、投资收益和融资成本、纳税、资本性支出和金融投资、支付的权益性股利、流动资源管理和筹资活动等。目前，国际上最为流行的做法是将现金流量分为经营活动、投资活动和筹资活动三类。国际会计准则和澳大利亚等国均采用此种分类方法，我国 2006 年《企业会计准则》规定也采用这种方法，以便与国际趋同。

现金流量表的格式因行业特点的不同而有所区别，分别对一般企业、商业银行、保险公司、证券公司等企业类型予以确定。企业应当根据其经营活动的性质，确定本企业适用的现金流量表格式。表 5-49 是一般企业现金流量表的格式。表 5-50 是保险公司现金流量表的格式。

表 5-49　　　　　　　　　　　　　　　现金流量表

编制单位：××公司　　　　　　　　　20××年　　　　　　　　　　　会企 03 表
　　　　　　　　　　　　　　　　　　　　　　　　　　　　　　　　　　单位：元

项　　目	行次	本年金额	上年金额
一、经营活动产生的现金流量：			
销售商品、提供劳务收到的现金			
收到的税费返还			
收到其他与经营活动有关的现金			
经营活动现金流入小计			
购买商品、接受劳务支付的现金			
支付给职工以及为职工支付的现金			
支付的各项税费			
支付其他与经营活动有关的现金			
经营活动现金流出小计			
经营活动产生的现金流量净额			
二、投资活动产生的现金流量：			
收回投资收到的现金			
取得投资收益收到的现金			
处置固定资产、无形资产和其他长期资产收回的现金净额			
处置子公司及其他营业单位收到的现金净额			
收到其他与投资活动有关的现金			
投资活动现金流入小计			
购建固定资产、无形资产和其他长期资产支付的现金			
投资支付的现金			
取得子公司及其他营业单位支付的现金净额			
支付其他与投资活动有关的现金			
投资活动现金流出小计			
投资活动产生的现金流量净额			
三、筹资活动产生的现金流量：			
吸收投资收到的现金			
取得借款收到的现金			
收到其他与筹资活动有关的现金			
筹资活动现金流入小计			

续表

项　　目	行次	本年金额	上年金额
偿还债务支付的现金			
分配股利、利润或偿付利息支付的现金			
支付其他与筹资活动有关的现金			
筹资活动现金流出小计			
筹资活动产生的现金流量净额			
四、汇率变动对现金的影响			
五、现金及现金等价物净增加额			
期初现金及现金等价物余额			
期末现金及现金等价物余额			
补充资料	行次	本年金额	上年金额
1. 将净利润调节为经营活动现金流量：			
净利润			
加：资产减值准备			
固定资产折旧、油气资产折耗、生产性生物资产折旧			
无形资产摊销			
长期待摊费销			
待摊费用减少（增加以"-"号填列）			
预提费用增加（减少以"-"号填列）			
处置固定资产、无形和其他长期资产的损失（收益以"-"号填列）			
固定资产报废损失（收益以"-"号填列）			
公允价值变动损失（收益以"-"号填列）			
财务费用（收益以"-"号填列）			
投资损失（收益以"-"号填列）			
递延所得税资产减少（增加以"-"号填列）			
存货的减少（增加以"-"号填列）			
经营性应收项目的减少（增加以"-"号填列）			
经营性应付项目的增加（减少以"-"号填列）			
其他			
经营活动产生的现金流量净额			
2. 不涉及现金收支的重大投资和筹资活动：			
债务转为资本			

续表

项　目	行次	本年金额	上年金额
融资租入固定资产			
3. 现金及现金等价物净变动情况：			
现金的期末余额			
减：现金的期初余额			
加：现金等价物的期末余额			
减：现金等价物的期初余额			
现金及现金等价物净增加额			

表 5-50　　　　　　　　　　现金流量表

会保 03 表

编制单位：　　　　　　　　　20××年　　　　　　　　　单位：元

项　目	本期金额	上期金额
一、经营活动产生的现金流量：		
收到原保险合同保费取得的现金		
收到再保业务现金净额		
保户储金及投资款净增加额		
收到其他与经营活动有关的现金		
经营活动现金流入小计		
支付原保险合同赔付款项的现金		
支付手续费及佣金的现金		
支付保单红利的现金		
支付给职工以及为职工支付的现金		
支付的各项税费		
支付其他与经营活动有关的现金		
经营活动现金流出小计		
经营活动产生的现金流量净额		
二、投资活动产生的现金流量：		
收回投资收到的现金		
取得投资收益收到的现金		
收到其他与投资活动有关的现金		
投资活动现金流入小计		
投资支付的现金		
质押贷款净增加额		

续表

项　　目	本期金额	上期金额
购建固定资产、无形资产和其他长期资产支付的现金		
支付其他与投资活动有关的现金		
投资活动现金流出小计		
投资活动产生的现金流量净额		
三、筹资活动产生的现金流量：		
吸收投资收到的现金		
发行债券收到的现金		
保户储金及投资款净增加额		
收到其他与筹资活动有关的现金		
筹资活动现金流入小计		
偿还债务支付的现金		
分配股利、利润或偿付利息支付的现金		
支付其他与筹资活动有关的现金		
筹资活动现金流出小计		
筹资活动产生的现金流量净额		
四、汇率变动对现金的影响		
五、现金及现金等价物净增加额		
加：期初现金及现金等价物余额		
六、期末现金及现金等价物余额		

（四）所有者权益变动表的设计

所有者权益变动表是反映构成所有者权益的各组成部分当期的增减变动情况的报表。所有者权益变动表应当全面反映一定时期所有者权益变动的情况，不仅包括所有者权益总量的增减变动，还包括所有者权益增减变动的重要结构性信息，特别是要反映直接计入所有者权益的利得和损失。

所有者权益变动表的表头与前述报表相同，一般应列明报表的名称、编制单位名称、会计期间、报表编号和货币单位等。

所有者权益变动表的具体列报格式有两种，一种是按照所有者权益的各组成部分反映所有者权益变动情况。我国在 2006 年《企业会计准则》颁布前采用这种格式。另一种是按照矩阵的形式列报，即一方面列示导致所有者权益变动的交易或事项，按所有者权益变动的来源对一定时期所有者权益变动情况进行全面反映；另一方面，按照所有者权益各组成部分（包括实收资本、资本公积、盈余公积、未分配利润和库存股）及其总额列示交易或事项对所有者权益的影响。我国 2006 年《企业会计准则》规定采用矩阵的形式列报。表 5-51 列示了矩阵形式的所有者权益变动表的格式。

表 5-51 所有者权益变动表

会企 04 表

编制单位： 年度 单位：元

	本年金额							上年金额						
	实收资本（或股本）	资本公积	减:库存股	其他综合收益	盈余公积	未分配利润	所有者权益合计	实收资本（或股本）	资本公积	减:库存股	其他综合收益	盈余公积	未分配利润	所有者权益合计
一、上年年末余额														
加:会计政策变更														
前期差错更正														
二、本年年初余额														
三、本年增减变动金额(减少以"-"号填列)														
(一)综合收益总额														
(二)所有者投入和减少资本														
1.所有者投入资本														
2.股份支付计入所有者权益的金额														
3.其他														
(三)利润分配														
1.提取盈余公积														
2.对所有者(或股东)的分配														
3.其他														
(四)所有者权益内部结转														
1.资本公积转增资本(或股本)														
2.盈余公积转增资本(或股本)														
3.盈余公积弥补亏损														
4.其他														
四、本年年末余额														

（五）财务报表附注的设计

财务报表附注是为了便于会计报表使用者理解会计报表的内容而对会计报表的编制基础、编制依据、编制原则和方法及主要项目等所作的解释。根据2006年会计准则体系的规定，财务报表附注应当按照如下顺序披露有关内容：

①企业的基本情况；
②财务报表的编制基础；
③遵循企业会计准则的声明；
④重要会计政策和会计估计；
⑤会计政策和会计估计变更以及差错更正的声明；
⑥报表重要项目的说明；
⑦其他需要说明的重要事项；
⑧资本管理的有关信息。

财务报表附注的设计形式可以多样化，根据所要披露内容的特点，既可以采用表格的形式，也可以直接采用文字的形式。对于定性信息可采用文字形式进行阐述，对于定量信息可通过表格形式列示，表格中可设计一些相对数指标，以利于报表分析。对于需要用大量文字披露的信息，应注意按逻辑顺序排列，分类披露、条理清晰，具有一定的组织结构，以便于使用者理解和掌握。

四、对内财务会计报告的设计

对内财务会计报告是为了满足本企业内部生产经营或预算管理的需要而编制的供企业管理人员使用的报表，目的在于为企业管理者提供决策依据。对外财务会计报告的指标体系、项目排列、格式、报送时间等都由国家统一规定，对内财务会计报告则是企业财务会计部门根据本单位的需要而设计的，其指标体系、项目排列、格式、报送时间等均可自行确定。为使内部报表一方面对外部报表起到补充作用，另一方面为企业经营管理者提供内部管理所需信息资料，在设计单位内部报表时，一定要注意指标体系的完整性，要符合本单位管理的要求，使得企业内部管理所需要的资料在内部报表中都能得到。同时，为便于将前后几期的数据进行比较分析，设计的内部报表的指标体系前后要保持一致，否则其提供的资料就失去了可比性、可分析性，也就失去了设计此报表的意义。

内部报表的种类很多，按时间分类有日报、旬报、半月报、月报、季报、年报等。按经济内容分类主要有反映成本费用方面的报表、反映产品产量、质量情况的报表、反映经营预测和动态情况的报表、反映经营业绩的报表等。

（一）成本费用报表的设计

成本费用报表是制造业、建筑安装业等均应编制的报表，用来反映和监督这些企业一定时期产品成本水平、费用构成情况。其便于管理层考核成本计划的完成情况，寻求降低产品成本的途径，对提高经济效益、提高成本核算效率具有重要意义。一般包括"商品产品成本表"、"主要产品单位成本表"、"制造费用明细表"、"管理费用明细表"等。表5-52是主要产品单位成本表的格式。

表 5-52　　　　　　　　　　　　　　主要产品单位成本表
编制单位：　　　　　　　　　　　　　　年　　月　　　　　　　　　　　　产品名称：

成本项目	历史先进水平	上年实际	本年计划	本月实际	本年实际
直接材料					
直接工资					
其他直接支出					
制造费用					
合计					
主要技术经济指标					
1. 材料规格					
2. ……					
3. ……					

表 5-52 的设计是为了反映企业在月份、年度内生产的主要产品单位成本的构成情况，各项主要技术经济指标执行情况；同时考核主要产品单位成本计划的执行情况，以便于分析各成本项目的变化及其原因。该表是对商品产品成本表所列各种主要产品成本作出的补充说明。

费用类报表的设计是为了反映企业在年度内发生的各类费用，分析各项费用的构成及增减变动情况，考核各项费用计划的执行结果，以便进一步采取措施，压缩开支，降低费用。其中，制造费用明细表的格式如表 5-53 所示。管理费用明细表、销售费用明细表的设计可参考此表，注意在费用项目设计上要有所差别。

表 5-53　　　　　　　　　　　　　　制造费用明细表
编制单位：　　　　　　　　　　　　　年　　月　　日　　　　　　　　　　单位：元

费用项目	本年计划	上年同期实际	本年实际	本年累计实际
职工薪酬				
办公费				
水电费				
折旧费				
修理费				
租赁费				
劳动保护费				
机物料消耗				
其他				
合计				

(二) 产品产量、质量情况报表的设计

这类报表主要用于反映企业生产进度、生产计划完成情况、产品质量情况等，以有利于合理组织生产、减少废品、提高产品质量，并为分析产品质量升降的原因提供信息，挖掘提高产品质量的潜力。所以可设计"产量日报"、"废品报告单"等内部报表。表5-54是废品报告单的格式。

表 5-54

废品报告单

（代产品质量分析表）

车间：　　　　　　　　　　　　　　　年　月　日

产品名称（零件）	单位	制造数量	废品数量		废品占制造量的百分比	废品原因
			可修复	不可修复		

制造人：　　　　　　　　　　　检验人：

(三) 经营预测和动态情况报表的设计

这类报表用于反映市场预测和内部有关财务指标预测，以便为经营决策服务。例如可设计产品销售量预测表分析产品的销售趋势，设计新开发的主要产品利润预测表分析新产品的获利情况等。表5-55是产品销售量趋势分析表的格式。该表中的"数量"均为销售量，反映产品销售量发展趋势，表的下方还可设计补充资料，登记同行业其他企业同种产品的销售数量，以对比分析，同时可起到销售预测的作用。

表 5-55

某产品销售量趋势分析表

20××年

实物单位：件

金额单位：元

产品名称	2008年		2009年		2010年（计划销售量　　件）								销售成长率
	数量	金额	数量	金额	一季度		二季度		三季度		四季度		
					数量	金额	数量	金额	数量	金额	数量	金额	

第五章 会计核算系统设计

（四）经营业绩报表的设计

经营业绩报表的设计主要用于满足利润预测和利润分析检查的需要。因各企业具体需要不同，内部经营业绩报表的种类和格式设计也有所差异。常用的经营业绩报表有"利润计划完成情况分析表"、"利润预测表"和"主营业务利润分析表"等。表5-56是利润计划完成情况分析表的格式。该表可反映利润实际数与计划数或上期数等的增减变化情况以及各利润项目对利润总额变化的影响程度，是反映企业经济效益好坏的综合性报表。

表5-56　　　　　　　　　　利润计划完成情况分析表

编制单位：　　　　　　　　　　　　年　　月　　　　　　　　　　　　　单位：元

项目	本期			本年累计金额		
	计划数	实际数	增减百分比	计划数	实际数	增减百分比
主营业务利润						
其他业务利润						
营业利润						
利润总额						
净利润						
销售利润率						
成本利润率						
费用利润率						
每股收益率						
……						

☞ **思考题：**

1. 简要分析会计凭证、会计账簿、会计报表三者的设计对企业会计核算系统有何重要意义？
2. 原始凭证的设计步骤有哪些？怎样进行自制原始凭证设计？
3. 企业一般有哪些常用的会计账簿？其设计的关键点是什么？
4. 账页格式的设计有哪些要求？
5. 财务会计报告设计应遵循哪些原则？如何进行内部财务会计报告设计？

☞ **案例设计：**

1. 资料见第四章第二节中的"江城有限责任公司"，请为该公司设计"商品入库单"一份，记账凭证一份。
2. 某商业企业为便于及时了解其购入商品的原价和购销差价，要求设置购货日记账进行登记。该企业采用科目汇总核算形式，为了简化汇总工作，要求在此日记账中对有关科目进行汇总，以便按期列入科目汇总表中。该企业还要求按期编报各类商品的购销情况表,其中有关购入商品的资料应通过此日记账的核算提供。试为该企业设计这一购货日记账。

3. 请设计出纳现金日报表一张。

要求:(1) 能反映上日结存、本日收入和付出,本日结存情况;
(2) 包括现金和银行存款;
(3) 能反映库存现金限额;
(4) 能反映当日收付款凭证的起止号。

第六章 内部控制系统设计原理

◎ 学习目标：
1. 了解内部控制的概念及其演进发展。
2. 掌握我国对内部控制的界定，明确内部控制系统设计的意义和原则。
3. 了解内部会计控制的主要内容。
4. 理解企业内部控制的措施。
5. 掌握设计内部会计控制制度的程序。

第一节 内部控制概述

内部控制是管理学中的概念，但在管理学中论述不多，管理学中只讲控制，因控制是管理职能之一，并且多数讲控制程序和一些专门的控制技术。会计学中也谈控制。如马克思指出："过程越是按社会的规模进行，越是失去纯粹个人的性质，作为对过程的控制和观念总结的簿记就越是必要。"[①] 此处的控制是指企业的会计控制，即常说的会计监督。实务中内部控制的调查、测试和评价与审计有密切关系。刘大贤在《简明审计学原理》(1991) 中指出："为有效实现和加强内部控制，就需要制订和组织实施一整套规章制度、合理设计组织体系、科学制订经济管理手续和程序等各种手段，这些手段的总称，就是内部控制制度。"

一、内部控制的概念及其演进发展

根据内部控制概念与思想的历史对称，对内部控制的定义主要经历了内部牵制、内部会计控制与管理控制、内部控制结构、内部控制整体框架和企业风险管理框架五个发展阶段[②]。

（一）20世纪40年代以前的"内部牵制"阶段

现代意义上的内部控制理论是由早期的内部牵制发展而来的。一般认为20世纪40年代以前内部控制理论都处在以内部牵制为表现形式的萌芽状态。内部牵制的思想源远流长，早期的内部牵制主要产生于官厅财计组织设置之中，是国家财计组织建设完善的保证，例如，我国西周财计中的出纳组织就分为"职内"、"职岁"、"职币"三方面，分掌"收入"、"支出"与"结余"，以便形成有效的经济牵制。对企业而言，内部牵制成为一

---

① 马克思，恩格斯．马克思恩格斯全集：第24卷．北京：人民出版社，1972：152.
② 内部控制发展阶段的划分参见施先旺．内部控制理论的变迁及其启示 [J]．审计研究，2008 (6)．

种重要制度并得到广泛应用是15世纪以后的事。15世纪,资本主义经济关系在意大利北方城市得到发展,企业对收入、费用的核算日益重视,同时复式记账法的出现也推动了管理和内部牵制的发展。这一阶段的内部牵制仅仅局限于一般性的经济制约关系,其特征可以概括为:以业务授权、职责分工、定期核对等会计控制为基本内容,采用账簿之间的核对和账簿与财产之间的一致性验证为主要手段,控制的目的主要是查错防弊。

(二) 20世纪40年代末至70年代的"内部会计控制与管理控制"阶段

20世纪40年代后,欧美各国的产业革命相继完成,生产的社会化得到了极大的提高,股份制公司代替了原有的手工工场,成为先进资本主义国家的主要企业组织形式,与之相适应的是内部控制进入了它的发展时期。一些企业在传统内部牵制思想的基础上,纷纷在企业内部组织结构、经济业务授权、处理程序等方面借助各种事先制订的科学标准和程序,对企业内部的生产标准、质量管理、统计分析、采购销售、员工培训等经济活动及相关的财务会计资料分别实施了控制。使得以账户核对和职务分工为主要内容的内部牵制,从20世纪40年代起逐步演变为由组织结构、岗位职责、人员条件、业务处理程序、检查标准和内部审计等要素构成的较为严密的内部控制系统。

1949年美国注册会计师协会的审计程序委员会对内部控制首次作出定义:"内部控制是企业所制订的旨在保护资产安全,保证资料的准确性和可靠性,提高经营效率,以及促进管理部门所制订的各项政策得以贯彻执行的组织计划和相互协调的各种方法和措施。"这个定义对当时审计界的影响是较大的,导致了以评价内部控制的健全性,有效性为基础的审计模式的诞生。但是,由于该定义过于宽泛,美国注册会计师协会的审计程序委员在1958年颁布的《审计程序公告第29号》中将内部控制划分为"内部会计控制"和"内部管理控制"两类。其中,前者涉及与财产安全和会计记录的准确性、可靠性有直接联系的方法和程序,后者主要是与贯彻管理方针和提高经营效率有关的方法和程序。这一划分方法即称为内部控制"制度二分法"。

(三) 20世纪80年代至90年代的"内部控制结构"阶段

进入20世纪80年代后,人们对内部控制的研究重点逐步从一般含义向具体内容深化,其标志是美国会计师注册协会在1988年发布的《审计准则公告第55号》。在公告中以"内部控制结构"概念取代了"内部控制制度",并指出:"企业的内部控制结构包括为取得企业特定目标的合理保证而建立的各种政策和措施程序",包括控制环境,会计制度和控制程序三个有机要素。有的学者将其称为内部控制的"三点论"。在这三个构成要素中,会计制度是内部控制结构的关键要素,控制程序是保证内部控制结构有效运行的机制。这一概念跳出了"制度二分法"的圈子,特别强调了管理者对内部控制的态度、认识和行为等控制环境的重要作用,指出这些环境因素是实现内部控制目标的环境保证,要求审计师在评估控制风险时不仅要关注会计控制制度与控制程序,还应对企业所面临的内外环境进行评估。内部控制结构概念的提出,适应了经济形式发展和企业经营管理的需要,因而得到了会计审计界的认可。20世纪80年代末兴起的风险基础审计法便是在这一概念基础上产生和发展起来的。

(四) 20世纪90年代后的"内部控制整体框架"阶段

20世纪90年代以来,内部控制进入了它的成熟时期。该时期关于内部控制的概念具有国际影响力的是由美国全国反舞弊性财务报告委员会，即 Treadway 委员会下属的 COSO 委员会提出来的。1992 年，COSO 委员会在《内部控制——整体框架》中将内部控制定义为："内部控制是由企业董事会，经理阶层和其他员工实施的，为经营的效率效果，财务报告的可靠性和相关法律的遵循等目标的实现而提供合理保证的过程。"该报告指出内部控制是环境控制、风险评估、控制活动、信息与沟通和监督五要素的有机结合。该定义不但丰富了可控制环境、会计系统的基本内涵，而且形成了在实现某种目标的指导下，由五个相互联系的要素共同构成的一个整体的框架：以控制环境为基础，风险评估为依据，控制活动为手段，信息与沟通为载体，监督为保证。有的学者称其为内部控制的"五点论"。

（五）21 世纪开始至今的"企业风险管理框架"阶段

2001 年年底以来，美国一批大公司会计丑闻接连曝光，诚信危机震撼着美国及国际社会，使人们对美国式自由市场经济制度产生质疑，也暴露了美国现行法律的诸多不足。为了提高民众对美国金融市场、政府经济政策的信心，2002 年 7 月 30 日，美国总统签署了《萨班斯—奥克斯利法案》，这是一项旨在加强会计监督、强化信息披露、完善公司治理、防止内幕交易的法案。它规定对违反本法案和渎职以及做假账的企业主管将实行严厉的制裁，同时对上市公司实行更为严厉的监督，这是自 20 世纪 30 年代美国企业法规基本框架建立以来最大的一次改革，使美国的公司治理迈入新里程。

在此背景下，2002 年，美国 Treadway 委员会下属的发起组织委员会（COSO）在内部控制框架概念的基础上，提出了企业风险管理（Enterprise Risk Management，ERM）的概念，使内部控制的研究发展到一个新的阶段。2004 年，COSO 委员会发布了最新的《企业风险管理—总体框架》。新的企业风险管理框架是在 1992 年的研究成果——《内部控制框架》报告的基础上，结合《萨班斯—奥克斯利法案》在报告方面的要求，进行扩展研究得到的。2004 年的 COSO 报告认为企业风险管理是一个由企业的董事会、管理层和其他员工共同参与的，应用于企业战略制订和企业内部各个层次与部门的，用于识别可能对企业造成潜在影响的事项并在其风险偏好范围内管理风险的，为企业目标的实现提供合理保证的过程。这是一个广义的风险管理定义，适用于各种类型的组织、行业和部门。企业风险管理的构成要素为内部环境、目标制订、事项识别、风险评估、风险反应、控制活动、信息和沟通、监控八个相互关联的要素，各要素贯穿在企业的管理过程之中。

二、我国对内部控制的界定

我国对内部控制的研究从 20 世纪 90 年代开始。1996 年 12 月财政部发布《独立审计具体准则第 9 号——内部控制和审计风险》，直至 2001 年 6 月陆续发布内部会计控制的一系列规范。包括：《内部会计控制规范——基本规范》(2001)、《内部会计控制规范——货币资金》(2001)、《内部会计控制规范——销售与收款》(2002)、《内部会计控制规范——采购与付款》(2002)、《内部会计控制规范——工程项目》(2003)，2003 年还对担保、成本费用、对外投资、预算等内部会计控制规范发布了征求意见稿。这些规范主要从内部会计控制的角度出发，为进一步规范上市公司内部控制行为，2008 年 6 月，中国财政部、证监会、审计署、银监会、保监会联合发布了《企业内部控制基本规范》。该规范中将内部控制定义为："内部控制，是由企业董事会、监事会、经理层和全体员工实施的、旨在实现内部控制目标的过程。"规范同时指出，内部控制的目标包括：合理保证企业经营管理合法合规、资产安全、财务报告及相关信息真实完整、提高经营效率和效果，促进企业实现发展战略。

《企业内部控制基本规范》(2008) 中提到的内部控制的要素包括：内部环境、风险评估、控制活动、信息与沟通、内部监督。其中内部环境是企业实施内部控制的基础，一般包括治理结构、机构设置及权责分配、内部审计、人力资源政策、企业文化等。风险评估是企业及时识别、系统分析经营活动中与实现内部控制目标相关的风险，合理确定风险应对策略。控制活动是企业根据风险评估结果，采取相应的控制措施，将风险控制在可承受度之内。信息与沟通是企业及时、准确地收集、传递与内部控制相关的信息，确保信息在企业内部、企业与外部之间进行有效沟通。内部监督是企业对内部控制建立与实施情况进行监督检查，评价内部控制的有效性，发现内部控制缺陷，应当及时加以改进。这和1992年 COSO 委员会在《内部控制——整体框架》中对内部控制定义的要素相同。图 6-1 反映了内部控制五要素的关系。

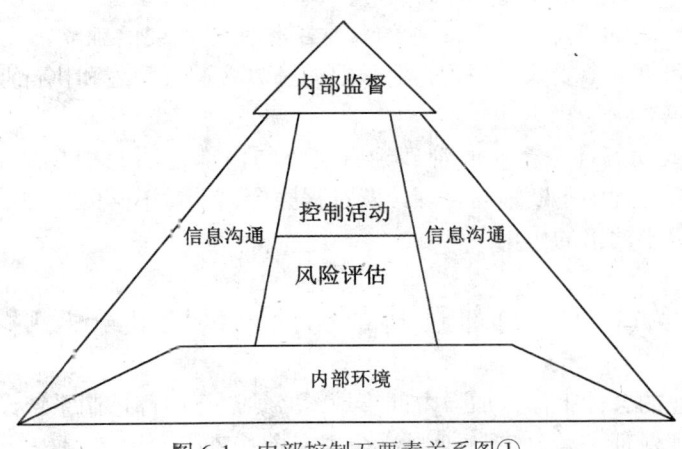

图 6-1　内部控制五要素关系图①

2010 年 4 月，继财政部等五部委联合发布《企业内部控制基本规范》后，财政部会同证监会、审计署、银监会、保监会又制定颁布了《企业内部控制应用指导第 1 号——组织架构》等 18 项应用指引、《企业内部控制评价指引》和《企业内部控制审计指引》。至此，我国企业内部控制规范体系建成。可以认为：基本规范是内部控制规范体系的基础；应用指引是对企业建立健全本企业内部控制所提供的指南，在整个内部控制规范体系中占据主体地位；评价指引为管理层进行内部控制自我评价提供了指导；审计指引则为注册会计师和会计师事务所执行内部控制审计业务提供了执业准则。如何结合企业业务特点，依据基本规范和应用指引的要求为企业设计内部评价体系，成为会计制度设计的新内容。

---

① 该图参考了 Steven J. Root. Beyond Coso Internal Control to Enhance Corporate Governance. New York: John Wiley & Sons Inc, 1998.

三、内部控制的特征

从内部控制的概念描述中我们可以发现,内部控制不仅仅指的是控制,它还包括了管理、激励、监督、指导等多方面的含义,缓和了单纯的遵守规章制度的生硬和僵化,增加了执行的弹力,使其成为结合各方要素的综合实际过程,体现出了以下突出的特点:

(1) 广泛性或者称全面性。内部控制涉及了企业组织的每一位员工,上至董事会,下至普通职工,控制活动的范围涵盖了企业组织的各项业务,它不仅仅要对财务、资产和人事等各个方面的计划与执行情况进行控制,还要负责这些工作的分析与研究,总结经验,提出完善措施。

(2) 标准性。在内部控制中,书面的法律法规以及企业组织内部的相关规定尽管需要具体的执行,但是依然属于关键部分,为内部控制的各项活动,从设计到执行提供了标准与依据,使企业可以提前避免可以预知的某些风险。

(3) 经常性。内部控制不是短期某一段活动,或者是一个时间点上某一个活动,而是自企业建立之日起就产生,随着企业的消亡而消灭。在企业存在的整个过程中,会分阶段有规律地对企业的所有活动进行检查考核。

(4) 潜在性。内部控制不是与企业的日常工作明显割裂的独立活动,而是暗含在工作的每一个方面和每一个步骤。不管企业采取哪种方式进行管理和执行业务,都会有潜在的内部控制行为。

(5) 关联性或动态性。企业的管理经营过程与内部控制是相互交错与相互关联的,在内部控制的实行过程中不断地与管理经营过程磨合,针对不同的外部环境对自身进行修正与改进,起到事半功倍的作用。

第二节 内部控制系统设计的意义和原则

为了规范企业的会计工作,加强内部管理,必须进行内部控制系统设计。通过内部控制系统设计以合理保证企业经营管理合法合规、资产安全、财务报告及相关信息真实完整、最终达到提高经营效率和效果,促进企业实现发展战略的目标。企业应根据国家有关法律法规及《企业内部控制基本规范》,设计出适合本企业业务特点和管理要求的内部控制制度,并组织实施。

一、内部控制制度设计的意义

具体讲,内部控制制度设计的意义表现在以下几方面:

1. 保证单位经营管理信息和财务会计资料的真实完整

对单位的管理层而言,要实现其经营方针和目标,需要及时获取准确的资料和信息,以便作出正确的判断和决策。健全有效的内部控制制度通过制订和执行恰当的业务控制程序,科学合理地划分职责范围,建立相互协调、相互制约的机制和及时、畅通的信息反馈系统等,保证提供及时准确的经营管理信息和财务会计信息,为管理层的决策提供可靠的依据,提高决策质量。

2. 保护单位财产的安全和完整，防止资产被盗用、浪费和无效率地使用

建立内部控制制度并采取严格的控制措施，特别是不相容职务的分工，使授权人与执行人、执行人与记账人、保管、出纳和会计人员相分离，形成内部牵制，同时实行限制接近财产和内部定期盘点核对制度，从而使财产的收、付、存、用得到严密的控制，有效地制止浪费，防止各种贪污舞弊行为，确保单位财产物资的安全与完整。

3. 保证员工恪尽职守，保证业务活动按适当的授权进行，提高企业的经营效率内部控制明确划分了各职能部门和人员的职责范围，有利于建立并实行岗位责任制和各项管理制度以及报告制度，使员工做到各司其职、互相制约、克服并清除舞弊、恪尽职守、提高效率。

4. 保证单位各项政策及国家法律、法规的贯彻执行

国家为加强宏观经济控制制定颁布了相应的法律、法规和规章制度，这些法律、法规和规章制度只有在每个企业和单位都得到认真的贯彻执行，才能发挥相应的作用。同时，企业和单位也只有认真贯彻执行国家的法律、法规和规章制度，才能保证其经营活动的合法性。健全、有效的内部控制制度所形成的相互协调与相互制约机制，能够及时地反映国家的法律法规在单位内部的贯彻执行情况，并能检查、揭示和纠正经营管理中的违法乱纪行为，从而有效地保证单位各项政策及国家的法律法规在单位内部得到贯彻执行。

5. 有助于避免和降低各种风险，提高经营管理效率

在日益激烈的市场竞争中，企业的经营管理会面临来自各方面的经营风险。如筹资风险、投资风险、产品研制开发风险、开拓市场的风险、信用风险和担保风险等。从防范风险的角度讲，可以说企业的经营管理过程，就是不断地"化险为夷"的过程。健全有效的内部控制有助于企业避免和降低各种风险，提高经营管理效率。

二、内部控制制度设计的原则

企业、单位在进行内部控制制度设计时应遵循以下原则：

（一）合法性与适应性原则

合法性原则是指企业、单位必须以国家的法律法规为依据，在国家规章制度允许的范围内，设计切实可行的内部控制制度。这是企业、单位建立内部控制制度体系的基础，在大量的违法违规案件中，除了不依法办事的原因外，更重要的原因是企业、单位内部控制制度本身脱离了国家的规章制度，任意妄为，最后给国家、企业造成了损失，给社会带来了不良影响。

由于各企业、单位的实际情况千差万别，因此，不可能存在一个完整固定的内部控制模式。各企业、单位必须根据本单位的实际情况，因地制宜、因人而异地设计本单位的内部控制制度，切不可不顾单位实际，好高骛远，设计空中楼阁式的内部控制制度，或者照搬照抄其他单位的内部控制制度。

（二）系统完整原则

设计内部控制制度应充分体现内部控制的各要素的要求。根据《企业内部控制基本规范》(2008)，内部控制要素主要包括：内部环境、风险评估、控制活动、信息与沟通、内部监督等。设计各种业务的内部控制制度，既要在各个制度中充分表述各个要素的内

容，又要相互联系、相互制约，使其构成企业管理中的一个完整的持续可行的管理系统，以有效地控制企业的经营活动，促使企业、单位完成预期的控制目标。为了使内部控制制度达到系统完整的目的，在设计时应关注制度的严谨性、完整性和协调性，防止疏漏与失控，充分发挥制度的整体控制功能。在内部控制制度的表述上要简明扼要、清楚易行，在控制手续上要讲究实效，不要繁琐复杂；通过内部控制提高工作效率，避免重复控制。

（三）成本效益原则

一个合理的内部控制制度应该既能防错防弊，又能提高企业的经营管理。设计内部控制制度，是使企业的经营管理活动具有衡量其效果的标准，鼓励有关责任人员及经营管理部门为达到目标而尽力。但是设计内部控制制度时，必须符合成本效益原则，即为进行控制而花费的成本，包括花费的时间和支付的费用，如"工资"和其他费用等，与缺乏控制时所遭受的损失比较，当控制的效益大于成本时，则该项控制措施才是可行的，否则就是不可行的。在实际工作中，有些工作的效益是难以量化的。如企业采取了某些加强物资管理的控制措施（如对领料单和发料单须经一定的审批手续才可能领发），这就要花费一定的人力和成本，而实际效益却不能直接以金额来表示，但是这样的控制却有利于加强会计责任，有利于提高资产的保管效率。又如，对于某些重大决策，需经高层管理人员共同研究作出决议并须经上级领导批准授权后才可执行，这一措施要花费高层管理人员的大量时间，其效益也是难以直接计量的，但是这项控制措施能保护企业的资源，有利于公司控制目标的实现。如果没有这种事前审批措施，可能会使决策成为"失策"，造成不可估量的损失。所以控制活动的成本效益要结合具体的情况而定，要从全局的角度运用财务分析法或用宏观的经济分析法来确定其"效益"，对于环保等项目，更是要从整个社会角度运用宏观的经济分析法研究其"社会效益"。

（四）不相容职务相分离的原则

不相容职务指的是某些职务如果单独由一个人处理，假设该员工在工作中弄虚作假，自己就可以单独加以掩盖、隐藏。为此，企业对经营业务活动进行组织分工时，要求对不相容职务应分别由不同的人员处理，即进行职务分离，使工作有所牵制、有所制约，防止贪污盗窃，保护资产安全。在横向关系上，至少要由彼此独立的两个部门或人员办理，以使该部门或员工的工作接受另一个部门或员工的检查和制约；在纵向关系上，至少要经过互不隶属的两个或两个以上的岗位和环节，以使下级受上级监督，上级受下级制约。其理论根据是在相互牵制的关系下，几个人发生同一错弊而不被发现的概率，是每个人发生该项错弊的概率的连乘积，因而将降低误差率。

（五）业务授权处理的控制原则

授权控制原则是指企业、单位应该根据各岗位业务性质和员工的要求，相应地赋予作业任务和职责权限，规定操作规程和处理手续，明确纪律规则和检查标准，以使职、责、权、利相结合。岗位工作程式化，要求做到事事有人管，人人有专职，办事有标准，工作有检查。进行授权控制，既可防止滥用职权，又可让员工在授权的范围内放手开展有关业务活动。按授权性质的不同，授权可分为一般授权和特别授权。一般授权是对办理常规业务所确定的权利及职责。如，规定限额的采购项目，采购员可自行决定采购，即为一般授权；对于超过限额的采购项目，需由主管人员另行审批才可采购，即为特别授权。企业中的重大业务决策，如大宗采购的招标等，均需要特别授权。为了做好业务授权，在设计授权控制时要注意以下几点问题：一是单位要明确规定一般授权和特别授权的管理层次、授权范围、授权的内容标准。二是要规定各类经济业务授权的批准程序，以保持授权工作的有序性和规范性。三是为了明确特别授权决策者的责任，对单位重大项目的决策授权要作记录，并保存好必需的证明文件（如授权决策的会议文件和决策依据等）。企业、单位的经济业务既涉及企业与其他企业之间资产与劳务的交换，也包括企业内部资产和劳务的转移和使用。因此，每类经济业务都会有一系列内部相互联系的流转程序。所以，应规定每类经济业务的审批程序，以便按程序办理审批，避免越级审批和违规审批，这既是对有关决策责任者的绩效考核依据，也是对特定授权责任的控制。

（六）有效控制风险的原则

风险是未能实现目标的可能性，因而对预先设定的目标进行风险评价是设计内部控制制度的前提。管理层在设计内部控制制度时，要密切关注并处理企业所面临的风险，要对有关的业务风险加以分类、辨认，认识关键的风险控制点，有针对性地对该项业务设计其内部控制制度，并要采用一定的技术方法来分析风险发生后的实际情况和目标的差异，进而提出改进风险管理的措施，使风险控制更加完善。

由于企业、单位的风险控制环境一般较难确定，特别是外部环境变化多端，较难实现全面预防和规范。所以企业在制订战略目标并考虑控制措施时，要考虑相关风险项目是企业的强项还是弱项，是企业机遇还是威胁。这就要求在设计内部控制制度时，对企业内部控制环境的优势与劣势以及对外部控制环境的压力与计划系统地进行分析，从中考虑研究创新、化险为夷的策略和机遇，为实现既定的控制目标作好思想准备和物质准备。因此，在设计内部控制制度时应树立风险控制的理念，并要认识到风险与机会是并存的，在风险中寻找转化为机会的契机，并在制订内部控制制度时勇于面对风险。

（七）动态的信息反馈原则

该原则是指企业、单位的内部控制制度应随着外部环境的变化、单位业务职能的调整和管理要求的提高，不断修订和完善。任何一项制度都不可能一成不变，企业、单位的控制存在于一定的外部环境中，外部环境的变化必然影响着单位内部控制目标的制订。例如，证券监管机构、税务机关对会计处理的要求，必将影响企业、上市公司的内部控制制度；而财政部门对行政事业单位实行的国库集中收付制度、政府采购制度等，会对行政事业单位的内部控制产生或多或少的影响。就企业内部而言，也在不断发展变化之中，如兼并或收购、设立子公司、分公司，异地开设办事处或分支机构等，都会使原有的内部控制制度的作用有所削弱或失效。因此，单位应随着内、外环境的变化，不断修订和完善其内部控制制度，以保证内部控制的适应力和活力。

第三节 内部控制系统设计的内容

一、内部会计控制的主要内容

内部控制的内容非常广泛，从横向看，涵盖单位内部的各个部门、各项业务；从纵向看，涉及各个部门的各个岗位、每个员工以及各项业务的每个环节。从内部控制的工作范围看，包括管理控制、会计控制等，我们主要就内部会计控制进行讲解。

（一）资金营运活动控制

资金营运活动，是指企业日常生产经营中发生的一系列资金收付行为。一旦营运资金的收付出现问题，就会直接影响到企业的日常经营。因此切实做好资金营运活动内部控制设计，加强资金营运全过程的管理，有利于全面提升资金营运效率，促进资金的良性循环，实现企业的可持续发展。

对营运资金的控制，最主要的目标是保证营运资金的安全、完整，包括现金、银行存款余额的真实、准确；现金、银行存款的使用恰当（一方面做到保证生产经营活动的正常进行对货币资金的需要量，另一方面加强对其支出的控制，防止侵占、挪用行为的发生）；其他货币资金按规定用途使用。

营运资金的控制要点包括：建立营运资金业务的岗位责任制，并确保不相容岗位相互分离、制约和监督；建立严格的营运资金授权批准制度，保证审批人在授权范围内进行审批；营运资金的收入、支出要有合理、合法的凭据；严格按照"申请、审批、复批、支付"的程序办理营运资金的支付业务，并及时准确入账；建立对营运资金业务的监督检查制度，加强对营运资金收付业务的内部审计。营运资金内部控制设计详见本书第七章的讲解。

（二）实物资产控制

实物资产一般指企业、单位的存货和固定资产，它们在资产总额中所占的比重最大。因此，实物资产的控制在内部控制中处于重要地位。

存货的内部控制目标主要包括：保护存货资产的安全完整；合理确定存货的价值。固定资产的内部控制目标包括：保证固定资产取得的合理性；保证固定资产的安全完整和良好的运营状态；保证固定资产计价及计提折旧的正确合理。

企业单位应建立实物资产管理的岗位责任制度，对实物资产的验收入库、领用、发出、盘点、保管及处置等关键环节进行控制，防止各种实物资产的被盗、毁损和流失。并针对不同的实物资产，有侧重地加以控制。

实物资产内部控制设计详见本书第八章的讲解。

（三）对外投资控制

投资活动是指企业通过分配来增加财富，或为谋求其他利益，将资产让渡给其他单位而获得另一项资产的活动。投资活动与企业的其他业务相比具有交易数量少、每笔交易金额大、风险大等特点。针对这些特点，投资业务的内部控制一般由投资立项、评估、决策、实施、投资记录、投资处置等环节组成。

对外投资的内部控制目标包括：保证投资活动符合国家的方针政策和相关的法律法规；保证投资活动经过适当的审批决策程序；保护投资资产的安全完整；保证投资计价，投资收益计算、确认的正确。

对外投资的内部控制要点包括：明确投资决策与实施过程中各相关部门和岗位的职责权限，确保投资项目的提出、论证、决策、实施等不相容岗位相互分离、制约和监督；建立对外投资财务分析制度和预算管理制度，作好投资的可行性研究及事前控制；建立严格规范的对外投资决策机制和程序,对重大投资决策实行集体审议联签等责任制度;加强对外投资取得和保管控制;加强对外投资处置的控制;正确进行投资的计价,正确计算各类投资收益并保证其相关会计处理的合法、正确。

(四)工程项目控制

工程项目包括基本建设项目和技术改造项目。工程项目一般工期相对较长,投资数额大,专业技术要求较高。因此,如果不加强管理和控制,往往容易发生舞弊行为。

工程项目的内部控制目标包括:保证工程项目的质量;防止工程项目建设中的各种舞弊行为;严格控制工程支出。

工程项目的内部控制要点包括:明确工程项目决策和建设工程中各相关部门和岗位的职责权限,确保办理工程项目业务的不相容岗位相互分离、制约和监督;加强工程项目决策的控制,对重大工程项目,应当实行集体决策;建立合理的概预算程序与制度,实现对工程项目造价的控制;加强对工程项目招标、投标、开标、评标、定标和合同管理等环节的控制,防止舞弊行为的发生;加强对施工过程的控制,确保工程质量,控制工程成本;作好竣工验收、决算审查和资产移交等工作,正确进行相应的会计处理。

(五)采购和付款控制

采购和付款业务是各单位经常发生的业务,小到购买办公用品,大到采购机器设备;既有有形物资的采购,也有劳务的采购。因此,采购和付款控制在整个内部控制中具有重要地位。

采购和付款的内部控制目标包括:合理经济地进行各种采购业务;保证采购的物资及时、足额入库;按照合同的规定及时支付相应货款,维护良好信誉。

采购和付款的内部控制要点包括:明确采购和付款业务中各相关部门和岗位的职责权限,确保办理该项业务的不相容岗位相互分离、制约和监督;建立严格的采购与付款业务的授权批准制度,规定经办人的职责范围和工作要求,保证审批人在授权范围内审批;对于重要的采购和付款业务应组织专家进行可行性论证,并实行单位领导集体决策和审批;建立采购和付款业务的预算管理制度,实行限量采购管理;严格按照"请购、审批、采购、验收、付款"的程序办理采购和付款业务,并及时准确入账;建立健全验收制度,实行验收与入库责任追究制;加强对货款支付的控制,严格核对有关凭证,对符合付款条件的采购业务及时办理付款业务。

(六)筹资控制

筹资活动是指企业为满足生产发展的需要,通过改变企业资本及债务规模和构成而募集资金的行为。筹资活动涉及筹资规模和筹资结构的确定,筹资方式的选择,资金成本和财务风险的控制和防范,因此,需要加强其内部控制。

筹资活动的内部控制目标包括:保证筹资活动符合国家的方针政策和相关的法律法规;保证有效地控制筹资成本;保证所筹集资金的合理使用。

筹资活动的内部控制要点包括:明确筹资决策与实施过程中各相关部门和岗位的职责权限,确保筹资业务的提出、论证、决策、实施等不相容岗位相互分离、制约和监督;建立筹资业务的财务分析制度,作好筹资的可行性研究;建立严格、规范的筹资决策机制和程序,加强对筹资业务的"申请、论证、审批、实施"等环节的控制;正确计算和合理摊销债券的折价和溢价，正确计提、支付利息和股利。

（七）销售和收款控制

销售是企业经营的主要环节，是实现商品价值、增加收入、获取利润的主要途径。由于销售是一种商品交易，涉及现金与商品的进出，次数频繁，极易产生错弊，使企业遭受损失，因此，必须加强管理和控制。

销售和收款的内部控制目标包括：预防销售和收款过程中的各种差错；保证销货款的及时、足额收回；正确进行销售的会计核算。

销售和收款的内部控制要点包括：建立销售和收款业务的岗位责任制，明确相关部门和岗位的职责权限，确保办理销售和收款业务的不相容岗位相互分离、制约和监督；建立有关的授权批准制度，明确审批人员对销售业务的授权批准方式、权限、程序、责任和相关控制措施，规定经办人的职责范围和工作要求；对销售业务建立严格的预算管理制度，制定销售目标，确立销售管理责任制；建立销售业务的定价控制制度，制订价目表、折扣政策、收款政策并严格执行；加强对收款业务的管理和控制，销售和收款职能应当分离，销售人员避免接触现款；建立应收账款账龄分析制度和逾期应收账款催收制度；正确进行销售和收款的会计处理。

（八）成本费用控制

成本费用是企业在日常生产经营活动中发生的耗费，包括"营业成本"、"管理费用"、"财务费用"、"销售费用"等。加强成本费用的控制，对于降低消耗，增加收入，不断提高企业的经济效益具有重要意义。

成本费用的内部控制目标包括：严格控制成本费用开支；保证成本费用的准确计算与分配，因成本费用计算不准确，分配不合理，会导致产品成本计算不准确，直接影响企业损益。

成本费用的内部控制要点包括：建立成本费用控制系统，作好成本管理的各项基础工作；制定成本费用标准，分解成本费用指标；考核成本费用指标的完成情况并落实奖惩措施；正确进行成本费用的会计核算。

（九）担保控制

担保是指按照法律规定或者当事人约定，为确保合同履行，保障债权人利益实现而采取的法律措施。吴敬琏在2001年举办的中国担保论坛中指出"担保是国民信用体系的重要组成部分，在建立国民信用体系的事业中承担着重大的责任。在建立社会主义市场经济体制的过程中，担保的作用日益显现，但其高风险的特征和走势也逐步变浓和加剧"。因此，加强对担保风险的控制是单位内部控制的重要组成部分。

担保业务的内部控制目标首先是保证担保行为符合法律法规和单位的内部规定。企业为外单位提供担保后，就承担了相应的连带责任，一旦被担保单位无法履行责任，担保单位就得替被担保单位履行责任。因此，要减少或降低担保风险，就必须对担保行为的合法性、合规性进行控制。其次是要及时了解和掌握被担保单位的经营情况和财务状况，并根据被担保单位的经营情况和财务状况的变化情况采取相应措施。

担保业务的内部控制要点包括：保证担保行为符合国家有关法律法规的规定，避免违法担保；按照规定的有关程序进行担保业务的审批，严格控制担保行为；建立担保决策程序和责任制度，明确担保原则、担保标准和条件、担保责任等相关内容；加强对担保合同订立的管理，及时了解和掌握被担保单位的经营情况和财务状况，防范潜在风险，避免或减少可能发生的损失。

二、内部控制的措施

《企业内部控制基本规范》(2008)指出控制活动的控制措施一般包括：不相容职务分离控制、授权审批控制、会计系统控制、财产保护控制、预算控制、运营分析控制和绩效考评控制等。此外，常用的控制措施还有：内部审计控制、人员素质控制、电子信息系统控制等。以下分别论述。

（一）不相容职务分离控制

所谓不相容职务是指那些如果由一个人担任，既可能发生错误和舞弊行为，又可能掩盖其错误和舞弊行为的职务。对于不相容的职务如果不实行相互分离的措施，就容易发生舞弊等行为。因此，单位在设计、建立内部控制制度时，首先应确定哪些岗位和职务是不相容的；其次要明确规定各个机构和岗位的职责权限，使不相容岗位和职务之间能够相互监督、相互制约，形成有效的制衡机制。

（二）授权审批控制

授权审批控制要求企业根据常规授权和特别授权的规定，明确各岗位办理业务和事项的权限范围、审批程序和相应责任。企业应当编制常规授权的权限指引，规范特别授权的范围、权限、程序和责任，严格控制特别授权。常规授权是指企业在日常经营管理活动中按照既定的职责和程序进行的授权。特别授权是指企业在特殊情况、特定条件下进行的授权。企业各级管理人员应当在授权范围内行使职权和承担责任。单位对于重大业务和事项，应当实行集体决算审批或者联签制度，任何个人不得单独进行决策或者擅自改变集体意见。

（三）会计系统控制

会计作为一个信息系统，对内能够向管理层提供经营管理的诸多信息，对外可以向投资者、债权人等提供用于投资等决策的信息。会计系统控制主要是通过对会计主体所发生的各项能用货币计量的经济业务进行记录、归集、分类、编报等而进行的控制。其内容主要包括：依法设置会计机构，配备会计从业人员；建立会计工作的岗位责任制，对会计人员进行科学合理的分工，使之相互监督和制约；按照规定取得和填制原始凭证；设计良好的凭证格式；对凭证进行连续编号；规定合理的凭证传递程序；明确凭证的装订和保管手续责任；合理设置账户，登记会计账簿，进行复式记账。按照《会计法》和国家统一的会计准则制度的要求编制、报送、保管财务报告。

（四）财产保护控制

这种措施要求单位限制未经授权的人员对财产的直接接触，采取定期盘点财产记录、账实核对、财产保险等措施，确保各项财产的安全完整。定期盘点中，如果盘点结果与会计记录不一致，可能说明资产管理上出现错误、浪费、损失或其他不正常现象，应当分析原因、查明责任、完善管理制度；限制接近，指严格限制未经授权的人员对资产的直接接触，只有经过授权批准的人员才能接触该资产。限制接近包括限制对资产本身的接触和通过文件批准方式对资产使用或分配的间接接触。一般情况下，对货币资金、有价证券、存货等变现能力强的资产必须限制无关人员的直接接触。

（五）预算控制

预算控制要求单位实施全面预算管理制度，明确各责任单位在预算管理中的职责权限，规范预算的编制、审定、下达和执行程序，强化预算约束。预算控制的内容涵盖了单位经营活动的全过程，单位通过预算的编制和检查预算的执行情况，可以比较、分析内部各单位未完成预算的原因，并对未完成预算的不良后果采取改进措施，确保各项预算的严格执行。在实际工作中，预算编制不论采用自上而下或自下而上的方法，其决策权都应落实在内部管理的最高层，由这一权威层次进行决策、指挥和协调。预算确定后由各预算单位组织实施，并辅之以对等的权、责、利关系，由内部审计部门等负责监督预算的执行。预算控制的主要环节有：确定预算的项目、标准和程序；编制和审定预算；预算指标的下达和责任人的落实；预算执行的授权；预算执行过程的监控；预算差异的分析和调整；预算业绩的考核和奖惩。

（六）运营分析控制

运营分析控制要求单位建立运营情况分析制度，管理层应当综合运用生产、购销、投资、融资、财务等方面的信息，通过因素分析、对比分析、趋势分析等方法，定期开展运营情况分析，发现存在的问题，及时查明原因并加以改进。

（七）绩效考评控制

绩效考评控制要求单位建立和实施绩效考评制度，科学设置考核指标体系，对单位内部各职能部门和全体员工的业绩进行定期考核和客观评价，并将考评结果作为确定员工薪酬以及职务晋升、评优、降级、调岗和辞退等的依据。

（八）内部审计控制

内部审计是指在本单位负责人的领导下，在单位内部设置独立的审计机构，配备专职的审计人员，根据国家有关法律、法规和政策的规定，采用一定的程序和方法，对本单位及其下属单位的财政、财务收支及各项经济活动的合法性、真实性、效益性进行审核、鉴定和评价，并提出改进工作建议的一种经济监督活动。在单位的内部控制中，内部审计控制具有极其重要而又特殊的地位，从内部控制的组成上来看，它是内部控制的一个重要部分；从内部审计控制的作用上看，它是对内部控制执行情况的一种监督形式，是对内部控制的控制。

（九）人员素质控制

内部控制的成败关键在于员工素质的高低。人员素质控制的目的在于保证员工忠诚、正直、有效的工作能力，从而保证其他方面内部控制措施的有效实施。人员素质控制包括：建立严格招聘程序，保证应聘人员符合招聘要求；制订员工工作规范，用以引导考核员工行为；定期对员工进行培训，提高其业务素质；定期对员工业绩进行考核；对重要岗位员工建立职业信用保险制度；建立工作岗位轮换制，及时发现存在的错弊情况。

（十）电子信息系统控制

电子信息系统控制包括两方面的内容，一方面是指企业、单位要运用电子信息技术手段建立控制系统，以减少和消除内部人为控制的影响，确保内部控制的有效实施；另一方面是要加强对电子信息系统本身的控制。随着电子信息技术的发展，企业、单位利用计算机从事经营管理方式的手段越来越普遍，除了会计电算化和电子商务的发展外，企业、单位的生产经营与购销储运都离不开计算机。为此必须加强对电子信息系统的控制，包括：系统组织和管理控制、系统开发和维护控制、文件资料控制、系统设备、数据、程序、网络安全的控制以及日常应用的控制。

三、设计内部控制制度的步骤

一般而言，设计企业、单位的内部控制制度应遵循以下步骤。

（一）对单位内部结构和外部环境展开调查，明确控制目标

控制目标既是管理经济活动的基本要求，又是实施内部控制的最终目的，也是评价内部控制的最高标准。在实际工作中，管理人员和审计人员总是根据控制目标，建立和评价内部控制系统。而任何一个单位总是处于一定的经营环境之中，经营环境的变化必然会对单位形成一定的外部机会与外部威胁。这些外部环境主要包括政治、经济、文化、人口、环境、技术等。尽管外部机会与威胁不在单位内部控制范围之内，但在设计内部控制制度前必须对此有所了解，这样制订出的内部控制制度才能有效规避外部风险，实现内部控制目标。因此，设计内部控制制度，应首先对单位内部结构和外部环境展开调查，明确控制目标。

（二）按照系统理论和方法的要求划分单位内部结构

一般而言，单位内部结构可划分为行政领导体系、构成要素体系、经营体系和管理体系四个系统。这四个系统的组成部分和内容又划分为若干所属的系统。如行政领导体系可分为董事长、总经理、各个职能部门和分支公司经营的所属系统；构成要素体系可分为人、财、物资、技术、信息沟通的所属系统；经营体系分为销售、采购、生产、存储、运输等系统；管理体系可分为会计、统计、审计、电子监控、信息系统管理等系统。当然，还可细分，如会计系统的控制又可分为货币资金、实物资产、债权、债务、成本费用、利润等控制系统。划分单位内部结构的过程是正确认识、理解单位组织结构、经济活动的过程，为下一环节确定所属系统活动过程中的关键环节奠定基础。

（三）确定所属系统活动过程中的关键环节

根据划分的各个所属控制系统，确定系统运行过程中的关键环节，作为内部控制要点。那些可能发生错弊因而需要控制的业务环节，通常称为控制环节或控制点。控制点按其发挥作用的程度，可以分为关键控制点和一般控制点。那些在业务处理过程中发挥作用最大，影响范围最广，甚至决定全局成效的控制点，对于保证整个业务活动的控制目标具有至关重要的影响，即为关键控制点。相比之下，那些只能发挥局部作用，影响特定范围的控制点，则为一般控制点。例如，材料采购业务中的"验收"控制点，对于保证材料采购业务的完整性、实物安全性等控制目标都起着重要的保障作用，因此是材料采购控制系统中的关键控制点。相比之下，"审批"、"签约"、"登记"、"记账"等控制点，即为一般控制点。需要说明的是，关键控制点和一般控制点在一定条件下是可以相互转化的。某个控制点在此项业务活动中是关键控制点，在另一项活动中则可能是一般控制点；反之亦然。

确定了关键控制点后,还要制订对每一控制点的有效方法和操作规范,然后把各个环节按照活动的先后次序进行编排,予以连接,就可以制订出一个完整的程序。

(四) 用文字形式形成内部控制制度

在确定程序、方法和操作规范后,把内部控制制度的各项原则贯穿到各个有关控制系统的程序、方法和规范中,用文字形式分别在有关的内部控制制度中予以说明。这样,就形成一整套严密的内部控制制度体系。

值得注意的是,用文字表述内部控制制度时,要恰当表达有关内容。首先行文要规范,定义要严谨,语句要确切,要避免无关紧要的修饰,要防止过于冗长,避免使用易于误解的句子。其次要注意排列得体,同一层次的语句段落要采用相同的字号排列;不同层次的语句段落要采用合适的编号形式,如:一、(一)、1、(1) 等。

☞思考题:

1. 如何理解内部控制的概念,请说明内部控制五要素的关系。
2. 设计内部控制系统的意义和原则是什么?
3. 内部会计控制的内容包括哪些,其控制要点分别是什么?
4. 内部控制措施有哪些?

☞案例分析:

AT 有限公司货币资金内部控制制度分析[①]

资料:以下货币资金内部控制制度选自 AT 有限公司内部控制制度汇编。

一、出纳岗位

本标准按照财政部《会计基础工作规范》和 AT 有限公司有关财务制度制订。本标准适用于 AT 有限公司财务部出纳岗位工作。

(一) 工作内容与要求

1. 办理现金收付和银行结算业务

(1) 严格按照国家有关现金管理和银行结算制度及公司财务规定,根据主管会计审核后的收付款记账凭证,重点复核原始凭证的数量、金额是否与记账凭证相符,无误后办理收付款项,并在原始凭证上加盖"收、付讫"戳记。

(2) 库存现金不得超过三天的日常报销限额,超过限额的现金要及时存入银行,不能以"白条"抵充现金,更不得挪用现金。

(3) 根据汇款内容及时填制各种汇款单,要填写准确无误、及时传递。

(4) 随时掌握现金、银行存款的收支情况,收入现金及时存入银行,不得坐支现金。每周一报送前一周的"资金动态情况表",按行名、账号、现金、币种、收、付、存进行填报。

---

① 本案例参考了孙永尧. 内部控制案例分析 [M]. 北京:中国时代经济出版社,2007:72-79. 作者进行了改编。

（5）负责签发转账支票，建立支票领用登记手续，及时清理注销。使用的支票必须写明收款单位、名称、账号、金额、用途，对于填写错误的支票必须加盖"作废"戳记，与存根一并保存，按规定缴销。

（6）不准擅自外借银行账号给任何单位和个人办理结算及签发空头支票。

2. 登记现金和银行存款日记账

（1）根据收付款凭证，逐笔顺序登记现金和银行存款日记账，并结出余额。现金的账面余额要同实际库存现金核对相符，接受审计或会计人员的抽查。

（2）现金、银行存款日记账每月与总账核对，保证账账相符。

（3）银行存款账每月与银行对账单相核对，并编制银行存款余额调节表。

3. 保管库存现金和各种有价证券

（1）对现金和各种有价证券，要确保其安全和完整无缺。如有短缺负责赔偿，出入有价证券要有明细登记。

（2）要保守保险柜密码的秘密，保管好钥匙，不得任意转交他人，作好岗位安全保卫工作。

4. 保管有关印章、空白收据和空白支票，不得遗失。

5. 按会计工作规范要求认真整理和装订会计凭证的附件，如工资表等，并负责记账凭证附件齐全完整。

6. 负责审核、汇总、提现和发放工资。

（二）责任与权限

1. 对库存现金、各种票据的安全负责。有权拒绝私人借款或以"白条子"顶替现金，拒绝任何单位和个人持账外现金存放保险柜。

2. 对签发的支票，由于自身原因造成的经济损失，负有赔偿责任。对于违反财经纪律和公司财务制度有关规定的事项有权拒绝办理。

3. 有权抵制外单位和个人借用银行账户。

（三）检查与考核

1. 财务部门领导检查和考核出纳岗位的工作。

2. 超标准完成或未按标准完成任务，视程度轻重分别给予奖励或处罚。

（四）本标准由公司财务部负责解释

二、会计岗位

本标准按照财政部《会计基础工作规范》和 AT 有限公司有关财务制度制订。

本标准适用于 AT 有限公司财务部会计岗位工作。

（一）工作内容与要求

1. 认真贯彻国家有关财政法规和公司的有关规定。

2. 建立健全公司财务管理与核算的各项规章制度，按期修订和完善。

3. 接受财政、税务、内部审计等部门的检查、审计，如实提供所需资料。

4. 设置和登记总账、各种明细分类账，对公司的全部经营活动，财产物资如实进行全面的记录、反映和监督。

5. 按公司财务报销管理制度设置会计科目、处理各项经济业务、编制记账凭证，并做到内容齐全、完整、准确。

6. 对公司的财产物资进行核算,至少每季度协助有关部门进行一次清查盘点,做到账实相符,发现盘盈、盘亏、毁损要及时上报主管领导,进行账务处理。

7. 对公司的成本、费用进行正确核算,负责编制成本费用计划,每季度进行对比分析,每月反映、监督、分析公司下达的费用计划执行情况,按时报送有关部门。

8. 对公司流动资金进行核算和管理,反映、监督经营收支的全部情况,按规定全部纳入财务核算。

9. 及时清理债权、债务,凡在三个月以上未清理的债权债务,每季度列出明细与经办人核对,写明未收、未付的原因,报公司总经理审批,进行有关的处理。

10. 依据国家税法规定,按期足额交纳各种税金,不得因个人工作失误造成公司经济损失。

11. 按报表名称、内容、时间、报送部门、编制要求,及时准确地编制各类财务报表。

12. 对会计资料及有关经济资料,按月进行整理、装订;做到齐全、完整、美观、易查。

13. 完成上级领导交办的临时性工作任务。

(二) 责任与权限

1. 在公司经济合同、协议及其他经济文件的执行中,发现有违反国家法律、财经纪律及损害公司利益的条款,有权拒绝执行,并书面报告部门负责人及公司总经理。

2. 对报销原始凭证的合法性、真实性、完整性负责。有权对记录不准确、不完整的原始凭证,要求更正、补充,对不真实的原始凭证,不予受理,并报告有关领导。

3. 对资金使用情况负责。有权对无合同、无资金计划,无公司总经理或董事长特批的预付款项,不予办理,待手续齐备后付款。有权核对库存现金的账实情况。

4. 对公司员工因公借款、报销清算负责。严格按"财务报销管理制度"有关条款执行。

(三) 检查与考核

1. 接受财务部门领导考核本岗位工作。

2. 超标准完成或未按标准完成任务,视程度轻重分别给予奖励或处罚。

(四) 本标准由公司财务部负责解释

三、票据管理

为了加强公司票据管理,明确管理及使用范围,预防票据遗失、填制错漏,现结合公司实际特制订本制度。

1. 公司各种发票、收据由财务部门会计负责,按有关规定登记、领购、填制、保管、回收、缴销。

2. 银行结算的有关票据由财务部门出纳负责,按有关规定登记、领购、填制、保管、回收,建立支票领取登记本。对填写错误的银行支票,必须加盖"作废"戳记与存根一并保存，并按银行有关规定缴销。

3. 公司库存物资入、出库单，分别由销售部和人事行政部专人负责，登记、领购、填制、保管。库管员依据入、出库单的"保管联"登记库存物资的明细账，并妥善保管存根联，以便备查。

4. 各种发票填制必须按税务等有关部门规定及发票内容详细填列，如填写错误应将发票一式几联同时作废，以便审查。

5. 本标准由公司财务部负责解释。

四、现金管理

为了加强公司现金管理，明确使用范围，结合公司实际制订本制度。

1. 财务部门要严格按照国家有关现金和银行结算制度，公司有关财务制度办理现金、银行收支业务。

2. 公司业务收入现金、银行支票要及时存入银行所开设的账户，不得坐支现金。

3. 公司经营业务支出，原则上凡金额在 1 000 元以上的，一律使用银行支票，在特殊情况下，经财务审核后，可支付现金。

4. 库存现金不得超过三天的日常报销限额，超过限额的部分要及时存入银行。

5. 库存现金要做到日清月结，账实相符，不得以"白条"抵充库存现金，更不得挪用现金。

6. 签发银行转账支票要建立支票领用登记手续，及时清理注销。

7. 不准擅自租借银行账号给任何单位和个人办理结算业务，不得签发空头支票。

8. 现金、银行日记账每月与总账、银行对账单核对，并编制银行存款余额调节表。

9. 本制度由公司财务部制订并负责解释。

五、财务报销制度

为了加强公司的财务管理工作，统一各部门的报销程序及规定，提高财务管理水平，现结合公司的具体情况，特制订本制度。

1. 借款报销的审批权限

（1）公司员工因工出差借款或报销，由各部门经理审签后，报公司财务部门审核，并送公司总经理批准，方能借款或报销。凡有审签权限的部门经理须在财务部门签留字样备案。

（2）员工出差应填写出差"申请单"，并按规定程序报批后，到财务部门预借差旅费。

（3）员工出差返回后，填写"差旅费报销单"，按规定的时间及审批手续到财务部门报销。

2. 员工差旅费报销标准

（1）员工出差分"长途"和"短途"两种，即当天能往返的为"短途"，出差时间在一天以上的为"长途"。

（2）出差地点区分为一类区，二类区，中国港澳台地区三种，即：二类区包括特区、上海、北京、广州等地；一类区是除二类区以外的地区。

（3）出差住宿费报销标准如下：（元/人/天）

职务	一类区	二类区	中国港澳台地区
一般人员	100	150	总经理批准
主管、工程师级	150	220	400HKD
部门经理级	250	300	500HKD
公司副总经理级	300	350	600HKD

（4）出差补助标准：员工短途出差视同出勤，不再享受出差补贴（本市外的短途出差，可享受15元/人/餐的伙食补贴）；长途出差补助标准如下：（元/人/天）

职务	一类区	二类区	中国港澳台地区
一般人员	30	40	100HKD
主管、工程师级	40	50	100HKD
部门经理级	60	80	150HKD
公司副总经理级	100	150	200HKD

3. 员工差旅费报销规定

（1）住宿费、交通费按规定标准执行，超标自付（如有特殊情况需总经理批准方可报销），节约归己。

（2）膳食费按规定标准领取，不得报销与此相关的费用。

（3）通信费以邮局凭证报销。

（4）招待费由领导核定并填写客餐报销单，经总经理批准方可报销。

（5）出差人员无住宿费用时，可按住宿标准的50%领住宿补助。

（6）员工出差返回后于5个工作日内报销，未按规定时间报销的，财务部门应于当月工资中扣回预借的差旅费，待报销时再行支付。

（7）超过一个月以上的出差单据、假票据或不符合规定的票据，财务部门不予报销。

（8）财务部门有权对不实的出差费用向员工出差居住地酒店直接查询，如有虚假行为公司根据情节轻重处罚。

4. 员工探亲路费的规定

员工探亲路费不予报销，采取补贴包干的办法执行。补贴标准详见《员工春节探亲休假管理规定》。

5. 财务部门要加强对备用金和预付款项的管理和监督

（1）公司员工因公借款，必须办理借款申请单。会计根据内容填写齐全、完整的借款申请单编制会计凭证，会计、出纳、收款人必须在付款凭证上签字。

（2）公司预付款项，必须根据合同或协议办理付款申请单，经财务审核并报总经理审签后办理付款；付款手续不齐备的，会计不得编制付款凭证，也不得付款。

（3）备用金和预付款的使用，必须依照以下规定：具有规定的用途、期限及限额；在规定的期限内凭费用支出单据到财务部门报销，其中用现金或支票进行零星采购的七天内报销，通过银行汇款进行预付款的二十天内报销；以上各项支出，原则上前款不清，后款不借；对违反规定用途和不符合开支标准的支出，财务不予报销；对无正当理由超过规定期限，未能报销而又没还款的备用金，若超期时间在三个月内的收取资金占用费日息的万分之二；三个月以上一年之内的收取资金占用费日息的万分之三。在次月工资中扣回本息。

6. 本制度所指的由总经理批准的事项，如因在总经理出差期间，均由董事长审批。

7. 本制度由公司财务部制订并负责解释。

8. 本制度从 AT 有限公司董事会批准之日起执行。

要求：运用货币资金内部控制理论分析该公司货币资金内部控制制度的规范性和有效性。

第七章 资金营运管理会计制度设计

◎ 学习目标：
1. 领会资金活动尤其是资金营运活动内部控制的意义。
2. 理解资金营运活动内部控制的目标。
3. 掌握资金营运活动的业务流程。
4. 了解几种基本的资金营运业务核算程序中的内部控制。
5. 了解资金营运活动内部控制的要点和措施。

货币资金是一种流动性很强的资产，其收付活动涉及企业经济的各个方面，被视为企业生产经营的血液，是企业生产与发展的重要基础。由于货币资金具有极强的流动性和极高的控制风险，容易滋生舞弊、非法挪用等违法犯罪行为，给企业带来巨大损失。因此，建立健全的营运资金活动内部控制体系，对维护资金的安全与完整、防范资金活动风险、提高资金效率、促进企业可持续发展具有重要意义。

资金活动一般包括资金营运、企业筹资和投资等活动，本章将主要介绍与资金营运活动有关的内部控制设计，而本书的第十二章将主要涉及企业筹资和投资方面的内容。

第一节 资金营运活动内部控制概述

一、资金营运活动内部控制意义

资金营运活动，是指企业日常生产经营中发生的一系列资金收付行为。如企业购入材料或商品，支付工资、费用等。资金营运活动涉及企业采购、生产、销售等各环节，一旦营运资金的收付出现问题，就会直接影响到企业的日常经营。因此切实做好资金营运活动内部控制设计，加强资金营运全过程的管理，有利于全面提升资金营运效率，促进资金的良性循环，实现企业的可持续发展。

二、资金营运活动内部控制目标

内部控制目标是企业管理当局建立健全内部控制的根本出发点。资金营运内部控制目标包括以下几方面：

（1）确保资金的安全性。企业的资金营运活动大多与流动资金尤其是货币资金相关，这些资金由于流动性很强，出现错弊的可能性更大，因此，保护资金安全的要求更迫切。企业应该通过良好的内部控制，确保企业资金安全，预防其被盗窃或挪用。

（2）保持生产经营各环节资金供求的动态平衡。企业应当将资金合理安排到采购、生产、销售等各环节，做到实物流和资金流的相互协调，资金收支在数量上和时间上相互协调。企业通过内部控制实现企业资金供求平衡，从而降低企业生产经营风险。

（3）提高资金的使用效率。加强资金营运的内部控制，就是要努力促使资金正常周转，为短期资金寻找适当的投资机会，避免出现资金闲置和沉淀等低效现象。一方面企业为降低财务风险，必须保持一定量的现金以满足正常业务经营的需要，另一方面应降低货币资金使用成本，保证企业资产的获利能力，以确保资金安全高效快速运转，即合理调度货币资金，提高资金循环和周转速度，使其发挥最大的效益。

三、资金营运活动的业务流程

企业资金营运活动是一种价值运动，为保证资金价值运动的安全、完整、有效，应按照设计严密的流程进行控制。

（1）资金收付需要以业务发生为基础。所有收款或者付款需求，都由特定的业务引起，因此，真实的业务发生是资金收付的基础。

（2）企业授权部门审批。收款方应该向对方提交相关业务发生的票据或者证明。资金支付涉及企业经济利益流出的，应严格履行授权分级审批制度。不同责任人应该在自己授权范围内，审核业务的真实性、金额的准确性以及申请人提交票据或者证明的合法性，严格监督资金支付。

（3）财务部门复核。财务部门收到经过企业授权部门审批签字的相关凭证或证明后，应再次复核业务的真实性、金额的准确性、相关票据的齐备性及相关手续的合法性和完整性，并签字认可。

（4）出纳或资金管理部门在收款人签字后，根据相关凭证支付资金。

第二节　资金营运业务处理程序的制度设计

企业营运资金业务处理流程是指营运资金业务在企业各部门间协调完成的顺序或者营运资金业务处理的先后顺序。企业单位因经营特点、方式不同，营运资金业务处理流程也不同。本书主要介绍以下几种处理流程。

一、零售商品收现程序的设计

零售商品收取现金业务处理流程如图7-1所示。

企业在柜台销售商品时会收取现金，必须建立严格、规范的业务处理流程，保证现金收入的合法、合规。

1. 零售商品收取现金的业务处理流程

（1）营业员开出一式三联发票，由顾客持发票到收款处交款。

（2）收款员根据收到的发票收款并加盖戳记后，留存第三联，将其余两联交给顾客。

（3）顾客凭另两联发票取货，营业员将发票第一联随商品送交顾客，第二联留存，作为销售商品的依据。

第七章 资金营运管理会计制度设计

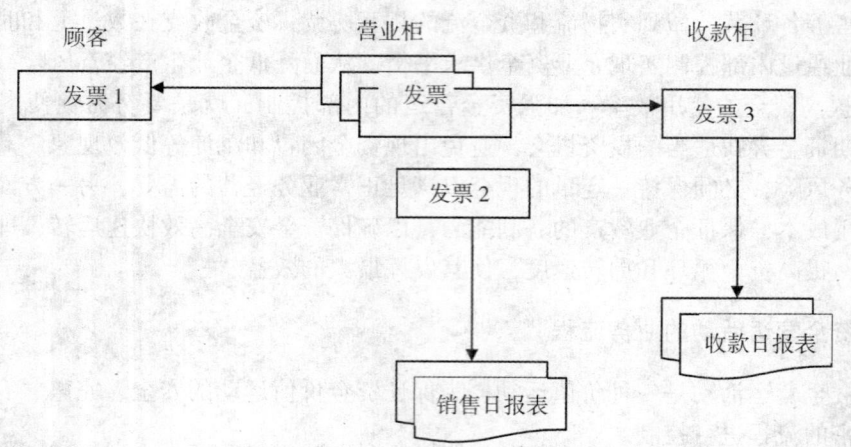

图 7-1 零售商品收取现金业务处理流程设计

（4）每日营业终了，营业员根据第二联编制销售日报表一式两份，并将发票第二联和一份销售日报表送交会计部门。收款员根据第三联和销售货款编制收款日报表一式两份，并将第三联、货款和收款日报送交出纳部门。

（5）将销售日报表与收款日报表进行核对。

2. 零售商品收现业务流程的控制要点

（1）开票人和收款人必须分离。

（2）为保证销售、收款以及记账正确，应由不同的人根据不同的发票联次分别编制销售日报表和收款日报表，并由第三方进行核对。

二、出纳部门收现程序的设计

出纳部门零星项目的现金收入业务处理流程如图 7-2 所示。

企业有时需要收取租金、押金、罚金等零星款项，这些款项都是由出纳部门直接收取，该流程就是反映此种业务处理流程的。

1. 出纳部门收取现金的业务流程

（1）由业务部门开出一式两联收款通知，经本部门负责人审核后交出纳部门。

（2）出纳员根据收款通知收取现金，同时应编制收据一式三联，其中一联给客户，一联随收款通知登记库存现金日记账后留存，另一联送交会计部门登账。

（3）定期进行核对，保证账账相符。

2. 出纳部门收现业务流程的控制要点

（1）开票和收款必须职务分离，出纳员只能凭审核过的收款通知办理收款，并要出具收款收据。

（2）库存现金日记账和明细账必须分开登记和保管，由出纳员登记库存现金日记账，会计人员登记相关明细账。

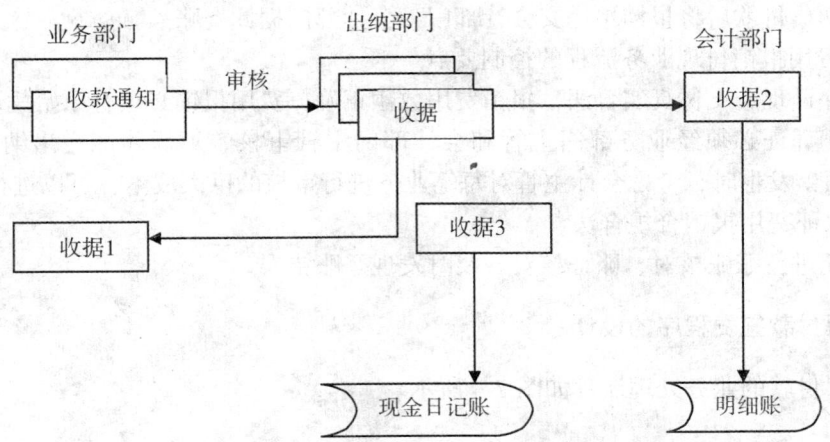

图 7-2　零星项目现金收入业务处理流程设计

（3）为及时发现收取现金以及登账等错误，必须定期对收款通知单、库存现金日记账和明细账进行核对。

三、零星费用报销付现的程序设计

零星费用报销的付现业务处理流程如图 7-3 所示。

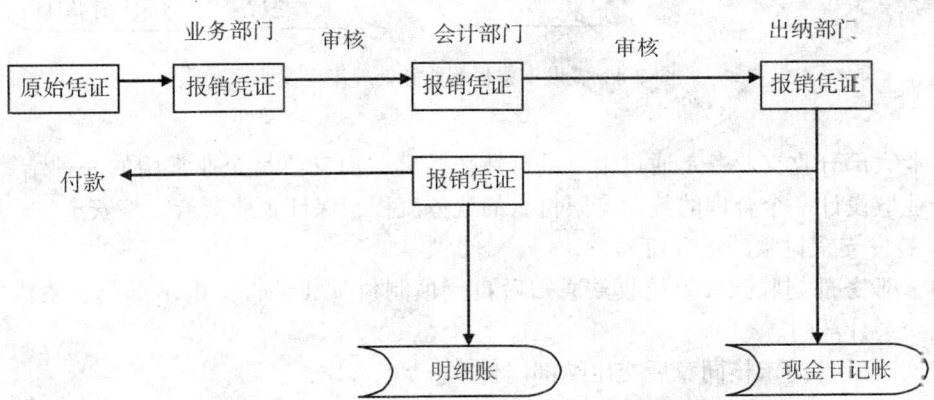

图 7-3　零星费用报销付现业务处理程序设计

企业员工经常会因出差、医疗等向企业报销一定费用，这就需要设计一个合理的业务流程处理员工报销付现业务。

1. 零星费用报销支付现金的业务流程

（1）由需要支出费用的业务部门有关人员根据原始凭证编制报销凭证，经本部门主管审核后提交给会计部门。

(2) 会计主管审核报销凭证同意后交出纳员付款。

(3) 出纳员付款后将报销单送交会计部门，会计部门据此登账。

2. 零星费用报销付现业务流程的控制要点

(1) 为保证现金支付真实合法，报销费用数额正确，费用报销必须有原始凭证。

(2) 报销凭证必须经业务部门主管和会计部门主管审核签章后才能交出纳员付款。在报销业务频繁发生时，考虑会计主管对每笔业务进行审核的巨大成本，可以进行事后审核，但必须保证费用报销合规合法。

(3) 定期进行账账核对、账证核对，及时发现登账错误。

四、支票付款签发程序的设计

签发支票付款的业务处理流程如图 7-4 所示。

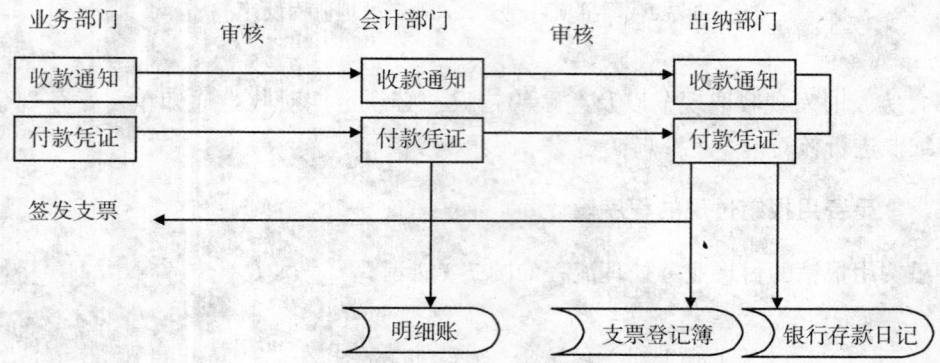

图 7-4　签发支票付款业务处理流程设计

企业大部分收支业务是通过银行进行转账结算，而支票是企业常用的一种结算方式，因此企业应设计一个合理的签发支票付款的业务流程，保证企业资产完整安全。

1. 签发支票付款的业务流程

(1) 业务部门收到外单位收款通知后自行填制付款凭证，交由本部门负责人审核签章后送交会计部门。

(2) 会计部门审核同意后交出纳部门付款。

(3) 出纳员核对无误后，开出支票并加盖印鉴，登记支票登记簿，并将收款通知或自制付款凭证予以保存。

2. 支票付款签发业务流程的控制要点

(1) 收款通知或付款凭证必须经由业务部门主管和会计部门主管审核后才能交出纳部门付款。

(2) 出纳员签发支票后必须在支票登记簿上做好备查记录。

(3) 签发支票的印鉴必须由会计主管保管。

(4) 定期将银行存款账户余额、银行存款日记账和相关账簿进行核对。

第三节 资金营运活动内部控制的要点与措施

由以上章节可知，营运资金在单位的各项经济活动中占有极其重要的地位，是企业进行正常生产经营管理的基本条件，单位的收支、偿债和日常业务等需要保证一定的营运资金存量，然而，持有过多的营运资金又会使其丧失效益性。因此，企业必须明确营运资金内部控制的要点和方法，并有效执行。

一、资金营运活动控制要点

资金营运活动控制要点是管住"八点"。"八点"是指审批控制点、复核控制点、收付控制点、记账控制点、对账控制点、银行账户管理控制点、票据与印章管理控制点、管住财会人员的任用点。

（1）审批控制点。把收支审批点作为关键点，是为了控制资金的流入和流出，审批权限的合理划分是资金营运活动业务顺利开展的前提条件。审批活动关键点包括：制定资金的限制接近措施，经办人员进行业务活动时应该得到授权审批，任务未经授权的人员不得办理资金收支业务；使用资金的部门应提出用款申请；经办人员在原始凭证上签章；经办部门负责人、主管总经理和财务部门负责人审批并签章。

（2）复核控制点。复核控制点是减少错误和舞弊的重要措施。根据企业内部层级的隶属关系可以将复核划分为纵向复核和横向复核这两种类型。前者是指上级主管对下级活动的复核；后者是指平级或无上下级关系人员的相互核对，如财务系统内部的核对。复核关键点包括：资金营运活动会计主管审查原始凭证反映的收支业务是否真实合法，经审核通过并签字盖章后才能填制原始凭证；凭证上的主管、审核、出纳和制单等印章是否齐全。

（3）收付控制点。资金的收付导致资金流入流出，反映着资金的来龙去脉。企业要进行正常经营管理，扩大投资，必然每天都有货币资金的支出，要保证货币资金支出合理合法，关键是要保证支出程序的合理合法；该控制点包括：出纳人员按照审核后的原始凭证收付款，对已完成收付的凭证加盖戳记，并登记日记账；主管会计人员及时准确地记录在相关账簿中，定期与出纳人员的日记账核对，防止私设小金库，严禁账外设账。

（4）记账控制点。该控制点包括：出纳人员根据资金收付凭证登记日记账；会计人员根据相关凭证登记有关明细分类账；主管会计登记总分类账。

（5）对账控制点。对账是账簿记录系统的最后一个环节，也是报表生成的前一个环节，对保证会计信息的真实性起到重要作用。该控制点包括：账证核对、账账核对、账表核对、账实核对等。

（6）银行账户管理控制点。企业应当严格按照《支付结算办法》等国家有关规定，加强银行账户的管理，严格按规定开立账户，办理存款、取款和结算。银行账户管理的关键控制点包括银行账户的开立、使用和撤销是否有授权，下属企业或单位是否有账外账。

（7）票据与印章管理控制点。企业应当加强与货币资金相关的票据的管理，要明确各种票据的购买、保管、领用、背书转让、注销等环节的职责权限和程序，并专设备查登记簿记录，防止空白票据的遗失和被盗用，备查簿需作为会计档案加以管理。同时，单位必须加强银行预留印鉴的管理，财务专用章应由授权的专人自行保管，个人名章必须由本人或其授权人员保管。印章的保管要贯彻不相容职务相互分离的原则，任何单位，严禁由一个人保管支付款项所需的全部印章。

（8）管住财会人员的任用点。财会人员要具备从业资格和任职资格，还要具备先进的政治思想、高尚的职业道德、优良的业务素质。同时，要建立定期轮岗制度，避免出现一个人在财会部门长期在同一个岗位的情况，这样既能使财会人员学到新的业务，经验更加全面，综合能力进一步提高，又能尽量避免出现舞弊现象，及时发现违法行为。

二、资金营运活动内部控制措施

资金营运活动内部控制的措施主要有：不相容职务相互分离控制、授权批准控制、会计信息系统控制和内部报告控制。

（一）不相容职务相互分离控制

不相容职务相互分离控制是单位内部控制制度的核心内容。不相容职务是指单位里某些相互关联的职务，如果集中于一个人身上，就会增加发生差错和舞弊的可能性，或者增加了发生差错或舞弊以后进行掩饰的可能性。如一名出纳员既负责签发支票、记录支票登记簿，又负责企业费用账的对账工作，那么，如果该出纳员仿造签名，贪污企业款项，他就有可能隐瞒对贪污款项的支票记录，而且一人掌握对账工作，使得舞弊行为不易被发现。不相容职务相互分离控制正是解决这一问题的控制方法。该控制方法要求单位按照不相容职务相互分离的原则，合理设置会计及相关工作岗位，明确职责权限，形成相互制衡机制。如记账人员与经济业务事项和会计事项的审批人员、经办人员、财产保管人员应当明确并相互分离，相互制约。出纳人员不能兼任稽核、会计档案保管和收入、支出、成本、费用、债权、债务账目的登记工作。这一控制能确保办理货币资金业务的不相容岗位相互分离、制约和监督，尽量减少发生舞弊行为的可能性。

资金营运不相容职务相互分离制度设计的宗旨是不得由一人办理货币资金业务的全过程，既包括企业财会部门内部的出纳岗位与会计岗位的分工，也包括与货币资金运行有关的业务岗位分工和货币资金审批的领导岗位分工等。因此，资金营运的职务分离制度是融于企业各级领导的岗位分工、各业务部门的岗位分工、各管理职能部门的岗位分工和财会部门内部的出纳岗位与会计岗位分工等一系列岗位责任制度中的。资金营运的职务分离制度要求建立出纳人员、审批人员、专用印章保管人员、会计人员、稽核人员、会计档案保管人员及货币资金清查人员的责任制度。

通常应对以下一些有关资金营运的不相容职务进行分离：

（1）货币资金的支付和审批与执行相分离。货币资金支出的审批人应同出纳员、支票保管员和记账员分离。

（2）货币资金的收付与记录职务相分离。货币资金业务内部控制的基本要求是实行钱账分管，即将经营货币资金业务的人与记录这些业务的人分离。如负责应收款项账目的人员不能同时负责现金收入账的工作；负责应付款项账的人员不能同时负责现金支出账的工作。

(3) 货币资金的保管与盘点清查的职务相分离。单位应当由有关领导和专业人员组成清查小组，定期和不定期地对货币资金进行清查盘点，对出纳的工作进行检查监督。

(4) 货币资金的会计记录与审计监督职务相分离。由稽核员或其他非记账人员对现金、银行存款日记账和有关明细分类账、总分类账进行核对检查，发现不符之处应及时报经批准后处理。

(5) 记录总账与记录明细账、日记账的职务相分离。规模较大的企业，出纳员应将每天收支现金数登记现金出纳备查簿。现金日记账与现金总账应由其他人员登记。规模较小的企业，可用现金日记账代替现金出纳备查簿，由出纳登记，但现金总账的登记工作须由其他职员担任。

货币资金支付会计控制，是指货币资金支付的授权批准、货币资金支付的实际办理、货币资金支付的会计记录、货币资金支付的稽核检查及与货币资金支付直接相关的业务经办等岗位必须相互分离、相互制约，不能一人多岗，身兼数职。这也进一步说明任何单位不能由一人办理货币资金业务的全过程。

(二) 授权批准控制

授权批准控制是内部会计控制制度的重要内容，它是指在单位内部，各层次的管理人员和员工都必须经过授权批准，才能对有关的经济业务进行处理，未经授权和批准不能办理相关业务。

单位应当对货币资金业务建立严格的授权批准制度，明确审批人对货币资金业务的授权批准方式、权限、程序、责任和相关控制措施，规定经办人办理货币资金业务的职责范围和工作要求。审批人应当根据货币资金授权批准制度的规定，在授权范围内进行审批，不得超越审批权限。经办人应当在职责范围内，按照审批人的批准意见办理货币资金业务，如具体办理销售商品的收入、采购材料、购买设备、进行投资等的支出。对于审批人超越授权范围审批的经济业务，经办人有权拒绝办理，并及时向审批人的上级授权部门报告。授权批准控制方法要保证在提高业务处理工作效率的同时，尽可能减少不规范、不合理、不经济行为的发生，保证决策和计划的正确执行。

这一控制方式使经济业务在发生时就得到了有效的控制。授权控制要求规定各级管理人员的职责范围和业务处理权限，各级管理人员在其职责范围和业务处理权限以内，不需经过请示批准便可处理业务，这样可以尽快地进行业务处理，防止推诿现象的发生；当业务超出了他们的职责范围或权限时，他们必须经过批准方可处理这些业务。授权批准控制同时要求明确各级管理人员所承担的责任，使他们对自己的业务处理行为和结果负责，以增强他们对工作的责任心。

授权批准分为常规授权和特别授权两种情况。常规授权是指企业在日常经营管理活动中按照既定的职责和程序对常规性经济业务事项进行的授权，具有一定的规律性和稳定性。特别授权是指企业在特殊情况、特定条件下对非经常经济业务事项进行的授权。与常规授权不同，特别授权的对象是某些例外的经济业务，只涉及特定的经济业务处理。这种授权方式具有一定的灵活性，但也常常蕴含较大的风险，一般都较谨慎。当出现特别授权的时候，都要求对该项授权予以完整记录并得到授权人确认。待特别、紧急状况消失后，应将该项授权及时取消，恢复到常规授权的原则范围之内。企业应当编制特别授权的权限指引，规定特别授权范围、权限、程序和责任，严格控制特别授权。在进行授权控制时，常规授权的范围不宜太大，也不可太小。如果范围过大，会使组织的领导失去对重要业务的控制，从而冒较大的风险；如果范围过小，凡事需请示批准，降低工作效率，也会削弱管理人员的积极性和责任心，对单位经营管理不利。企业各级管理人员应当在授权范围内行使职权和承担责任。对于重要的货币资金业务和事项，应当实行集体决策或者联签制度，任何个人不得单独进行决策或者擅自改变集体决策；建立起责任追究制度，防范贪污、侵占、挪用货币资金等行为。

单位在设计资金营运业务授权审批制度时，可以建立以下措施：

(1) 根据不同的银行账户开设银行存款日记账。

(2) 所有银行存款的开设与终止都必须有正式的批准手续。

(3) 每一笔重大支出都必须事先提出用款申请并经过主管人员审批，支出只能用于事先核准的用途和目的。

(三) 会计系统控制

《企业内部控制基本规范》明确指出：会计系统控制要求企业严格执行国家统一的会计准则，加强会计基础工作，明确会计凭证、会计账簿和财务会计报告的处理程序，保证会计资料真实完整。会计系统是为确认、汇总、分析、分类、记录和报告企业发生的经济业务，并保持相关资产和负债的受托责任而建立的各种会计记录手段、会计政策、会计核算程序、会计报告制度和会计档案管理制度等的总称。所以很有必要对会计系统进行相关的控制。

这种控制方法要求单位依据《会计法》和国家统一的会计准则制定适合本单位的会计制度，明确会计凭证、会计账簿和财务会计报告的处理程序，建立和完善会计档案保管和会计工作交接办法，实行会计人员岗位责任制，充分发挥会计的监督职能。会计作为一个控制信息系统，对内能够向管理层提供经营管理的诸多信息，对外可以向投资者、债权人等提供用于投资等决策的信息，是重要的内部控制方法。在运用会计系统控制方法时，对有关凭证的稽核和审查要引起高度注意。

1. 原始凭证审核

原始凭证是载明经济业务具体内容和完成情况的原始资料和依据，原始凭证的质量关系到会计核算工作的质量。及时审核原始凭证是对经济业务的事前监督，对货币资金收付合法性的检查。各种原始凭证除由经办业务的有关部门审核外，最后还要由会计部门进行审核。首先，应审核原始凭证的合法性、合规性和真实性。即审核外来原始凭证是否符合国家票证管理要求，是否符合本单位制定的有关规章；审核有无违反规定的开支标准而乱支乱用，随意扩大费用开支范围的情况，有无弄虚作假、贪污舞弊、违法乱纪的行为。其次，应审核原始凭证的完整性。即审核原始凭证是否具备作为合法有效凭证所必须具备的基本内容，有无税务监制章、财务监制章和单位财务专用章或发票专用章，经办人、验收人、批准人手续是否齐全。最后，应审核原始凭证的正确性。即审核数量、单价、金额是否正确，接收单位名称是否正确；大小写是否相符。对不真实、不合法的原始凭证不予接受，对记载不准确、不完整的原始凭证予以退回，并要求按规定进行更正、补充；对弄虚作假，严重违法的原始凭证在不予受理的同时予以扣留，并及时向单位负责人报告，请求查明原因，追究当事人责任。

2. 记账凭证审核

记账凭证是登记账簿的依据，为了保证账簿记录的准确性，提供全面可靠的会计信息，监督有关货币资金的经济业务，除了编制记账凭证的人员在平时编制记账凭证时要认真审核，会计部门还应当建立相互复核或专人审核的制度，对记账凭证进行严格的审核。审核内容包括现金凭证审核、银行凭证稽核、转账凭证稽核。

（1）现金凭证审核。现金凭证包括外来原始凭证、自制原始凭证及现金记账凭证。审核时需注意：现金支付范围是否符合国家规定，有无用于发放职工工资、津贴、奖金、个人劳务报酬、个人劳保福利开支、出差人员差旅费、结算起点以下的零星开支及其他需要支付现金的零星支出等之外的现金支付。现金销售收入是否足额及时解缴银行，对外收费是否符合规定的收费标准。有无坐支现金，有无向银行谎报用途套取现金，职工工资及奖金的发放是否登记工资基金手册。现金凭证收、付讫章、主管、审核、出纳和制单等印章是否齐全，交款人、领款人是否签字。已审核的现金原始凭证是否填写附件张数并加盖附件章注销，以免重复报销。

（2）银行凭证稽核。审核时应注意：是否符合《支付结算办法》、《票据法》、《票据实施管理办法》的规定，有无签发空头支票、出借银行账号。是否以合法的和手续完备的原始凭证为依据填制银行记账凭证。从银行支付的材料采购款、工程款等是否符合国家规定，有无预算、合同，资金是否落实。领用转账支票是否填列《支票领用申请单》，并经部门主管和财务主管批准。作废的支票及其存根是否加盖"作废"戳记并与银行对账单一并妥善保存。签发支票所使用的各种印章，是否由财务主管（或审核）和银行出纳分别保管。空白收据和空白支票，是否设立登记簿严格管理，有无办理购买、领用登记和交回注销手续。

（3）转账凭证稽核。应审查数字是否正确，资金渠道是否符合制度规定；原始凭证是否合法，自制原始凭证是否有依据，手续是否齐全；科目使用是否正确，填制内容是否完整，印章是否齐全，附件是否相符。

3. 会计账簿稽核

会计账簿稽核主要包括以下内容：（1）会计账簿的设置启用是否符合会计制度的规定；（2）会计账簿的登记是否符合记账规则；（3）会计账簿的有关数字是否做到了账证、账账、账实相符；结账是否及时、准确，结账方法是否符合规定；（4）现金日记账是否每日记账并结出余额；现金库存数是否超出银行核定的限额，超出部分是否当日存入银行；现金是否每日清点，账实是否相符，有无白条抵库。银行日记账是否逐日登记，每天结出余额；银行存款账户是否定期进行清查，银行存款余额与银行对账单是否相符，若不符，是否及时查明原因并作出处理；银行存款余额调节表是否由专人复核，有无主管签章。（5）采用电算化记账的单位应审核计算机会计数据的打印输出和保存是否符合电算化的要求；更换新账是否符合会计制度的规定。

4. 财务会计报告稽核

应审核报表数字是否真实、计算是否正确、内容是否完整；总账与明细账是否相符；报表内部、表与表之间的钩稽关系、前后数字的衔接是否相符；报表各项补充资料和财务情况说明书应与报表内容相符。

(四) 内部报告控制

管理、控制活动都离不开信息的传递,只有信息在组织各部门之间上下左右流动,才能采取及时有效的措施加强管理和监督,保证各环节正常运转。内部报告控制要求组织建立和完善内部报告制度,明确相关信息的收集、分析、报告和处理程序,全面反映经济活动情况,及时提供和传递经济活动的重要信息,相互沟通,增强内部控制的时效性和针对性。内部报告控制方法体现了内部控制的信息与沟通要素。

内部报告控制措施的运用在资金营运控制环节具有十分重要的作用。第一,资金经办人对于审批人超越授权范围审批的资金业务,有权拒绝办理并及时向审批人的上级授权部门报告。通过报告,可以抵制、纠正越权审批行为,杜绝资金的不当流出;第二,单位通过定期或不定期地进行现金盘点,可能发现现金账面余额与实际库存不相符的情况。若排除了未达账项、记账错误等技术因素外,应该将差额情况及时向单位管理层报告。通过报告和采取补救措施,可以揭露单位资金管理中的问题、漏洞甚至违法、犯罪行为,将单位的损失降低至最低程度;第三,通过报告单位资金现实收入、支出、结存情况并对下一阶段资金流入、流出量进行预计和推算,可以帮助单位负责人全面了解单位现金流量,为其作出正确的投资、筹资决策提供基础性资料。

可见,切实发挥好内部报告控制措施的作用对营运资金控制有重要意义。因此,企业下级部门或人员应按照条理化、规范化的要求,及时、主动、积极地逐级上报企业各方面的情况,包括成本费用支出情况、资金需求情况等,并应注意报告内容简明扼要、通俗易懂,有利于企业管理者对企业有整体的把握,从而作出正确的决策。

最后,表 7-1 列示了资金运营内部控制的关键风险控制点及对应的控制目标和控制措施。

表 7-1　　　　　资金运营内部控制的关键风险控制点、控制目标及控制措施

关键风险控制点	控制目标	控制措施
审批	合法性	未经授权不得经办资金收付业务;明确不同级别管理人员的权限
复核	真实性与合法性	会计对相关凭证进行横向复核和纵向复核
收付	收入入账完整,支出手续完备	出纳根据审核后的相关收付款原始凭证收款和付款,并加盖戳记
记账	真实性	出纳人员根据资金收付凭证登记日记账,会计人员根据相关凭证登记有关明细分类账,主管会计登记总分类账
对账	真实性和财产安全	账证核对、账表核对与账实核对
银行账户管理	防范小金库,加强业务管控	账户开设、使用与撤销的授权;严格进行账外账审查
票据与印章管理	财产安全	票据统一印制或购买;票据由专人保管;印章与空白票据分管;财务专用章与企业法人章分管

☞ **思考题：**

1. 进行货币资金内部控制有何重要性？应达到的目标是什么？
2. 资金收付业务中需要进行分离的职务有哪些？
3. 设计签发支票付款程序时，有哪些控制要点？
4. 授权批准控制措施包括哪些内容？

☞ **案例分析：**

案例一①："巨人"内部控制案例分析

巨人集团演绎了中国"知识青年"冲浪市场经济最惨烈的悲喜剧和最为传奇的财富故事。掌门人史玉柱从一穷二白的创业青年，到《福布斯》排名大陆富豪第八位；在遭受几乎是毁灭性的失败后，又从负债2.5亿元之巨的全国"首负"，迅速崛起，成长为身家500亿元的内地新首富。内部控制的严重缺陷是老"巨人"衰落的根本原因，而内部控制的保驾护航则是新"巨人"崛起的决定因素。

一、老"巨人"的衰落——内部控制分析

1989年8月，史玉柱以先打广告后付款的方式，将其研制的M-6401桌面排版印刷系统软件推向市场，赚进了经商生涯中的第一桶金，奠定了巨人集团创业的基石。1991年4月，珠海巨人新技术公司成立；1993年7月，巨人集团下属全资子公司38个，成为中国第二大民营高科技企业；1994年年初，号称中国第一高楼的巨人大厦一期工程动土，同年史玉柱当选为"中国改革风云人物"；但1997年年初，巨人大厦在只完成了相当于三层楼高的首层大堂后停工，各方债主纷纷上门，老"巨人"的资金链断裂，负债2.5亿元的史玉柱黯然离开。

（一）战略与经营目标确定

1994年8月，史玉柱提出走产业多元化的扩张之路，跳出电脑产业，将生物工程和房地产列为新的产业支柱。但他没有采取有效措施（如与外资合作、资产股权化、获得跨国公司的技术支撑等）稳定原有产业和已有项目，而是齐头并进、急于求成，在生物工程刚刚打开局面但尚未巩固的情况下，又贸然向房地产这一完全陌生的领域进军。拟建的巨人科技大厦设计也一变再变，从最初的18层一直涨到70层，投资预算也从2亿元涨到12亿元。从1994年2月大厦破土动工到1996年7月期间，老"巨人"未申请过一分钱的银行贷款，全凭自有资金和卖楼花的钱支撑，由于资金链上的难以为继，就将生物工程的流动资金抽出投入巨人大厦的建设，结果多元化经营变成了多元化失败。

（二）风险控制与监督

由于缺乏必要的财务危机意识和预警机制，老"巨人"的债务结构始终处在一种不合理的状态。在老"巨人"营销最辉煌的时期，每月市场回款可达3 000万～

---

① 本案例摘自中国财政杂志社网站，作者进行了编译。

5 000万元。以如此高额的营业额和流动额，完全可以陆续申请流动资金贷款，并逐渐转化为在建项目的分段抵押贷款。但史玉柱一向以零负债为荣，以不求银行为傲。一味指望用保健品的利润积累来盖大厦，这成了老"巨人"突发财务危机的致命伤。

与此同时，老"巨人"子公司的财务管理也不同程度地失控，坐支货款、资金流失严重。集团公司内各种违规违纪、挪用贪污事件层出不穷。其全资子公司康元公司，至1996年年底累计债务就已达1亿元，其中相当一部分是由于公司内部人员侵吞造成的。1996年，脑黄金销售额为5.6亿元，但坏账就高达3亿多元。资金在各个环节被无情地吞噬，成为资金链断裂的导火索。

（三）信息与沟通

1995年2月，老"巨人"以集束轰炸的方式，一次性推出电脑、保健品、药品三大系列的30个新品，其中主打的保健品一下就推出12个品种，几乎涵盖了所有的保健概念。但保健品是一种以功效诉求为主的消费品，广告只能起诱发购买的作用，要让消费者持续购买，必须依赖产品的效果。由于没弄清消费者的真正需求，虽然广告的知名度和关注度都有，但效果不佳。

在巨人的保健品中，有一种儿童开胃的"巨人吃饭香"，与当时畅销的"娃哈哈儿童营养液"类似。在一份广为散发的宣传册子中，巨人称"据说娃哈哈有激素，造成儿童早熟，产生许多现代儿童病"。娃哈哈就此向杭州市中级人民法院起诉。1996年10月，巨人答应庭外调解，向娃哈哈赔偿经济损失200万元。1997年1月，在娃哈哈的一再坚持下，巨人不得不在杭州召开联合新闻发布会，公开向娃哈哈道歉。正是史玉柱缺乏沟通的个性和危机处理能力，在关键时刻最终葬送了老"巨人"。

二、新"巨人"的崛起——内部控制分析

1997年，史玉柱带领旧部研制"脑白金"，开始了负债重新创业。1999年，成立上海健特生物科技有限公司。2000年，史玉柱悄悄还清了老"巨人"时期所欠的全部债务。2001年，成立上海黄金搭档生物科技有限公司，当选为"CCTV中国经济年度人物"。2003年，购入民生银行6.98亿股流通股和华夏银行的1.012亿股流通股，并将脑白金和黄金搭档的知识产权及其营销网络75%的股权以12.4亿元卖给了四通电子。2004年，成立上海征途网络科技有限公司，次年推出《征途》，成为全球第三款同时在线人数超过100万人的中文网络游戏。2006年，在开曼群岛注册巨人网络科技有限公司。2007年，更名为巨人网络集团后在纽约交易所挂牌上市，成为中国登陆美国最大IPO民营企业，也是美国本土外最大IPO的IT企业。手握68.43%巨人股权的史玉柱，跃升为拥有500亿元身价的内地新"首富"。

（一）战略与经营目标确定

新"巨人"业务的发展强调安全，第一个项目做成功后，再考虑做第二个项目，一点点往前推进。在新的战略思想指导下，新"巨人"环环相扣地进入保健品、金融、IT行业，全面取得成功。

（二）风险控制与监督

新"巨人"最在乎的事情，就是公司的现金流和时刻保持财务健康（负债率维

持在5%的标准上)。史玉柱锻造队伍执行力的第一步,就是从管理好现金流量开始的。"款到提货"是脑白金的市场销售原则,而且大小经销商一视同仁。货款是经销商与总部之间的事情,分公司绝不染指。每个销售经理的背后,附带多人信用担保。为了提高执行力,新"巨人"为脑白金建立了一个50人的纠察队伍,负责对分公司的检查,省级分公司也有纠察队查市级市场,市级纠察队再查县级市场。从而摆脱了一般保健品企业对于经销商的严重依赖。同时,新"巨人"倡导"有奖必有罚,奖罚必配套"的企业文化,每次开总结大会,一定是最佳和最差同时登台,最佳上台领奖金,最差下台领黄旗。对每一位经理,史玉柱不仅为他们提供了获得巨额奖金的可能,还给他们做不好就要接受大笔罚款的责任。在保健品行业,坏账10%可以算是优秀企业,20%也属正常,而脑白金10年来的销售额100多亿元,坏账金额是零。

(三) 信息与沟通

专注地研究消费者、琢磨消费者的需求并满足消费者的需求,在此基础上打破陈规,自己琢磨规则、创造规则,特别是盯准中小城市及农村市场,是史玉柱坚持的营销理论。史玉柱推出了家喻户晓的广告"今年过节不收礼,收礼只收脑白金",播放了10年,为新"巨人"带来了100多亿元的销售额。

三、内部控制的启示与反思

(一) 制度先行,内控优先

内部控制作为公司治理的关键环节和经营管理的重要举措,在企业的发展壮大中具有举足轻重的作用。通过对比分析不难发现,老"巨人"的失败和新"巨人"的成功不是偶然的,内部控制因素是引起"巨人"变迁的内在原因。内部控制作为一种常识出现,是利润动机的自然产物。1992年,美国反财务欺诈委员会下属的发起人组织委员会(COSO)指出:之所以要设置内部控制,就是促使企业在迈向获利目标的路上,达成管理理念,并把路上的意外惊吓减到最少。但从现实情况看,许多企业管理松弛、内控弱化、风险频发、资产流失、营私舞弊、损失浪费等问题还比较突出。在公司治理和经营管理中,只有秉承"制度先行,内控优先"的理念,依靠内部控制的保驾护航,才能像新"巨人"那样走向成功,避免老"巨人"那样的意外惊吓。

(二) 量入为出,专注主业

一个优秀的企业家需要有"大胆假设"的魄力,但之后如果不能"小心求证",那就只能算是赌徒了。"巨人"选择的项目都是朝阳产业,具备了成功的基础。但患上"贪吃症"的老"巨人",本希望"鱼和熊掌兼得"的多元化经营,演变成了"鸡飞蛋打"的多元化失败;量入为出、专注主业的新"巨人",则步步为营、左右逢源,成长为真正的巨人。新"巨人"将主业定位为网络游戏,而金融行业的投资仅作为保持流动性的手段,并淡化生物保健品行业和不再留恋房地产行业。这种专注主业、做百年老店的战略,是对原有的全面冒进的多元化经营思路的扬弃,因此也征服了最挑剔的纽约证券交易所的国际投资者。经验表明,高达78%的公司持续为股东创造价值,凭借的是一项核心业务,并在这个核心业务上有领导地位;仅17%的持续价值创造者有几项不同的核心业务,但同样也具有领导地位,如美国的通用电气公司。

（三）居安思危，现金为王

老"巨人"缺乏必要的财务危机意识和预警机制，"几万、几十万甚至上百万的资产在阳光照不到的地方流失了"，最终酿成了资金断流、经营难以为继的局面。而新"巨人"信奉"只有首先不被市场消灭，才有机会征服市场"的危机管理，始终将现金流量放在第一位。在充沛的现金流量的保证下，新"巨人"得以不断做强、做大。因而，成功的企业需要有危机意识，随时防备可能的财务风险与经营风险，而始终保持充沛的现金流，是控制财务风险与经营风险的关键。

（四）需求导向，打破陈规

营销圣经云："顾客是上帝。"这就要求企业家确立需求导向，充分关注目标消费者，仔细琢磨并认真满足消费者的需求，甚至不惜为此打破陈规。老"巨人"迷信广告攻势，但事后评估的实际效果为零。新"巨人"凭借科学研究目标消费者的"江阴调查"，以及由需求决定规则的"史式营销理论"，在广告成本投入不高的情况下却牢牢抓住了市场。可见，在充分沟通的基础上取得及时、准确、完整的相关信息，是制定正确的业务经营策略的前提。

案例二[①]

B集团公司是原国营企业改制而成的。总公司一向重视各项管理制度的建设，尤其对财务制度更是严格。每年都会对集团下属各单位的财务收支情况进行内部审计，发现问题依法从严处理。表面看来，公司制度完备，管理严格。但就在2008年，该集团公司某分公司，因为财务制度不健全，没有遵守《现金管理暂行条例》和《支付结算办法》等有关制度的规定，发生了采购付款金额失实的事实：

该分公司采购付款及报账的具体程序是：采购时由采购员先打借条，经公司经理签字后，从出纳处借现金到各供货方购货；货物到库由仓库人员在发票上签字表示验收；付款后，销货方开具增值税专用发票，采购员拿回增值税发票由公司经理签字审批，会计主管审核无误后编制付款凭证，再凭发票到出纳处结账，以发票换回原来的借条。

该公司购货没有编制购货计划，出纳收付款项没有现金日记账的原始记录，借条一般未予入账，出纳根据会计编制的收付款凭证的汇总金额来记录现金日记账。

采购时，销货方没有及时开具增值税发票，且有时开具的发票金额、数量与实际购货情况不一致。一次，业务员拿回一张金额比实际购货金额高出10万多元增值税发票，回到公司报账。报账时与公司经理讲明了实情，并在发票上注明了实际购货数量，但公司经理没有注意，未问明详情，便签字"同意报销"；会计编制付款凭证时没有注意发票上注明的记录，便按发票金额作了付款凭证；业务员在未审核付款凭证的情况下，于付款凭证的领款人处签字认可；出纳结账时，按发票金额结账。年底，

[①] 本案例选自涂君.从货币资金案例浅析企业内部会计控制.现代经济，2009（5），作者进行了改编。

公司进行实物盘点，发现已付货款金额与实际到货数量不符，便进行内部查账，虽查出了差异所在的原因，但查不出谁真正拿走了货款，最终总公司决定由出纳和业务员共同承担这10多万元的货款的赔偿。

要求：请从内部控制规范来分析，导致B集团公司发生采购付款金额失实的问题有哪些？由此可以看出加强资金营运内部控制包括哪些关键控制点？

第八章 实物资产管理会计制度设计

◎ **学习目标：**
1. 了解对存货和固定资产进行内部控制的意义和目标。
2. 明确存货和固定资产内部控制的要点。
3. 掌握实物资产内部控制的具体内容与措施。
4. 熟悉实物资产处理程序的制度设计。

第一节 实物资产管理会计制度设计概述

一、实物资产概述

实物资产包括存货和固定资产，存货是指企业在生产经营过程中持有以备出售的、正在生产过程中的以及在生产中被消耗的材料等。因此，原材料、在产品、半成品、产成品、商品以及周转材料都属于存货，委托加工物资也属于存货。结合《企业会计准则》，存货具体分为以下几类：

（1）原材料，指企业在生产过程中经加工改变其形态或性质并构成产品主要实体的各种原料和主要材料、辅助材料、外购半成品（外购件）、修理用备件（备品备件）、包装材料、燃料等。为建造固定资产等各项工程而储备的材料，尽管同属于材料，但因为用于建造固定资产等各项工程，不符合存货的定义，因此不能作为企业存货。

（2）在产品，指企业正在制造尚未完工的产品，包括正在各个生产工序加工的产品，以及已加工完毕但尚未检验或已检验但尚未办理入库手续的产品。

（3）半成品，指经过一定生产过程并已检验合格交付半成品仓库保管，但尚未制造完工成为产成品，仍需进一步加工的中间产品。

（4）产成品，指工业企业已经完成全部生产过程并验收入库，可以按照合同规定的条件送交订货单位或可以作为商品对外销售的产品。另外，企业接受外来原材料加工制造的代制品和为外单位加工修理的代修品，在制造和修理完成验收入库后应视同企业的产成品。

（5）商品，指商品流通企业外购或委托加工完成验收入库用于销售的各种商品。

（6）周转材料，指企业能够多次使用、但不符合固定资产定义的材料，如为了包装本企业商品而储备的各种包装物，各种工具、管理用具、玻璃器皿、劳动保护用品以及在经营过程中周转使用的容器等低值易耗品和建造承包商的钢模板、木模板、脚手架等其他周转材料。但是，周转材料符合固定资产定义的，应当作为固定资产处理。

固定资产是指为企业生产商品、提供劳务、出租或经营管理而持有，具有实物形态且预计使用年限超过一年的有形资产。从定义可以看出，固定资产有如下特点：（1）为企业生产商品、提供劳务、出租或经营管理而持有，而不是为出售而持有；其中"出租"的固定资产，是指用以出租的机器设备类固定资产，不包括以经营租赁方式出租的建筑物，后者属于企业的投资性房地产，不属于固定资产。（2）具有实物形态，且在使用过程中会保持原来的形态不变；（3）一般固定资产的使用期限超过一年或者一个会计年度，并且其价值将会通过计提折旧方式在各年度之间分摊。

固定资产按照经济用途，可以分为生产经营用固定资产和非生产经营用固定资产。例如：供生产经营用的建筑物、机器设备、工具量具等都属于固定资产；而职工宿舍等相关福利设施则属于非生产经营用固定资产。按照使用情况，固定资产也可分为正在使用的固定资产、未使用的固定资产和不需用的固定资产，例如正在运转的设备、出租给其他企业的固定资产。需要指出的是，由于季节性经营或大修理等原因而暂停使用的固定资产仍属于企业使用中的固定资产；企业购买后尚待安装的固定资产属于未使用的固定资产；由于更换业务等原因不再使用的设备属于不需用的固定资产。

二、实物资产管理会计制度设计的意义

实物资产的价值决定了进行会计制度设计的重要性。货币资金由于其流动性强，因此需要加强内部控制。实物资产尽管流动性较弱，却因其巨大的价值需要在内部控制方面予以重视。会计制度不仅要保证企业的资产安全完整，还要保证资产能够发挥应有的作用和效率，使生产经营活动得以正常运转，经营管理目标得以实现。另外，尽管实物资产的流动性相对货币资金而言较弱，但实物资产被盗窃的事件时常发生，尤其是一些贵重物资和商品。所以，企业通过对实物资产管理的会计制度设计，加强内部控制，有着非同寻常的重要意义。

三、实物资产管理会计制度设计的目标

企业应当采用先进的存货管理技术和方法，规范存货管理流程，确保存货管理全过程的风险得到有效控制。存货内部控制制度设计的目标如下：

（1）规范存货收发手续流程，保护财产的安全和完整；
（2）正确计量和考核存货资金，记录企业生产经营活动；
（3）正确反映存货使用情况，防止缺货和存货超储积压；
（4）确保存货相关人员相互独立，定期进行账实核对。

企业应当加强房屋建筑物、机器设备等各类固定资产的管理，重视固定资产维护和更新改造。固定资产内部控制制度设计的目标如下：

（1）规范固定资产管理行为；
（2）纠正固定资产业务中的各种差错，防范舞弊行为；
（3）规范固定资产流转手续，保护固定资产安全完整；
（4）提高固定资产使用效率。

四、实物资产管理会计制度设计的原则

为了提高实物资产使用效能，保证资产安全，根据有关法律法规和《企业内部控制基本规范》，实物资产内部控制会计制度设计应遵循以下原则：

（1）进行严格的职责分离制度，与实物资产流入、记录、保管、流出有关的各岗位应避免集中于一人；

（2）应指派专人保管实物资产，并明确职责。此外，保管人员应实行定期轮岗轮休制度，防范舞弊行为；

（3）贵重的实物资产应由两人以上共同保管。为有效防范舞弊行为，对保管人员的资质要进行严格的考核；

（4）实物资产的凭证单据应连续编号并妥善保管，实物资产的流转要以凭证为依据，并应加强对凭证的监管；

（5）对实物资产的盘点采用永续盘存制；

（6）对企业发出和接收用于公益性的实物资产，要制定特别的监管制度。与支付对价的购买或出售实物资产不同，用于捐赠之类的公益性实物资产容易成为实物资产管理的盲点，因此对这部分实物资产的确认和计量应予以重视。

第二节 实物资产内部控制的要点

一、实物资产管理中常见的弊端

无论是存货还是固定资产，都有各自所特有的弊端。只有明确了这些弊端，才能够针对它们采取有效的制度设计，从实物资产控制的薄弱环节进行有效控制。存货管理中常见的弊端如下：

（1）超储积压或短缺。由于库存计划不周全，存货最高储备量、最低储备量和再订购点等信息估计失误，导致采购过量，造成存货超储积压浪费或生产中断。

（2）职责不分明。在存货验收、保管、盘点、发货和记账环节，不相容岗位没有进行严格的职责分离、制约和监督，因而给存货管理带来隐患。

（3）处置滞后。对短缺毁损的存货没有按照规定的程序及时报请有关负责人批准并及时进行处置。

固定资产管理中常见的弊端如下：

（1）购置盲目。单位价值大是固定资产的一大特点，若购置前缺乏可行性研究论证和资金预算计划，可能会导致购置的固定资产同企业的生产经营能力不匹配，也无法适应企业的发展规模和发展趋势。同时，这也造成了资金浪费，吞噬了企业的流动资产，使得企业经营风险增加。

（2）资本性支出收益化。在购置固定资产的过程中，将本应资本化的材料费用、人工工资和利息支出，作为收益性支出计入生产成本，或者作为财务费用计入当期损益，或者计入长期待摊费用中，使得固定资产的价值被低估。

（3）存在账外资产变动业务。例如盘盈的固定资产、捐赠的固定资产和无形资产不计账，固定资产的变价收入和残值收入不入账，形成账外资产，致使企业资产流失。

（4）在折旧和修理过程中，随意调节成本费用。由于固定资产使用时间通常超过了一个会计年度，因此一般都要进行折旧的会计处理，修理业务的发生也相对较多。企业通过随意更改固定资产折旧的计算方法、折旧率以及虚列固定资产修理费用等方法，人为地调节成本费用，进而影响当年利润。

（5）账实不符。由于固定资产管理相对分散，有的企业长期不进行财产清查盘点，也不及时处置待报废固定资产，导致账实不符，给资产核算造成负面影响的同时，也给生产经营留下隐患。

二、实物资产内部控制的要点

在实物资产内部控制方面，企业应当建立明确的岗位责任制度，对验收入库、领用、发出、保管、盘点和处置等关键环节进行控制，才能有效达到保证财产安全和完整，达到会计制度设计的目的。

存货的内部控制要点有以下几个方面：

（1）存货的采购和领用均要经适当的审查批准。这样方能防范虚报存货，造成账实不符，资产流失。

（2）紧抓存货收发环节的凭证控制。各种存货的收发必须及时登记入账，并且明确相关负责人，以相关负责人审核批准后的凭证为准。同时，存货要按照规格型号建立库存实物明细卡片，并定期对存货的数量和金额进行核算，确保账实相符。

（3）职责分离。存货的请购、审批、发放、保管、记账和核对工作不能由一人包办，应分给不同人员负责，并保证相互独立。

（4）规定合理的材料储存定额，用限额凭证进行领用控制。

（5）对本企业存放在其他企业的存货，例如委托加工材料、外存材料、待回收包装容器等，要设置账簿，进行登记并定期同有关单位核对。另外，外来加工材料和本企业材料要分开保管，避免混乱。

（6）对存货的计量采用适当的计价方法并保持执行的连贯性。对于存货成本的计算过程和会计处理要确保准确无误。经常进行不定期或定期的内部清查。

（7）设置残料废料账簿，派专人负责回收利用。材料的报废要得到负责人或相关部门批准，定期考核缺货以及超储积压问题，积极处理以加速资金周转。

（8）加强存货仓储和运输环节的人员素质控制。在人力成本允许的情况下，提高仓储和运输环节员工的素质，以保证存货安全，同时促进企业生产经营的良性循环。

固定资产的内部控制要点有以下几个方面：

（1）权责分配和职责分工应当明确，机构的设置和人员的配备应当科学合理。固定资产成本核算、折旧和减值准备的计提、处置等会计处理要符合国家统一的会计制度规定。

（2）健全固定资产预算制度。作为固定资产内部控制中最重要的部分，预算制度对固定资产的运用具有指导性的意义。一般来说，大企业应编制固定资产年度预算，小企业也应该对固定资产的购建加以计划。要结合企业生产经营发展目标和固定资产的使用情况决定投资项目，在进行可行性分析的基础上，综合考虑固定资产的规模、资金占用成本、预计盈利水平和风险程度等因素，合理编制固定资产投资预算，确保固定资产投资决策科学合理。其中，对重大的固定资产投资项目，应组织独立的第三方进行可行性研究和评价，并提请企业领导机构实行集体决策。决策后，应严格执行固定资产投资预算，对预算内项目按照执行进度办理相关手续；对预算外和超预算的固定资产投资项目，应向固定资产管理部门提出申请，得到审批后再进行处理。

（3）固定资产购置验收应该授权批准。首先请购部门要提出计划申请，按照规定的职责权限审核同意后方可执行。固定资产购置金额应严格控制在预算之内，超过预算的，要根据公司章程经股东会（股东大会）或者董事会批准后方可购置。对于大型设备的采购以及在建工程的施工，要实行公开招标制度。请购的固定资产到达之后，由验收部门负责检验，仓储和保管部门办理入库手续。另外，对于需要安装的固定资产，在安装完毕之后，由验收部门组织鉴定和验收。若发现实际情况与采购合同不符，应当及时告知财务部门。

（4）明确固定资产的确认条件和计量方法。根据企业会计准则，企业取得固定资产，应当以实际成本计量。对购入的固定资产，以支付的对价加上使其达到可使用状态前发生的可归属于该项资产的费用，包括包装费、运输费、安装成本以及有关税款，作为该项固定资产的成本。对自行建造的固定资产，以达到预定可使用状态前发生的全部支出作为该项固定资产的成本。

（5）针对固定资产的内部转移和租赁，应当设计完整的管理制度。当固定资产发生内部转移的情况时，首先要向使用单位提出申请，经调入调出部门、主管部门和财务部门的领导会签后方可办理调拨手续。人员流动率高的企业尤其应加强固定资产内部转移的控制。对于租赁给外单位的资产，要制定完善的授权审批制度，明确各方责任并签订租赁合同。

（6）对固定资产修理和报废要进行控制，首先要设置严格的检验确认和审批手续，交由专业人员进行检验，然后上报资产管理部门进行确认，取得主管领导审批后方可进行修理。申请修理的部门和实施修理的部门应该相互分离或者取得无相关利益的第三方监督。修理结束后，必须会同资产管理部门、申请修理的部门和实施修理的部门办理验收交接手续后，再交给财务部门进行会计处理；为防止随意处置待报废固定资产以及防范此过程中产生的腐败行为，对于闲置损毁固定资产的处理，应当首先向企业资产管理部门申报，经领导审核后，由企业相关负责人批准。处理报废固定资产时要由多人执行，互相监督，降低虚报残值收入的风险。

（7）对固定资产要定期进行清查盘点。查明是否存在短缺或未入账的固定资产，若存在则应迅速查明原因，以保证账实相符。对多余闲置不用的固定资产要及时汇报并进行处理。

第三节　实物资产内部控制的内容与措施

一、存货内部控制内容与措施

企业应当采用先进的存货管理技术和方法，规范存货管理流程，明确存货取得、验收入库、原料加工、仓储保管、领用发出、盘点处置等环节的管理要求，充分利用信息系统，强化会计、出入库等相关记录，确保存货管理全过程的风险得到有效控制。

企业应当建立实物资产业务相关的岗位责任制度，明确有关部门和岗位的职责和权限，确保办理业务的不相容岗位相互分离、相互制约和相互监督。企业内部除存货管理、监督部门及仓储人员外，其他部门和人员接触存货，应当经过相关部门特别授权。同一部门或个人不得办理实物资产业务的全过程。对于存货而言，应采取业务归口办理：存货的采购由采购部门办理；存货的质量由质检部门负责验收；存货的数量检查、保管、发出由仓储部门办理；向供货单位付款和进行会计记录由会计部门办理。未经授权的机构和人员均不得办理存货业务。

（一）存货取得

存货的采购应由采购部门办理，未经授权的机构和人员均不得办理存货采购业务。存货的取得有外购、委托加工或自行生产等多种方式。企业应该根据行业特点、生产经营计划和市场因素等综合考虑，本着成本效益原则，确定不同类型的存货取得方式。在企业存货管理实务中，可能存在预算编制不科学、采购计划不合理而导致存货积压或短缺的风险，因此，企业应当根据各种存货采购间隔期和当前库存，综合考虑企业生产经营计划、市场供求等因素，充分利用信息系统，合理确定存货采购日期和数量，确保存货处于最佳库存状态。对于昂贵的存货购置事项，应组织独立的第三方进行可行性研究和评价，由企业领导层集体审批和决策。

企业应严格执行上述预算。对于自制的实物资产，在预算内的资产项目，相关部门应当严格按照预算执行进度办理相关手续；超过预算的和预算外的购置，由申请人员提出申请，经过审批之后方能办理相关手续。

企业应当对外购的存货建立请购和审批制度，明确请购部门和审批部门的职责权限以及相应的请购和审批程序。存货采购过程应当规范透明。对于一般存货的采购，可由采购部门充分了解和掌握供应商情况，采取询价法确定购买价格；对昂贵的存货采购，要进行招投标。

（二）验收入库

在存货验收入库的环节中，可能存在数量克扣、以次充好、账实不符等问题。存货的质量由质检部门负责验收。因此，企业应当重视存货验收工作，具体的控制措施如下：

（1）存货的验收应当重点关注合同、发票等原始单据与存货的数量、质量、规格等核对一致。涉及技术含量较高的货物，必要时可委托具有检验资质的机构或聘请外部专家协助验收。

（2）自制存货的验收，应当重点关注产品质量。只有通过检验合格的半成品、产成品才能办理入库手续，不合格品应当及时查明原因、落实责任并报告处理。

（3）其他方式取得存货的验收，应重点关注存货来源、质量状况、实际价值是否符合有关合同或协议的约定。

仓储部门对于入库的存货，应根据入库单的内容对存货的数量、质量、品种等进行检查，符合要求的予以入库；不符合要求的，应及时办理退换货等相关事宜。入库记录要真实、完整，定期与财会等相关部门核对，不得擅自修改。

（三）仓储保管

存货的仓储保管方法不恰当、监管不严密，可能导致损坏变质、价值贬损、资源浪费等问题。具体控制措施如下：

（1）存货在不同仓库之间流动时，应当办理出入库手续。

（2）存货仓储期间要按照仓储物资所要求的储存条件妥善储存，做好防火、防洪、防盗、防潮、防病虫害、防变质等保管工作。不同批次、型号和用途的产品要分类存放。生产现场的加工原料、周转材料、半成品等要按照有助于提高生产效率的方式摆放，同时防止浪费、被盗和流失。

（3）对代管、代销、暂存、受托加工的存货，应单独存放和记录，避免与本单位存货混淆。

（4）结合企业的实际情况，加强存货的保险投保，保证存货安全，合理降低存货意外损失风险。

（5）仓储部门应对库存物料和产品进行每日巡查和定期抽查，详细记录库存情况；发现损毁、存在跌价迹象的，应及时与生产、采购、财务等相关部门沟通。进入仓库的人员应办理进出登记手续，未经授权人员不得接触存货。

存货仓储保管控制的具体要求见表8-1。

生产部门应根据生产经营特点对发出和转入的存货种类、数量进行登记，同时加强对厂房现场的材料、低值易耗品和在产品、半成品等物资的管理。废弃的存货也应进行登记。企业应当建立存货分类管理制度。对昂贵的物品、生产中的关键备件、精密仪器和危险品等重要存货采取额外控制措施，以确保重要存货的保管、调用、转移经过严格授权批准。同时，在同一环节要有两人或两人以上同时经办。企业应当按照国家有关法律法规要求，根据存货的具体特点，建立健全存货的防火防盗措施，并完善相应的责任追究机制。在信息化时代，企业应创造条件，逐步实现存货的信息化管理，确保相关信息及时传递，从而提高存货运营效率。最后，企业要逐步完善成本会计核算系统，正确地计算和结转存货成本，加强对存货跌价核算的监管，及时掌握存货价值变动情况。确认和计量存货跌价的依据要充分，方法要正确。

（四）存货的计价控制制度

存货的价值确定涉及两个要素——价格与数量。确定存货的单位价格常常会比较困难，因为采用先进先出法、个别计价法、月末加权平均法和移动加权平均法所计算出的存货价值将存在较大的差异。存货数量的计量同样存在许多困难，因为货物总是在不断地被购入和销售，所以复杂的存货账户体系往往是内控的薄弱环节。不诚实的企业常常通过虚

表 8-1　　　　　　　　　　　　存货仓储保管控制要求

业务	经办人	控制要求
仓库的选择	主管部门的经理	提出仓库设置规划；方便生产使用；对安全保卫有利；考虑保管货物的物理性能和化学性能；有便利的货物进出通道和合理的存货空间，方便搬运和盘点；有照明、防火、防水设施
	总经理	批准仓库选择和规划
货物的堆放	保管员	保持仓库清洁；按存货的品种和规格分开堆放，对于不同物理性能和化学性能的物品要分开堆放；对于危险品要隔离存放；划分清晰的保管区、待检查区和不合格品区；堆放时考虑先进先出和易于盘点的需要；存货依据分区和编号的顺序摆放；建立物料卡并朝外标示
货物的保管	仓库保管员	保管好仓库钥匙；定期核对账实；定期检查，发现物料变质要及时报告；对存放半年以上的呆滞物品要编制报表；当日的进出货单要在当日登记入账，确保实时反映仓库库存；保持仓库通风，定期检查防火防水设施，有效防止货物霉烂变质
保管检查	部门经理	每月至少检查一次仓库和保管员工作
	主管副总经理	每季度至少抽查一次仓库和保管员工作
	总经理	每年至少抽查一次仓库和保管员工作

构不存在的存货，错误地将存货资本化或错误地盘点存货等方法进行造假。这些方法有一个共同的目的：虚增存货价值。

因此，存货计价控制制度的目标是让存货采用的计价方法尽可能地使计价结果反映存货的实际价值，从而使销货成本的确定更为准确。在 2006 年新会计准则取消了后进先出法后，企业仅可以采取先进先出法、个别计价法、月末加权平均法和移动加权平均法来确定销售存货的实际成本。性质和用途相似的存货，应采用相同的成本计算方法确定发出存货的成本。

先进先出法是假设每次先收到的货物会先发出，并据此对发出的存货和期末存货计价的一种方法。在每次发出存货时都假定发出的是库存时间最长的存货，而期末存货就是库存时间最短的存货。

个别计价法是指按照每种存货，逐一辨别各批发出的存货和期末的存货所属的购进批别和生产批别，以入库时确定的单位成本作为存货成本，计算各批发出存货和期末库存存货的实际成本的一种方法。

月末一次加权平均法是指以期初结存存货数量和本期增加的存货数量之和为权数，确定本月发出存货的加权平均单价，并以此计算存货的发出成本和期末结存成本的一种方法。计算公式如下：

存货的单位成本＝本月可供发出的存货总成本÷本月可供发出的存货总数量
本月发出的存货成本＝本月发出存货的数量×存货的单位成本
本月结存的存货成本＝本月结存存货的数量×存货的单位成本

移动加权平均法是指在每次收入存货以后，马上根据当时的库存存货的数量和总成本，计算出新的平均单位成本，作为下一次发出存货的单价的一种方法。计算公式如下：

存货的单位成本＝(原有库存存货的实际成本＋本次进货的实际成本)
$$\div(原有库存存货数量＋本次进货数量)$$
本次发出的存货成本＝本次发出存货的数量×本次发货前存货的单位成本
本月月末结存的存货成本＝月末库存存货的数量×本月月末存货的单位成本

企业在期末应对存货按照成本和可变现净值孰低法计量，企业至少应在每年年度终了对存货进行全面清查。存货遭受毁损、陈旧过时或者销售价格低于成本等原因，导致存货成本高于可变现净值的，应当按照可变现净值与成本的差额，计提存货跌价准备，并在资产负债表中反映减去存货跌价准备后的存货价值。根据新的企业会计准则，当出现下列情况之一时，应计提存货跌价准备：

（1）市价持续下跌且在可预见的未来没有回升的希望；
（2）企业使用该原材料生产产品的成本大于产品销售价格；
（3）企业所提供的商品或者劳务过时，或者消费者的偏好发生改变，使得市场需求发生变化，从而使得市场价格逐渐下跌；
（4）企业因产品更新换代，原有的库存原材料已经不适应新产品的需要，并且该材料的价格低于其账面成本；
（5）其他能够证明该项存货实质上已经发生减值的情形。

同样的，当存在下列情形之一时，表明存货的可变现净值为零：
（1）已过期且不再有转让价值的存货；
（2）已霉烂变质的存货；
（3）生产中已经不再需要且无使用价值和转让价值的存货；
（4）其他能够证明已经没有使用价值和转让价值的存货。

（五）领用发出

存货领用发出审核不严格、手续不完备，可能导致货物流失。企业应当根据自身特点，确定适用的存货发出管理模式，制定严格的存货准出制度，明确存货发出和领用的审批权限，健全存货出库手续，加强存货领用记录。通常情况下，对于一般的生产企业，仓储部门应核对经过审核的领料单或发货通知单的内容，做到单据齐全，名称、规格、计量单位准确；符合条件的准予领用或发出，并与领用人当面核对、点清交付。在商场超市等商品流通企业，在存货销售发出环节应侧重于防止商品失窃、随时整理弃置商品、每日核对销售记录和库存记录等。无论是何种企业，对于大批存货、贵重商品或危险品的发出，均应当实行特别授权。仓储部门应当根据经审批的销售（出库）通知单发出货物。

（六）盘点清查

存货盘点清查存在制度不完善、计划不可行，工作流于形式，无法查清存货真实状况的风险。因此，企业应当建立存货盘点清查工作规程，结合企业的实际情况确定盘点周期、盘点流程、盘点方法等相关内容，定期盘点和不定期抽查相结合。盘点清查时，应拟定详细的盘点计划，合理安排相关人员，使用科学的盘点方法，保持盘点记录的完整，以保证盘点的真实性、有效性。盘点清查结果要及时编制盘点表，形成书面报告，包括盘点人员、时间、地点、实际所盘点存货的名称、品种、数量、存放情况以及盘点过程中发现的账实不符的情况等内容。对盘点清查中发现的问题，应及时查明原因，落实责任，按照规定的权限报经批准后处理。多部门人员共同盘点，应当充分体现相互制衡，严格按照盘点计划，认真记录盘点情况。此外，企业至少应当于每年年度终了开展全面的存货盘点清查，及时发现存货减值迹象，将盘点清查结果形成书面报告。

（七）存货处置

存货处置是存货退出企业生产经营活动的环节，包括商品和产成品的正常对外销售以及存货因变质、损毁等进行的处置。存货报废处置责任不明确、审批不到位，可能导致企业的利益受损。企业应定期对存货进行检查，及时、充分地了解存货存储状态。对存货变质、损毁、报废或流失的处理要分清责任、分析原因、及时合理。

存货的处置控制要求，详见表8-2。

表8-2 存货的处置控制要求

业务流程	经办人	控制要求
1. 确认	经办部门	按会计制度和会计准则规定的标准予以确认；分析原因并写出分析报告，提出整改管理措施；每季填写报告单；设置备查登记簿
	经办部门主管	审核报告单；审核实物
	质检部门	进行质量检验；出具质检报告
	财务部门	核查报告单；参与实物核查
	授权审批者	审批报告单并签字
2. 处置申请	经办部门	以优先利用后处置为原则；填写处置申请单，注明处置物的名称、处置原因、规格及型号、数量、处置方式
	销售部门	负责处置呆滞产品；填写处置申请单，注明处置物的名称、规格、型号、数量等内容，确定降价幅度
	财务部门	在处置申请单上签署意见
3. 审批	授权审批者	按被授予的权限审批；确定处理期限
4. 处置	处置部门	未得到批准不予处置；按照规定时间处置；将处置收入上交财务部门；处置必须填写相关单据、办理相关手续
	财务部门	必须参与处置的全过程；开具收据和发票
5. 会计处理	财务部门	及时进行会计处理

二、固定资产内部控制内容与措施

对于固定资产的管理，企业应该建立固定资产归口分级管理制度，明确固定资产管理部门和使用部门以及会计部门的职责，确保固定资产管理权责清晰。对于固定资产，不相容岗位如下：固定资产投资预算的编制与审批；审批与执行；采购、验收、付款；固定资产投保的申请和审批；固定资产处置时的申请和审批、执行；固定资产的取得和处置业务的执行以及相关的会计记录工作。为确保不相容岗位的人员能满足岗位要求，企业应当在允许的情况下，配备有资质的人员办理固定资产相关业务，相关人员应具备良好的业务素质和职业道德。企业应当制定明确的固定资产业务流程，明确预算编制、取得与验收、使用与维护、处置等环节的关键控制点和控制内容，设置相应的记录或者凭证，如实记载各个环节的业务开展情况，及时传递相关信息，确保固定资产业务全过程都能得到有效控制。

固定资产主要包括房屋、建筑物、机器、机械、运输工具，以及其他与生产经营活动有关的设备、器具、工具等。固定资产属于企业的非流动资产，是企业开展正常的生产经营活动所必需的物资条件，其价值随着企业生产经营活动逐渐转移到产品成本中。固定资产的安全、完整对企业生产经营的可持续发展能力至关重要。

企业应该根据固定资产的特点，分析、归纳、设计合理的业务流程，查找管理的薄弱环节，健全全面风险管控措施，保证固定资产安全、完整、高效运行。固定资产业务流程通常分为取得、验收移交、日常维护、更新改造、淘汰处置等环节。

（一）固定资产取得

固定资产取得方式有外购、自行建造、非货币性资产交换换入等。按照《企业会计准则》的规定，对于固定资产，企业应当明确融资租赁和经营租赁，并根据租赁类型对应的风险报酬转移情况，规范租赁业务的审批和控制程序。不同类型的固定资产有不同的验收程序和技术要求，同一类型的固定资产也会因其标准化程度、技术难度等方面的不同而对验收工作提出不同的要求。新增固定资产验收程序不规范，可能导致资产质量不符合要求，进而影响资产运行；固定资产投保制度不健全，可能导致应投保资产未投保、索赔不力，不能有效防范资产损失风险。具体的内部控制措施如下：

（1）建立严格的固定资产交付使用验收制度。企业外购固定资产应当根据合同、供应商发货单等对所购固定资产的品种、规格、数量、质量、技术要求及其他内容进行验收，出具验收单，编制验收报告。企业自行建造的固定资产，应由建造部门、固定资产管理部门、使用部门共同填制固定资产移交使用验收单，验收合格后移交使用部门投入使用。未通过验收的不合格资产不得接收，必须按照合同等有关规定办理退换货或采取其他弥补措施。对于具有权属证明的资产，取得时必须有合法的权属证书。

（2）重视和加强固定资产的投保工作。企业应当通盘考虑固定资产状况，根据其性质和特点，确定和严格执行固定资产的投保范围和政策。投保金额与投保项目力求适当，对应投保的固定资产项目按规定程序进行审批，办理投保手续，规范投保行为，以应对固定资产损失风险。对于重大固定资产项目的投保，应当考虑采取招标方式确定保险人，防范固定资产投保舞弊。已投保的固定资产发生损失的，应及时调查原因及受损金额，向保险公司办理相关索赔手续。

（二）固定资产登记造册

企业可以根据生产经营的需要，结合最新颁布的会计制度的要求，建立健全固定资产账簿登记制度和固定卡片管理制度，确保固定资产总账和明细账相符，账实相符，账卡相符。固定资产登记内容不完整，可能导致资产流失、资产信息失真、账实不符。会计部门应当定期会同固定资产管理部门和固定资产使用部门核对相关的记录和账簿文件，发现问题及时报告。对固定资产折旧和减值准备的核算应当加强控制，及时了解固定资产价值变动的情况，存在充分的依据时才能确认和计量固定资产的减值。具体控制措施包括：

（1）根据生产经营的需要，结合会计制度的要求，制定适合本企业的固定资产目录，列明固定资产编号、名称、种类、所在地点、使用部门、责任人、数量、账面价值、使用年限、损耗等内容，这有利于企业了解固定资产使用情况的全貌。

（2）按照单项资产建立固定资产卡片。资产卡片应在资产编号上与固定资产目录保持对应关系，详细记录各项固定资产的来源、验收、使用地点、责任单位和责任人、运转、维修、改造、折旧、盘点等相关内容，以便于固定资产的有效识别。固定资产目录和卡片均应定期或不定期复核，保证信息的真实和完整。

（三）固定资产运行维护

为了控制固定资产维修和保养费用，提高固定资产使用效率，企业应当对固定资产进行定期检查、维修和保养，及时消除安全隐患，降低固定资产故障率和使用风险。企业还应制订固定资产维修保养计划并按计划对固定资产进行日常的维修和保养。需要进行大修理的固定资产，必须由会计部门、固定资产管理部门和固定资产使用部门共同评估，提出修理方案交由企业负责人批准后方可实施。同时应将企业固定资产维修费用纳入单位预算，并在经批准的预算额度内执行。具体的内部控制措施有：

（1）固定资产使用部门会同资产管理部门负责固定资产日常维修、保养，将资产日常维护流程体制化、程序化、标准化，定期检查，及时消除风险，提高固定资产的使用效率，切实消除安全隐患。

（2）固定资产使用部门及管理部门建立固定资产运行管理档案，据以制订合理的日常维修和大修理计划，并经主管领导审批。

（3）固定资产实物管理部门审核施工单位资质和资信，并建立管理档案。修理项目应分类，明确需要招投标项目。修理完成，由施工单位出具交工验收报告，经资产使用和实物管理部门核对工程量并审批。重大项目应专项审计。

（4）企业生产线等关键设备的运作效率与效果将直接影响企业的安全生产和产品质量。操作人员上岗前应由具有资质的技术人员对其进行充分的岗前培训；特殊设备实行岗位许可制度，需持证上岗。必须对资产运转进行实时监控，保证资产使用流程与既定操作流程相符，确保安全运行，提高使用效率。

（四）固定资产升级改造

企业应当组成固定资产清查小组，定期或者不定期地对固定资产进行清查和盘点，明确清查的范围、时间和组织程序。之后详细填写固定资产盘点报告表，并与固定资产卡片和账簿核对。若发现账实不符，则应编制固定资产盘盈、盘亏表并及时报告。企业固定资产管理部门和使用部门应查明固定资产盘盈盘亏的原因，提出初步处理意见，得到单位负责人或者授权人员的批准后作出相应处理。若涉及变更固定资产保管地点，则应当予以登记。具体内部控制措施如下：

（1）定期对固定资产技术的先进性进行评估，结合盈利能力和企业发展可持续性，资产使用部门根据需要提出技改方案，与财务部门一起进行预算可行性分析，并且经过管理部门的审核批准。

（2）管理部门需对技改方案实施过程适时监控、加强管理。有条件的企业可建立技改专项资金并进行定期或不定期的审计。

（五）固定资产清查

企业应建立制度，至少每年全面清查，保证固定资产账实相符，及时掌握资产盈利能力和市场价值。对于在固定资产清查中发现的问题，应当查明原因，追究责任，妥善处理。具体措施如下：

（1）财务部门需组织固定资产使用部门和管理部门定期进行清查，明确资产权属，确保实物与卡、财务账表相符，在清查作业实施之前编制清查方案，经过管理部门审核后进行相关的清查作业。

（2）在清查结束后，清查人员需要编制清查报告，管理部门需就清查报告进行审核，确保真实性、可靠性。

（3）清查过程中发现的盘盈（盘亏），应分析原因，追究责任，妥善处理，报告审核通过后及时调整固定资产账面价值，确保账实相符，并上报备案。

（六）固定资产抵押质押

抵押是指债务人或者第三人不转移对财产的占有权，而将该财产抵押作为债权的担保。当债务人不履行债务时，债权人有权依法以抵押财产折价或以拍卖、变卖抵押财产的价款优先受偿。质押也称质权，就是债务人或第三人将其动产移交债权人占有，将该动产作为债权的担保。当债务人不履行债务时，债权人有权依法就该动产卖得价金优先受偿。企业有时由于资金周转等原因以其固定资产作抵押物或质物向银行等金融机构借款，如到期不能归还借款，银行则有权依法将该固定资产折价或拍卖。固定资产抵押制度不完善，可能导致资产价值低估和资产流失。具体内部控制措施包括：

（1）加强固定资产抵押、质押的管理，明晰固定资产抵押、质押的流程，规定固定资产抵押、质押的程序和审批权限等，确保资产抵押、质押经过授权审批及适当程序。同时，应做好相应记录，保障企业资金安全。

（2）财务部门办理资产抵押时，如需要委托专业中介机构鉴定评估固定资产实际价值，应当会同金融机构人员、固定资产管理部门、固定资产使用部门现场勘验抵押品，对抵押资产的价值进行评估。对于抵押资产，应编制专门的抵押资产目录。

（七）固定资产处置

企业要建立健全固定资产处置和转移控制制度，首先要明确固定资产处置的范围、标准、程序、审批权限和责任。对于重大固定资产的处置，应当实行集体审议。企业应根据固定资产的实际使用情况采取相应的控制程序和措施。对于固定资产的出租和出借，应当由固定资产管理部门会同会计部门拟订方案，经授权人员批准后方可办理相关手续，签订合同。出租、出借合同要明确固定资产出租、出借期间的维修保养问题和税赋缴纳问题以及租金、运杂费的收付等事项。企业内部调拨的事项，详见第二节固定资产的内部控制第五项要点。固定资产处置方式不合理，可能造成企业经济损失。企业应当建立健全固定资产处置的相关制度，区分固定资产的不同处置方式，采取相应控制措施，确定固定资产处置的范围标准、程序和审批权限，保证固定资产处置的科学性，使企业的资源得到有效的运用。具体措施如下：

（1）对使用期满、正常报废的固定资产，应由使用部门或管理部门填制固定资产报废单，经企业授权部门或人员批准后，对该固定资产进行报废清理。对使用期限未满、非正常报废的固定资产，应由使用部门提出报废申请，标注报废理由、估计清理费用和可回收残值、预计处置价格等。企业应组织有关部门进行技术鉴定，按规定程序审批后进行报废清理。

（2）对拟出售或投资转出及非货币交换的固定资产，应由有关部门或人员提出处置申请，对固定资产价值进行评估，并出具资产评估报告，报经企业授权部门或人员批准后予以出售或转让。企业应特别关注固定资产处置中的关联交易和处置定价。固定资产的处置应由独立于固定资产管理部门和使用部门的相关授权人员办理。固定资产处置价格应报经企业授权部门或人员审批后确定。对于重大固定资产处置，应当考虑聘请具有资质的中介机构进行资产评估，采取集体审议或联签制度。涉及产权变更的，应及时办理产权变更手续。

（3）对于固定资产的出租和出借，应当由固定资产管理部门会同会计部门拟订方案，经授权人员批准后方可办理相关手续，签订合同。出租、出借合同要明确固定资产出租、出借期间的维修保养问题和税赋缴纳问题以及租金、运杂费的收付等事项。

三、实物资产内部控制措施——监督检查

企业应当建立对实物资产内部控制的监督检查制度，明确监督机构的职责权限，定期或不定期地进行检查。监督检查的内容主要包括：

（1）实物资产业务相关岗位及人员的设置。重点检查相关岗位分工是否明确，有无不相容职务混岗现象。

（2）实物资产授权批准制度的执行情况。重点检查办理请购、审批、采购、验收、付款、处置实物资产时有无完整的授权批准手续以及是否存在越权审批行为。

（3）实物资产的取得是否为预算内的行为，预算的编制和审批程序是否恰当，预算外的投资和购置是否取得审批。

（4）实物资产日常保管制度的执行情况。重点监督检查是否落实了归口分级管理制度，维修保养费用是否超过了预算额度。

（5）实物资产的计价情况。重点检查存货跌价准备和固定资产减值的确认和计量是否符合会计制度和会计准则的要求。

（6）实物资产处置制度的执行情况。重点监督检查处置固定资产是否履行了审批手续，价格是否合理。

四、实物资产内部控制措施——财产保险控制

近年来,随着保险业的兴起,财产保险也成为保护实物资产安全和完整的重要方式。财产保险主要以企业的财产为保险对象,包括动产、不动产等各种物质财富和它们可能引起的经济利益的流入。保险人应对被保险人所遭受的各种自然灾害或者意外事故所造成的财产和利益的损失负责赔偿。根据保险法等相关法律法规,我国当前针对财产保险的种类主要有:

(1) 农业保险:承保农作物和牲畜等因意外事故或者自然灾害所造成的作物歉收或者牲畜伤亡等损失;

(2) 航空保险:承保飞机和它所运输的货物以及利益的损失;

(3) 汽车保险:承保各种汽车和它所运输的货物以及利益的损失;

(4) 内陆运输保险:承保内陆、内河以及沿海运输中财产以及利益的损失;

(5) 海上保险:承保船舶、货物等海上运输财产的损失,包括相关利益的损失;

(6) 工程保险:承保建筑和安装工程中,相关厂房、机械设备等的损失;

(7) 火灾保险:承保陆上财产本身以及利益的损失;

(8) 灾后损失保险:承保上述第二项到第七项多种保险责任内损失所引起的各种间接损失。

五、实物资产处理程序的制度设计

实物资产的核算程序可具体分为存货核算程序和固定资产核算程序。存货业务处理程序主要有材料发料程序、委托加工材料发料程序和委托加工材料完工后验收付款的程序。

(一) 材料发料程序的设计

如图 8-1 所示,作为一般性领料的业务过程,材料发料程序设计的要点在于:

(1) 领用部门先开出一式四联的领料单,经过相关负责人审核通过后方可到仓库领料;

(2) 仓库发料后要登记材料保管卡,并将领料单按照相应联次交领用部门和供应部门;

(3) 供应部门再根据领料单登记材料明细账,并于月底根据明细账编制材料库存月报;

(4) 财务部门要根据领用部门和供应部门送来的领料单进行核对,无误后编制材料发出汇总表,并据此登记有关费用账和材料总账。

材料发料程序设计的关键控制点在于材料领用审核、发放和记账要分开负责。同时,会计部门对来自领用部门和发料部门不同来源的领料单进行核对,以加强领料的真实性和正确性。定期要进行账实核对,账与账之间钩稽关系的核对、账与材料保管卡的核对。

(二) 委托加工材料发料程序设计

如图 8-2 所示,为反映企业委托外单位加工材料的业务处理过程,委托加工材料发料程序的设计要点在于:

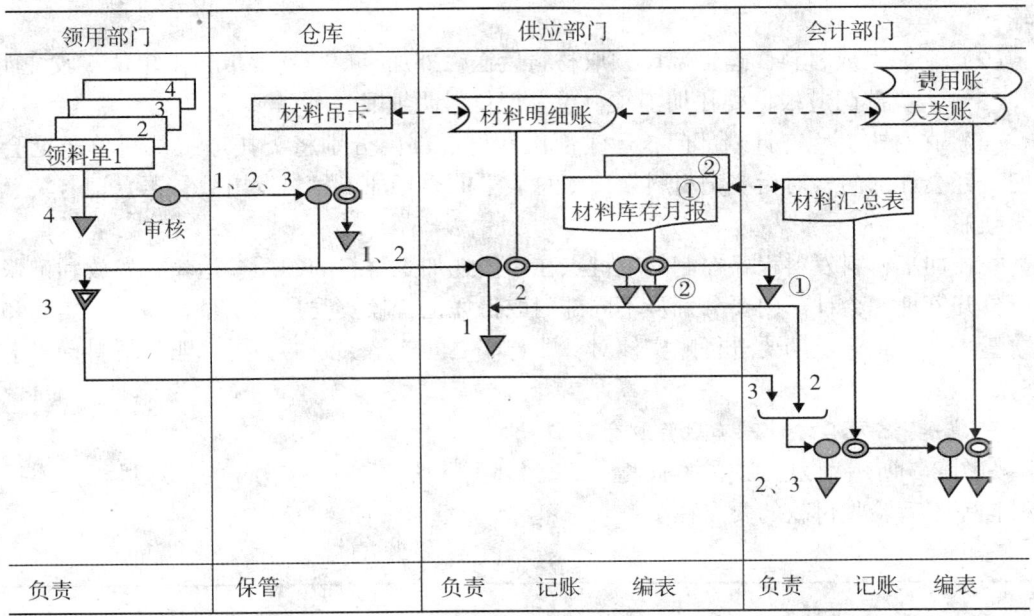

图 8-1　材料发料程序

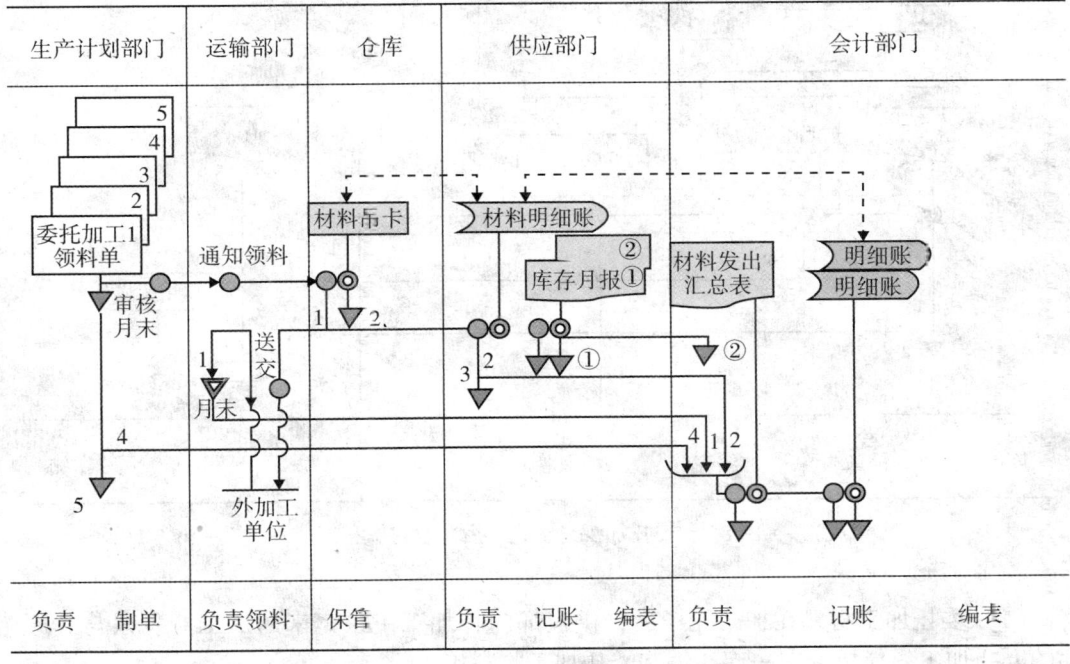

图 8-2　委托加工材料发料程序

（1）企业生产计划部门应编制委托加工领料单，通知本企业运输部门办理领料和运输；

（2）仓库发放材料，运输部门领取材料后送往外加工单位并要取得外单位签收证明；

（3）供应部门应根据委托加工领料单登记材料明细账；

（4）在月末，生产计划部门、运输部门和供应部门分别将委托加工领料单送至会计部门，经会计部门核对后登记材料发出汇总表上的委托加工材料发出数，再登记有关总账和明细账。

委托加工材料发料程序控制的关键点在于委托加工材料的领用、运输、发放和记账要进行分开管理。会计部门要分别从不同部门取得凭证，核实委托加工材料请领、实领和实发数量是否一致。定期要进行账实核对、账与账之间钩稽关系的核对、账与材料保管卡的核对。

（三）委托加工材料完工后验收付款程序的设计

如图 8-3 所示，为反映委托加工材料完工验收和加工费结算业务的处理过程，委托加工材料完工后验收付款的要点在于：

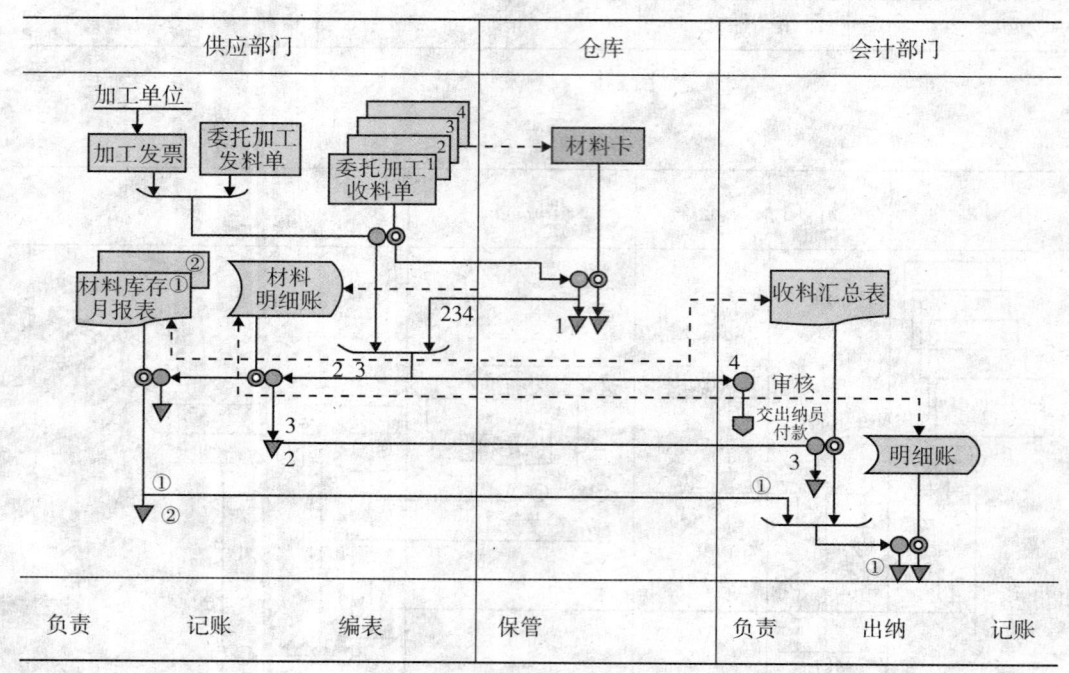

图 8-3　委托加工材料完工后验收付款程序

（1）委托加工材料在加工完毕后，供应部门将加工单位寄来的加工费发票与其原留存的委托加工领料单合在一起，编制委托加工收料单；

（2）材料仓库收料后，登记材料卡，并将收料单交给供应部门；

（3）经供应部门核对无误后，通知会计部门付款，同时登记材料明细账；

(4) 会计部门审核付款凭证，无误后授权出纳员办理付款结算；

(5) 供应部门和会计部门应定期分别编制库存月报和收料汇总表，并进行账账、账卡和账实的核对。

委托加工材料完工后验收付款程序设计的关键控制点在于核对委托加工发料单和收料单以保证加工材料的品种、规格、数量的正确性。对入库的委托加工材料进行检验，核对加工发票和发料单，保证材料的完整性和真实性；同时审核加工费用。定期要进行账实核对，账与账之间钩稽关系的核对、账与材料保管卡的核对。

固定资产核算程序设计主要有设备更新申请批准程序的设计、设备采购、验收付款程序的设计和设备报废清理程序的设计。

（一）设备更新申请批准程序的设计

设备更新申请批准程序设计的目的是正确反映和有效控制固定资产在更新申请和批准处理过程中的业务流程。如图8-4所示，该程序设计的要点在于：

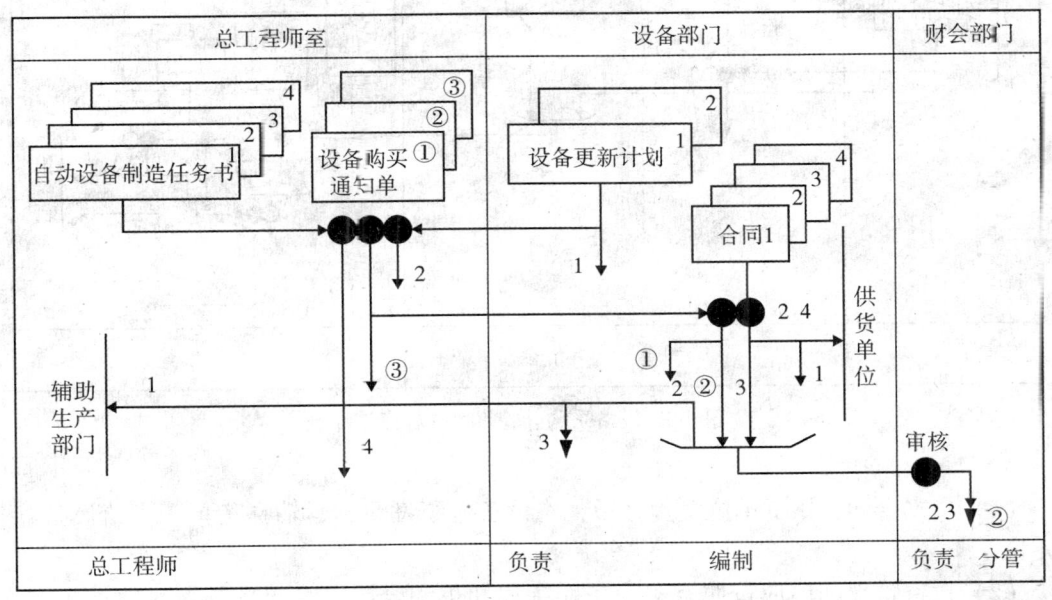

图8-4 设备更新申请批准程序

(1) 由设备管理部门负责编制设备更新计划，交由总工程师室或有专业权限的集体审批；

(2) 若属于外购设备，则总工程师室或有专业权限的集体应编制购买通知单一式三联；若属于自制设备，应编制制造任务书交给辅助生产部门安排制造；

(3) 根据购买通知单，设备管理部门可以同供货单位签订合同，合同副本和设备购买通知单（或自制设备制造任务书）交给会计部门留存，并作为外购设备付款和自制设备进行核算的依据。

设备更新申请批准程序设计的关键控制点在于设备更新计划要严格经过审批才能实

施,并且会计部门要参加合同的会签。

(二)设备采购、验收付款程序设计

为了正确反映和有效地控制固定资产采购、验收和付款等一系列业务处理过程,企业要对设备采购验收付款程序进行设计,如图8-5所示,设备采购、验收付款程序设计的要点在于:

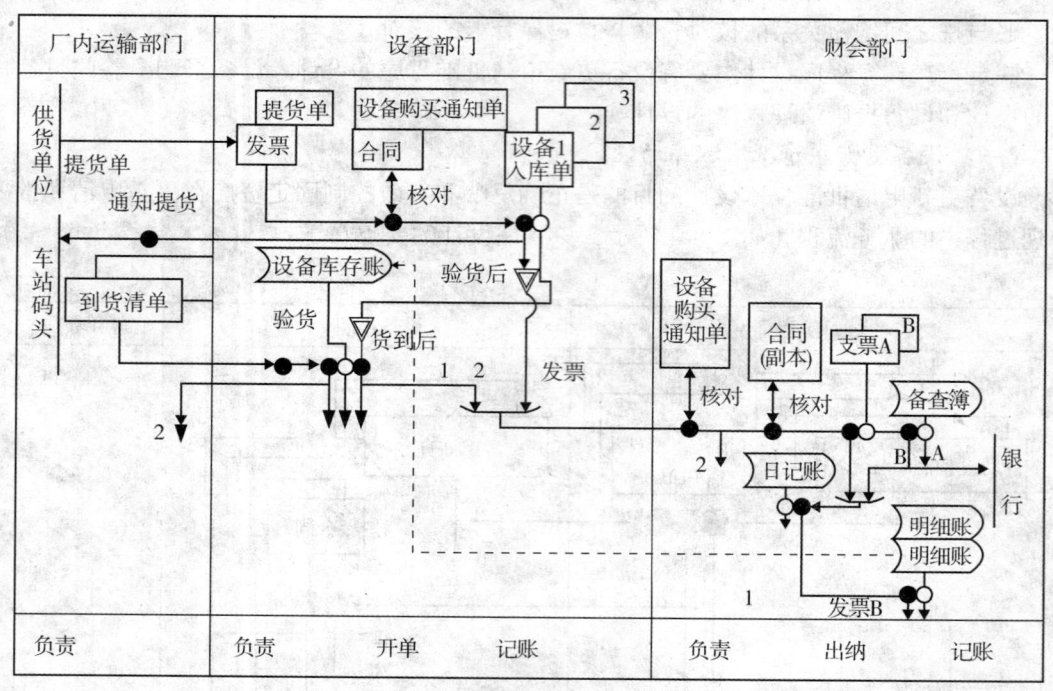

图8-5 设备采购、验收付款程序设计

(1)根据合同,供货单位发货之后,将设备购买发票和运输提货单函寄给设备管理部门;

(2)设备管理部门应按照有关设备购买通知单和合同,编制设备入库单一式三联,并分别通知运输部门提货和仓库准备接货;

(3)企业运输部门提取设备后,编制到货清单并交给设备管理部门验收,无误后登记设备库存账并通知会计部门付款;

(4)会计部门核对合同副本和购买通知单,经确认无误后办理货款结算,并登记有关明细账和总账。

设备采购、验收付款程序设计的关键控制点在于各项流程,例如提货、验收和付款都要分开管理。同时设备的验收和付款均要核对有关合同和凭证。定期要进行账实核对,账与账之间钩稽关系的核对、账与材料保管卡的核对。

(三)设备报废清理程序的设计

为了保证设备报废清理符合规定,有序进行,企业要对设备报废清理程序进行设计。

如图 8-6 所示，该程序设计的要点在于：

（1）设备使用部门提出报废申请，报设备管理部门批准；

（2）设备管理部门审核同意后，方可注销该使用部门的固定资产卡片，在固定资产登记簿上作记录；

（3）设备管理部门通知设备使用部门注销固定资产卡片，同时通知清理部门清理要报废的设备，通知会计部门注销固定资产卡片，并进行固定资产报废的清理核算。

该程序设计的关键控制点在于设备报废必须经过严格审核后才能办理。对于固定资产增减变动，要及时做好记录。定期核对设备使用部门、设备管理部门和会计部门的固定资产卡片，保证账卡账实相符。

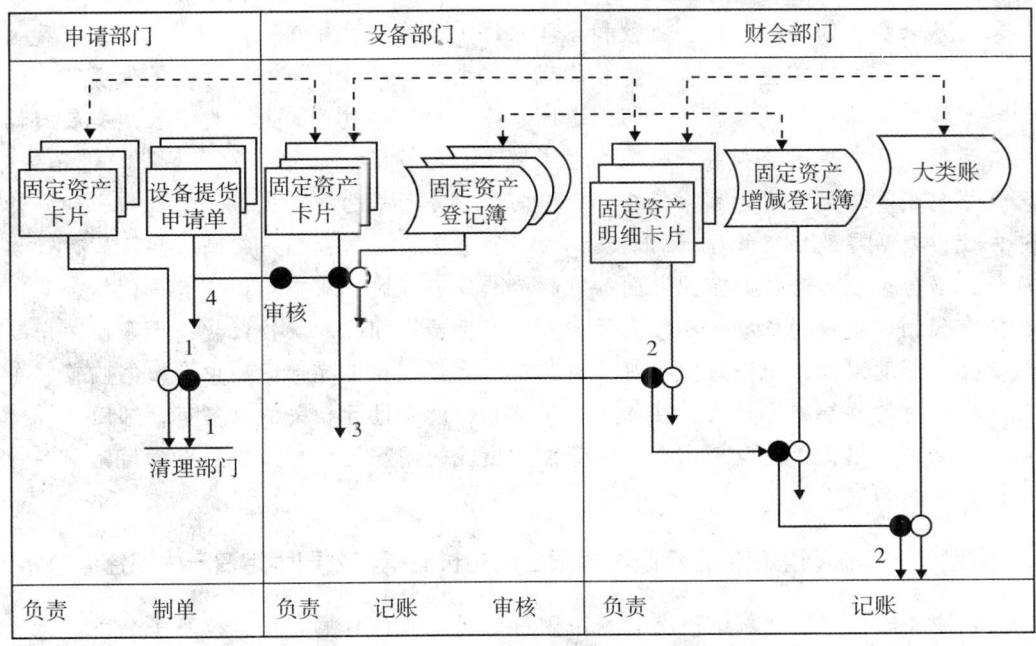

图 8-6 设备报废清理程序

☞ **思考题：**

1. 实物资产管理会计制度设计的目标是什么？
2. 存货内部控制要点有哪些？如何进行存货的业务处理？存货控制的重点是什么？
3. 固定资产内部控制要点有哪些？如何进行固定资产的业务处理？固定资产控制的重点是什么？
4. 材料发料程序设计有哪些要点？
5. 委托加工材料的发料程序设计有哪些要点？与材料发料程序设计有什么不同？
6. 委托加工材料完工验收和付款程序设计有哪些要点？
7. 设备更新申请批准程序设计的要点有哪些？

8. 设备采购验收付款程序设计的要点有哪些？
9. 设备报废清理程序设计的要点有哪些？

☞ **案例分析：**

案例一：A 企业存货内部控制制度分析

A 企业是一家规模较小的中小型制造企业，其不重视对于企业存货的管理，而是把管理的重点放在了资金的管理上。没有建立一套完备的存货管理制度，制定了一些与存货管理相关的部门规章和制度却没有严格地按照这些制度来采购和生产。一些存货管理部门对于存货的控制力不强。为了降低成本，减少开支，在管理层中一人兼多职，从采购、销售、付款、收款和办理入库手续等全过程都是由一人负责，导致企业在原料采购的时候会发生贪污舞弊的现象。企业生产计划与采购计划管理混乱，没有核查清楚仓库存货进行盲目采购，造成仓库货物库存过多。企业没有长远发展的计划与目标，只考虑眼前利益，财务管理不完善、不规范，已销售的产品不做进销售账，不根据实际情况结转为库存货物。对于向客户收回来的货款也不入账，造成部分资金外流，最后导致存货管理上的漏洞，使得存货账面上的数据常常高于实际库存货物数量；当与有业务来往的企业之间的货物流通或转移时，双方不签订有关代销合同，即使有代销或赊销的货物也不按实际算入库存，造成相关的实物数量高于账面数据。存货盘点制度混乱，出现账实不符问题未及时上报。在重要部门缺少有效的监督。在企业中，有的领导权力过大，往往一人说了算，没有设计相关的监督审计部门。

要求：根据上述案例中存货内部控制出现的问题，分析该企业应如何完善存货的内部控制制度。

案例二：中国石化仪征化纤股份有限公司和长安福特公司固定资产内部控制分析①

中国石化仪征化纤有限公司是中国石油化工股份有限公司的控股子公司，为我国最大的现代化化纤生产基地。该公司主营业务是生产及销售聚酯切片和涤纶纤维，并配套生产聚酯的主要原料 PTA。经营范围涉及化纤和化工产品的生产和销售、原辅材料的生产、化工化纤和纺织技术开发、自产产品的运输及其相关技术服务。

2000 年中石化重组之后，中石化成为仪征化纤的大股东。随后仪征化纤进行了较大规模的财务纪律改革。这次改革完善了内部控制机制。企业每年都必须组织财务大检查并定期聘请中介机构审计下属子公司的财务经营状况。2002 年 12 月仪征化纤成功实施 ERP。公司在 ERP 的实施过程中投入了大量的精力进行管理流程的规范。财务管理完全遵循国家相关的财务法律法规和中石化内部会计制度，将企业内部的财务管理实际需求和 ERP 的标准流程紧密结合，实现了对公司财务的有效规范和监督。

---

① 本案例选自徐玉德．企业内部控制设计与实务．北京：经济科学出版社，2009，作者进行了改编。

第三节 实物资产内部控制的内容与措施

内部控制目标是指导企业设计和实施会计制度的根本。企业控制活动是否有效，要看控制活动能否和控制目标保持一致。企业的内部控制必须紧密围绕所要实现的目标，才能找到企业管理、经营活动中的关键因素。企业内部控制的目标主要是保证管理政策得到有效贯彻和实施，管理效果和效率有所提高，业务活动合法，会计信息真实可靠。只有内部控制设计关注上述问题，才能保证企业控制活动和控制目标一致。因此，仪征化纤在阐述关于固定资产管理的经营目标、财务目标的基础上，提出了固定资产管理过程中可能出现的经营风险和财务风险。围绕内控目标设计了有关固定资产业务流程步骤与控制点，可以保证固定资产会计信息的可靠性、财产的安全性和合法性。

该企业经营活动的开展具有很强的层次，权力的归属呈现"金字塔"的特征。由于管理者的精力所限，上一级的管理者必须进行分权管理，这就产生了授权审批的问题。企业的固定资产相关业务也应当按照事先规定的审批程序进行。因此，仪征化纤的内部控制制度确定了授权审批的程序，保证权力的分配和责任界定相互配合，既可以设计出合理的授权审批控制措施，又可以保证授权活动的贯彻实施。

按照授权审批对象的发生范围和频率，仪征化纤把授权审批活动分为一般授权和特别授权。一般授权针对企业中经常发生的、涉及范围较广的日常经济业务，主要内容包括不同数额业务审批权的归属，授权审批责任的确定和交易活动的具体审批流程。仪征化纤在实际工作中将同级别管理者之间的审批程序归为一般授权。比如，设备管理部门和固定资产使用部门根据有关单据对新增的固定资产共同及时进行验收；固定资产使用部门会根据固定资产的性能和使用现状提出维护修理计划并由设备管理部门审核，报公司分管副总经理审批后实施；关于固定资产的清查由设备管理部门和财务部门共同组织实施。

根据仪征化纤的会计制度设计，特别授权针对的是该企业中发生频率较低，但是较为重要的非常规活动，比如重大项目的投资决策、股票和债券的发行等，主要规定了这些活动的决策程序、相互制衡的机制以及权责分布。以公司固定资产报废处置为例，一台原值在 5 万元以上、50 万元以下的固定资产，要由该固定资产使用部门提出处理意见，经公司鉴定组鉴定后，报董事长审批；关于固定资产减值的数额要经过财务部门会同固定资产设备管理部门共同审核，报经总经理和董事会审批后，财务部门根据审批结果及时入账。

仪征化纤的内部控制加强了对闲置资产的处置。企业规定，闲置的固定资产是指连续停用 1 年以上或者新购设备由于计划变更不再使用以及由于为技术改造等原因更换下线，但是仍具有使用价值的固定资产。由于闲置的固定资产占用了企业大量的资产，而且对闲置资产不合理的处置将会造成企业资产流失，给企业带来较大的损失。所以，仪征化纤对于闲置固定资产的处置从审批同意、妥善保管、正确核算到充分有效利用都作了相应的规定，并在这个流程中密切关注各部门的有效制衡。

第八章 实物资产管理会计制度设计

长安福特公司总部设在重庆市,是由中国汽车工业最大的百年老店长安汽车集团和世界领先的福特汽车公司共同出资成立的,双方各拥有50%的股份,专业生产满足中国消费者需求的轿车。长安福特拥有世界一流的整车生产线,2005年年产量达到15万辆。同时该企业在南京市兴建了第二厂区。

长安福特的主要管理结构由双方派代表组成的董事会、执行委员会和各个部门组成。公司的内部控制系统在借鉴美国福特公司100多年历史的内部控制体系基础上建立而成,因此有较高的起点。长安福特的主要内部控制内容包括:控制环境、风险评估、控制活动、信息沟通、监督职能这五大要素。企业在内控整体框架的指引下,结合我国国情形成了具有一定特色和高水准的内部控制系统。长安福特首先界定了固定资产的范围和内容,业务流程包括:

1. 固定资产投资项目的决策

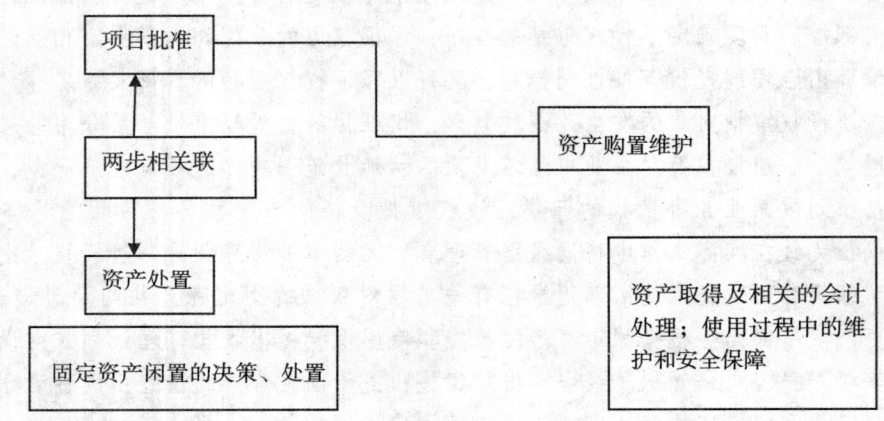

2. 资产购置流程

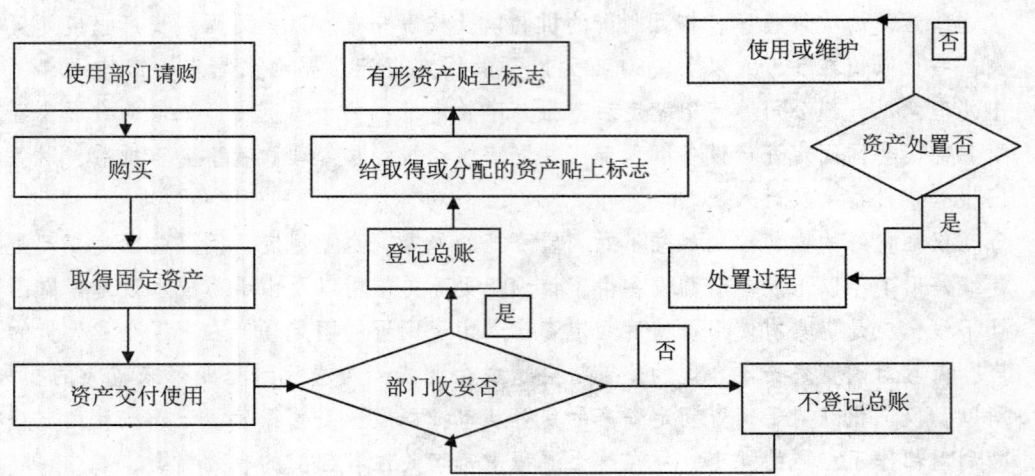

3. 资产处置流程

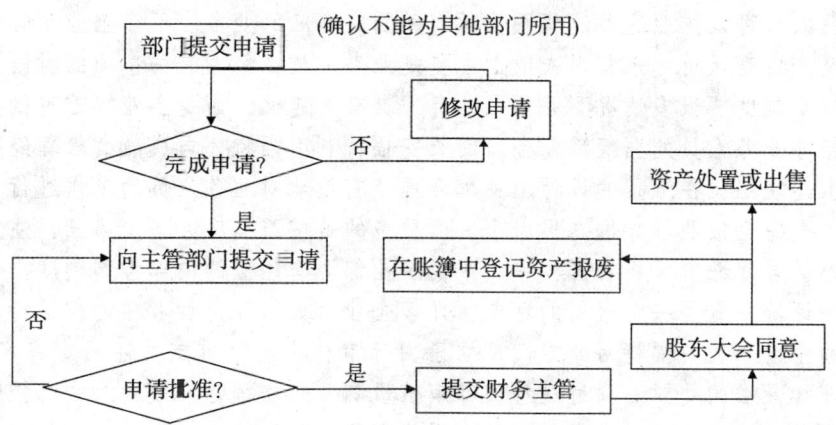

4. 资产的台账管理和报废流程
   - 台账的设置和保管要求：要由专人负责台账登记工作；明确登记凭证的要求和保管期限等。
   - 台账的登记：入库登记、领用登记、报废登记、转移登记。
   - 期末报告的制度：按季度向财务部门报送财务报表。
   - 盘点制度。
   - 资产地点转移制度：包括部门内部在厂区内转移，部门之间在产区内转移，转移给其他单位的，买入时直接存放在其他单位的资产等。
   - 资产报废、出售审批和实物处置制度，包括不同固定资产报废的程序。
   - 记录：规定固定的格式。
   - 发布/修订记录：规定固定的格式。

5. 固定资产盘点制度
   - 目标：通过盘点确定公司固定资产是否安全，确保固定资产账实相符。
   - 范围：列入公司固定资产账目的所有资产项目。
   - 职责：包括财务部门、固定资产设备管理部门和使用部门的职责。
   - 程序：包括基础工作、盘点时间、盘点方法、差异处理和盘盈盘亏的会计处理。
   - 记录：规定固定的格式。
   - 发布/修订记录：规定固定的格式。

长安福特固定资产的内部控制有这样的一些特点：第一，长安福特十分注重固定资产的台账管理。固定资产的内控是全方位的，从固定资产的投资决策、购置，到日常管理和处置，其中的每个环节都很重要。很多企业会重视固定资产的购置，但是对固定资产的日常管理却缺乏足够的重视。长安福特设立了完善的固定资产台账管理制度，对台账的设置、登记、保管和报告作了详细的规定。通过对台账的管理设计，公司较好地保证了固定资产的安全和完整。第二，长安福特十分注重流程管理。根据上述的介绍可以看出,长安福特的固定资产内部控制实行的是流程管理。固定资产投资项目的决策、购置和固定资产的日常管理,还有最后的处置都设立了一系列的流程图,相关人员可以依照这些流程图执行有关固定资产的业务。很多企业尽管有一整套管理制度,但是执行起来却很失败,主要是业务人员在经办有关事项的时候,不遵守企业的规章制度。很多情况下并不是业务人员有意违反,而是企业缺乏可供操作性的流程来指导业务人员处理经济业务。而长安福特利用福特公司成熟的管理经验很好地规避了上述缺陷,在流程的设计上更加合理,有效地对业务人员的工作进行指导,使得员工不是完全按照领导的意思做事,而更多的是按照程序办事。第三,注重对固定资产内控的自我评价。在我国,一般来说企业都会有相应的内部控制制度,但是对内部控制的评价一直是一个薄弱的环节,许多企业对如何评价和考核内控运行的质量缺乏有效的手段。长安福特对此专门设立了内部审核小组,重点关注固定资产的购置、日常管理和最后的处置。通过这种内部审核机制,长安福特有效地对内部控制的运行情况进行监督,能够及时发现并纠正出现的问题。

要求:仪征化纤和长安福特均为国内同类企业中内控较为成功的企业,根据上述案例,从固定资产取得的控制、固定资产使用的控制和保证内部控制有效实施的措施等方面对上述两家公司的内部控制制度进行分析。

第九章 采购业务管理会计制度设计

◎ 学习目标：
1. 了解采购业务内部控制制度的目标。
2. 理解采购业务内部会计控制制度的内容。
3. 掌握采购业务处理程序的设计及每个处理流程的主要风险。
4. 了解采购业务中主要内部核算凭证的设计。
5. 理解采购业务的内部控制措施。
6. 了解采购业务后评估制度。

采购业务是指企业购买物资（或接受劳务）及支付款项等相关活动。其中，物资主要包括企业的原材料、商品、工程物资、固定资产等。采购是企业生产经营的起点，包括物资或劳务的请购、编制计划、订货或采购、验收入库、货款结算等一系列工作，涉及企业内部众多的部门和人员，在很大程度上决定了企业的生存与可持续发展。采购流程的环节虽不是非常复杂，但其蕴藏的风险却是巨大的。做好采购业务内部控制制度设计，加强采购业务内部控制，对于规范采购与付款行为、防范采购与付款过程中的差错和舞弊、提高企业的经济效益具有非常重要的意义。

基于以上考虑，本章对采购业务的主要流程进行了梳理，明确了采购业务的主要风险，有针对性地提出了相应的控制措施。

第一节 采购业务内部控制概述

一、采购业务的内部控制目标

采购是企业生产经营过程中的一个重要环节，它与企业的生产和销售计划紧密相关，业务发生频繁、运行环节多，容易产生管理上的漏洞。企业应当根据采购业务的上述特点，结合经营管理和会计核算的具体需求，提出对采购业务内部会计控制系统的期望和目标。只有树立起明确的目标，才能使采购业务内部会计控制制度的设计不会偏离企业的真实需求。

一般来说，采购业务的内部控制目标主要包括以下几个方面：

（1）制订科学合理的采购计划，所采购物资符合企业生产经营的实际需要，且在力所能及的范围内降低采购成本，保证采购质量；

（2）采购合同的签订符合法律规定程序，不存在法律纠纷和诉讼风险；

(3) 所记录的购货都已收到货物，或已接受劳务，并符合相关采购合同的规定，所采购的货物质量及数量不存在问题；

(4) 已发生的采购业务均已及时正确地记录；

(5) 付款业务按照合同有序进行，结算方式可靠合理，预付款资金安全、及时收回，占用期限合理，所有付款行为均为本企业义务，不存在舞弊行为。

二、采购业务的内部控制内容

为实现上述采购业务内部控制的目标，一套有效的采购业务内部控制制度应该包括的内容有：

（一）岗位分工制度

企业应当建立采购与付款业务的岗位责任制，明确相关部门和岗位的职责、权限，确保办理采购与付款业务的不相容岗位相互分离、制约和监督。采购与付款业务不相容岗位至少包括：请购与审批；询价与确定供应商；采购合同的订立与审计；采购与验收；采购、验收与相关会计记录；付款审批与付款执行。总之，企业不得由同一部门或个人办理采购与付款业务的全过程。此外，企业还应当根据具体情况对办理采购与付款业务的人员进行岗位轮换。

（二）授权批准制度

企业应当对采购与付款业务建立严格的授权批准制度，明确审批人员对采购与付款业务的授权批准方式、权限、程序、责任和相关控制措施，规定经办人办理采购与付款业务的职责范围和工作要求。审批人应当在授权范围内进行审批，不得超越审批权限；经办人应当在职责范围内，按照审批人的批准意见办理采购与付款业务；对于审批人超越授权范围审批的采购与付款业务，经办人员有权拒绝办理，并及时向审批人的上级授权部门报告。严禁未经授权的机构或人员办理采购与付款业务。对于重要的和技术性较强的采购业务，应当组织专家进行论证，实行集体决策和审批，防止出现决策失误而造成严重损失。

（三）采购申请制度

企业应当建立采购申请制度，依据购置物品或劳务等类型，确定归口管理部门，授予相应的请购权，并明确相关部门或人员的职责权限及相应的请购程序。对于正常生产经营所需的物资购买均作一般授权，对于资本支出和租赁合同等，只允许特定的人员提出请购。在确定一般货物的采购时，必须由货物的使用部门根据未来一定期间的需要量提前通知货物保管部门，由保管部门再根据现有货物的库存量计算出请购量后，正式提交请购单。请购单必须经过货物使用部门和货物保管部门主管的签字后才能提交，提交之后要通过采购部门和会计部门的确认后方可生效。采购部门确认的目的在于防止重复执行相同的采购业务和通过咨询市场价格对所需资金进行估算。会计部门要综合企业的经营目标、资金预算范围和企业现有资金状况进行审查后批准。货物采购的请购单由使用部门、保管部门、采购部门和会计部门签署同意执行的意见之后，再交由采购部门存档备案，并办理招标订货手续。

（四）订货控制制度

企业应当建立严格的订货控制制度，对采购方式的确定、供应商的选择等作出明确规定，确保采购过程的透明化。在采购方式的确定上，应当按照采购项目的性质、金额等要素确定是集中采购还是自行采购。企业一般只对小额零星物品或劳务的采购才使用自行购买的方式。对于集中采购项目，要按照规定的程序进行公开招标、邀请招标或竞争性谈判等，不能人为地将集中采购分拆成若干个自行采购项目。在供应商的选择上，要充分了解供应商的信誉、供货能力等，坚持"货比三家"，对于询价过程中不同的供应商所提供的货物报价单，由采购、使用等多个部门通过比较货物价格、质量标准、折扣、付款条件、供货时间等情况，选取最有利于企业生产和采购成本最低的供应商，按照企业规定的授权批准程序初步确定以后与其进行谈判。企业应当根据谈判结果尽量与供应商签订购货合同，在合同中明确双方的权利责任、业务交往中要使用的合法票据等。同时，企业要向供货方发出事先连续编号的订购单，要注意订购单发出前要由专人核对订购单是否得到授权批准、是否附带有效的请购单作为支持凭证、订单内容是否符合请购要求和合同规定等。订货控制制度的核心内容在于对选择供应商、签订合同和发出订单的控制。

（五）供应商管理控制制度

企业应建立供应商档案，并根据自身的发展、市场信息的收集和供应商的变动定期更新档案，如无特殊要求采购活动应在档案内选择供应商。企业对供应商的管理可以采用分类管理的方式，根据供应商是否与企业存在战略联盟关系和到货的及时性与质量等因素将其分为不同的等级，等级较高的供应商可以享受优先合作和付款的优惠条件。在对供应商的管理中，关键的控制要点有：定期审查供应商的基本资料，如有变动则及时更新；新增供应商时要对其产品质量和财务可行性等进行全面检查，检查的内容包括：生产设备、工艺能力、质量记录、运输记录、劳动力情况、成本结构、财务状况、售后培训意向等；选择某一供应商进行交易时应由多部门进行监控，提供所有供应商的报价汇总表和不选择其他竞争性供应商的理由；与供应商进行与以往相同的交易，在价格、付款条件等方面有不利变化时要严格审查，并经有权限的部门或人员的批准后方可执行；与供应商进行每一次交易后都应当组织请购部门、采购部门、会计部门、保管部门等相关部门对供应商进行评价，将评价结果记入供应商档案，作为以后交易的参考。

（六）验收控制制度

企业应当根据规定的验收制度和经批准的订单、合同等采购文件，由独立的验收部门或指定专人对所购物品或劳务等的品种、规格、数量、质量和其他相关内容进行验收。验收部门首先应比较收到的货物与订单上的要求是否相符，如货物的品名、数量、到货时间、说明等，然后再盘点货物并检查是否有损坏现象。在对货物的质量检验过程中，对于某些特殊货物的检验需要较高的专业知识或者要借助专业仪器和实验的，验收部门应将其送交专家和实验室，由专门人员签署质量验收合格意见后方可接收货物。

验收完毕后，对于验收合格的货物，验收部门应该及时填制一式多联、预先编号的收货单，作为验收和检验货物的依据。验收部门将货物送交保管部门或使用部门时，应要求其在验收单上签字，以确立相关人员对所采购资产的保管责任。同时，将取得的经签章的验收单分别传递给采购部门和会计部门。验收部门对于验收过程中发现的异常情况，应当立即向有关部门报告，有关部门要查明原因，及时处理。验收控制制度的核心是保证所购货物符合预定的品名、数量和质量标准，明确验收部门和其他相关人员的经济责任。

(七) 退货和折让控制制度

企业应当建立退货和折让管理制度，对于验收或使用过程中发现的不符合订货要求的货物，决定退货或者要求供应商给予相应的折扣。退货控制制度应对退货条件、退货手续、货物出库、退货货款回收等作出明确的规定。当决定退货时，采购部门编制退货通知单，交由相关授权人员审核批准后，授权运输部门将货物运回，同时将退货通知单副本寄给供应商。运输部门在供应商收货后，将由供应商签收的退货通知单交给采购部门。采购部门据以编制借项凭证，并由独立人员进行检查后交给会计部门，作为会计部门调整应付账款或收回货款的依据。当决定请求购货折让时，需要由采购部门与供应商协商谈判解决。企业一般应规定，折让金额由授权的高级管理人员批准方可生效。当折让金额与供应商达成一致时，采购部门也应编制借项凭证，通知财务部门调整应付账款或收回货款。

(八) 入账与付款控制制度

企业所采购的货物收货完成以后，会计部门会取得收货单、供应商发票等表示货物已经验收入库并应支付款项或应付账款已经发生的原始凭证。会计部门应当对这些原始凭证的真实性、完整性、合法性及合规性进行严格审核，尤其要注意必须在经过稽核人员或会计主管的专门审核后，才能在账簿中登记存货的增加、银行存款的减少或应付账款的增加。对于有预付账款的交易，应以预付金额冲抵供应商发票金额后的余额登记入账；对于享有折扣的交易，应以供应商发票金额扣去折扣金额后的净额登记入账。对于付款业务，除了要求所有的会计凭证审核无误外，还需要报请授权批准人审核同意以后才能办理，未经授权批准，不能办理所有款项的支付。此外，企业应当建立会计对账制度，定期与供应商核对应付账款、应付票据、预付账款等往来款项，如有不符，查明原因，及时处理。

(九) 监督检查制度

企业应当建立对采购与付款内部会计控制的监督检查制度，明确监督检查机构或人员的职责权限，定期或不定期地检查各项规定是否得到有效执行。对监督检查过程中发现的采购与付款内部会计控制的薄弱环节，企业应当采取措施，及时加以纠正和完善。

采购与付款内部控制监督检查的内容主要包括：采购与付款业务相关岗位及人员的设置情况，重点检查是否存在采购与付款业务不相容职务混岗的现象；采购与付款业务授权批准制度的执行情况，重点检查大宗采购与付款业务的授权批准手续是否健全，是否存在越权审批的行为；应付账款和预付账款的管理，重点审查应付账款和预付账款支付的正确性、时效性和合法性等。

第二节 采购业务处理程序的设计及主要风险

采购业务主要包括编制需求计划和采购计划、请购、选择供应商、确定采购价格、订立框架协议或采购合同、管理供应过程、验收、退货、付款、会计控制等一系列程序，图9-1 所示的采购流程适用于各类企业，并且可以结合自身情况予以扩充和具体化。

第二节 采购业务处理程序的设计及主要风险

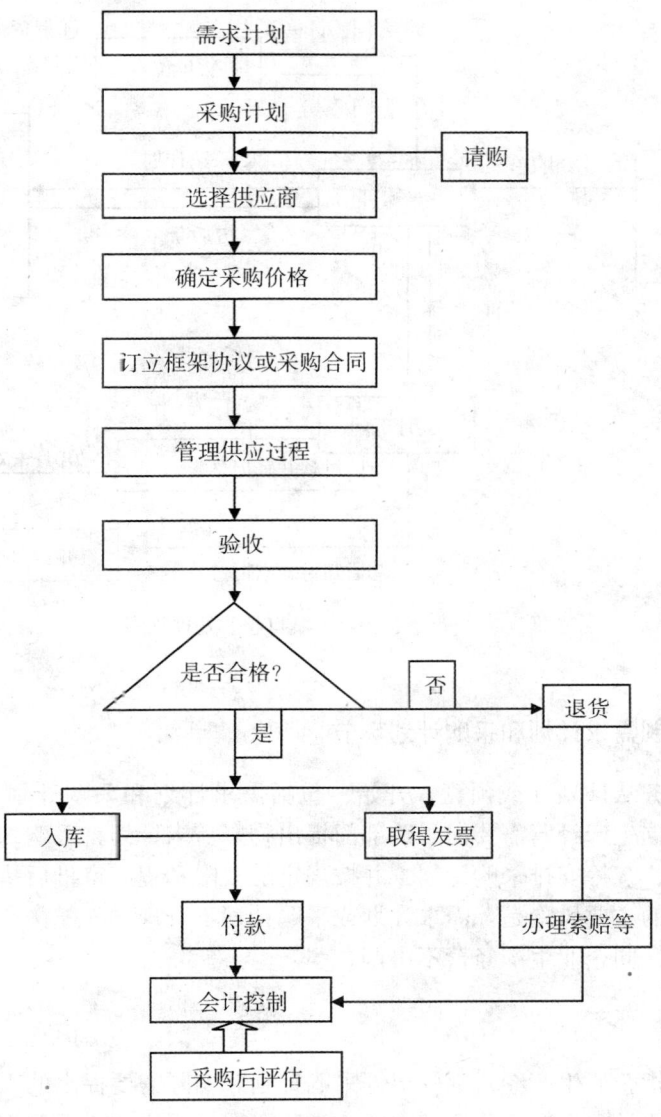

图 9-1 采购业务流程图

图 9-1 是采购业务整体上的流程，而采购业务的执行需要企业内部采购部门、验收部门、物资保管部门和会计部门等多个部门的参与，涉及请购单、订购单、收货单、退货单等凭证的流转，下面将从企业内部各部门来具体分析采购各环节流程设计以及主要风险。

在图 9-2 所示的采购业务处理程序中，每一个环节都需要履行一系列必要的手续，并严格贯彻企业采购业务内部会计控制的要求，各个环节彼此相互独立而又相互联系、相互制约，现分别介绍如下：

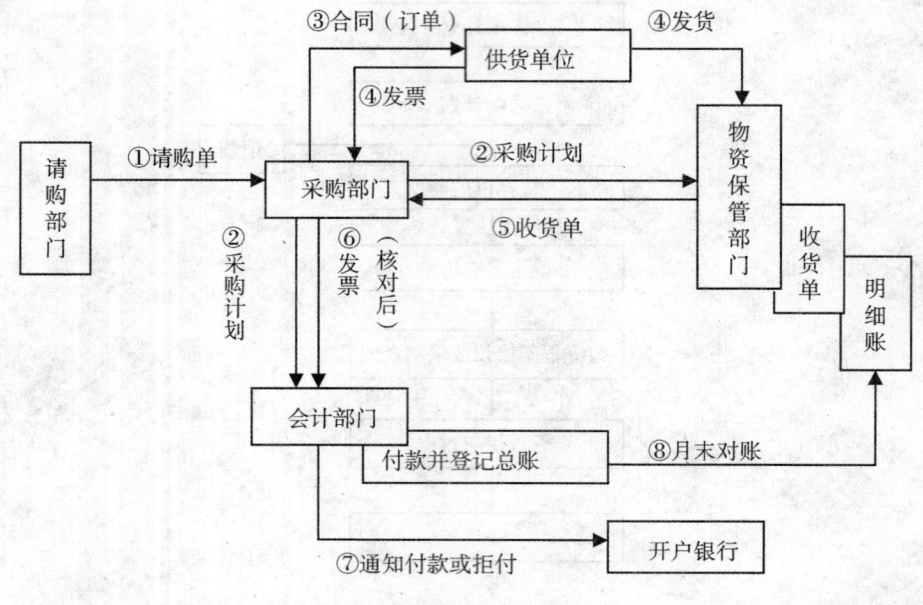

图 9-2 采购业务处理程序

一、编制需求计划和采购计划环节

采购业务从计划（或预算）开始，包括需求计划和采购计划。在企业实务中，需求部门一般根据生产经营需要向采购部门提出物资需求计划，采购部门根据该计划平衡现有库存物资后，统筹安排采购计划，并按规定的权限和程序审批后执行。

该环节的主要风险是：需求计划或采购计划不合理，不能按实际需求安排采购或随意超计划采购，同企业生产经营不协调。

二、请购环节

请购是指企业生产经营部门根据采购计划和实际需要提出的采购申请。

对于企业日常生产经营活动中的正常物资需要，比如说采购生产所需的原材料、零配件等，一般按照以下程序进行请购，如图 9-3 所示：

（1）物资使用部门根据生产计划得出未来期间某一物资的预计使用量，提前通知物资保管部门；

（2）物资保管部门根据现有的该种物资库存量和物资使用部门未来期间的需要量，并且考虑必要的保险储备量，计算出物资请购量，向采购部门正式提交请购单；

（3）请购单经采购部门主管批准以后，由采购部门初步编制采购计划，提交给会计部门审核；

（4）会计部门内由专门人员，一般是会计主管人员，负责审核采购计划是否符合企业经营目标，是否在资金预算的范围之内，并对采购计划进行批准或调整。

第二节　采购业务处理程序的设计及主要风险

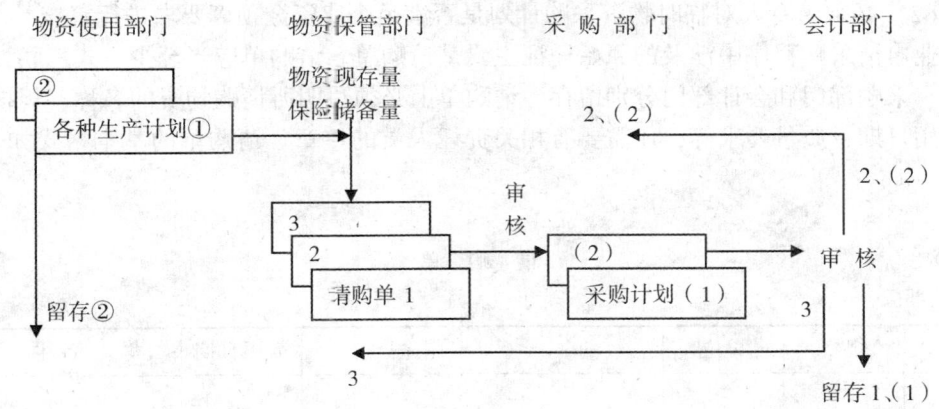

图 9-3　日常采购申请程序

该流程的关键控制点主要有：（1）只有当现有物资库存量少于未来一定期间生产经营需要量时，物资保管部门才能提交请购单；（2）请购单必须经过物资使用部门和物资保管部门主管的双重审核后才能提交；（3）提交后的请购单必须经过采购部门负责人和会计部门内专门人员的审核批准才能生效；（4）采购计划必须经过会计部门内专门人员的审核批准才能生效。

对于企业的临时物资需要，比如说生产计划以外的原材料、低值易耗品等物资的请购，需要遵照临时采购申请程序，如图9-4所示：

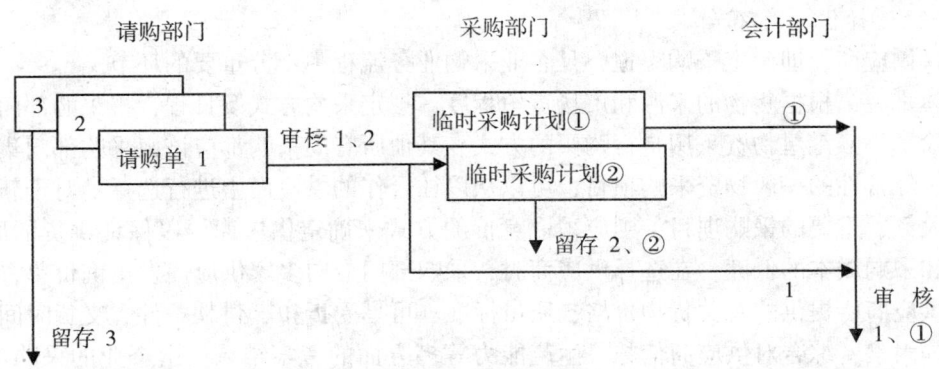

图 9-4　临时采购申请程序

（1）物资使用部门根据临时需要编制请购单，提交给采购部门；
（2）采购部门负责人对请购单审核批准后，由采购部门编制临时采购计划，提交给会计部门；
（3）会计部门将临时采购计划与请购单对照，并由专人审核确定临时采购计划是否满足企业资金预算的要求。

191

该流程的关键控制点主要有：（1）临时物资采购的请购单必须经过采购部门的授权批准；（2）必须由专人对临时物资采购计划是否满足企业资金预算要求进行审核。

企业申请采购程序中涉及的原始凭证主要是请购单。请购单应当至少一式三联，由请购部门、采购部门和会计部门分别留存。请购单上必须写明所请购物资的名称、规格、数量、需用日期、质量要求等，还需要有相关责任人员的签章。请购单的基本格式如表9-1所示：

表 9-1 请 购 单

请购部门　　　　　　　　　　　　　　年　月　日　　　　　　　　　　　字第　号

名称	规格	单位	数量	用途	需用日期	备注

请购人　　　　　采购经理　　　　　财务经理　　　　　总经理

该环节的主要风险是：缺乏采购申请制度、请购未经适当审批或超越授权审批，可能导致采购物资过量或短缺，影响企业的正常生产经营。

三、实施采购环节

采购计划经过一系列必要的审核批准以后，由采购部门对采购计划予以执行。在执行的过程中，可分为以下环节：

（一）选择供应商环节

选择供应商，即确定采购渠道，是企业采购业务流程中十分重要的环节。

具体来说，根据货物的来源和市场竞争程度，拟定采购方式及日程，报采购部门主管批准。除了小额零星物资采用自行购买的方式，其他所有的采购都应该由采购部门集中进行。对于经常性的一般物资采购项目，可以从以往合作的供应商中进行选择；对于新发生的或者大额、重要的采购项目，则应采取竞价的方式来确定供应商，以保证供货的质量、及时性和采购成本的低廉。在选择供应商时，采购部门应向多家供应商发出询价单，比较不同的供应商所提供的有关货物价格、质量标准、可享受折扣、付款条件、交货时间、运输费用等因素，综合对供应商信誉、生产能力等多方面的考察结果，由企业的采购部门、使用部门等多个部门共同初步确定合适的供应商。

该环节的主要风险是：供应商选择不当，可能导致采购物资质次价高，甚至出现舞弊行为。

（二）确定采购价格环节

如何以最优"性价比"采购到符合需求的物资是采购部门的永恒主题。

该环节的主要风险是：采购定价机制不科学，采购定价方式选择不当，缺乏对重要物资品种价格的跟踪监控，引起采购价格的不合理，可能造成企业资金的损失。

（三）订立框架协议或采购合同环节

供应商确定以后，采购部门应组织人员与供应商进行谈判，并尽可能地与供应商签订框架协议或采购合同。框架协议是企业与供应商之间为建立长期物资购销关系而作出的一种约定。采购合同是指企业根据采购需要、确定的供应商、采购方式、采购价格等情况与供应商签订的具有法律约束力的协议。该协议对双方的权利、义务和违约责任等情况作出了明确规定（企业向供应商支付合同规定的金额、结算方式，供应商按照约定时间、期限、数量与质量、规格交付物资给采购方）。采购合同应当预先编号，经过企业内部专门人员的审核后才能签订。签订的采购合同正本由采购部门留存，副本传递给会计部门、保管部门和请购部门。

企业在与供应商达成一致后，有时并不签订采购合同，而是直接向供应商发出订购单，或者在签订采购合同的同时也发出订购单。订购单中应明确所订购货物的名称、规格、数量、质量、价格等基本要素，如果有采购合同，应与合同内容保持一致。订购单应当预先编号，在发出前由专人对其进行检查，以确保订单经过授权批准且内容无误。订购单也应一式多联，由采购部门、会计部门、保管部门和请购部门分别留存。

该环节的主要风险是：框架协议签订不当，可能导致物资采购不顺畅；未经授权对外订立采购合同，合同对方主体资格、履约能力等未达要求，合同内容存在重大疏漏和欺诈，可能导致企业的合法权益受到侵害。

四、管理供应过程环节

管理供应过程，主要是指企业建立严格的采购合同跟踪制度，科学评价供应商的供货情况，并根据合理选择的运输工具和运输方式办理运输、投保等事宜，实时掌握物资采购供应过程的情况。

该环节的主要风险是：缺乏对采购合同履行情况的有效追踪，运输方式选择不合理，忽视运输过程保险风险，可能导致采购物资损失或无法保证供应。

五、验收与付款环节

验收是指企业对采购物资和劳务的检验接收，以确保其符合合同相关规定或产品质量要求。付款是指企业在对采购预算、合同、相关单据凭证、审批程序等内容审核无误后，根据采购合同的规定及时向供应商办理支付款项的过程。

货物验收入库的基本程序和手续，视货物交接方式的不同而有所差异。货物的交接方式主要有送货制——供货单位直接将货物送抵采购单位、提货制——采购单位直接到供货单位仓库或其他指定地点提取货物、发货制——供货单位将货物交由运输机构发送给采购单位。下面选取最常见、处理程序也最为复杂的发货制，对采购业务的验货付款程序予以说明，如图9-5所示。

（1）供货单位在将货物发运以后，将发票、货物运单、提货单经银行寄往采购单位会计部门；

（2）采购单位会计部门将收到的单据送至采购部门，后者将此单据与采购合同核对以后据以编制收货单，通知货物保管部门准备收货，并将提货单交给单位内运输部门到指定地点提货；

(3) 货物到达购货单位后，由专门的验收人员协同货物保管部门对货物进行验收①，并登记保管卡，同时将签收的收货单交至采购部门；

(4) 采购部门将收货单和采购合同再次进行对照审核，确定无误后将供货单位的发票、代垫运费运单及收货单一并送交会计部门；

(5) 会计部门主管对照采购合同副本进行审核，如正确无误，则授权出纳办理结算，出纳在付款后在发票上加盖"付讫"及日期戳记，与订购单副本一并归档。

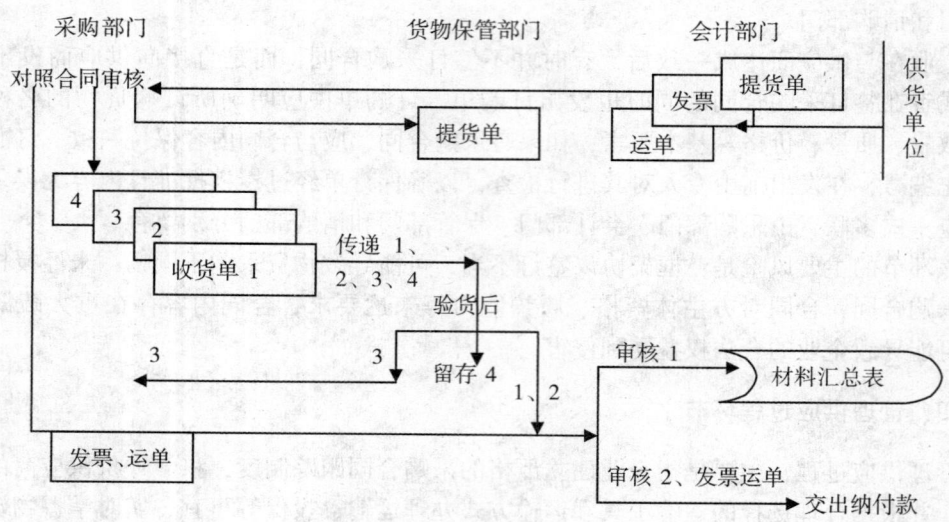

图 9-5　材料采购验收与付款程序

此流程的关键控制点主要有：(1) 货物的入库验收、记账与付款分别由不同的人员担任；(2) 加强收货单与采购合同的核对，保证材料名称、规格、数量和金额的正确；(3) 材料验收入库后才能支付货款；(4) 付款审批和付款执行分别由不同的人员担任；(5) 定期进行账账、账卡、账实核对。

验收入库中涉及的主要内部核算凭证是收货单。在货物到达企业以后，一般会有专门的验收人员协同货物保管部门（一般是仓库）负责对货物进行验收。验收过程中首先要核对所收货物与订购单或采购合同上的要求是否相符，然后再查看货物有无损坏。在质量检验方面要由专人进行，必要时利用专家的工作或仪器设备的检验；在数量核查方面要根据货物的具体情况，采取点数、过磅、量度等方法，正确计算数量，然后按照实收数量填制收货单。企业的收货单应当预先编号，至少一式四联，一联由采购部门登记采购合同备查簿，一联由货物保管部门接收验收完成的货物后签章，留存登记货物保管账簿，一联连

---

① 货物的验收工作应由独立于请购部门、采购部门和会计部门的专门部门或人员进行，实务中主要由仓库（隶属于货物保管部门）直接验收。

同供货单位的发票、运单等送交企业会计部门办理付款结算,一联也交由会计部门登记材料汇总表和明细账。

收货单的基本格式如表 9-2 所示。验收环节的主要风险是:验收标准不明确,验收程序不规范,对验收中存在的异常情况不作处理,可能造成账实不符、采购物资损失。付款环节的主要风险是:付款审核不严格、付款方式不恰当、付款金额控制不严,可能导致企业资金损失或信用受损。

表 9-2

收 货 单

供货单位

发票号码　　　　　　　　　　　年　　月　　日　　　　　　　　凭证编号

　　　　　　　　　　　　　　　　　　　　　　　　　　　　　　收货仓车

材料类别	材料编号	材料规格	计量单位	数量		实际成本				计划成本	
				应收	实收	单价	发票价格	运杂费	合计	单价	金额
合计											
备注											

仓库主管　　　　　　质量检验员　　　　　　收货员　　　　　　材料核算员

六、退货处理环节

购进货物如果发现质量不合、规格不符,或其他不符合订购条件时,应及时与供应方商量退回、更换、折让等事宜。货物的退回或折让应遵循以下处理程序:

(1) 货物保管部门在验收货物时发现货物的数量或质量不符合采购合同或订购单的要求,应根据实际情况填制验收单(没有验收单的可以填制收货单);

(2) 验收单(或收货单)传递给采购部门后,采购部门通过与采购合同的核对,审查决定是否进行退货;

(3) 采购部门如果决定退货,则应编制至少一式四联的退货通知单,交给企业高层管理人员或其他授权人员进行审批;

(4) 采购部门将经过审核批准的退货通知单其中一联留存,一联交由运输部门去货物保管部门提货,货物保管部门随后留存这一联退货通知单作为货物出库的依据;

(5) 企业内部运输部门将货物送抵供货单位后,由供货单位在剩余的两联退货通知单上签章后,将退货通知单交回采购部门;

(6) 采购部门根据供货单位签章后的退货通知单编制借项通知单,并将此退货通知单和借项通知单一并传递给会计部门;

(7) 会计部门审核这些单据后做出相应的会计处理。

该流程的关键控制点主要有：（1）发生退货及折让时，应由双方协商解决；（2）退货或折让金额的确定要经过企业高层管理人员或者相关授权人员的审核批准。

如果在货物验收时，货款尚未支付以前，发现货物的品种或规格错误，就可以整批退货；一般来说，部分货物的质量问题在抽检时并不容易被发现，而是使用时才发现，这时可以针对部分有质量问题的货物进行退货。退回货物的过程中涉及的最主要的内部核算凭证是退货通知单。退货通知单是明确经济责任，向供货单位退还货物的依据。退货通知单一般一式四联，一联由采购部门留存，一联送货物保管部门作为货物出库的依据，如果已经收货登记保管卡，则可代替出库单，用红字记入保管卡的收入栏，另外两联送会计部门，一联用作向供货单位办理结算，一联用作核算退货的凭证。退货通知单的基本格式如表 9-3 所示：

表 9-3　　　　　　　　　　　　退货通知单
单位名称　　　　　　　　　　　　年　月　日　　　　　　　　　　　　编号

发票号码：	退货原因			
合同号码：				
材料名称及规格	发票数量	退货数量	单价	总金额

相关人员签章

七、会计控制环节

会计控制主要是指采购业务会计系统控制。本章主要从采购业务记账程序来分析采购业务会计控制。

采购业务的核算方式与其结算方式有关，主要有验单付款和验货付款两种。不论采用哪种方法，记账程序均要考虑货物和单据不能同时到达的情况。

（一）应付账款明细账全部登记法

全部登记法的做法是：全部采购业务在发生时均作为应付账款处理，并通过购货日记账进行登记；月底将购货日记账的金额栏加总，如"材料采购"总分类账的借方和"应付账款"总分类账户的贷方，并把每年的购货业务按供货单位记入明细账明细栏。

全部登记法的优点是提供的资料完整，对所有购买支付均可以进行监督；缺点是工作量大，甚至有重复劳动。

（二）材料采购明细账横行登记法

横行登记法的做法是：材料采购明细账按材料类别如原材料、辅助材料、燃料、包装物、低值易耗品等分设账页；根据收料单、付款凭证、发票账单等按横行登记法逐笔登记，用以计算每一批购货的实际成本和计划成本及成本差异；根据每一横行付款记录和收料记录的对比，还能了解哪些是立付账款，哪些是在途材料。

材料采购明细账横行登记法，既提供了序时的购货记录，也替代了应付账款的明细账。

(三) 抽单法

抽单法的做法是：采购部门句保管部门和会计部门分送收货单的收货联和付款联，保管部门验收材料后，将收货联送会计部门在一个箱子存放；会计部门在收到供应单位的发票并送出纳付款后，将付款联存入另一个箱子；定期在按收货单编号的这两个箱子中抽单，凡抽到收货联和付款联的表示货银两讫；月末，根据付款联余额编制在途材料明细账，根据收货联余额编制应付账款明细账。

采用抽单法可以进一步简化材料采购登账工作，也能及时反映与客户的结算关系、系统反映材料采购情况。采用这个方法应该注意凭证存放的安全性。

会计部门按照企业管理的需要和会计核算的要求，根据具体情况选用合适的采购业务记账方法。在记账这一流程的关键控制点主要有：（1）所有的原始凭证必须通过稽核人员或会计主管的专门审核才能据以记账；（2）应付账款总账和明细账的登记应当分别由不同的人员担任；（3）定期核对应付账款总账与明细账，处理挂账的预付账款；（4）定期与供应商对账。

会计控制环节的主要风险是：缺乏有效的采购会计系统控制，未能全面真实地记录和反映企业采购各环节的资金流和实物流情况，相关会计记录与相关采购记录、仓储记录不一致，可能导致企业采购未能被如实反映以及采购物资和资金受损。

第三节 采购业务控制措施

采购业务管理会计制度是企业内部控制制度的重要组成部分，要将其真正落到实处，离不开各种内部控制措施的灵活运用。下面将介绍运用于采购业务的主要内部控制措施。

一、不相容职务分离控制

不相容职务分离控制要求对经济业务所涉及的不相容职务实施相应的分离措施，形成各司其职、各负其责、相互制约的工作机制。采购与付款业务的公正、高效完成需要完善的内部牵制制度予以保证，而对不相容职务进行分离的控制正是实现内部牵制的有效措施。由不同的人员分别担任不相容的职务，在制度上降低了相关部门或人员之间进行合谋、损害企业利益的风险。

在采购与付款业务中，针对不相容职务需要进行分工的岗位主要有：

（1）请购和审批——防止由某一部门集中完成而谎报需求、假公济私；

（2）询价与确定供应商——防止采购人员与供应商串通抬高价格、获取回扣；

（3）采购合同的订立与审计——防止实际订立的合同被篡改，脱离企业真实需求；

（4）采购与验收——防止所采购的物资存在以次充好、数量不足等问题仍然蒙混过关；

（5）付款审批与付款执行——防止一人操作付款审批与执行过程，挪用企业结算资金；

（6）采购、验收与相关会计记录——防止虚构交易，侵吞企业资产。

总之，不得由同一部门或个人办理采购与付款业务的全过程。企业应当设置有利于采购与付款业务正常开展的工作岗位，配备思想合格、业务过硬的人员，明确不同岗位和人员的职责权限并定期进行考核。此外，企业要根据实际情况对办理采购与付款业务的人员进行岗位轮换，防范其长期利用某一环节掩盖舞弊事实、损害企业利益的风险。

二、授权批准控制

授权批准控制要求明确各岗位办理业务和事项的权限范围、审批程序和相应责任，各级管理人员应当在授权范围内行使职权和承担责任。即一个有效的授权批准控制制度意味着对经济业务从发生到结束都严格审核和层层把关，所有的步骤在相关人员的授意和监督下进行。在采购与付款业务中进行授权批准控制，可以明确各经办部门和人员的经济责任，为解决采购与付款业务中的责任缺位和权力越位问题提供制度保证。

企业建立健全采购与付款业务中的授权批准制度要做到：

（1）明确授权级次。根据采购项目的重要性、金额大小进行分级授权，确定各个层次的具体权力和相应的责任，比如5 000元以下的由采购部门经理负责审批，5 000元以上20 000元以下的由总经理负责审批等。即使是企业内部最高级别的管理人员，其授权审批的额度也必须设置上限，这是因为对于重要的和技术性较强的采购业务，如新品开发中的大宗材料采购、设备购置、更新主要设备等，应当组织专家进行论证，实行集体决策和审批，防止出现决策失误而造成严重损失。

（2）明确授权批准的程序。企业应当对采购与付款循环需要依次经过哪些授权批准的流程，每一个流程中的具体的授权批准程序都作出明确的规定。比如说，对于物资的请购，严格按照使用部门、物资保管部门、采购部门、会计部门的审批顺序，规定每个部门的授权批准方式、审核人员和审核标准，设立关键的控制措施。

（3）实行对授权批准制度的相互检查和监督。审批人和经办人都应该按照规定的职责范围和工作要求行事，不得超越职责权限。对于审批人超越授权范围审批的业务，经办人员有权拒绝办理，并及时向审批人的上级授权部门报告。对于在上一个流程中没有得到合理授权批准的，下一个流程的经办部门和人员有权拒绝办理。

（4）严禁未经授权的部门或人员办理采购与付款业务。

三、预算控制

预算控制要求企业明确在预算管理中的职责权限，规范预算的编制、审定、下达和执行程序，强化预算约束。对采购业务实施预算控制，即以预算指导采购业务的进行，可以保证企业按照既定的目标和方针政策对企业未来的发展进行规划，有效防止企业盲目采购、偏离战略目标；同时预算明确了采购业务中各个部门的具体努力方向，也给采购业务的执行提供了一个控制和业绩考核的标准，在很大程度上会促进采购人员努力压低采购价格，降低采购成本。

一套完善的采购业务管理会计制度中，预算控制应当主要做好以下几个方面：

（1）企业必须在预算年度开始前编制完成采购计划，为分析资产使用情况，对需要采购的资产进行充分论证提供必要的时间保证；

（2）在采购预算编制的程序上，首先应当对采购项目进行充分调研，确定具体采购项目的预算金额及采购方式、采购时间等，然后对其中所需购买的大额、重要或技术性较强的资产举行论证会，最后由采购部门、会计部门分别形成年度采购、付款预算草案；

（3）采购预算的内容应尽可能细化，列明预算科目、采购金额、品目名称、采购数量、规格型号等，以提高预算的透明度、准确度及约束力。

（4）在实际执行采购业务时，应严格按采购预算执行，不得随意改变或调整，以保证预算的严肃性。

（5）对于在确定年初预算时不能预计而企业现时发展又必需的超预算和预算外采购项目，应当遵守临时请购申请程序进行请购，然后按年初确定采购预算项目的程序对其进行调研、可行性分析或论证，并明确规定何种级次的审批人员具有此类项目的批准权限。

四、合同控制

（1）对拟签订框架协议的供应商的主体资格、信用状况等进行风险评估；框架协议的签订应引入竞争制度，确保供应商具备履约能力。

（2）根据确定的供应商、采购方式、采购价格等情况，拟订采购合同，准确描述合同条款，明确双方权利、义务和违约责任，按照规定的权限签署采购合同。对于影响重大、涉及较高专业技术或法律关系复杂的合同，应当组织法律、技术、财会等专业人员参与谈判，必要时可聘请外部专家参与相关工作。

（3）对重要物资验收量与合同量之间允许的差异，应当作出统一规定。

五、会计系统控制

会计系统控制要求企业合理设置会计机构，配备会计人员，加强会计凭证、会计账簿和财务会计报告的基础工作，保证会计资料真实完整。就采购业务而言，其会计系统控制最核心的内容有：

（1）会计凭证的控制。企业应当加强对购买、验收、付款业务的会计系统控制，详细记录供应商情况、采购申请、采购合同、采购通知、验收证明、入库凭证、退货情况、商业票据、款项支付等情况，做好采购业务各环节的记录，确保会计记录、采购记录与仓储记录核对一致。采购与付款业务中的内部核算凭证主要有请购单、收货单、退货通知单等，企业应当按照采购业务的过程、特点和管理要求明确规定各种凭证的填制要求、传递程序和手续。比如一张有效的请购单应该经过请购部门、物资保管部门、采购部门、会计部门的层层审批，具有齐备的签章；收货单应一式多联，由保管部门在货物到达并验收入库时，根据真实情况如实填制，并分别传递给采购部门和会计部门。任何填制不符合规定或者弄虚作假的会计凭证，都不能作为会计记账的依据。

（2）会计账簿登记的控制。登记会计账簿时最重要的就是审核会计凭证，会计账簿必须按照审核无误的会计凭证进行登记，记账人员不得私自篡改凭证内容。比如应付账款的登记入账必须在取得和审核各种必要的凭证后才能进行，这些凭证包括请购单、验收单

（收货单）、订购单、供应商发票等，审核内容包括所有这些凭证是否齐全、日期和货物内容是否一致，有无授权人的核准签字、发票的折扣与订购单的要求是否一致，验算它们之间的数量、价格、合计金额是否正确等。此外，在登记会计账簿时要注意不相容职务的分离，如不能由一人同时登记应付账款总账和明细账，以防止入账金额和日期的错误及舞弊。

（3）会计对账的控制。鉴于采购与付款业务的重要性和发生的频繁性，企业应当在日常会计处理过程中及时进行对账：与会计凭证核对确保会计记录依据充分、与仓库的材料明细账核对确保所采购材料记账正确、与实物资产核对确保所采购大额资产的存在性、与供应商核对确保应付账款的真实准确等。对账工作应该由会计部门负责人或其授权的、独立于这些账簿登记工作的人员办理。对于对账过程中发现的任何差异都应该予以追查，以进一步查实是会计记账的错误还是其他方面的错误，并及时进行更正。

（4）付款结算的控制。企业在支付预付账款和定金时，要严格审核是否有合乎规范的合同，严禁以虚假合同或违反合同的规定向供货单位付款。在支付结算款项前，首先必须检查供应商发票上是否盖有"款已收讫"的戳记，以防止已经支付的款项被二次支付；同时，要复核供应商发票上的数量、价格和合计数以及折扣条件；对于因退货或折让而造成的应付账款借项，在良好的控制制度下，即使没有收到采购部门的借项通知单，也可以及时从应付款中予以扣除。不论是往来款项还是结算款项，都应按规定报授权审批人审批，审批同意后才能办理付款手续。未经授权批准，不能办理所有款项的支付。

总之，内部控制制度贯穿于企业经营活动的各个方面，企业应在采购业务中实施内部控制，对请购、审批、签约、采购、验收、审核和付款等环节建立标准化的业务处理程序；健全以采购申请、经济合同、结算凭证、验收入库单据为载体的控制系统；加强对请购、采购、验收、付款关键点的控制，实施采购决策环节的相互制约和监督机制。

六、内部审计控制

内部审计控制要求企业设立内部审计部门，对经济活动进行监督检查，发现存在的缺陷，及时采取措施，保证经济活动的正常进行。内部审计控制是强化企业内部控制制度的一项重要措施，其职责不仅包括审核会计账目，还包括稽核、评价内部控制制度是否完善和企业内各组织机构执行指定职能的效率，并向企业最高管理部门提出报告，帮助他们完善内部控制、实现管理目标。执行内部审计控制最重要的一点是保持内部审计部门的相对独立性。内部审计部门只有直接对董事会负责，独立于企业其他部门，与其没有利益纠纷与管理关系，才能在监督和评价时做到客观公正。

对采购与付款业务实行内部审计控制，必要性主要体现在：

第一，企业的内部控制制度，只有通过执行主体落实到位，才能发挥其应有的作用，然而执行当事人并不一定总是遵守制度规范。在现实经济生活中，采购人员违反规定收取回扣，仓库保管人员将所保管货物挪为己用，采购、仓储、会计人员合谋损害企业利益的先例并不少见，这都需要像内部审计部门这样独立的外部力量进行监督和约束。

第二，任何内部控制制度都不是完善的，需要进行不断修订，才能适应经济发展和企业管理的需要。在实务中，一些企业的采购与付款制度单纯照搬内部控制规范，没有细化到具体环节，难免会造成一些漏洞；还有一些企业照搬他人的采购与付款制度，并不适合本企业采购业务的具体特点，导致人员浪费和效率低下。内部审计通过对采购与付款制度的监督和评价，针对其中的薄弱环节及时提出相应的改进建议，促使企业以合理的成本促进有效的控制，从而达到完善内部控制制度、改善企业经营状况的目的。

对企业采购与付款环节的内部审计控制，重点审计环节主要有：

（1）审计岗位分工环节。许多容易发生但短时间内又难以发现的舞弊行为存在的关键原因都在于不相容岗位未分离设置，由一人身兼数职，造成有职务之便可以利用的情况。错误的岗位设置，再加上疏漏的监管，极容易引起采购的腐败行为。审计采购与付款循环的岗位分工是否符合职责分离的原则，是对采购与付款业务合理、合法进行的组织保证的审查。

（2）审计授权批准环节。授权批准的范围全面、级次明确，是保证采购业务照章进行，明确相关部门或人员经济责任的必要条件。审计时应注意授权批准规定的合理性以及执行的符合性。

（3）审计请购审批环节。企业所有的采购活动都应当服务于经营需要，严格的请购审批可以防止与经营活动无关、擅自采购的行为发生。审计请购环节的审批控制是否有效，也是审计企业授权批准环节的内部控制是否有效的重要体现。

（4）审计询价与确定供应商环节。价格是采购成本的核心，直接影响企业的成本效益。在询价和确定供应商的过程中，极容易出现企业内部人员之间合谋或企业内部人员与供应商进行合谋抬高价格，损害企业利益的现象。对这一环节进行审计，应重点测试采购询价程序，及大宗采购招投标管理内部控制的执行情况。

（5）审计采购合同管理环节。采购合同是记录采购业务的具有法律效力的书面凭证，不当的合同管理有可能给企业造成不必要的经济或名誉损失。审计采购合同签订及审核的内部控制，判断书面采购文件的严谨性与合法性，可以查明采购是否真实合法。

（6）审计验收入库环节。这一环节主要关注所采购货物是否存在，是否符合质量要求，防止以次充好、数量短缺、合同到期未执行等不合理购货行为的发生。审计时要注意判断货物购入时的验收和购入后的管理是否严格。

（7）审计付款与结算环节。有效的付款控制程序可以防止合同未执行完提前付款、付款完毕却出现货物质量纠纷、重复付款等不正常的"积极"支付发生。审计这一环节主要用于判断付款结算手续的严密性与正确性。

（8）审计内部监督检查环节。监督检查应始终贯穿于采购与付款循环的全过程，只有定期或不定期地对内部会计控制执行情况进行动态检查，才能保证其内部控制体系的有效性和实用性。内部监督检查环节的审计结果，是企业内部控制系统整体有效与否的重要反映。

七、电子信息技术控制

电子信息技术控制要求企业运用电子信息技术手段建立内部会计控制系统，减少和消除人为操纵因素，确保内部会计控制的有效实施；同时要加强对财务会计电子信息系统开发与维护、数据输入与输出、文件储存与保管、网络安全等方面的控制。该控制方法在采购与付款业务中的主要应用是：利用电子信息技术手段管理原材料等，一旦达到订购临界点，系统自动请购；实现各项原始凭证的共享，减少其在各部门之间的传递过程中被人为篡改的风险；提供企业实时的有关采购业务的各项报表，比如购进材料明细表、采购作业分析表、价格变动分析表等，及时为企业决策服务；同时可以监督采购预算的执行情况，对预算内采购的监督尤其有效。

八、采购业务后评估制度

由于采购业务对企业生存与发展具有重要影响，《企业内部控制应用指引第7号——采购业务》强调，企业应当建立采购业务后评估制度。为此，企业应当定期对物资需求计划、采购计划、采购渠道、采购价格、采购质量、采购成本、协调或合同签约与履行情况等物资采购供应活动进行专项评估和综合分析，及时发现采购业务的薄弱环节，优化采购流程。同时，将物资需求计划管理、供应商管理、储备管理等方面的关键指标纳入业绩考核体系，促进物资采购与生产、销售等环节的有效衔接，不断防范采购风险，全面提升采购效能。

只有切实采取各项控制措施，才能有效地堵塞采购业务过程中的漏洞、消除隐患、保护企业财产安全、防止舞弊行为的发生。相信随着管理层对这项工作重视程度的加深，企业一定会沿着各项制度良性循环的轨道健康发展。

☞**思考题：**

1. 企业采购业务内部会计控制制度包括哪些主要内容？
2. 采购业务账务处理程序的设计要点有哪些？
3. 请购程序的设计要点有哪些？
4. 企业采购时询价和确定供应商应该主要注意哪些问题？
5. 采购验收付款程序的设计要点有哪些？
6. 企业对于采购业务主要有哪几种记账方法？它们的优缺点分别是什么？
7. 采购业务退货程序的设计要点有哪些？
8. 采购业务主要涉及哪些内部核算凭证？分别应该如何设计？
9. 企业采购业务内部控制措施主要有哪些？
10. 如何理解采购业务后评估制度？

☞**案例分析：**

案例一：某公司采购与付款内部控制制度分析

以下是从某公司采购与付款内部控制制度中所摘录下来的部分内容：

（1）请购。5 000元以下的小额物资采购不需请购，由物资需求部门根据其需要自行办理采购与付款。5 000元以上的物资采购需要填制请购单，由部门主管批准之后提交给采购部门。

（2）询价。采购部门收到请购单后，交经办人员办理询价。经办人员判断请购材料的名称、规格、需求日期、数量等是否填写明确，有无供应厂商报价。对于加工合同采购项目，还应要求厂商填具"成本分析表"连同报价单一并作为议价参考。询价完成后，由询价经办人根据全部报价资料与供应商议价。

（3）议价。议价时除注意所采购物资质量、价格外，还应注意交货期有无保证，争取分期付款；议价完成后，由议价经办人员拟定合作对象，呈请销售部门主管审批。

（4）订购。经办人员在询价和议价完成后，于请购单上填记订购日及约定日，并填制采购联络函，寄送厂商。预付定金或采购金额较大，或附有条件的采购项目，还应与厂商签订供销合同书。合同书正本两份，一份存采购部门，一份存供应厂商，副本若干，分存请购部门、收料部门、会计部门。

（5）验收。由仓库根据采购合同对供应商发运的商品进行验收。验收时主要关注商品的名称、数量、到货时间等。验收后应出具一式多联、不需连续编号的验收单。

（6）付款。付款应严格按照合同的约定执行。财务部门负责人根据合同进行审批，授权出纳付款。付款时可以是出纳直接向供应商付款，也可以由采购人员从出纳处领取款项交付给供应商。

要求：评价上述采购与付款业务控制制度，并对不合理的地方予以修正、不完善的地方予以补充。

案例二①：上海通用汽车有限公司采购业务内部会计控制制度分析

上海通用汽车有限公司成立于1997年6月12日，由上海汽车工业（集团）总公司、美国通用汽车公司各出资50%组建而成。上海通用汽车有限公司目前已经形成凯迪拉克、别克、雪佛兰、萨博4大品牌、13大系列、50多个品种的产品矩阵，其各系列产品含有多项先进技术，在安全性、动力性、舒适性和环保方面表现优越并在各自的细分市场中处于领先地位。2005年销售整车325 429辆，市场占有率为10.5%；销售额450亿元人民币，出口创汇3.5亿美元。目前上海通用汽车有限公司年总产能可达到48万辆，其规模与实力在国内汽车企业中位居前茅。

由于推行了先进的采购管理体系，上海通用汽车有限公司自成立至今，不但取得了良好的经济效益，节约了大量的资金，也取得了良好的社会效益，连续9年累计采购金额超过1 650亿元，可在这一领域却没有发现一起经济犯罪案件。

上海通用汽车有限公司在建厂时，通过美国通用公司采购网络平台，在全球范围寻找涂装线和冲压线供应商。经过联合采购委员会反复评估，采购部门与供应商进行商务谈判，在4家专业涂装设备供应商和6家冲压机供应商中进行竞价，最终使两家著名的专业供应商中标。这次涂装线和冲压线设备的实际采购价格比预算节约了数百万美元，节约采购成本5%以上。选择高质量的供货商使企业成本下降，同时还保证了零部件采购的质量。目前，上海通用汽车有限公司零部件采购质量已经超过美国

---

① 本案例改编于谢卫东．千亿元采购无人"湿鞋"——上海通用汽车有限公司推行先进采购管理体系纪实．中国监察，2006（12）．

本土生产的同类车型。近期一家对世界各大汽车厂商进行评估的权威机构对上海通用汽车有限公司等几家国内汽车企业生产的几种车型进行了第三方质量评估，上海通用汽车有限公司的产品名列前茅，其中一款车还获得了质量第一名。

上海通用汽车有限公司的采购管理体系，遵循集中采购、全球采购、公平竞争、集体决策的"四大原则"，由一整套采购流程和30多个管理制度文件组成。整个采购流程大致可分为3个阶段：

一是申请阶段。由采购部门或使用部门填写采购申请单，并经过项目必要性审批、费用核准和批准申请等手续。对于一般采购和生产原材料采购，由采购申请部门提出申请，本部门领导核准后，再经财务部门批准；对于固定资产项目的申请，由部门提出申请，再经过项目费用管理部门审核，最后经财务部门批准。

二是采购阶段。主要是确定供应商，上海通用汽车有限公司把它分为两步进行，第一步是确定潜在供应商，由项目提出部门和采购部门同时提出一定数量的供应商名单。供应商必须在全球范围考虑，提供选择的供应商不得少于3家。先进行初选，再由项目提出部门和技术部门对供应商进行技术评审，选择技术条件较好的若干供应商报联合采购委员会，由联合采购委员会确定潜在供应商，联合采购委员会由采购、财务、审计等部门的中外双方有关人员组成。第二步是向潜在供应商发出标书，潜在供应商进行至少3轮报价，采购人员按标书进行评审，再将完整的资料提交联合采购委员会。资料包括申请人、技术部门的评估意见、财务部门批准的预算、潜在供应商报价清单等。最后由联合采购委员会进行认真的讨论确定最终供应商。接着进入商务谈判签约等程序。

三是实施阶段。主要是进货、验货和执行付款等程序。持续运用这套严格的采购流程，使得上海通用汽车有限公司的采购活动不会因为人员的变动有所改变。国内一些合作企业之间请客吃饭、送礼、搞联谊活动等，上海通用汽车有限公司的供应商根本不用考虑。

上海通用汽车有限公司这几年来为防止滥用权力对采购环节造成不良影响，注重加强对权力的监督制约把采购权分解到整个采购流程之中不断完善监督制约机制。公司成立了由总经理（中方担任）、执行副总经理（外方担任）、2名副总经理（中外方各一人担任）组成的执行委员会。凡是公司重大事项的决定必须经过执行委员会讨论通过，形成的文件必须由中外双方联合签署，使用资金必须由中外双方代表联合签署。在财务部，业务人员开具的支票上都有中外双方人员用中英文签名，这就是他们称之为非常管用、非常有效的"两支笔"。据业务人员介绍，上海通用汽车有限公司的采购资金支出非常严格，没有预算的项目不能开支，凡有新的项目需要增加预算的，必须提交执行委员会进行审批。如果启动资金支付体系必须具备3个必要条件：有采购申请批准书；有采购部制作的与供应商签订的合同；有收料清单包括材料和劳务等，也就是必须做到发票、合同、收货三单匹配。支付时，还必须由部门提出申请，财务部按授权进行审批。在开具支票和支付凭证时，需要由中外双方的有关人员共同签署方能有效。

供应商的选择是采购过程中十分重要的、也是最容易诱发经济犯罪的一个环节。

然而，上海通用汽车有限公司通过实施采购管理体系，有效堵塞了这一环节上的漏洞。在这里从潜在供应商名单的批准到最终供应商的确定，都必须提交联合采购委员会决定，联合采购委员会的每个人都拥有一票否决权，每个人的权力又都受到监督。采购决定作出后，还要进行各方面的修正，所有的过程都是透明的，而且都有可测量的数据作为依据。

上海通用汽车有限公司把所有采购活动计算机化，即所有用户单位提出的申请、所有的批准等都在计算机上可以看到。设计好的电子化流程规定了每个相关人员的权限、确保了采购运作按程序严格执行。比如，预算控制和支付控制两个体系由计算机全过程辅助控制，体系一旦运行起来，如果上道程序不全就不能进入下一道程序，就不能实施最后的支付。在这一严格的程序下，采购过程中人为因素的影响和不规范操作几乎是零。

除上述措施以外，上海通用汽车有限公司的投资双方每年还要不定期地进行流程审计，对经营管理的各环节进行评估审查，将审计结果分为满意、不满意和需要改过3个等次，对评审不合格的要限期整改，并将审计结果在全球通报。同时公司常设独立审计部门可以对任何的采购决定和实施结果进行审计，以维护公司的合法利益。为不断加强制度的执行力，上海通用汽车有限公司还严肃了纪律，对违反规定和制度的人坚决予以查处。铁的纪律不仅保障了制度的落实，也塑造了一大批守法、诚信的高素质的员工。

上海通用汽车有限公司结合实际探索推行的先进采购管理体系，不仅有效地促进了企业管理工作和反腐倡廉工作，达到了效率、效益和廉洁的统一，而且在降低采购成本、选择高质量供货商、提高产品质量方面均有明显的推动作用。

要求：评价上海通用汽车有限公司采购业务内部会计控制取得成功的原因（提示：可以主要从采购申请、采购审批、供应商选择等方面进行分析）。

第十章 销售业务管理会计制度设计

◎ 学习目标:
1. 了解销售业务内部控制制度的目标。
2. 理解销售业务内部控制制度的内容。
3. 掌握销售业务处理程序的设计及每个处理流程的主要风险。
4. 了解销售业务中主要内部核算凭证的设计。
5. 理解销售业务的内部控制措施。

销售业务是指企业出售商品（或提供劳务）及收取款项等相关活动，它是企业获利的前提和必要条件。企业生存、发展、壮大的过程，在相当程度上就是企业不断加大销售力度、拓宽销售渠道、扩大市场占有的过程。销售业务流程涉及企业内部的销售部门、信用管理部门、仓储保管部门和会计部门，最容易出现销售价格不规范、信用审批不严格、应收账款难以收回等问题。做好销售业务内部控制制度设计，对于规范销售与收款行为、防范差错和舞弊、减少坏账损失、提高企业资产质量等具有重要意义。

第一节 销售业务内部控制概述

一、销售业务的内部控制目标

销售是企业收入和利润的主要来源。销售与收款业务同采购与付款业务一样，既与物相关又与钱相关，是企业较为敏感的业务活动，发生舞弊和错误的概率较高。企业在设计销售业务的内部会计控制制度时，要因地制宜、根据自身的产品特点、销售方式等实际情况进行。切实可行的销售业务内部会计控制制度，可以提高企业经济效益，促进其在激烈的市场竞争中占据优势地位。

一般来讲，企业的销售业务内部控制制度应该至少实现以下目标:
(1) 登记入账的销售业务确系已经发货给真实的顾客;
(2) 现有销货业务均已登记入账;
(3) 登记入账的销货数量确系已发货的数量，已正确开具收款账单并登记入账;
(4) 销货业务分类正确;
(5) 销货业务记录及时;
(6) 销货业务已经正确地记入明细账，并经正确汇总;
(7) 销售是按照授权进行的;

（8）采取正确的客户信用政策，销售款项及时收回。

二、销售业务的内部控制内容

为实现销售业务内部控制的目标，一套科学合理、系统完善的销售业务内部控制制度应该包括的内容有：

（一）岗位分工制度

企业应当建立销售与收款业务的岗位责任制，明确相关部门和岗位的职责、权限，确保办理销售与收款业务的不相容岗位相互分离、制约和监督。销售与收款业务中的销售、发货和收款环节应当分别由不同的部门或人员负责，具体说来，其中不相容的岗位主要有：销售部门内销售业务的经办、审核和销售通知单的开立；会计部门内开具销售发票、出纳和记账；收款、应收账款的管理和向欠款客户寄发对账单；（应收）票据的保管与记录；信用管理与销售。企业不得由同一部门办理销售与收款业务的全过程，并且应当根据具体情况对办理销售与收款业务的人员进行岗位轮换。

（二）授权批准制度

企业应当对销售与收款业务建立严格的授权批准制度，明确审批人员对销售与收款业务的授权批准方式、权限、程序、责任和相关控制措施，规定经办人办理销售与收款业务的职责范围和工作要求。审批人应当在授权范围内进行审批，不得超越审批权限；经办人应当在职责范围内，按照审批人的批准意见办理销售与收款业务；对于审批人超越授权范围审批的销售与收款业务，经办人员有权拒绝办理，并及时向审批人的上级授权部门报告。严禁未经授权的机构和人员办理销售与收款业务。对于超过企业既定销售政策和信用政策规定范围的特殊销售业务，应当进行集体决策，防止决策失误而造成严重损失。

（三）客户资信控制制度

企业对于赊销的一切规定和手续都应该规范、严格，尤其要进行客户资信的控制，以合理降低账款回收中的风险。

首先，企业应该根据自身条件，统一制定出合理的信用政策并严格执行。信用政策中应明确规定信用标准、信用条件和收账政策等，作为对客户资信进行审查的参照和标准。信用政策的制定要在业绩增长和风险控制两个目标之间达到协调一致，绝不能偏重一方而忽视另一方。企业进行每一项赊销业务都必须以信用政策为依据，任何人不得擅自违背或更改。同时，信用政策作为约束和调节企业与客户信用关系的重要根据，是企业对客户实施规范化管理的保障。

其次，企业应做好赊销客户的资信调查，广泛收集有关赊销客户信用状况的资料。在对客户的信用品质、偿付能力、资本、抵押品、经济状况等进行分析的基础上，建立客户档案。尤其是针对企业比较重要的或者风险较高的客户，信用管理部门应协调销售部门做好其信用调查工作。客户档案应反映客户的基本情况（包括背景资料、行业状况、组织管理等）、财务状况（包括对客户的经营状况和偿债能力等的分析），还有以往与客户进行交易的信用记录。由此，信用管理部门可以根据企业的信用政策确定客户的信用等级、资信额度、信用期限、折扣期限及现金折扣等，进而制定出灵活的销售方式。

最后，由于客户的资信状况会随着时间不断发生变化，对客户要进行跟踪管理，根据变化情况及时对客户档案予以调整。除了在每一次交易后要分析客户销售额回笼及执行赊销协议和付款的情况以外，还应定期对客户进行信用分析，随时保持高度警惕，密切注意客户的经营状况及其外部市场环境的变化，确定是否需要改变其信用等级和额度等。

（四）销售环节控制制度

销售业务流程中，从接受客户订单到发货、开具销售发票等，都需要严格的内部会计控制制度予以约束。以下针对销售业务中对客户订单的处理、销售价格的控制、销售发票的开具、销售业务的记录等工作应该遵循的内部会计控制制度予以简要说明：

1. 订单控制制度

接受客户订单一般是企业销售业务的起点，是销售业务内部会计控制的重要环节。订单控制制度主要包括：

（1）根据不同的客户和销售形式设计多种订单格式，以满足企业内部各个部门协调工作、相互制约的经营管理需要；

（2）对客户订单进行处理的人员应该得到适当授权，任何涉及赊销业务的订单都必须经过信用管理部门负责人或其他授权人的签字批准，现销订单的接受也应得到销售部门负责人的批准；

（3）对于审核后的订单，销售部门应设立订单登记簿，对订单的接受时间、产品名称、数量等进行登记，并送交信用管理部门备份；

（4）实行订单顺序编号法，对已执行的订单和尚未执行的订单分别进行管理和控制，以便随时检查订单的执行情况和每一订单的处理过程；

（5）接受客户订单后，企业应尽量与客户签订销售合同，以明确双方在交易中的权利和义务。

2. 销售定价控制制度

产品的销售价格是企业利润最敏感的影响因素之一，同时也是客户最为关心的因素。要建立合理的销售价格确定机制，防止销售业务人员随意定价或者为获取回扣而故意压低价格、损害企业利益的不法行为。销售定价控制制度包括：制定统一的产品销售价格目录；规定灵活的商业折扣、现金折扣标准，并建立相应的授权批准权限。

企业应当从以下几个方面着手建立销售价格确定机制：

（1）企业定价策略要考虑营销能力、销售成本、市场状况等众多因素。产品标准销售价格由企业最高管理机构确定，标准定价一经确定不可随意调整，应保证对同一层次的客户公平地实施相同的价格，并定期对价格的合理性进行审查评价。

（2）对于销售折扣、折让等优惠政策的给予应由有关主管人员审核批准。对于折扣、折让给予的实际数量、金额应有所记录，并同时反映给予的原因，以上文件记录都应及时归档，便于日后核查。

（3）实施折扣、折让之前应作预测，确定该政策会给企业带来的目标利润；事后要将实际销售与收益情况同目标利润相比较，并且报告相关部门，以确定是否需要调整折扣政策。

3. 销售发票控制制度

产品发出后向客户开具销售发票是企业销售成立的标志，也是向客户收取货款的依据。如果在向客户开具销售发票和账单时缺乏有效的控制,不但会导致营私舞弊行为的发生,还会使会计的营业收入记录不真实。销售发票控制制度包括:

(1) 指定专人负责销售发票的保管和使用,任何没有经过授权的人员不得接触发票,明确销售发票管理制度;

(2) 销售发票均应事先连续编号,发票使用人在领用销售发票时应签字注明所领用发票的起讫号码;

(3) 发票开立过程中必须与销售订单、发货通知单等有关凭证上载明的客户名称、日期、数量、单价和金额等内容核对一致,同时对作为开票依据的发货通知单等连续编号,以保证所有发出的货物均开出销售发票;

(4) 发票管理应严格遵循复核制,由会计部门指定独立于开票人员的专人,复核发票上的价格是否与经审核的销售价目表一致、数量是否与发货通知单一致、其他内容是否准确无误,并核对所有发票定期加出的合计金额与应收账款或销货合计数是否一致。

4. 销售记录控制制度

销售记录控制制度是销售业务会计资料真实完整的重要保证。企业应当在销售与发货各个环节设置相关的记录,填制相应的凭证,建立完整的销售登记制度,并加强销售合同、销售计划、销售通知单、发货凭证、运货凭证、销售发票等文件和凭证的相互核对工作;销售部门应设置销售台账,及时反映各种商品、劳务等销售的开单、发货、收款情况;销售台账应当附有客户订单、销售合同、客户签收回执等相关购货单据。

(五) 收款环节控制制度

收款是保证销售业务成功为企业利润做出贡献的决定性环节。企业应当按照相关政策法规的规定,及时办理收款业务。收款环节控制制度的内容有:

(1) 企业应将销售收入及时入账,不得账外设账,不得擅自坐支现金。销售与收款职能分离,销售人员应当避免接触销售现款。

(2) 应收账款是赊销形成的,其安全性受债务人信用和经营状况的影响较大,所以企业要加强对应收账款的管理,保证应收账款的合理占用和安全完整。对应收账款的控制可以从以下几个方面进行:

①企业应当设置应收账款总账和明细账对应收账款进行核算,同时按客户设置应收账款台账。应收账款的确认必须以经销售部门核准的销售发票和发运单据等为依据;应收账款总账和明细账的登记应由不同的人员根据汇总的记账凭证和各种原始凭证、记账凭证分别进行,并由独立于记录应收账款的其他人员,定期核对应收账款总账和明细账的余额。

②企业应当建立应收账款账龄分析制度和逾期应收账款催收制度。通过应收账款账龄分析,可以清楚地看到企业应收账款的分布及拖欠情况、拖欠客户、拖欠原因、拖欠时间等。对逾期应收账款予以足够的重视,由销售部门负责及时催收,会计部门负责监督销售部门加紧催收。对催收无效的逾期应收账款,考虑通过法律程序予以解决。

③企业应当规范计提应收账款坏账准备和核销坏账的程序。坏账准备的计提比例应符合企业会计制度的规定,会计处理正确,前后期保持一致。对于可能成为坏账的应收账款应当报告有关决策机构,由其进行审查,确定是否确认为坏账。发生的各项坏账,应查明原因,明确责任,并在履行规定的审批程序后作出会计处理。注销的坏账应当进行备查登

记，做到账销案存。已注销的坏账又收回时应当及时入账，防止形成账外款。

④企业应当根据应收账款明细账余额定期编制应收账款余额核对表，并将该表寄送客户核实，编制该表的工作与应收账款的记录和调整工作应职责分离。

（3）应收票据的取得和贴现必须经由保管票据以外的主管人员的书面批准。企业应当由专人保管应收票据，对于即将到期的应收票据，应及时向付款人提示付款；已贴现票据应在备查簿中登记，以便日后追踪管理。应当制定逾期票据的冲销管理程序和逾期票据追踪监控制度。

（4）企业应当定期与往来客户通过函证等方式核对应收账款、应收票据、预收账款等往来款项。如有不符，应查明原因，及时处理。

（六）折扣和折让控制制度

折扣和折让是营业收入和应收账款的抵减项目，企业应当制定详细的折扣、折让政策，并严格审核、规范执行。商业折扣应明确客户可以享受折扣的条件、不同数量和品种的购货订单可以享受折扣的比例等，现金折扣应明确适用范围和不同支付时间可以享受的折扣比例等。折扣政策一般由企业最高管理当局予以批准。折让属于偶然经济行为，往往需要具体问题具体分析。当客户提出折让要求时，企业应对其理由加以记录，并派专人予以核实，然后由授权人员复核客户提出的折让理由和企业核查结果，决定在特定情况下给予客户折让金额。所有折扣和折让的批准文件应记录在事先连续编号的折扣、折让事项备忘录上，并由专人进行定期检查。

（七）销售退回控制制度

企业的销售退回相对于正常销售来讲是少量的不经常发生的业务，但由于其直接影响企业销售收入和应收账款的确认，直接抵减了企业的经济效益，也可能产生舞弊行为。因此，建立销售退回控制制度至关重要。企业的销售退回控制制度主要有以下几个方面：

（1）建立退货损失惩罚制度。在整个销售过程中明确每一环节的责任人，当发生销售退回业务时，根据调查结果确定退回责任人，并给予相应的惩罚，以加强生产、销售各环节业务人员的责任意识，减少不必要的退货损失。

（2）设立独立于销售部门的销售争议处理机构。当客户验收商品发现问题并通知企业时，销售争议处理机构能够立即展开调查，积极与客户协调，确认责任方。对于由于本企业责任而造成客户争议的，尽快拿出双方都能够接受的解决方案。

（3）建立销售折让优先制度。对确认为本企业的责任的，第一解决方案应是给予客户销售折让，以减少可能发生的退货损失。

（4）理顺销售折让和销售退回的凭证流转程序。它可使会计记录所使用的原始凭证真实可靠，从而保证相应会计记录的客观性。

（5）建立退货、索赔、销售折让审批制度。任何退货、索赔及销售折让的执行，必须有授权领导的批准。

（6）建立退货验收制度和退款审查制度。对于退回的商品应进行严格验收，确认是企业之前向购货方发出的、没有经过损坏的商品。

（八）售后服务控制制度

在激烈的市场竞争中，企业为了树立自身良好的形象，更加周到、全程地满足消费者需求,需要对售出的商品提供质量担保。售后服务控制制度要求企业根据自身商品的特点,对售后服务对象、服务时间、服务范围、服务标准、服务单位、服务业务的手续等做出明确的规定,争取以最低的成本实现消费者满意程度的最大化。

(九) 监督检查制度

企业应当建立对销售与收款内部会计控制的监督检查制度,明确监督检查机构或人员的职责权限,定期或不定期地检查各项规定是否得到有效执行。对监督检查过程中发现的销售与收款内部会计控制的薄弱环节,应当采取措施,及时加以纠正和完善。

企业销售与收款业务内部会计控制监督检查的内容主要有:销售与收款业务相关岗位及人员的设置情况,重点检查是否存在销售与收款业务不相容职务混岗的现象;销售与收款业务授权批准制度的执行情况,重点检查授权批准手续是否健全,是否存在越权审批行为;销售的管理情况,重点检查信用政策、销售政策的执行是否符合规定;收款的管理情况,重点检查单位销售收入是否及时入账,应收账款的催收是否有效,坏账核销和应收票据的管理是否符合规定;销售退回的管理情况,重点检查销售退回手续是否齐全、退回货物是否及时入库等。

第二节 销售业务处理程序的设计及主要风险

销售业务流程包括销售计划管理、客户开发与信用管理、销售定价、订立销售合同、发货、收款、客户服务和会计系统控制等环节,图 10-1 所示的销售业务流程具有普遍适用性。

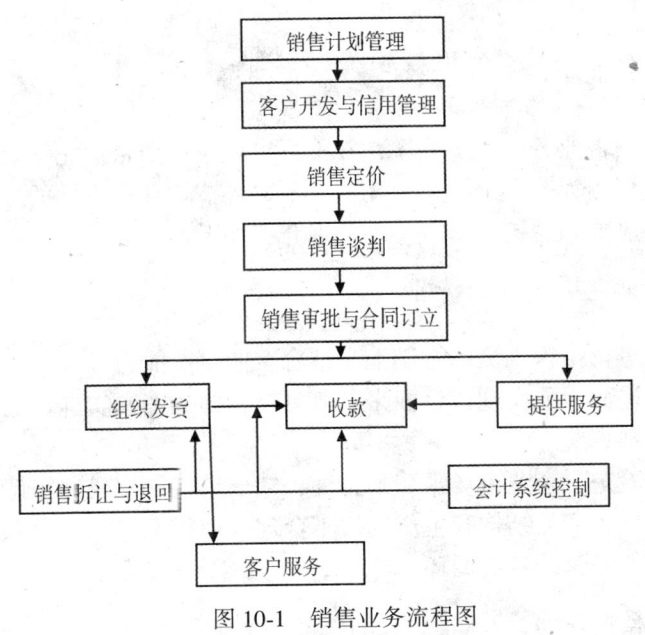

图 10-1 销售业务流程图

第十章 销售业务管理会计制度设计

下面将从企业内部部门来具体分析销售各环节流程设计以及主要风险。企业销售与收款循环的一般处理程序为：销售部门接受客户订单→销售部门根据客户订单编制销售通知单→销售部门将销售通知单传递给信用管理部门，由其对客户资信进行调查并核准赊销限额→信用管理部门对销售通知单核准之后再传回销售部门→销售部门将核准后的销售通知单分别传递给运输部门、仓库和会计部门→仓库发货后登记库存账并将销售通知单传递给会计部门→运输部门装运后填制发运凭证并将其传递给会计部门→会计部门根据收到的销售通知单、发运凭证开具销售发票，进行账簿记录。这一程序可以简要地用图10-2表示：

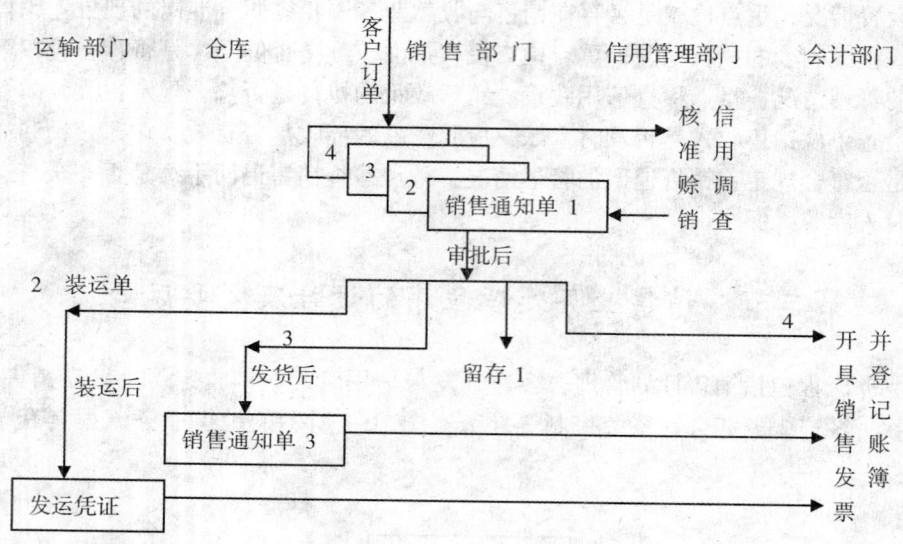

图 10-2 销售业务处理程序

以上简要说明了销售业务的一般程序，并不足以代表一个企业完整的销售业务处理程序。下面将销售业务划分为若干个具体的环节，不同环节均存在不同的风险，企业应该密切关注各环节的主要风险和关键控制点，现分别介绍如下：

一、销售计划管理

销售计划是指在进行销售预测的基础上，结合企业生产能力，设定总体目标额及不同产品的销售目标额，进而为能实现该目标来制订具体营销方案和实施计划，以支持未来一定期间内销售额的实现。

该环节的主要风险是：企业市场预测不合理，缺乏销售计划或销售计划不合理；销售计划未经授权审批，导致产品结构和生产安排不合理，销售不畅，库存积压，大量占用资金，难以实现企业生产经营的良性循环。

二、客户开发与信用管理

企业应当积极开拓市场，加强现有客户维护，开发潜在目标客户，对有销售意向的客户进行资信评估，根据企业自身风险接受程度确定具体的信用等级。

该环节的主要风险是：现有客户管理不足、潜在市场需求开发不够，可能导致现有客户丢失或市场拓展不利，市场占有率下降；客户档案不健全，缺乏合理的资信评估，可能导致客户选择不当，销售款项不能按期收回或遭受欺诈，从而影响企业的资金流转和正常经营。

三、销售定价

销售定价是指商品价格的确定、调整及相应审批。该环节的主要风险是：定价或调价不符合价格政策，未能结合市场供需状况、盈利测算等进行适时调整，造成价格过高或过低、销售业绩受损，市场占有率下降；商品销售价格未经审批，或存在舞弊，可能导致损害企业经济利益或者企业形象的情况。

四、接受客户订单

客户订单是客户提出的书面购货请求，是保证销售业务真实存在的重要原始凭证。企业接受客户订单是销售与收款循环开始的标志。客户订单只有在符合企业的授权标准时才能被接受。企业一般会列出已批准销售的客户名单。销售部门在决定是否接受某客户的订单时，应首先查看该客户是否被列入这张名单之内。如果该客户在名单之内，则严格遵照企业对该客户的赊销额度、折扣标准等规定，依据适当的审核批准程序决定是否接受订单；如果该客户未在名单之内，对于现销业务需要由销售部门负责人审核批准，赊销业务还需要由销售部门和信用管理部门对客户的资信程度进行调查后，按照规定的审核批准程序决定接受订单与否。企业对收到的每一份购货订单都必须登记在购货订单登记簿上，对于成交的订单，还应同时登记其销售执行情况和客户支付情况，以备日后查验和参考。

除了客户主动发出订单，企业还可以通过销售人员或其他途径，如采用电话、信函、电子邮件和向现有的及潜在的客户发送订单等方式接受订货，取得客户订单。客户订单的基本格式如表10-1所示：

表 10-1　　　　　　　　　　　　　　客户订货单

编号　　　　　　　　　　　　　　　　　　　　　　　　　　　日期

客户名称				电话	
地址				负责人	
品名	型号	单位	数量	单价	金额

销售人员　　　　　　　　审核

五、批准赊销信用

企业的赊销业务必须经过信用管理部门的审核批准。信用管理部门的审核根据企业的信用政策和对每个客户已授权的信用额度进行。对于企业原有的客户，应考察过去的成交记录，确认其是否具有良好的商业信用；同时信用管理部门应考虑本次订货的数量是否异常，如果订购数量大大超过历史纪录，还需额外考察该客户近期的财务状况。对于新客户，信用管理部门协同销售部门对客户的资信状况予以审查，通过获取信用评审机构对客户信用等级的评定报告以及对客户财务报表等相关资料的分析，确定允许的信贷限额。赊销需要信用管理部门的负责人或其他被授权人签字同意方可生效，没有设立信用管理部门的企业应由独立于销售部门的专门人员负责这一工作。

六、订立销售合同

企业在决定接受客户订单之后，应尽量与客户签订销售合同。销售合同是办理销售业务的法律依据，是确定购销双方权利、义务和责任的重要文件。在销售合同订立前，企业应当指定专门人员就销售价格、信用政策、发货及收款方式等具体事项与客户进行谈判。销售谈判人员至少应有两人以上，谈判的全过程要有完整的书面记录。在谈判人员与对方达成初步协议之后，企业应当指定专门审批人员对产品的销售价格、付款方式与时间、货物交接方式、商品质量要求、违约责任等合同中的重要内容进行严格把关，经过确认之后才能签订正式合同。对于大额或重要的销售合同，还应聘请法律顾问或专家对合同条款进行修订或确认。销售合同的签订必须由经过授权的专门人员进行，并与负责销售谈判的人员职责分离。签订的销售合同应预先编号，统一管理，在签订完成后将副本传递给会计部门，以便办理结算或其他手续。没有签订销售合同的业务，以客户订单取代销售合同，对订单进行统一管理。

该环节的主要风险是：合同内容存在重大疏漏和欺诈，未经授权对外订立销售合同，可能导致企业合法权益受到侵害；销售价格、收款期限等违背企业销售政策，可能导致企业经济利益受损。

七、编制销售通知单

企业如果与购货方签订了销售合同，则应当根据销售合同编制销售通知单。由于签订合同时企业内部已经进行了严格的审批，合同中对销售通知单上的所有内容也都进行了明确规定，此时的销售通知单不需要再次通过信用管理部门的审核，可以直接执行。

如果企业不与购货方签订销售合同，销售部门应在收到客户订单之后就编制销售通知单。销售通知单的编制要在确认客户所订购货物有足够库存之后才能进行。销售通知单应当预先编号，一式多联，格式规范而统一，完整反映客户所订购货物的名称、数量、价格以及所需要的各种授权批准签章。信用管理部门在接到销售部门传递的销售通知单之后，根据企业的信用政策，将其与该客户已被授权的赊销信用额度以及至今尚欠的账款余额加以比较，签署审核意见。已批准的销售通知单一联由销售部门留存据以登记销售台账，一联由内部运输部门据以编制装运凭证，一联由仓库据以发货开具出库单并登记库存账，还有一联由会计部门据以开具销售发票并登记销货账。销售通知单的基本格式如表 10-2 所示：

表 10-2　　　　　　　　　　　　　　　销售通知单
购货单位　　　　　　　　　　　　年　月　　　　　　　　　　　字第　号

货号	品名规格	计量单位	数量	单价						金额					
				…	佰	拾	元	角	分	…	佰	拾	元	角	分
合计金额（大写）					万	仟	佰	拾	元	角	分				

提货　　　　　　仓库主管　　　　　　　出纳　　　　　　发货人

八、按销售通知单发货

已批准的销售通知单副联传递给仓库时，即可作为仓库供货的依据。仓库实际发货的数量和品种应同销售通知单上的一致，并将其记录于库存账以及销售通知单副联，将此销售通知单副联传递给会计部门入账。仓库应使用连续编号的发货通知单记录货物的发运情况，防止漏记或重复记录，以备日后查验。同时，仓库还应定期进行货物盘点。如具发现盘亏，应及时查明是否存在货物被盗或货物发运后未及时记录等情况；如果发现盘盈，应查明是否存在货物被退回但未及时记录在存货账内等情况。

该环节的主要风险是：未经授权发货，存在舞弊行为，导致多发或少发，使企业经济利益受损；发货不符合合同规定，货物质量、数量或发货时间不符合合同规定，可能导致货物损失或客户与企业的销售争议、销售款项不能及时收回或不能收回。

九、按销售通知单装运货物

由运输部门承担按销售通知单装运货物的职责，与仓库按销售通知单供货的职能分离，有助于避免装运人员在未经授权的情况下装运货物。运输部门应在核对经核准的销售通知单副联及销售部门填制的装运单后，再运输货物，并确保货物运输的安全性与及时性。运输部门在装运货物前，必须进行独立验证，以确保从仓库提取的货物都附有经批准的销售通知单，并且确保将要发出的货物内容与销售通知单上的一致。发运货物后，运输部门应填制装运凭证，证明货物已装运。运输部门出具的装运凭证（或提货单）应根据销售部门的销售通知单编制，一式多联并连续编号，按序归档。装运凭证提供了货物确实已装运的证据，也是会计部门登记收入账簿的重要依据。

需要注意的是：不论是仓库还是运输部门，其发货和装运行为必须得到其他独立人员（通常是门卫）的监督，监督内容包括对所发运货物实物的清点以及将其与销售通知单上所列明的品种、数量进行核对。发运货物清点复核人员应当在有关凭证上签字。

十、向客户开具销售发票

会计部门向客户开具销售发票这一业务包括根据相关原始凭证编制发票和向客户寄送发票。销售发票的保管和领用必须由专人负责,发票开具人也须经过专门授权。开具销售发票应以客户订单、经核准的销售通知单、装运凭证为依据,确保只对实际发运的货物才开具发票。销售发票必须连续编号,在开票时根据销售通知单上的编号连续进行,以保证所有发出的货物均已开具了销售发票。开票过程中还应核对实际发运数量,使之与发运凭证上的数量相一致;核对客户名称,使之与客户订单上的名称相一致;核对发票价格,使之与价格目录或信用部门及销售部门批准的金额一致。同时,建立销售发票复核制度,由独立于开票人的其他人员对发票的构成要素进行复核,并定期对所有销售发票结出合计金额,与应收账款或销货合计数进行核对。

十一、记录销售业务

合理记录销售业务,是企业销售部门、仓库、运输部门和会计部门的共同责任。各个部门之间的记录相互印证,由会计部门最终提供反映企业收入、成本、资产状况的财务资料,为企业决策服务。企业会计部门对于销售业务的记账程序主要有以下几种:

(一) 销售明细账记账程序

(1) 采用按产品或劳务类别分别设置销售收入、销售成本、销售费用、销售税金等账页和销售汇总表的记账方式。平时,发生时应在各自的账页中登记,期末分别结转至"本年利润"账页,并根据各销售明细账编制销售汇总表。

(2) 采用按产品或劳务类别,将销售收入、销售成本、销售费用、销售税金账户设在同一账页的记账方式(记账方法同上)。

(二) 应收账款明细账记账程序

(1) 销售发生时,应按每一应收账款客户设置账页,进行应收账款明细核算。

(2) 应用抽单法。应收账款发生时,不作明细账记录,只是到期末才根据有关凭证记录应收账款明细账。当销售成立时,将销售发票中的记账联和收款联分别存放;收到货款时,就抽取相应的记账联和收款联,直接做销售收入、银行存款或现金账户处理;期末,根据尚未抽取的收款联和记账联做应收账款与销售收入的账户处理。

会计部门应当按照企业管理的需要和会计核算的要求,根据具体情况选用合适的销售业务记账程序。但不论选用何种销售业务记账方法,都是为了使销售收入记录金额正确、归属于正确的会计期间。在记账程序中的主要控制程序有:

(1) 只依据附有有效装运凭证和销售通知单的销售发票记录销售。这些装运凭证和销售通知单应能证明销售交易的发生及其发生的日期,并且经过会计主管或稽核人员的审核。

(2) 控制所有事先连续编号的销售发票,并由独立于发运货物和开具发票的人员定期检查销售发票和发货通知单事先连续编号与否。

(3) 记录销售的职能应与处理销货交易的其他职能相分离;对记录过程中所涉及的有关记录的接触予以限制,以减少未经授权的记录的发生。

(4) 定期独立检查已处理销售发票上的金额与会计记录金额的一致性；检查应收账款总账和明细账的一致性，如有差异，及时查明原因。

(5) 定期向客户寄送对账单，并要求客户将任何例外情况直接向未涉及执行或记录销售业务的会计主管报告。

十二、办理和记录现金、银行存款收入

企业会计部门收到销售部门、仓库、运输部门转交过来的客户订单、销售合同副本、销售通知单、销售发票、发运凭证等核对无误后，编制收款通知书，按照合同规定或事先约定向客户收款。由于货币资金的高流动性，办理和记录现金、银行存款收入时，要重点关注货币资金的安全性和完整性，保证全部货币资金收入都如数、及时地计入现金、银行存款日记账或应收账款明细账，并如数、及时地存入银行。这一流程的内部控制可以参照货币资金的内部会计控制。

十三、办理和记录销售退回、销售折扣与折让

客户如果提前支付货款，企业可能会根据信用政策的规定给予一定的现金折扣。客户如果对所购买的货物不满意，可能向销售企业提出折让或退货的要求。销售退回或折让在发生时，都必须经过规定的授权批准程序，并确保与办理业务有关的部门和人员各司其职，防止舞弊行为的发生。销售退回业务应该遵循以下处理程序，才能确保其真实合理：

(1) 由验收部门对客户退回的货物予以验收，验收内容包括货物的品种、数量、质量及退货理由等。验收后应出具验收报告，为日后确定给予客户的退货金额和确定退货是否需要修理或再存放提供依据。

(2) 由仓库在清点货物、注明退回货物的品种和数量后填制接收报告。退货接收报告是记录销售退回业务的重要凭证，应事先编号，在业务发生时填制。报告上记录的内容应该包括客户名称、退回货物的名称、数量、日期、退货性质、原始发票号、价格、退货理由等尽可能详尽的信息。该报告的编制人不能同时从事货物发运工作，报告填制完成后应由独立于发货和收货职能的人员检查。

(3) 在企业收到退回货物以后，应由独立于销售部门的客户服务部门或专门人员对客户退货原因进行调查，将调查结果和意见记录在退货接收报告上，并交信用管理部门、会计部门、销售部门作为最后审核的依据。

(4) 销售部门具有核准退货甚至是否有必要进行理赔的最终权限。这一批准只有在对退回货物仔细调查和以退货接收报告为依据的基础上才有效。审核批准意见应签署在退货接收报告上。

(5) 销售部门填制贷项通知单和红字发票，作为退款和其他销售退回处理的依据。

(6) 会计部门对验收证明、退货接受报告、贷项通知单以及退货方出具的退货凭证等进行审核后，冲减销售收入，并办理冲销应收账款或退款事宜。

十四、提取坏账准备和注销坏账

计提坏账准备是按照会计核算中的谨慎性要求，在每个会计年度终了时，对应收账款

进行全面检查,预计各项应收账款发生坏账的可能性,按照一定方法计提的、用于抵偿将来可能发生的坏账损失的准备金。坏账准备计提得越多,企业防范应收账款坏账风险的能力就越强,对其当期利润和税收的影响也就越大。因此,坏账准备极容易成为企业操纵会计利润的工具。企业应当按照会计制度的要求,选择合适的坏账准备计提方法,并且一经选定不可随意变更。

应收账款可能由于债务人破产、死亡等各种原因无法收回,从而形成坏账。对于坏账的认定应当符合企业会计制度的规定。企业应当制定严密的坏账审批程序,按照授权原则和方法进行坏账的审批。一般应由有关业务部门(会计部门、销售部门等)对坏账进行确认,认定有足够证据表明该项应收账款不能收回或收回的可能性极小,报企业最高管理层进行最终的审核批准。企业对于所发生的坏账,必须查明责任,并按规定的审批程序作出正确会计处理。对于经审核确认为坏账的,应冲销计提的坏账准备,注销该项应收账款,并记录在备查簿上,做到账销案存;已注销的应收账款又收回时,要及时入账,并按实际收回的应收账款金额增加坏账准备,防止形成账外账。

十五、客户服务

客户服务是在企业与客户之间建立的信息沟通机制,对客户提出的问题,企业应及时解答或反馈、处理,不断改进商品质量和服务水平,以提升客户满意度和忠诚度。客户服务包括产品维修、销售退回、维护升级等。该环节的主要风险是:客户服务水平低,消费者满意度不足,影响公司品牌形象,降低企业市场竞争力,造成客户流失。

十六、会计系统控制

会计系统控制是指利用记账、核对、岗位职责落实和相互分离、档案管理、工作交接程序等会计控制方法,确保企业会计信息真实、准确、完整。

会计系统控制包括销售收入的确认、应收款项的管理、坏账准备的计提和冲销、销售退回的处理等内容。该环节的主要风险是:缺乏有效的销售业务会计系统控制,可能导致企业相关存货资产账实不符、账证不符、账账不符或者账表不符,影响销售收入、销售成本、应收款项等会计信息的真实性和可靠性,导致企业销售预测决策行为产生失误。

第三节 销售业务控制措施

销售业务管理会计制度是企业内部控制制度的重要组成部分,要将其真正落到实处,离不开各种内部控制措施的灵活运用。下面将介绍运用于销售业务的主要内部控制措施。

一、不相容职务分离控制

不相容职务分离控制要求企业建立销售与收款业务的岗位责任制,明确相关部门和岗位的职责和权限,确保办理销售与收款业务的不相容岗位相互分离、制约和监督。只有对经济业务所涉及的不相容职务实施相应的分离措施,形成各司其职、各负其责、相互制约的工作机制,从而形成有效的内部牵制,才能在制度上保证对销售与收款循环的严密控制，降低错误和舞弊发生的可能性。销售与收款业务中的不相容职务主要有：

（1）接受客户订单的人员不能同时负责核准付款条件和对客户信用的审查；
（2）批准赊销的人员不能同时负责开票、发货、收款等其他业务；
（3）发运凭证的编制人员不能同时负责提取货物或运输货物；
（4）开票、发货、收款业务不能由相同的人员负责；
（5）开立销售通知单的人员不能同时负责发货；
（6）填制销售发票的人员不能同时负责销售发票的审核；
（7）记账人员不能同时负责账款的收取和退款工作；
（8）销售货款的确认、回收与相关会计记录不能由相同的人员负责；
（9）销售退回货品的验收、处置与相关会计记录不能由相同的人员负责；
（10）负责坏账准备计提的人员不能同时负责对坏账准备的审批；
（11）负责坏账核销的人员不能同时负责对核销坏账的审批；
（12）收款、应收账款管理、向客户寄发对账单不能由相同的人员负责。

总之，企业不能由同一部门或人员办理销售与收款业务的全过程。此外，企业还需要根据具体情况对销售与收款业务的各岗位进行轮换，比如说对销售人员进行岗位轮换或管区、管户调整，可以防止其携带客户资源跳槽、利用个人名义私下与客户做生意、出售客户资源等损害企业利益的行为。

二、授权批准控制

授权批准控制要求企业对销售业务建立严格的授权批准制度，明确审批人员对销售业务的授权批准方式、权限、程序、责任和相关控制措施，规定经办人的职责范围和工作要求。即企业内部的各级管理层必须在授权的范围内享有职权和承担责任，经办人员也必须在授权范围内办理业务，各自对于经济业务的责任明确。有效的授权批准控制能够对每一项经济业务都起到严格的审批、引导和监督作用。

对于企业的销售与收款环节，主要存在以下几个关键的审批点：

（1）在销售发生前，赊销业务已经经过审批。企业在赊销前应由信用管理部门专门审查客户的资信状况，决定是否授权销售。对于新客户，应该根据其品质、能力、资产、客观条件、抵押这五项标准，分析企业的经济状况和信用情况，将其信用等级划分为好、一般、差三种类型，分别给予不同的信用额度；对于老客户，应该根据其往期还款情况和当期企业财务状况，分析是否更改原定的信用等级和信用额度。赊销应在客户相应的信用额度内进行，否则不予批准。这项审批是为了确保企业只对符合条件的客户进行赊销，以降低应收账款的风险。

（2）未经正当审批，不得发运货物。仓库发出货物需要销售部门开具的销售通知单，而销售部门开具销售通知单需要信用管理部门对该客户的销售授权。这项授权批准措施与上一项一起，共同防止企业因向虚构的或无力支付货款的购货企业发货而蒙受损失的可能性。

（3）对于销售价格、折扣和折让等必须经过专人授权审批。销售价目表需要经过企业最高管理当局批准；折扣政策也需要企业最高管理当局的批准，具体每一种商品的销售折扣需要销售部门负责人根据折扣政策审核批准；折让和退回需要由专人调查原因后，销售部门负责人审批。这些措施都可以合理保证企业销售业务按照政策规定的价格开票收款，防止个人侵占企业利益。

（4）对于金额较大或情况特别的销售业务和特殊信用条件，单位应当进行集体决策，经有权限人员的审批后方可执行，防止决策失误造成严重损失。

（5）对于坏账准备的计提和坏账的核销必须经过正当审批。坏账准备计提必须经财务部门负责人批准，坏账的核销要由财务部门负责人批准并报总经理签字。这些审批的作用是防止记账人员私自计提坏账，侵吞企业应收账款。

三、客户管理与服务控制

（1）企业应当在进行充分的市场调查的基础上，合理细分市场并确定目标市场，根据不同目标群体的具体需求，确定定价机制和信用方式，灵活运用销售折扣、销售折让、信用销售、代销和广告宣传等策略和营销方式，促进销售目标的实现，不断提高市场占有率。

（2）建立和不断更新、维护客户信用动态档案，由与销售部门相对独立的信用管理部门对客户付款情况进行持续跟踪和监控，提出划分、调整客户信用等级的方案。根据客户信用等级和企业信用政策，拟定客户赊销限额和时限，经销售、财会等部门具有相关权限的人员审批。对于境外客户和新开发客户，应当建立严格的信用保证制度。

（3）结合竞争对手客户服务水平，建立和完善客户服务制度，包括客户服务内容、标准、方式等。

（4）设专人或部门进行客户服务和跟踪。有条件的企业可以按产品线或地理区域建立客户服务中心。加强售前、售中和售后技术服务，实行客户服务人员的薪酬与客户满意度挂钩制度。

（5）建立产品质量管理制度，加强销售、生产、研发、质量检验等相关部门之间的沟通协调。

（6）做好客户回访工作，定期或不定期开展客户满意度调查；建立客户投诉制度，记录所有的客户投诉并分析其产生的原因及解决措施。

（7）加强销售退回和销售折让的控制。销售折让、退回需经具有相应权限的人员审批后方可执行；销售退回的商品应当参照物资采购入库管理。

四、人员素质控制

人员素质控制要求企业配备合格的人员办理销售和收款业务，并定期和不定期进行检查监督。由于人是内部控制制度建立以及实施的根本因素，积极合理的人事制度和人员素质控制要求，可以最大限度地发挥人的主观能动性和创造性，可以充分调动员工的积极性，使其在授权的范围内履行职责，发挥价值。企业对于从事销售与收款业务的人员素质控制要求主要有：

（1）企业应当制定适合销售与收款业务需要的人员上岗条件，根据岗位要求选择符合条件的人员担任不同级别的工作，保证人员具有较高的业务素质和专业技能，杜绝任何可能的"任人唯亲"。各个岗位的工作人员必须熟悉其业务流程和工作要求，严格按照企业内部会计控制制度和企业会计制度的要求办理业务。

（2）企业任用的工作人员除了业务水平过硬之外，还应该具备良好的爱岗敬业精神和责任感、道德观。企业应当对所有已经在岗和即将走上销售与收款环节工作岗位的人员进行定期和不定期的职业道德教育，促进他们形成良好的职业道德，从而营造企业良好的内部控制环境和外部经营环境。

（3）企业应当制定对于销售与收款业务的工作人员合适的激励原则，尤其是对销售部门的员工，以合适的激励促进其为提升企业业绩而努力。激励要强调物质激励和精神激励并重，做到赏罚分明，将业绩与员工奖惩和提升联系起来，营造内部员工之间良好的竞争氛围。

（4）企业应当制定各岗位工作人员的培训和继续教育制度，组织专门人员对员工进行定期或不定期的业务能力教育，使员工持续学习和提升，以适应更复杂多变的岗位需求。

（5）企业需要定期对人员的岗位进行轮换，以增加对其岗位的获悉程度及全面复核能力。轮换岗位最大的好处就是使某项职务的承担人员所发生的错误和舞弊，能在较短的时间内被发现和纠正。同时，轮岗还可以促使工作人员兢兢业业地工作，以便在交接时经得起检查，从而增强内部控制的功能。

五、预算控制

预算控制要求企业加强预算编制、执行、分析、考核等环节的管理，明确预算项目，建立预算标准，强化预算的作用。即对销售业务建立严格的预算管理制度，制定销售目标，确立销售管理责任制。销售预算是全部预算的起点，在预算体系中占有非常重要的地位。销售预算内部控制的内容包括：

1. 销售预测

企业应当根据市场的发展变化，充分考虑企业市场占有率和可能存在的风险，从现有市场状况、单位自身状况、竞争对手状况、顾客状况等方面入手分析，合理预测销售量。

（1）销售预测一般应由销售部门进行，企业也可以专门成立预测委员会，必要时可以聘请专家参与销售预测的过程。预测绝不是某个人的凭空预见，而是一个科学的分析过程，是一个集思广益的结果。

（2）销售预测的前提是对市场的调查分析，调查分析内容包括：现有市场状况（人口、经济因素、科技因素、政治法律因素、自然风俗和文化因素、区域发展因素等）、单位自身状况（单位营运资源、单位影响力等）、竞争对手状况（竞争对手财务实力、现行战略、发展战略、核心竞争力、竞争弱点等）、顾客状况（市场容量、顾客范围、顾客结构、顾客收入水平等）。

（3）在市场调查的基础上，企业应结合自身的特点，选择合适的预测方法进行预测。预测方法包括定性分析法和定量分析法，企业一般将两种方法结合使用，科学地对基础数据进行处理。

2. 销售预算的编制

企业应以销售预测为基础，在全面预算方针的指导下编制销售预算。销售预算应保持与单位发展战略以及单位内部环境的一致性。销售预算中要明确预算原则、编制预算草案、协调预算、复议和审批等，预算内容包括销售的品种结构、销售的季节性、销售价格金额、销售策略等。销售预算中的各项数据应有详细理由说明，并接受企业主管的严格分析论证，以便使预算成为日后控制销售业务真正有用的工具。

3. 销售预算的审批

销售预算编制完成后应交由销售部门主管进行检查批复，编制人员根据批复意见进行修改，直至通过销售主管审批签字，方可上交给企业预算委员会进行进一步审批。预算委员会对销售预算的修改意见应形成书面意见稿，送回销售部门进行修改。经过预算委员会审议通过的销售预算，方可生效执行。

4. 销售预算的执行、监控和调整

（1）企业应当将预计销售目标层层分解，落实到人，严格按照销售预算的要求及由其分解而来的具体目标来执行销售业务。

（2）在销售预算执行的过程中，各部门主管应随时关注执行进度：销售部门经理定期将实际的销售收入（包括金额和数量）同预算进行比较；财务部门经理定期将实际毛利同预算进行比较，将实际发生的冲销项目、贷项通知单等同历史资料相比较；各种比较结果应作详细的分析说明，并上报企业高层管理者。

（3）对实际销售情况同预算之间的重大差异，企业高层管理者应指定专门人员进行调查，采取通过挖掘市场潜力、改善销售策略或计划、寻求最佳品种组合等方式促进销售的举措，必要时由管理层批准对预算做出相应的调整。

（4）为确保预算的严肃性，避免相关人员随意调整预算影响企业战略计划，企业必须对预算的调整予以严格的控制。调整预算的申请可由销售部门主管根据实际情况作出，上报企业预算委员会，经过预算委员会的讨论通过和企业高层管理者的审核批准方可调整。

（5）销售预算的考评。根据预算的实际执行情况，对执行销售预算的各部门和人员进行考核和评价，奖勤罚懒，并逐步改善整个业务处理流程，使其更高效、严谨。

六、会计系统控制

会计系统控制要求企业依据《会计法》和国家统一的会计准则，制定适合本企业的会计制度，明确会计凭证、会计账簿和财务会计报告的处理程序，建立和完善会计档案保管和会计工作交接办法，实行会计人员岗位责任制，充分发挥会计的监督职能。对销售与收款业务的会计系统控制主要体现在：

1. 对凭证的控制

顾客订货单、销售通知单、发货单、销售发票等都需要一式多联，由多个部门参与处理，同时需要事先连续编号，以防止重复或遗漏经济业务。销售通知单必须严格按照客户订单或者销售合同的内容填列，并与客户进行确认；仓库的发货单必须按照销售通知单填列，所发货物符合填写内容；财会部门开具发票时应当依据相关单据（计量单、出库单、货款结算单、销售通知单等），并经相关岗位审核。销售发票应遵循有关发票管理规定，严禁开具虚假发票，其填写必须按照发货单上的数量和商品价目表上的价格填写，并由专人进行审核。所有凭证都应妥善保管，尤其要加强对空白发票的管理和对销售合同等法律文件的管理。

2. 对账簿登记的控制

财会部门对销售报表等原始凭证审核销售价格、数量等，并根据国家统一的会计准则制度设立会计科目和账簿，确认销售收入，结转销售成本，正确归集不同性质、类型的销售业务，及时、准确地登账。日记账、明细分类账和总分类账应分别由专人登记，定期核对，及时纠正登账或记录差错。财会部门与相关部门月末应核对当月销售数量，保证各部门销售数量的一致性。仓库部门根据销货通知发运商品后，必须如数填制发货单，分送结账部门和会计部门，结账部门要检查已发运商品是否已开具销售发票，会计部门应检查发货单与销货发票等的数量、金额是否一致，是否有遗漏，计算是否正确，并要及时登记销售账户。

会计部门在登记销售与收款业务账簿时，应严格审查各项原始凭证和记账凭证，将销售发票、发货单、销售通知单等与销售合同副本、顾客订单等进行对照审核，以保证销售业务的真实性和准确性。要严格按照会计政策的要求确认收入的发生并登记入账，不得人为更改销售收入的日期以粉饰报表。对于应收账款，企业应严格按照应收账款总账和明细账进行核算，并由独立于记账人员的其他人员定期检查核对应收账款总账和明细账是否相符；同时应按客户名称设置应收账款台账，登记每一位客户的应收账款余额增减变动情况和信用额度审核情况，做好应收账款的催收管理工作。

3. 会计对账的控制

企业应当在日常会计处理过程中及时进行对账：与会计凭证核对确保会计记录依据充分、与仓库的发货记录核对确保销售货物记录准确、与客户核对确保应收账款的真实准确等。与欠款客户对账应当至少在每一会计年末向客户寄发一次对账单。对账工作应该由会计部门负责人或其授权的、独立于这些账簿登记工作的人员办理。对于对账过程中发现的任何差异都应该予以追查，以进一步查实是会计记账的错误还是其他方面的错误，并及时进行更正。

4. 应收账款的控制

建立应收账款清收核查制度，销售部门应定期与客户对账，并取得书面对账凭证，财会部门负责办理资金结算并监督款项回收。及时收集与应收账款相关的凭证资料并妥善保管；及时要求客户提供担保；对未按时还款的客户，采取申请支付令、申请诉前保全和起诉等方式，及时清收欠款。对收回的非货币性资产应经评估和审批。企业对于可能成为坏账的应收账款，应当按照国家统一的会计准则规定计提坏账准备，并按照权限范围和审批程序进行审批。对发生的各项坏账，应当查明原因，明确责任，并在履行规定的审批程序后作出会计处理。企业核销的坏账应当进行备查登记，做到账销案存，并继续及时行使追索权利，尽量确保已核销的坏账收回的可能性。已核销的坏账又收回时应当及时入账，防止形成账外资金。

七、内部审计控制

内部审计控制要求企业内部审计机构和人员对单位销售与收款的真实性、正确性、有效性进行审查和评价,借以揭露差错和舞弊,改善企业经营管理,提高经济效益。这是建立健全销售与收款业务内部会计控制极其重要的一个环节,如果没有有效的检查监督,最完善的制度也将流于形式,得不到贯彻执行。

内部审计部门只有完全独立于各业务部门、直接对企业最高管理机构负责,其内部审计工作才能做到客观、公正并富有全局性。内部审计机构和人员应通过符合性测试和实质性测试检查销售与收款业务内部会计控制制度是否健全,各项规定是否得到有效执行。对审计过程中发现的销售与收款会计控制的薄弱环节提出改进建议、差错或舞弊状况进行处理,进而完善企业内部会计控制制度。对销售与收款业务进行内部审计的要点有:

(1) 审计岗位分工环节。设置合理的销售与收款循环工作岗位,将不相容职务分离开来,是保证销售与收款业务健康有序进行的组织条件。对这一环节是否存在不相容岗位混岗的情况进行审计,是进行销售与收款业务内部会计控制测试的重要方面。

(2) 审计授权批准环节。授权批准手续合理、健全是保证销售与收款循环每一个环节都责任明确的制度条件。审计授权批准环节的重点是审查企业对于每一级别的人员授权批准权限规定是否明确,是否存在越权审批的行为。

(3) 审计销售执行阶段。这一阶段审计的重点,一是批准赊销情况,企业在赊销前应对客户的资信状况进行严格审查,以合理降低应收账款的风险,防止盲目扩大销售而对虚构的或不符合信用条件的客户发货造成损失;二是销售政策的执行情况,企业对于标准销售价格的执行、销售折扣的认定等是否符合既定销售政策;三是各种凭证的开具和传递情况,审计单据是否开具及时、传递程序合理,是否正确记录了销售业务。

(4) 审计销售收款阶段。这一阶段重点审计销售收入是否及时入账;应收账款催收是否有效;应收账款管理是否严格,减值准备的计提和坏账核销是否符合规定。

(5) 审计销售退回阶段。重点审计销售退回手续是否齐全、退回货物是否及时入库。

八、电子信息技术控制

电子信息技术控制要求企业运用电子信息技术手段建立内部会计控制系统,减少和消除人为操纵因素,确保内部会计控制的有效实施;同时要加强对财务会计电子信息系统开发与维护、数据输入与输出、文件储存与保管、网络安全等方面的控制。在销售与收款业务中利用电子信息技术控制,对所有的业务采用计算机记录,相对于传统的手工处理程序,主要的优点在于:

(1) 电子信息技术环境下,采用操作员代码和口令的方式,分配给每一个操作员相应的代码和权限,操作员只能利用自己的代码,在自己的职责权限内操作,否则系统会予以拒绝;操作员在进入系统时必须用自己事先设定的口令,不知道口令就无法擅自进入系统;操作员所有的操作行为都会被系统记录下来,不符合规定的行为也会被自动拒绝。比如,一项现销业务的订单,会由系统自动传递给销售部门经理进行审核,其他没有权限的人员无法进行操作;再如,一项赊销业务的销售通知单,系统会将其传递给信用管理部门有权限的人员，如果赊销客户不符合企业的信用政策，系统会拒绝操作人员给予批准赊销的操作。

（2）数据录入系统后会根据事先设定的程序由相关的部门和人员实时自动共享，这就提高了业务处理的效率，同时有效防范了手工凭证在传递过程中可能被篡改的风险。

（3）由于所有的数据都在系统中储存，程序也事先设定，企业可以随时掌握反映自身实时销售和财务状况的各种报表，更有利于管理者及时作出决策。

☞思考题：

1. 销售业务内部会计控制制度主要包括哪些内容？
2. 如何理解销售业务内部会计控制制度中的客户资信控制制度？
3. 企业销售业务一般处理程序如何设计？
4. 销售业务处理程序中批准赊销信用环节有哪些控制要点？
5. 销售业务主要有哪几种记账方法？它们的优缺点分别是什么？
6. 企业销售退回程序的控制要点主要有哪些？
7. 销售业务的主要内部核算凭证有哪些？请举例说明其基本格式。
8. 销售业务内部控制措施主要有哪些？

☞案例分析：

案例一：某企业销售环节内部控制制度分析

某企业销售环节的内部控制制度为：

设立销售部，处理订单、签订合同、执行销售政策和信用政策；销售部经理对30万元以内的赊销业务有权批准，并根据具体情况确定产品售价。销售部门收到顾客订单后，由经理就品种、规格、数量、价格、付款条件、结算方式等详加审核、签章，然后交仓库办理发货手续。由于人手紧张，大宗销售都是由业务员甲与客户谈判并签订合同。没有签订合同的购买方提货的销售业务直接由财务部收款后开具提货单据和发票，客户自行提货；货到付款的业务由销售业务员乙负责赴购买方收款，并将现金或者支票等票据转交财务部。财务部经理保管所有票据，并有权决定应收票据是否贴现。

仓库发运任何商品出库，均须由管理员丙根据经批准的订单，填制一式四联销货单。在各联上签章后，第一联代包装发运单，由仓库工作人员依单配货、包装，随货交顾客；第二联送财务部；第三联送应收账款专管员丁；第四联则由仓库管理员丙按编号顺序连同订单一并归档，长期保存，作为盘存的依据；财务部收到销货单后，根据所列的资料，开具一式两联的销货发票，其中第一联寄送顾客，第二联交应收账款专管员丁，作为记账和收款的凭证；丁收到销货发票第二联后，将其与销货单第三联核对，如无错误，即据以登记销货客户明细账，然后将两者一并按顾客姓名顺序归档，长期保存。

某月企业发生如下业务：

(1) 销售部经理凭某一老客户以前给其留下的良好印象批准向该客户赊销 23.4 万元的业务，后来该款项迟迟未能收到，财务部证实该企业财务状况恶化，当时已经有数笔货款没有如期支付了。

(2) 另一新客户要求签订 3 年期供货合同，3 年中每月末按照市场价格 80 万元购货，提供下一批货物时清偿上一批货物款项。由于企业销售政策中没有此类情况，销售部经理向总经理请示，总经理当即决定签署该合同。一个月后，该客户未能还款，公司调查发现该客户并无偿还能力。

要求：

(1) 分析企业内部控制制度中存在的问题并提出改进措施。

(2) 分析企业某月份销售业务的两项操作有何不妥并指出应如何改进。

案例二①：宝钢股份销售与收款环节内部控制制度分析

宝山钢铁股份有限公司（下称宝钢股份），为了成为全球最具竞争力的钢铁企业，实现企业价值最大化的战略目标，保证销售收入的真实性和合理性，制定了以下一系列的销售与收款业务内部会计控制制度：

一、销售与收款的业务流程

宝钢股份销售管理的一大特点是高度的信息化管理，产品销售信息由公司 9672 产品销售子系统自动生成，系统已实现产品价格库生成、登记客户需求、签订合同、运输发货、财务评审和结算、产品质量异议处理管理等全过程控制。其主要流程有以下四个基本环节：

(1) 处理订单。对用户填写的订货卡片，或宝钢国际各贸易公司输入 9672 系统的草约付款清单，销售部组织生产厂和制造部等，对品种、规格、价格等进行技术评审，并负责生产能力和运输方式评审。如评审通过，由销售业务人员在订货卡片或草约付款清单上签字或盖章确认，送交财务评审。财务人员对付款草约的结算方式、货款金额、票据安全性等进行审核，确认收款依据。

(2) 签订合同。销售业务人员按评审通过的内容，打印正式合同，经供需双方确认签字后，合同生效；销售部将合同信息通过 9672 系统下发给制造部，并根据合同的交货期和生产计划编制原则进行排产；制造部依据排产计划及交货期及时安排调整生产计划，确保合同按时完成。

(3) 发货。销售部根据制造部的"准发信息"和合同规定的运输方式，向运输部提交成品厂内转库组批计划；运输部据以编制厂内装船、装车作业计划，核对实物，按规定要求装车（船），与承运方办理实物交接和出库提货手续；销售部收到成品装运出厂信息后，负责配齐码单、质量保证书和运单三单，与用户进行产品最终交付。

(4) 财务结算。财务人员根据接收到的三单信息，开具增值税发票，进行销售

---

① 本案例改编于谢中新. 浅析宝钢股份销售与收款环节的内部控制. 冶金财会，2004（4）.

结算，确认销售收入，核销预收款或进行收款。

二、销售与收款控制措施

（一）职务分离

宝钢股份的钢铁产品销售主要由销售部统一管理，财务结算由财会处负责，内部检查由审计处负责。销售部在其《组织机构与管理职责》中明确规定了其内设部门的职责，并特别强调由各产品室负责处理国内外市场开拓及销售、产品订单、合同签订、执行销售政策和信用政策、用户使用情况的跟踪及反馈、催收货款等职能。物流运输室负责钢铁产品出厂运输、物流及配货、出口船期跟踪、运输合同审核及签订、运输供应商管理、产成品库存管理、运输异议处理及"三单"的管理。市场营销室负责营销环境分析、钢铁市场分析及策划、负责销售渠道综合管理、钢铁产品促销策划、钢铁产品价格管理、贸易纠纷处理及风险管理、钢铁产品营销策划及综合销售计划管理。市场营销室、各产品室、物流运输室，分别负责政策制定、执行、运输库存管理。财会处主要负责对销售合同的财务评审和销售款项的结算、记录，并监督销售回收。审计处根据公司有关销售的规章制度及各部门职责权限，定期或不定期地进行内部控制检查。

（二）业务流程控制

（1）销售政策制定控制。销售部严格按照公司制定的《钢铁产品价格管理办法》执行相关销售政策。该文件明确了价格管理的基本原则、产品价格制定依据、价格管理领导小组和市场营销室职责、价格管理范围，并通过价格管理流程来规范公司钢铁产品的价格制定，通过对各类产品的年度目标基价制定和日常价格调整的管理方式，经公司领导或部领导批准后，基价部分输入公司9672销售系统，形成公司的基价库。日常调整部分，通过对系统的授权审批进行相应调整，生成《宝山钢铁股份有限公司销售部价格文件》（包含折扣、赊销、商票结算、付款政策），供相关单位执行销售政策和价格。销售部同时对外公布公司的《价格目录》。

（2）客户信用控制。销售部制定了信用风险管理岗位和职责、信用风险评估流程，根据客户信用评级方法和客户信用授信表，建立客户信用档案。

（3）合同签订控制。宝钢股份的一大特点是根据销售合同安排生产，而其合同一般为预收款和见单付款合同，占公司销售额的90%以上。公司的产品销售信息由9672销售信息系统管理，销售政策和销售价格已实现系统控制，所以销售合同的签订管理，主要体现在订货信息的核对管理上。公司的《订货业务管理办法》对此有详细规定：产品室订货业务人员根据用户所填订货卡片，或宝钢国际各贸易公司通过9672系统传送的草约付款清单内容，对产品的品种、规格、价格和资源量进行评审，核对订货结算单位名称是否与其合同印章的内容相符。如一致，业务员在订货卡片或草约付款清单上签字，或盖章确认即评审通过；物流运输室业务员，对订货卡片上用户要求的运输方式进行确认；产品室订货业务人员，将确认无误的草约付款清单明细表送交财务审核；销售财务接到订货草约后，进行相关财务评审，评审通过后，订货业务人员打印正式合同并对所有打印项目进行审核，审核无误后销售人员根据授权与客户签订合同,并将合同信息通过9672系统传送给相关部门。

(4)发货控制。成品生产结束后,制造部在9672系统中做生产完成标记,销售部按销售合同和生产厂的成品准发信息,进行成品出厂的合同和资源管理,按合同规定的运输方式落实车(船)并编制各运输方式的成品出厂组批计划;运输部按成品出厂组批计划,编制厂内装船、装车作业计划,核对实物,按规定要求装车(船),与承运方办理实物交接,确保100%按期发货,并确保货物运送的安全性和及时性。公司制定的《成品贮存、防护、交付及运输管理程序》,对产品发运的出厂条件、出厂前准备、出厂工作程序、装运及质量保护、交付、出厂运费控制均有明确规定,确保100%按合同发货。同时公司的9672系统中,还有电子通信和装运通知系统功能,具有从销售合同、生产计划、成品资源、出厂管理等内部系统管理功能。通过"宝钢在线",顾客可查询所订合同的生产、发货、质保书等相关信息。

(5)质量异议处理控制。公司制定了产品异议处理管理制度,并通过9672销售系统操作,从处理原则、分工、责任、立案、调查、结案等六个方面规范了异议处理。特别强调处理过程的信息及时登录记载,对处理时间、异议确认、赔偿金额(折价)处理权限、财务退款、退货、转卖和换货的报批均有明确规定,所有操作的信息均登录9672系统,形成异议结案材料。而财务在收到销售业务部门提供的"宝钢产品异议理赔通知单"财务联后,及时核实、签收并做好台账,在收到用户的《进货退出及索取折让证明单》后,在一周内进行相应账务处理。同时相关部门将异议产生的原因、纠正整改措施记录在系统中,并根据需要反馈用户,形成完整的异议处理信息。

(三)财务控制

公司的销售财务管理是通过9672销售收款和发票结算两个子系统完成的,设立资金综合管理、结算管理、会计管理三类岗位,对收款、发票结算、应收账款和应收票据四类业务流程进行全方位的财务控制。

(1)订立合同阶段的财务控制。销售业务人员根据相关部门确认的订货信息打印出草约付款清单,并将核对无误的清单明细表送交财会处驻销售财务审核;销售财务接到订货草约后,进行系列财务评审,对于有欠款的用户,需得到销售部主管领导书面同意后方可订货。

(2)收款控制。收款作业是财务在收到客户的支票、汇票、商票、本票、信用卡或电子汇兑的款项后,进行相关财务处理的过程。对收款作业,财会处首先从岗位上对收款人员和填写进账单人员进行了分离,其次在9672销售收款子系统中完成该作业。其主要流程和控制措施为:根据订货政策,每收到一笔款项,先由系统生成连续编号的收款单,并向普通会计系统抛账,生成会计凭证,然后将款项分配至合约或合同,出厂中心发货后,配齐三单信息,并在9672系统中向销售财务结算组上抛发货信息,结算财务根据出厂的发货信息进行结算开票,确认销售收入。同时销售资金管理也对预收款的补合约欠款和退余款进行了明确规定。

(3)发票结算控制。销售发票结算控制由以下三个环节组成,即出厂中心发货后配齐三单、销售财务结算、交寄结算单据给结算单位。《销售结算管理制度》对上述流程均有详细规定，尤其强调三单结齐是结算控制点，从 9672 系统将一致的三单信息传入金税系统（国家税务系统），通过金税系统开具增值税发票，开票结束后，再把发票信息从金税系统回传至 9672 系统，系统自动核对发运、合同、发票信息，确保三者所载明的品名、规格、数量、价格一致后，如为预收款则进行销账处理，如为见单付款则编制见单付款通知单，向客户收款。公司销售发票的开具，是由金税系统控制的，每天开完发票后都必须核实所剩的空白发票实物是否与金税系统的车存发票数一致，如有出入必须及时查找原因，并予以正确处理，发票存根联按规定定期装订成册。

（4）应收票据管理控制。应收票据是公司在销售过程中，收取客户为订购货款所支付的商业汇票。公司应收票据的管理分两部分：应收票据的收取、票据信息的录入和入账工作由销售财务人员在"销售收款子系统"中完成，票据的日常库存管理、收款、贴现和分析由公司资金管理人员在"票据管理模块"中完成，公司的"票据管理模块"与"销售收款子系统"相结合实现了整个票据的信息化管理。宝钢股份的《销售资金管理办法》和《应收票据管理流程》，对销售财务人员与资金管理人员的职责、分工、日常管理内容、票据信息录入、票据入账（由连续编号的收条自动控制）、移交、承兑、贴现、背书、延期、退票及票据分析等相关票据管理流程作了明确规定，公司的应收票据设有专人保管，票据的接受、贴现和延期换新都经由保管票据以外的主管人员书面批准，各种票据信息都能在管理模块中查询并进行追踪控制，应收票据管理实现了人员分工和信息系统的双重控制。

（5）应收账款控制。公司制定了《应收账款管理及核算办法》和《应收账款管理岗位流程》，有效地规范了应收账款管理工作。该办法和流程对应收账款分事前、事中、事后三阶段进行管理，明确规定了对客户信用管理、公司内部的财务处理、信息互通和日常监督、催款管理、应收账款分析报告、账龄管理、对账管理以及申报坏账等八方面的管理工作。此外，还规定了公司对客户赊销、取得保证、限期回收货款的原则，并通过业务和财务双重评审，特别强调销售人员对应收账款的催收、应收账款账龄分析和逾期应收账款报告及追加法律保全等控制程序。

（6）坏账控制。坏账损失是指因应收款项预计不能收回而发生的损失。公司的《坏账管理办法》从职责上对申报单位、法务处、财会处进行了分工，对坏账核销的处理程序有明确规定。特别强调坏账申报、法务处审核、坏账核销的批准、坏账核销的会计处理等环节的规范化处理，同时要求坏账核销后继续催款，做到账销案存，使已注销的坏账收回时能及时入账，不会形成账外款。

要求：逐一分析宝钢股份上述各项控制流程和控制方法，指出其对企业销售与收款环节内部会计控制完备性和有效性的贡献。

第十一章 成本核算与管理会计制度设计

◎ 学习目标：
1. 了解成本核算与管理会计制度设计的意义和原则。
2. 掌握成本核算制度中生产费用分配标准设计的原则、辅助生产费用分配方法的设计、产品成本计算方法的设计与选择。
3. 明确成本费用的内部控制目标。
4. 理解成本费用的内部控制内容。
5. 掌握成本费用的内部控制措施。

第一节 成本核算与管理会计制度设计概述

一、成本核算与管理会计制度设计的意义和原则

（一）成本核算与管理会计制度设计的意义

一般意义上的成本费用是企事业单位在生产经营过程中为生产产品、提供劳务和完成业务等所发生的资财的耗费。从各行各业的生产经营特点来看，其成本费用耗费的领域和侧重点存在不同程度的差异。就生产制造性企业和提供工业性劳务的企业而言，产品的生产成本和劳务成本是其费用耗费的主要构成内容。因此，生产制造性企业的成本核算方法多样、内容复杂，具有技术性。对于这些企业，成本核算制度的设计是加强成本核算的前提和会计制度设计的重要内容。前述会计凭证和会计账簿的设计，只是为收集整理会计信息提供了正确的载体；会计科目的设计是对纷繁复杂的经济业务进行科学归类，以便记入有关载体；会计报表的设计是对日常核算资料的浓缩和总结提供载体；而成本核算制度设计则是如何产生会计报表中有关成本信息的前提之一，是对会计要素中的费用要素所进行的科学规划。另外，通过成本核算制度的设计，确定了各项费用的归集方法和分配标准，为计算成本、编制成本报表和考核成本计划的执行情况作了准备，再通过成本分析就可以找出成本管理中存在的问题，有助于挖掘降低成本的潜力。

而对于另外一些行业，如 IT 行业、生物制药业等创新企业，发生在产品研发上的期间费用就高于其产品的制造费用；石油生产企业，其产品成本的固定成本很可能高于变动成本。对这些企业，成本管理制度的设计显得尤为重要。通过成本管理制度中变动成本、固定成本、可控成本、目标成本等成本概念的提出，不仅能在日常账簿中反映变动成本、固定成本的信息，便于管理会计各种技术方法的应用，而且能为企业实行目标管理制度提供目标成本资料便于与实际成本对比。使企业进行全过程、全方位的成本管理工作，发挥

在管理中核算、在核算中管理的作用。

（二）成本核算与管理会计制度设计的原则

1. 与企业生产经营特点相结合

企业的生产特点不同，其费用发生的形式、归集的方法等也不同。为了便于核算和监督生产产品和提供劳务所发生的各项耗费，在设计成本核算制度时，必须要注意与企业的生产特点相结合。例如有的企业是大量生产和连续式生产，有的企业则是成批生产或单件装配式生产。在大量连续式生产的企业，其成本计算一般要一步步地进行，而在装配式生产的企业，因各加工步骤之间互相影响不大，可以各自归集本步骤的生产费用，最后汇总。这样才便于核算成本费用，便于对各环节的成本进行监督。

2. 和管理要求相一致

管理要求有宏观要求和微观要求。具体到成本核算上，在宏观方面，国家颁布的成本管理条例以及其他有关制度办法中，对成本开支范围、成本核算的原则、成本管理责任制、各项费用开支标准等作出了明确的规定，各企业在设计成本核算制度时，必须严格按照这些规定进行。在微观方面，一些企业重视成本管理，对成本管理的要求较细，设计者应尽可能在设计时满足管理者的要求，通过设计成本管理的原始凭证和预测决策方面的有关内部报表来提供管理所需信息。

3. 体现经济性原则

成本核算制度内容多，情况复杂，到最后计算出产品的单位成本和总成本，往往要经过多道程序，但设计者决不能因此而设计复杂的程序和表格，使有关数据在各种程序间转来转去。设计者在满足管理需要和科学反映企业生产特点的基础上，要注意贯彻经济性原则，避免有关程序的复杂化，能不分配或采用简便的分配方法而不影响成本核算质量的就不要设计复杂的分配方法。西方国家着重加强对成本的管理而不是强调成本计算的"精确性"，这是值得借鉴的经验。

二、成本核算与管理制度设计的内容

成本核算与管理制度设计的内容主要包括：
①要素费用及成本项目的确定；
②成本计算对象、成本计算期的确定；
③各项生产费用的归集和分配方法的规划；
④成本计算方法的选择和设计；
⑤成本控制的各种原始凭证、内部成本报表的设计；
⑥成本管理制度的设计；
⑦成本费用的内部控制设计。

以上内容中的第①项至第④项属于成本核算制度设计，在本章第二节讲解。第⑤项已在第五章会计核算系统设计中进行了讲解。第⑥项成本管理制度设计，包括成本指标的分解、内部价格的制订、责任中心的责任成本制度等将在第十五章责任会计制度中讲解。第⑦项将在本章第三节阐述。

231

第二节 成本核算制度设计

一、要素费用及成本项目的设计

（一）明确成本开支范围

成本开支范围是指应计入产品成本的内容。在成本开支范围中必须明确规定哪些费用应计入产品生产成本，哪些费用不能计入产品生产成本，这既是正确反映企业产品生产耗费水平的需要，也是企业保持成本计算口径一致的需要。我国企业成本的开支范围和标准是由国家统一制订的，在《企业财务通则》、《企业会计准则》和《企业会计制度》中都有原则性的规定，但生产费用的内容多、项目具体，各单位的具体情况也不同，所以各企业必须遵循国家规定并结合自身的特点，按照以下几方面的原则制订具体细则：一是正确划分资本性支出和收益性支出的界限；二是正确划分应计入产品成本的费用和不应计入产品成本的费用的界限；三是正确划分各个会计期间的费用界限；四是正确划分各种产品应负担的费用界限；五是正确划分完工产品成本和在产品成本的界限。

（二）要素费用的设计

要素费用是费用按照经济内容进行的分类。在成本核算制度中，对于要素费用的名称及核算方法应予以说明。产品的生产经营过程，也是劳动对象、劳动手段和活劳动的耗费过程。所以，生产经营过程中发生的各种耗费按照其经济内容不同，主要可分为劳动对象方面的费用、劳动手段方面的费用和活劳动方面的费用。为了具体反映各种费用的构成和耗费水平，要素费用是在以上三大要素的基础上进一步细分。一般情况下，要素费用分为以下9项：

①外购材料。指企业为进行生产经营而从外部购入的一切原料及主要材料、半成品、辅助材料、修理用备件、包装物和低值易耗品等。

②外购燃料。指企业为进行生产经营而从外部购入的各种燃料。

③外购动力。指企业为进行生产经营而从外部购入的各种动力。

④工资。指企业从事生产经营的员工工资。

⑤福利费。指企业按工资的规定比例计提的福利费。

⑥折旧费。指企业按规定计提的固定资产折旧费。出租固定资产的折旧费不包括在内，以免重复统计。

⑦利息费用。指企业在生产经营期间发生的利息净支出。

⑧税金。指企业计入生产经营费用的各种税金，如印花税、房产税、车船使用税、土地使用税等。

⑨其他费用。指不属于以上各要素的费用，如租赁费、外部加工费、差旅费、保险费、邮电通信费等。

这种分类便于核算企业各个时期各种费用的实际支出水平，可以为核定企业流动资金定额和编制材料采购资金计划提供资料，同时考核费用计划的执行情况。值得注意的是，要素费用并不是一成不变的，它要随管理要求的变化而做相应的改变。企业在制订成本核算制度时，可以在不违反国家宏观管理要求的情况下，增减某些项目。

（三）成本项目的设计

成本项目是对产品成本构成内容所作的具体分类。设置成本项目可以反映产品成本的构成情况，满足成本管理的目的和要求；有利于了解企业生产费用的用途，便于企业分析和考核产品成本计划的执行情况。为了便于归集生产费用，正确计算产品成本，需要对生产费用进行合理的分类。生产费用按经济用途划分，可将计入产品成本的生产费用分为以下4个成本项目：

①直接材料。直接材料包括企业生产经营过程中实际消耗的原材料、辅助材料、备品配件、外购半成品、燃料、动力、包装物以及其他直接材料。

②直接工资。直接工资包括企业直接从事产品生产人员的工资及福利费。

③其他直接支出。其他直接支出包括直接用于产品生产的其他支出。

④制造费用。制造费用包括企业各个生产单位（分厂、车间）为组织和管理生产所发生的各种费用。一般包括：生产单位管理人员工资，职工福利费，生产单位的固定资产折旧费，租入固定资产租赁费，修理费，机物料消耗，低值易耗品，取暖费，水电费，办公费，差旅费，运输费，保险费，设计制图费，试验检验费，劳动保护费，季节费，修理期间的停工损失费以及其他制造费用。

将生产费用按经济用途划分为成本项目，便于反映产品成本的构成，可以考核各项费用定额或计划执行情况，查明费用节约或超支的原因，加强对成本的控制和管理，促使企业更有效地降低成本。为使成本项目更好地适应企业的生产特点，企业可以根据自己的生产特点对上述项目作适当的调整。对于某些可以直接归属于有关产品的费用，若金额较大，或管理上需要单独反映、控制和考核的，可增设有关成本项目，如"外部加工费"、"废品损失"等。

二、生产费用分配方法的设计

生产经营过程中发生的生产费用，有的可以直接计入产品成本计算对象，有的则需要按照一定的分配标准间接计入产品成本计算对象。如何确定科学、合理的生产费用分配标准来分配间接费用，是生产费用分配方法设计应解决的主要问题，也是正确计算产品成本的必要条件。

（一）生产费用分配标准的设计原则

为了使设计出的生产费用分配标准科学、合理，在设计生产费用分配标准时应遵循以下原则：第一，相关性原则。这一原则要求待分配生产费用与分配标准之间要具有客观直接的相互依存关系。第二，作为分配标准的因素必须是数据资料易于取得、易于计量的。第三，选定的分配标准，在实际的生产费用分配计算中，核算简易，工作量不大。第四，分配标准的选择要有利于成本控制和成本考核，有利于企业加强成本管理。第五，生产费用分配标准一经确定，应保持一定时期的相对稳定。

（二）生产费用分配方法与分配标准

生产费用分配的基本方法是比率法，即待分配的生产费用除以各分配对象的分配标准之和，计算出分配率，然后再用各分配对象的分配标准乘以分配率，就可计算确定各分配对象应分配的各项间接费用。其基本的计算公式为：

分配率＝分配对象÷各种产品分配标准之和

某种产品应分配的间接费用＝该种产品分配标准数×分配率

以下费用的常用分配标准如下：

①材料费用的分配。间接计入产品成本的各项材料费用，可以按产品的产量、定额消耗量、产品重量、定额费用、产品体积比例等作为分配标准。

②燃料费用的分配。可以根据产品的重量、体积、所耗原材料的数量、所耗原材料费用、燃料定额消耗量或费用比例等作为分配标准。

③动力费用的分配。一般按照产品的生产工时、机器工时、定额工时比例等作为分配标准。

④职工薪酬及福利费的分配。一般按照产品的生产工时或定额工时比例等作为分配标准。

⑤其他制造费用的分配。一般按照产品的生产工时、机器工时、定额工时、生产工人工资比例或年度计划分配率等作为分配标准。

（三）生产费用在完工产品与在产品之间的分配

生产费用经过归集和分配后，成本计算单就集中反映了某种产品的全部成本。如果该产品在计算期内已完工，它反映的就是完工产品成本；如果该产品在计算期内尚未全部完工（有在产品），则反映的该产品成本还需在完工产品和在产品之间分配。常用的分配方法有下列几种：

1. 不计算在产品成本法

这种方法适用于各月末在产品数量很小，算不算在产品成本都对于完工产品成本的影响较小，管理上不要求计算在产品成本的情况，为了简化核算工作，可以不计算在产品成本。即该种产品本月归集的全部生产费用就是该种完工产品成本。

2. 按年初数固定计算在产品成本法

这种方法适用于在产品数量较小，或者在产品数量虽大但各月之间在产品数量变动不大，月初、月末在产品成本的差额不大，算不算各月在产品成本的差额，对完工产品成本的影响不大的产品。

3. 在产品按所耗原材料费用计价法

这种方法适用于各月末在产品数量较大，各月末在产品数量变化也较大，同时原材料费用在成本中所占比重较大的产品，如造纸、酿酒等行业的产品。

4. 约当产量比例法

这种方法适用于月末在产品数量较大，各月末在产品数量变化也较大，产品成本中原材料费用和工资及福利费等加工费用比重相差不多的产品。

5. 在产品按完工产品成本计算法

这种方法是将在产品视同完工产品分配费用。这种分配方法适用于月末在产品已经接近完工，或者产品已经加工完毕，但尚未验收或包装入库的产品。

6. 在产品按定额成本计价法

这种分配方法是按照预先制订的定额成本计算月末在产品成本，即月末在产品成本按其数量和单位定额成本计算。适用于定额管理基础比较好，各项消耗定额或费用定额比较准确、稳定，而且各月在产品数量变动不大的产品。运用该方法时，应根据各种在产品有关定额资料，以及在产品月末结存数量，计算各种月末在产品的定额成本。

7. 定额比例法

定额比例法是产品的生产费用按照完工产品和月末在产品的定额消耗量或定额费用的比例，分配计算完工产品成本和月末在产品成本的方法。其中，原材料费用按照原材料定额消耗量或原材料定额费用比例分配；工资和福利费、制造费用等各项加工费，可以按定额工时的比例分配，也可以按定额费用比例分配。这种分配方法适用于定额管理基础较好，各项消耗定额或费用定额比较准确、稳定，各月末在产品数量变动较大的产品。

三、辅助生产成本计算的设计

（一）辅助生产费用分配的传统方法

在大型制造企业里，一般专门设置有为基本生产车间等部门提供产品（如水、电、一些材料）或劳务（如修理、运输）的生产车间，这就是辅助生产部门。辅助生产费用就是辅助生产部门发生的费用。根据受益原则，辅助生产费用应由各受益部门承担，也即应将辅助生产车间发生的费用向其以外各个受益部门进行分配。目前存在的分配方法主要有直接分配法、交互分配法、代数分配法、按计划成本分配法、顺序分配法五种，它们各有不同的特点和适用范围。

直接分配法是将各辅助生产车间发生的费用，直接分配给辅助生产以外的各受益单位，辅助生产车间之间相互提供的劳务忽略不计的方法。这种方法计算简便，但分配结果有较大误差。因此，适用于辅助生产车间之间相互不提供劳务，或提供劳务较少的情况。

交互分配法是将辅助生产车间发生的费用分为两个阶段进行分配，其中：第一阶段将各辅助生产车间相互提供的服务量按交互分配前的单位成本，在辅助生产车间之间进行分配，这次分配叫作交互分配；第二阶段是在第一阶段的基础上，将各辅助生产车间交互分配后的费用直接在辅助生产以外的部门进行分配。交互分配法因为考虑了辅助生产车间内部的分配，比直接分配法准确。但工作量明显高于直接分配法。一般适用于辅助生产车间相互提供劳务较多的情况。

代数分配法，是指根据辅助生产单位费用和劳务供应情况，建立联立方程，通过解方程组计算出辅助生产劳务（产品）的单位成本，以此作为分配率，然后在各受益单位（包括辅助生产单位）之间同时分配辅助生产费用的方法。这种方法分配结果最准确，适用于已实现电算化的企业。

按计划成本分配法是指根据事先确定的劳务（产品）的计划单位成本和各受益单位实际耗用的数量，计算各受益单位应分担的辅助生产费用。这种方法和代数分配法的根本区别是费用分配率不是通过解方程组算出，而是事先给定的。

顺序分配法是根据辅助生产车间受益多少的顺序，将辅助生产车间、部门进行排列。受益少的排在前面；受益多的排在后面，排在后面的后分配费用，排在前面的辅助生产车间不负担排列在后的辅助生产车间的费用。这种方法计算简便，但由于排在前面的车间不负担排在后面车间的费用，分配结果准确性不够。本方法适用于辅助车间规模、生产能力有明显差距，因而相互提供的产品和劳务能排出明显顺序的情况。

（二）辅助生产费用分配方法的设计

以上辅助生产费用分配方法实际上是根据辅助部门是否相互实行优惠政策而选用，而不是根据业务量大小选用。同为辅助部门，相比于非辅助部门来说可能往往相互之间需要有一定优惠，这应该是在电算化条件已经比较成熟的情况下还存在多种分配方法的一个原因，不然我们有充分理由认为除了代数分配法、按计划成本分配法以外的其他方法应该淘汰不用。具体来说，不同方法选用的依据应该是：

①辅助生产车间相互不收费。这时适合选用的是直接分配法。

②辅助生产车间相互给予一定的优惠待遇，这时适合使用的是交互分配法。

③将辅助生产车间和其他部门同等对待，这时就适合使用代数分配法或按计划成本分配法。

④辅助生产车间之间的规模、生产能力有大的差异，小的车间需要扶持，这时可以选用顺序分配法。

那么辅助生产部门相互之间何时应该实行相互优惠，何时将别的辅助部门与其他受益单位同等对待？从经济学的角度来看，辅助生产车间收费时相互优惠，有利于它们资源共享，做大做强，从而降低企业的运行成本。在辅助车间初建阶段，需要扶持，实行互惠是有必要的，这时宜用直接分配法或顺序分配法。根据边际收益递减规律，随着辅助生产部门经营活动的开展，其实行相互优惠政策降低企业运行成本的好处会逐步递减，最终会导致改用非优惠政策更经济。所以具体操作时，表现为辅助生产车间建立初期，用直接分配法或顺序分配法进行辅助生产费用的分配，一定时期以后改用交互分配法，最后改用代数分配法或按计划成本分配法。

四、产品成本计算方法的设计

（一）企业生产类型分析

如何选择恰当的成本计算方法，将生产经营过程中发生的各种生产费用按一定对象和标准加以归集和分配，最终计算出产品的总成本和单位成本，主要取决于企业的生产类型和管理上对成本计算的要求。企业的生产类型一般可按生产工艺过程的特点和生产组织的特点来进行划分。

1. 按生产工艺过程的特点划分

制造业企业的产品生产，按生产工艺过程是否可以间断来划分，可分为简单生产（单步骤生产）和复杂生产（各步骤生产）两种类型。

简单生产是指生产工艺不能间断，或者不够分散在不同地点进行的生产，如发电、铸造、采煤等生产。复杂生产则是指生产工艺过程可以间断，由几个生产步骤组成的生产。它按照产品生产的加工方式不同，又可以分为连续式复杂生产和装配式复杂生产。连续式复杂生产，是指从原材料投入到最后生产出产成品，需要经过若干互相联系的加工步骤，前一个步骤生产出来的半成品，是下一个生产步骤的加工对象，到最后步骤才形成如钢铁、纺织企业等。复杂生产，是指把各种原材料在各步骤平行地进行加工，制成产品所需的各种零部件，最后，将各生产步骤的零部件组装成产品成品，如造船、自行车、机床企业等。

2. 按生产组织的特点划分

制造业企业的产品生产，按生产组织的特点划分，可以分为大量生产、成批生产和单件生产三种类型。

大量生产是指不断重复生产一种或几种产品的生产，一般生产的产品品种较少，产量较大，通常采用专业设备重复地进行生产，专业化水平高，如纺织、采掘、造纸等工业的生产。成批生产，是按照规定的产品批别和数量来组织的生产，一般生产的品种较多，各种产品往往成批重复生产。成批生产按照生产批量的大小，又可分为大批生产和小批生产。大批生产的性质接近于大量生产，小批生产的性质接近于单件生产。服装、机床等工业的生产，都是成批的生产。单件生产是按照购买单位提供的订单要求，按特定的规格和数量来生产个别的，特定的产品，一般生产的品种较多，但很少重复生产，如造船、重型机械等工业的生产。一般而言，简单生产多是大量生产，连续式复杂生产多是大量大批生产，装配式复杂生产，可能是大批生产，也可能是单件小批生产。

（二）成本计算方法的分析与选择

不同的生产类型和管理要求，影响到成本计算对象的确定。成本计算对象是归集生产费用计算产品成本的承担者，只有先确定了成本计算对象，才能根据它来设置产品成本明细账，分配生产费用和计算产品成本。不同的成本计算对象，又形成了不同的成本计算方法。

在简单生产企业里，产品单一、产量较大，生产过程不能间断，即不能分步骤进行生产，因此一般只需按产品品种来进行成本计算，在大量大批复杂生产企业里，由于生产工艺过程由几个生产步骤组成，不但可以计算产品的成本，还可以计算出各个步骤半成品的成本，这种是按产品和生产步骤来进行成本计算的，而在单件小批复杂生产企业里，它的生产一般按批别或件别来组织，因此是按产品生产的批别来进行成本计算。除了考虑企业的生产类型特点外，还要根据企业对成本管理的要求来进行成本计算，例如在大量大批复杂生产企业里，如果成本管理上不要求计算各步骤成本，也可以不分步骤计算成本，而按照产品品种来计算。由此可见，不同的生产类型和管理要求形成了不同的成本计算对象，进而又产生了三种不同的基本成本计算方法：以产品品种为成本计算对象的品种法，以产品生产批别为成本计算对象的分批法和以产品和生产步骤为成本计算对象的分步法。

1. 品种法

该法是以产品品种作为成本计算对象，来归集生产费用并计算产品成本的一种方法。通常又称为简单法。它主要适用于大量大批单步骤简单生产的企业，如发电、采掘、供水、磨粉等行业，也适用于一些在管理上不要求分步骤提供产品成本信息的大量大批多步骤生产的企业，如糖果厂、饼干厂、小造纸厂、小水泥厂、小砖瓦厂等。另外，对企业内部的一些供电、供水、供气等辅助生产车间计算其提供的电、水、气等的劳务成本，也可以采用品种法来加以核算。

该法的成本计算对象为产品品种，企业的绝大部分生产费用按照企业最终产品的品种归集。该法的成本计算期是按月进行，定期计算出产品成本。因为在大量大批生产情况下总是连续不断地进行着，很难界定产品的生产周期，所以按月进行成本计算，以日历月份确定的会计报告期作为成本计算期。品种法下，生产费用一般不存在完工产品与月末在产品之间分配的问题，由完工产品全部负担。由于采用品种法的企业生产产品的生产周期较短，一般月终没有在产品，或有在产品但数量很少，对产品成本的影响并不大，可以不计入产品成本。但对于管理上不要求提供分步骤成本信息的大量大批多步骤复杂的企业，由于步骤较多，一般要考虑月末在产品，这时就需要将生产费用在完工产品与月末在产品之间分配。

2. 分批法

该法是以产品批别作为成本计算对象，来归集生产费用并计算产品成本的一种方法。由于采用分批法的企业常常是根据购买单位的订单作为不同的批别来组织生产的，所以分批法又称为订单法。它主要适用于单件、小批生产的企业，如重型机械制造、船舶制造、专用设备制造和精密仪器制造等，也适用于主要产品生产以外修理作业、自制设备、新产品试制或试验等，另外，在某些按单件小批组织生产，管理上又要求分批计算成本的单步骤简单生产的企业，也可以采用分批法。

分批法的成本计算对象为产品批别或购货者的订单。但是，客户的订单和产品的批别并不能完全等同起来，一张订单里可能会分为好几个批别来进行生产，几张相同的订单也可能会合并为一个批别来进行生产，一张订单也可能就代表一个批别。分批法的成本计算期是生产周期。由于完工产品成本要等到某工作令号完工后，而产品的生产周期与会计报告期往往不一致，所以在分批法下，在产品未完工前只是把各批产品发生的费用按月归集，但并不计算成本，一直到产品完工后才计算产品成本。所以，在分批法下，成本计算期不是会计报告期，并不按月进行，而是生产周期。分批法下，生产费用一般不存在完工产品成本与月末在产品之间分配的问题。由于分批法要到产品完工时才计算产品成本，所以一般不需要在会计期末分配生产费用给月末在产品。在各个生产成本明细账里归集的生产费用，或者全部为完工产品的成本（该批别的产品已全部完）或者全部为在产品成本（该批别的产品尚未完工）。

3. 分步法

该法是按照产品的生产步骤和产品品种汇集生产费用、计算产品成本的一种方法，它适用于大量大批的多步骤生产，例如冶金、纺织、造纸以及大量大批生产的机械制造等。在这些企业里，生产工艺过程是由若干个在技术上可以间断的生产步骤组成，即从原材料投入生产到产品完工，要经过若干个连续的加工步骤。原材料经过一个加工步骤，便生产出形状和性能不同的半成品，上一步骤的半成品，是下一步的加工对象，直到最后一个步骤加工或装配完毕，才生产出产成品。在这样的企业里，为了加强各生产步骤的成本管理，特别是实行分级管理、分级核算的企业，不仅要求按照产品品种计算产品成本，而且还要求按照生产步骤计算半成品成本，以便为考核和分析各种产品及各生产步骤半成品成本计划的完成情况提供基础数据资料。由于在不同的企业，管理者对每一生产步骤的成本信息的需求不同，为了方便成本计算，分步法又可以分为逐步结转分步法和平行结转分步法两种。

逐步结转分步法广泛适用于大批量多步骤生产的企业，各步骤生产出的半成品主要是转给下一步骤继续加工，最后加工成企业产成品。例如，玻璃仪器的生产要经过以下步骤：首先配料熔化为玻璃液，然后经过拉管机拉成玻璃管，最后经过烧制制成各种玻璃仪器。各步骤的半成品成本是最终产成品成本计算的需要，所以每步骤均需要计算半成品成本。有的企业各步骤生产出的半成品可以对外销售，如纺织厂的棉纱、钢铁厂的生铁等都经常对外销售，为明确对外销售产品的成本，就要求计算各步骤半成品成本。

平行结转分步法主要适用于大量多步骤装配式生产的企业，这些企业各步骤半成品的种类较多，又很少对外销售，不需要计算半成品成本。如果再采用逐步结转分步法，会加大核算工作量，也没有必要。为了简化和加速成本计算工作，便采用了平行结转分步法。

以上所述成本计算方法的选择可用图 11-1 表示。

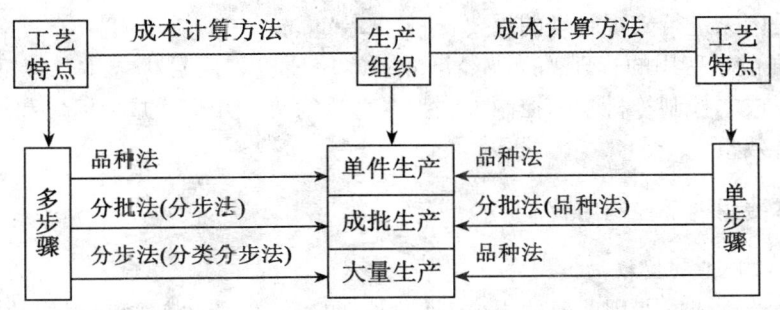

图 11-1　成本计算方法参考选择图

值得注意的是，在一个单位内部也可同时结合运用几种成本计算方法，例如成批生产的多步骤装配式生产企业，为加强成本管理，可既按批别又按生产步骤汇集生产费用，即采用分步分批法计算成本；在品种、规格较多的多步骤成批生产的企业，可以按产品类别先计算一类产品的成本，再运用系数法计算各种规格的产品成本，即采用分类分步法或分类分批法。再如对机器制造企业，锻铸车间可用品种法计算锻件和铸件成本，而加工车间和装配车间又可用分批法计算各批产品的成本，在铸造、加工、装配三个车间之间可采用平行结转分步法计算产成品成本。总之，设计者在设计某单位的成本计算方法时，应做仔细的事前调查，充分考虑到企业的生产特点和管理要求，设计出适合企业实际情况，既省时又省力的成本计算方法。

第三节　成本费用的内部控制设计

加强成本费用的管理是实现财务成果的重要保证，是增加利润的重要途径和手段，是实现企业价值最大化的关键。企业资产的消耗最终转化为成本费用，成本费用的管理也是一个全方位的管理，需要企业的各个部门相互配合才能完成。如果管理不善，可能导致企业成本费用的核算和相关会计信息不合法、不真实、不完整，企业财务报告失真，最终导致企业遭受外部处罚、经济损失和信誉损失。

第十一章 成本核算与管理会计制度设计

一、成本费用的内部控制目标

成本费用控制的目标是指预期成本费用应该控制的水平及控制标准。它的最终目标是成本费用最小化。确立成本费用控制目标的基本要求：

（1）保证各项成本费用的合法性。各项成本费用开支符合国家有关财经法规的要求，严格遵守国家规定的成本费用开支范围和开支标准。

（2）保证各项成本费用开支的合理性。各项成本费用开支必须符合企业生产经营活动的需要，正确划分资本性支出和收益性支出的界限，正确划分产品成本和期间费用的界限，体现收入与费用的配比原则，做到经济合理。

（3）保证成本费用的正确核算，及时提供真实、可靠的成本费用信息资料。成本费用信息资料是国家进行宏观管理的重要资料。

（4）加强成本费用的管理，提高经济效益。应通过采用目标成本、标准成本、定额成本以及责任成本控制等科学的控制方法，努力节约费用开支，减少损失和浪费，降低成本，提高经济效益。

二、成本费用内部控制内容

（一）岗位分工及授权批准

单位应当建立成本费用业务的岗位责任制，明确内部相关部门和岗位的职责、权限，确保办理成本费用业务的不相容岗位相互分离、制约和监督。同一岗位人员应定期适当调整和更换，成本费用不相容岗位包括：成本费用预算的编制与审批；成本费用支出的审批与执行；成本费用支出的执行与相关会计记录。单位应配备合格人员办理成本费用的核算业务。办理成本费用核算的人员应当具备良好的业务知识和职业道德，遵纪守法，客观公正。企业应当通过培训，不断提高他们的业务素质和职业道德水准。

单位应当对成本费用业务建立严格的授权批准制度，明确审批人对成本费用业务的授权批准方式、权限、程序、责任和相关控制措施，规定经办人办理成本费用业务的职责范围和工作要求。审批人应当根据成本费用授权批准制度的规定，在授权范围内进行审批，不得超越审批权限。

（二）成本费用预测、决策与预算控制

（1）预测。单位应当根据本单位历史成本费用数据、同行业同类型企业的有关成本费用资料，料工费价格变动趋势，人力、物力的资源状况以及产品销售情况等，运用本量利分析、投入产出分析、变动成本计算和定量、定性分析、价值链成本比较分析等专门方法，对未来单位成本费用水平及其发展趋势进行科学预测，制订科学、合理的成本费用管理目标。开展成本费用预测，应本着费用最少、效益最大的原则，明确合理期限，充分考虑成本费用预测的不确定因素，确定成本费用定额标准。成本费用预测应当服从企业整体战略目标，考虑各种成本降低方案，从中选择最优成本费用方案。

（2）决策。单位对成本费用预测方案进行决策，应当对产品设计、生产工艺、生产组织、零部件自制或外购等环节，运用价值分析、生产工序、生产批量等方法，寻找降低成本费用的有效措施。

(3) 预算。单位应当根据成本费用预测决策形成的成本目标，建立成本费用预算制度。通过编制成本费用预算，将企业的成本费用目标具体化，加强对成本费用的控制管理。

(三) 成本费用执行控制

(1) 单位应当根据成本费用预算、定额和支出标准，分解成本费用指标，落实成本费用责任主体，保证成本费用预算的有效实施。

(2) 建立成本费用支出审批制度，根据费用预算和支出标准的性质，按照授权批准制度所规定的权限，对费用支出申请进行审批。

(3) 单位应当规范成本费用开支项目、标准和支付程序，从严控制费用支出。对未列入预算的成本费用项目，如确需支出，应当按照规定程序申请追加预算。

单位应根据生产成本业务的特点以及生产经营对生产成本管理的要求，对成本费用的执行采取以下相应的控制措施：

(1) 各车间和职能部门需要开支的各项费用，在由专人填制有关凭证后，要经过车间或部门负责人员审查批准；对于超出限定员或预算的费用开支则由上级主管人员审查批准。

(2) 产品成本的核算是以经过审核的生产通知单、领发料凭证、产量和工时记录、人工费用分配表、材料费用分配表、制造费用分配表为依据的。

(3) 财会部门应审查由各个职能部门转来的各项费用开支原始凭证及转账凭证基本内容的完整性，处理手续的完备性，经济内容的合法性，计算内容的正确性，并签字盖章。

(4) 财务人员要审核材料发出汇总表、工资结算汇总表、固定资产折旧计算表及其他费用支出原始凭证基本内容的完整性，处理手续的完备性，经济内容的合规合法性，计算内容的正确性；并编制记账凭证，及时登记生产成本等明细账，与相关的总账和实物保管等账簿进行核对。

(四) 成本费用核算控制

单位应当建立合理的成本核算、费用确认制度。成本费用核算应符合国家统一的会计准则制度的规定，对生产经营中的材料、人工、间接费用等进行合理的归集和分配，不得随意改变成本费用的确认标准及计量方法，不得虚列、多列、不列或者少列成本费用。

建立成本费用核算的基础工作制度，包括建立、健全有关成本核算的原始记录工作；制订必要的消耗定额，完善定额管理制度；建立和健全材料物资的计量、验收、领发、盘存以及在产品的移动管理制度等。同时，单位应当根据本单位生产经营特点和管理要求，选择合理的成本费用核算方法。

(五) 成本费用分析与考核

单位财务部门应该运用专门的方法进行成本费用分析，及时掌握成本费用升降的原因，通过分析差距产生的原因，进一步修正成本费用标准。在分析过程中主要是分析成本费用预算、定额的执行情况，成本降低任务的完成情况。还要具体对成本费用的构成项目、单位成本进行分析。

建立成本费用的考核制度。对相应的成本费用项目的责任主体进行考核和奖惩，通过成本费用考核促进各个责任中心合理控制生产成本及各种耗费。实行责任的评价制度，责任评价是指根据责任主体的控制标准及实际资料，对责任主体的责任履行情况进行认定、分析、考核、奖惩等一系列工作的总称。在成本费用控制中，责任评价关系到责任主体的业绩认定及由此而带来的利益，也关系到企业成本费用控制的激励与约束的有效性进而关系到成本费用控制动力机制的作用程度。最后要将考核的结果以责任报告的形式反映出来。

三、成本费用内部控制措施

成本费用内部控制措施主要有：授权批准控制、会计系统控制、内部审计控制、电子信息系统控制及预算控制。授权批准控制、会计系统控制、内部审计控制三种控制措施在其他章节介绍，本章重点讲解电子信息系统控制和预算控制。

（一）电子信息系统控制

电子信息系统控制要求单位运用电子信息技术手段建立控制系统，以减少和消除内部人为控制的影响，确保内部控制的有效实施；同时要加强对电子信息系统的开发与维护、数据输入与输出、文件储存与保管、网络安全等方面的控制。

电子信息系统控制是用电脑和网络把单位所需要的经营管理信息记录下来，迅速汇总、加工、处理，形成像大脑神经系统那样高速运转和流动的信息流。由于信息化具有灵敏、准确、集成、共享等特点和优点，因此，可以为单位的决策、生产和销售等环节更好地服务。但是，在电子信息技术快速发展并为单位的经营管理带来方便、效率的同时，单位也应重视电子信息系统本身的风险。如果对风险监控不当，会给单位、国家的资产造成巨大损失。

目前，我国电子信息系统主要面临的风险包括：首先是软件开发和设计存在的风险。在应用软件的研制过程中，由于研制人员所考虑的问题不是十分全面、科学，致使实际工作中的一些情况与之不能吻合，容易出现差错；其次是实际业务操作不规范造成的风险。主要表现在具体制订的措施不严，导致出现玩忽职守的现象；再次是网络、计算机维护不当酿成的风险。

为有效控制电子信息系统中存在的种种风险，应采取以下措施：

（1）对操作系统进行保护。包括：第一，设定操作人员的权限。根据权限，操作人员分为专项操作人员和系统管理员。专项操作员只能从事某一项具体的工作，如录入凭证或打印账簿等；系统管理员的权力较大，可以设定和更改专项操作员的口令，可以修改账簿数据等，但他同时对系统安全也负有不可推卸的重大责任。第二，设置口令。为防止误入电子信息系统，还必须设置一定的密码和口令，只有在密码和口令都一致的情况下，才能进入电子信息系统。同时要注意，设置的口令和密码应不易被破译并比较容易记忆，为安全起见，口令不应在屏幕上显示出来。第三，运用密码盘。在电子信息系统中，除设置口令之外，还应设置密码盘对系统进行保护。

（2）对软件和数据进行保护。包括：第一，把编制好的程序，在投入使用前，运用编译手段，使其形成由机器码组成的程序，并设置成不可读或隐含文件；第二，用加密技术对管理信息系统软件加密，采用的加密方法有激光加密、硬卡加密等；第三，建立数据的存取保护措施，对会计数据设置不同的操作权，如设置对数据的允许阅读或禁止阅读权限，对数据的允许修改或禁止修改权限等；第四，建立数据盘的备份制度，可以采用日备份和月备份两种形式；第五，对数据文件进行加密，可以采用消除、互换和暂代等技术方法来实现。

（二）预算控制

预算控制要求单位加强预算编制、执行、分析、考核等环节的管理，明确预算项目，建立预算标准，规范预算的编制、审定、下达和执行程序，及时分析和控制预算差异，采取改进措施，确保预算的执行。预算内资金实行责任人限额审批，限额以上资金实行集体审批。严格控制无预算的资金支出。

所谓预算，是指单位结合生产经营目标及资源调配能力，经过综合计算和全面平衡，对当年或者超过一个年度的生产经营和财务事项进行相关经费、额度的测算和安排的过程。

预算控制是内部控制中广泛运用的一种控制方法。预算使得单位的经营目标转化为各部门、各个岗位以至每个员工的具体行为目标，作为各受控单位的约束条件，能够从根本上保证单位经营目标的实现。通常的预算控制程序应当包括：首先，确定预算方针和预算目标；其次，编制预算，涉及明确预算原则、编制预算草案、协调预算、复议和审批等；再次是预算的执行、监控和调整。最后是预算考评。

西方发达国家十分重视预算的研究和运用，已将普通预算系统推向全面预算管理阶段。自 20 世纪 20 年代全面预算管理在美国的通用汽车公司、杜邦公司、通用电气公司产生之后，这一方法很快成为大型现代化工商企业的标准作业程序。预算从最初的计划、协调生产发展为现在的兼具控制、激励、评价等功能的一种综合贯彻企业战略方针的经营机制，从而处于企业内部控制系统的核心地位。在我国，近年来，人们对预算，尤其是全面预算有了一定的认识。在一些预算管理做得好的企业，比较重视对包括成本费用在内的经济事项的控制和管理，尤其重视专门预算的控制，对一些与决策相关的间接费用，如产品的研发成本、广告设计成本等，因其往往涉及企业战略决策的实施，对这类成本费用制订相应的控制流程，同时采用零基预算方法编制费用支出计划，并由检查监督部门按项目内容严格检查预算的执行情况，对其在执行中发生的重大变化需经最高管理当局决策。但还有不少企业虽然自行编制了预算，但仍未设置专门的预算管理机构；而另一些企业预算编制得很漂亮，但缺乏对预算执行的监督落实，导致预算成为空算。由此可见，在我国让所有企业运用好预算控制这种方法还有很长的路要走。

☞**思考题：**

1. 如何理解要素费用和成本项目，它们有何区别？
2. 企业如何选择其辅助生产费用的分配方法？
3. 在一个单位内部可以同时运用几种成本计算方法吗？如何选用？
4. 成本费用的内部控制内容包括哪些？
5. 预算控制程序包括哪些？单位应如何运用预算控制其成本费用？

第十一章 成本核算与管理会计制度设计

☞ **案例分析：**

1. 资料：某棉纺织厂设有粗纱车间、细纱车间、筒摇车间、整理车间和织布车间五个基本生产车间，另设机修车间和供电房两个辅助车间，经事前调查获得以下资料：

（1）生产类型属大量连续式生产；

（2）生产的产品有21S（即21支纱——下同）、42S和64S三种纱，生产不同幅宽的布5种；

（3）企业生产的纱可以出售一部分，大部分自用；

（4）生产周期不超过一个月；

（5）粗纱车间、细纱车间和筒摇车间统称为纺部，整理车间和织布车间统称为织部（可看作两大步骤）；

（6）两个辅助生产车间的关系：机修车间要耗用一部分电，供电车间一般不耗用机修车间劳务；

（7）每月生产比较均衡，月初月末在产品数量波动不太大；原材料成本占总成本的70%左右；动力费占10%左右；

（8）各种产品的工时记录比较完整。

要求：根据以上资料确定和设计：

（1）确定该企业的成本计算对象和成本计算期；

（2）确定成本项目；

（3）确定成本计算方法；

（4）确定辅助生产费用分配方法；

（5）确定月末在产品的计算方法；

（6）设计辅助生产费用分配表；

（7）设计成本计算单；

（8）按成本项目设计各种产品单位成本汇总表。

2. 资料：某国有企业2008年的营业收入在其所在省同行中排名第二，但2008年却发生巨额亏损。经调查，主要是企业的成本费用没有得到合理控制，其有关成本控制的问题如下：

（1）销售费用实行实报实销制度；

（2）供应部门为确保生产消耗的需要，在正常储备量的基础上增加了一倍的原材料储备，由于该类存货市场价格持续下降，大量库存给企业带来负担；

（3）生产工人执行计时工资制度。

为强化成本费用管理总经理采取以下措施：

（1）取消销售费用的实报实销制度，实行"基本工资+奖金"制度，奖金由总经理视情况而定；

（2）对存货储备，由车间主任根据生产消耗情况提出请购申请，经总经理批准后交采购部门进行采购；

(3) 改计时工资为计件工资。

但半年后发现，销售部员工抱怨销售情况时好时坏，产品质量下降，库存很大。

要求：请分析该公司成本费用的控制在改进前和改进后分别存在什么问题？试就以上三方面问题提出对成本费用的控制建议。

第十二章 筹资与投资内部控制制度设计

◎ 学习目标：
1. 了解筹资与投资内部控制制度设计的意义。
2. 掌握筹资与投资内部控制的基本内容。
3. 了解筹资与投资的内部控制措施。
4. 掌握筹资与投资活动处理程序的设计要点。

筹资活动是企业为了满足生产经营发展需要，通过发行股票、债权或银行借款等形式筹集资金的一种资金活动，是企业资金活动的起点，也是企业整个经营活动的基础。企业筹资是为了满足企业创建、发展及日常经营活动对资金的需求，是企业财务活动的首要环节。企业筹资活动内部控制制度的设计，有利于满足生产经营活动对资金的需求，降低资金成本，提高资金使用效率；有利于正确、全面、系统地核算筹资活动，有效监督、控制筹资活动。

投资活动是指企业将资金投放到企业外部以取得投资收益、增加财富，是筹资活动的延续，也是筹资的重要目标之一。企业制定投资内部控制制度和流程，有利于优化资源配置，提高资产利用效率；有利于优化投资组合，降低经营风险；有利于强化企业管理，提高经济效益；是企业保护资产安全性和完整性的重要手段。

在第七章已经为大家介绍了资金营运活动的内部控制设计，本章则重点为大家介绍另外两种资金活动——筹资与投资活动内部控制制度设计。

第一节 筹资与投资的内部控制要求与内容

一、筹资活动内部控制制度要求与内容

筹资活动内部控制的目的是规范筹资行为，防范筹资过程中的差错和舞弊，控制筹资风险，降低筹资成本，因此，企业筹资活动内部控制制度主要包括岗位责任制度、授权批准制度、筹资决策控制制度、筹资决策执行制度、筹资偿付制度、筹资凭证的记录与保管制度和监督检查制度。

（一）岗位责任制度

筹资活动及其相关业务环节有：分析确定企业短期和长期所需的资金数量；编制相应的筹资计划，审批确定筹资方式；办理债券或股票发行登记和注册手续，签订借款合同；自行或委托证券发行代理机构发行债券或股票；保管未发行的债券、股票和重新收回的股

票；定期计算并支付利息或股利，进行会计记录等。企业应当建立筹资活动的岗位责任制度，明确相关机构和岗位的职责、权限，保证办理筹资活动的不相容职务相分离、制约和监督。筹资活动的不相容职务包括：

（1）筹资计划的拟定人员与决策人员相分离，以确保决策者能客观地衡量计划的优劣。

（2）筹资活动的执行人员与相关会计记录人员相分离，通常要求由独立机构来代理发行债券或股票。

（3）筹资协议或合同的订立人员与审核人员相分离。

（4）与筹资有关的各种款项偿付的审批与执行相分离。

（5）未发行债券或股票的保管人员与会计记录人员相分离。

（6）利息和股利的计算、会计记录人员与利息、股利的支付人员相分离。

（二）授权批准制度

企业应当建立严格的筹资活动授权批准制度，明确授权批准的方式、程序和相关的控制措施，规定审批人的权限、责任以及经办人的职责范围和工作要求。

严禁未经授权的机构或个人办理筹资活动。审批人应当根据筹资活动授权批准制度的规定，在授权范围内进行审批。经办人员应当在职责范围内，按照审批人的批准意见办理筹资活动，对于审批人超越授权范围审批的筹资活动，经办人有权拒绝办理，并及时向上级部门报告。单位应当制定筹资活动流程，明确筹资决策、执行、偿付等环节的内部控制要求，并设置相应的记录或凭证，如实记载各环节业务的开展情况，确保筹资全过程得到有效的控制。

（三）筹资决策控制制度

企业应当建立筹资活动决策环节的控制制度，对筹资预算的编制和审批、筹资方案的拟订、筹资决策程序等做出明确规定，确保筹资决策的科学性和合理性。筹资决策控制制度的关键点包括：

（1）企业应当加强对筹资活动的预算管理。筹资预算要符合国家有关法规、政策和单位筹资预算要求，符合企业战略发展要求，筹资规模、筹资结构和筹资方式要适当、可行。

（2）企业拟定筹资方案时，应当考虑企业的经营范围、投资项目的未来收益、目标资本结构、可接受的资本成本，对筹资时机选择、预计筹资成本、潜在筹资风险和具体应对措施等做出安排和说明。

（3）企业应当建立筹资方案的集体决策制度。一般筹资方案可由授权的相关部门或人员在职权范围内批准，重大决策方案应当实行集体审议联签。

（4）筹资决策过程应有完整的书面记录。对重大筹资方案应进行风险评估，形成评估报告，报董事会或股东大会决议。评估报告应全面反映评估人员的意见，并由所有评估人员签章。

（5）企业筹资涉及中介机构的，应当对其资信状况和资质条件进行充分调查和了解。

（6）企业应当建立筹资决策追究制度，明确相关部门和人员的责任，并定期或不定期地进行检查。

(四) 筹资决策执行制度

企业应当建立筹资决策执行环节的控制制度，对筹资合同的订立和审议、资产的收取以及相关会计记录等做出明确规定。其控制要点包括：

(1) 企业应当根据经批准的筹资方案，按照规定程序和筹资对象、中介机构订立筹资合同或协议。筹资合同或协议的订立应符合合同法及其他相关法律法规的规定，并经单位有关授权人员批准。重大筹资合同或协议的订立，应当征询法律顾问或专家的意见。企业相关组织或机构对筹资合同或协议的合法性、合理性、完整性进行审核，审核情况和意见应有完整的书面记录。企业变更筹资合同或协议，应按照原授权审批程序进行。

(2) 企业取得的资产是货币资金的，应按货币资金的实有数额及时入账；取得的资产是非货币资金，且需要对该资产进行验资、评估的，应按规定在验资评估后合理确定其价值，进行会计记录，并办理有关产权转移、工商变更手续。

(3) 企业对已核准但尚未对外发行的有价证券应妥善保管，或委托专门机构代为保管，建立相应的保管制度，明确保管责任，定期或不定期进行检查。

(4) 企业应当加强对筹资费用的计算、核对工作，确保筹资费用符合筹资合同或协议的规定。

(5) 对市场环境变化等特殊情况导致改变资产用途的，应当履行审批手续，并对审批过程进行完整的书面记录，及时公告和披露。

(五) 筹资偿付制度

企业应当建立筹资活动偿付环节的控制制度，对利息、租金、股利及本金等的计算、核对、支付做出明确规定，确保各项款项偿付符合筹资合同或协议的规定。内部控制制度的关键点包括：

(1) 企业应当指定专人严格按照合同或协议规定的本金、利率及币种计算利息和租金，经有关人员审核、确认后，与债权人进行核对。单位支付利息、租金，应当履行审批手续，经授权人员批准后方可支付。本金与利息必须和债权人定期对账，如有不符，要及时查明原因、迅速处理。

(2) 企业委托代理机构对外支付债券利息，应清点、核对代理机构的利息支付清单，并及时取得相关凭据。

(3) 企业应当按照股利分配方案分配股利，股利分配方案应当按照企业章程或有关规定，按权限审批。委托代理机构支付股利的，应清点、核对代理机构的股利支付清单。

(4) 企业财会部门在办理筹资活动款项偿付过程中，发现已审批拟偿付的各种款项的支付方式、金额或币种等与有关合同或协议不符的，应当拒绝支付并及时向有关部门报告，查明原因，做出处理。

(六) 筹资凭证的记录与保管制度

企业吸收直接投资形成的权益性筹资或向银行借款形成的负债性筹资，企业在正常的会计记录之外，通常要设立"股本明细表"、"股东名册"、"长期借款明细表"和"短期借款明细表"，并由专人进行登记。采用发行证券方式进行的筹资活动，控制要点在于对实物的保管。为了加强控制，对于核准后但尚未发行的公司债券，应当委托独立的机构代为保管。企业如果自行保管尚未发行的公司债券，应指定专人存放于保险箱中保管，并详细记录。内部审计人员要定期清点在库债券。

企业应当加强对与筹资活动相关的各种文件和凭据的管理，建立筹资决策、审批过程的书面记录制度以及有关合同或协议、收款凭证、验收证明、入库凭证、支付凭证等的存档、保管和调用制度，并对有关文件和凭证进行定期核对和检查。

（七）监督检查制度

企业应当建立对筹资活动内部控制的监督检查制度，明确监督检查机构或人员的职责权限，定期或不定期地进行检查。筹资活动内部控制监督检查的关键点包括：

（1）监督检查筹资活动岗位和人员设置情况，重点检查是否存在不相容职务混岗的情况。

（2）监督检查筹资活动授权批准制度的执行情况，重点检查授权批准手续是否健全、是否存在越权审批的行为。

（3）监督检查筹资决策制度的执行情况，重点检查决策是否按照规定程序进行、责任制度是否落实到位。

（4）监督检查决策执行及资产的收取情况，重点检查是否严格按照经批准的筹资方案、有关合同或协议办理筹资活动，以及是否及时、足额收取资产。

（5）监督检查各款项的支付情况，重点检查筹资费用、本金、利息、租金、股利等的支付是否符合合同或协议的规定，是否履行审批手续。

（6）监督检查会计处理和信息披露情况，重点检查会计处理是否真实、正确，信息披露是否及时、完整。

二、投资活动内部控制制度要求与内容

不同企业的投资活动具有很多相同地方，因此投资活动的内部控制制度设计可以更加规范。根据财政部颁布的对外投资的内部控制规范，投资活动内部控制制度设计主要包括岗位责任制度、财务分析制度、投资调查授权审批制度、投资取得、保管控制制度、投资核算控制制度以及投资清理和处置制度。

（一）岗位责任制度

企业应当建立对外投资活动的岗位责任制，明确相关部门和岗位的职责权限，确保办理对外投资活动的不相容职务相分离、制约和监督。投资活动不相容职务至少应当包括：

（1）对外投资预算的编制与投资的审批相分离，以确保审批人员对投资可行性的研究、评估做到客观公正。

（2）对外投资项目的可行性研究与评估相分离，以规避投资风险，实现投资效益最大化。

（3）对外投资的决策者与投资活动的执行人员相分离，以确保投资活动能得到更有效的执行，企业财富得到最大限度的增加。

（4）对外投资处置的审批人员与执行人员相分离，以防止在投资资产处置过程中可能发生的舞弊行为。

（5）对外投资的执行和相关会计记录相分离，以确保业务运行和会计记录的相互核对与控制关系。

(二) 财务分析制度

财务分析制度应贯穿企业投资活动的全过程,包括投资的提出、立项、调查、审批、跟踪和处理。投资负责部门和财务部门应定期或不定期地分析被投资企业的财务状况、证券市场行情等,并据此编制财务分析报告,向企业管理层或董事局汇报。若企业进行财务分析活动成本过高或能力不够时,可以聘请市场分析专家、证券分析专家或投资咨询公司来进行投资分析,以便随时掌握投资的运行状态,及时采取对策规避投资风险。财务分析制度应当包括:

(1) 分析正常生产经营与计划中扩大生产经营情况下所需的营运资本额,核查企业的资金存量。

(2) 根据生产经营计划,编制和调整资本预算。

(3) 了解分析本行业或其他行业中盈利较高企业的经营政策和财务状况。

(4) 及时跟踪了解证券市场的相关政策和上市公司的资料。

(5) 编制财务分析报告,定期向管理层或董事会递交。

(三) 投资调查授权审批制度

企业应建立严格的对外投资活动的授权审批制度,明确审批人员的授权审批方式、权限、程序、责任及相关控制措施,规定经办人的职责范围和工作要求。审批人应根据对外投资授权审批制度的规定,在授权的范围内进行审批,不得超越审批权限。经办人员应在职责范围内,按照审批人员的意见办理对外投资活动。所有投资决策应当形成书面材料予以记录,重大投资项目应通过董事会集体决策,并采取会签或联签制度。所有投资决策都应当经审批确认后,方可正式执行。投资决策的有关书面文件应当进行连续编号归档,以便日后查询。

(四) 投资取得、保管控制制度

企业直接投资的合同、章程和间接投资的有价证券等,应协同专门部门或专人进行跟踪管理。无论有价证券由银行或其他独立机构代为保管还是由企业自行保管,证券管理人都必须设置证券登记簿,根据经复核和批准的原始单据,建立详细的记录,包括登记存取证券的名称、号码、数量、面值、存放和取出日期及经手人等内容。该登记簿应同财务部门的投资明细账一起定期由专人进行核对,以保证投资资产的安全和完整。

(五) 投资核算控制制度

企业的投资资产无论是由企业自行保管还是由他人代管,都要进行完整的会计记录,并对其增减变动及投资收益进行相关会计核算。投资核算控制制度主要包括投资的发生、期末计价、利息及股利的收取和投资处置等投资活动全过程的会计核算控制制度。企业应对每一种股票或债券分别设立明细分类账,并详细记录其名称、面值、证书编号、数量、取得日期、经纪人名称、购入成本、收取的股利或利息等。

(六) 投资清理和处置制度

投资的收回、转让和核销,应当按规定权限和程序进行审批,并履行相关审批手续。对应收回的对外投资资产,要及时足额收取,转让对外投资应当由相关机构或人员合理确定价格,并报授权批准部门批准;必要时,可委托具有相应资质的专门机构进行评估。如果处置的结果是收回现金,还应结合现金收入的控制方法对投资资产处置进行控制。

第二节 筹资与投资的主要风险及控制措施

企业筹资及投资活动中可能面临的重要风险类型较多，企业在相应的内控活动中应注意识别关键风险，设计相关内部控制制度，有效地进行风险控制。

一、筹资活动的主要风险

（一）缺乏完整的筹资战略规划导致的风险

企业在筹资活动中，应以企业在资金方面的战略规划为指导，具体包括资本结构、资金来源、筹资成本等，在企业具体的筹资活动中，应贯彻既定的资金战略，以目标资本结构为指导，协调企业的资金来源、期限结构、利率结构等。如果忽视战略导向，缺乏对目标资本结构的清晰认识，很容易导致盲目筹资，使得企业资本结构、资金来源结构、利率结构等处于频繁变动中，给企业的生产经营带来巨大的财务风险。

（二）缺乏对企业资金现状的全面认识导致的风险

企业在筹资之前，应首先对企业的资金现状有一个全面正确的了解，并在此基础上结合企业战略和宏、微观形势等提出筹资方案。如果资金预算和资金管控工作不到位，企业无法全面了解资金现状，将使得企业无法正确评估资金的实际需要以及期限等，很容易导致筹资过度或者筹资不足。特别是对于大型企业集团来说，如果没有对全集团的资金现状做一个深入完整的了解，很可能出现一部分企业资金结余，而其他部分企业仍然对外筹资，使得集团的资金利用效率低下，增加了不必要的财务成本。

（三）缺乏完善的授权审批制度导致的风险

筹资方案必须经过完整的授权审批流程方可正式实施，这一流程既是企业上下沟通的一个过程，同时也是各个部门、各个管理层次对筹资方案进行审核的重要风险控制程序。审批流程中，每一个审批环节都应对筹资方案的风险控制等问题进行评估，并认真履行审批职责。完善的授权审批制度有助于对筹资风险进行管控，如果忽略这一完善的授权审批制度，则有可能忽视筹资方案中的潜在风险，使得筹资方案草率决策、仓促上马，给企业带来严重的潜在风险。

（四）缺乏对筹资条款的认真审核导致的风险

企业在筹资活动中，要签订相应的筹资合同、协议等法律文件，筹资合同一般应载明筹资数额、期限、利率、违约责任等内容，企业应认真审核、仔细推敲筹资合同的具体条款，防止因合同条款而给企业带来潜在的不利影响，使得企业在未来可能发生的经济纠纷或诉讼中处于不利地位。在这一方面，企业可以借助专业的法律中介机构来进行合同文本的审核。

（五）因无法保证支付筹资成本导致的风险

任何筹资活动都需要支付相应的筹资成本。对于债权类筹资活动来说，相应的筹资成本表现为固定的利息费用，是企业的刚性成本，企业必须按期足额支付，用以作为资金提供者的报酬。

对于股权类筹资活动来说，虽然没有固定的利息费用而且没有还本的压力，但是保证股权投资者的报酬一样不可忽视，企业应认真制订好股利支付方案，包括股利金额、支付时间、支付方式等，如果股利支付不足，或者对股权投资者报酬不足，将会导致股东抛售股票，从而使得企业股价下跌，给企业的经营带来重大不利影响。

（六）缺乏严密的跟踪管理制度导致的风险

企业筹资活动的流程很长，不仅包括资金的筹集到位，更包括资金使用过程中的利息、股利等筹资费用的计提支付，以及最终的还本工作，这一流程一般贯穿企业整个经营活动的始终，是企业的一项常规管理工作。企业在筹资跟踪管理方面应制定完整的管理制度，包括资金到账、资金使用、利息支付、股利支付等，并时刻监控资金的动向。如果缺乏严密的跟踪管理，可能会使企业资金管理失控，因资金被挪用而导致财务损失，也可能因此导致利息没有及时支付而被银行罚息，这些都会使得企业面临不必要的财务风险。

二、筹资活动的内部控制措施

了解清楚企业筹资活动的主要风险后，根据筹资活动流程中的关键风险控制点进行内部风险控制，可以提高风险管控的效率。一般来说，筹资活动中各环节的主要风险控制点包括：

（一）提出筹资方案

提出筹资方案是筹资活动中的第一个重要环节，也是筹资活动的起点，筹资方案的内容是否完整、考虑是否周密、测算是否准确等，直接决定着筹资决策的正确性，关系到整个筹资活动的效率和风险。

（二）筹资方案审批

相关责任部门拟定投资方案并进行可行性论证以后，股东（大）会或者董事会、高管层应对筹资方案履行严格的审批责任。审批中应实行集体决策审议或者联签制度，避免一人说了算或者拍脑袋行为。

（三）编制筹资计划

根据批准的筹资方案，财务部门应制订严密细致的筹资计划，通过筹资计划，对筹资活动进行周密安排和控制，使筹资活动在严密控制下高效、有序进行。

（四）实施筹资方案

筹资计划经层层授权审批之后，就应付诸实施。在实施筹资计划的过程中，企业必须认真做好筹资合同的签订、资金的划拨、使用以及跟踪管理等工作，保证筹资活动按计划进行，妥善管理所筹集的资金，保证资金的安全性。

（五）筹资后管理

筹集资金到位以后，企业应该做好筹资费用的计提、支付以及会计核算等工作。对于债券类筹资，企业应按时计提并及时支付债务利息，保持良好的信用记录；对于股权类筹资，企业应制订科学合理且能让股东满意的股利支付方案，并严格按方案支付股利。筹资费用的管理事关资金提供者的积极性，对培养企业良好的筹资环境极为重要。

具体的筹资活动内部控制的关键风险控制点及对应的控制目标和控制措施如表12-1所示。

表 12-1　　筹资活动内部控制的关键风险控制点、控制目标及控制措施

关键风险控制点	控制目标	控制措施
提出筹资方案	进行筹资方案可行性论证	1. 进行筹资方案的战略性评估，包括是否与企业发展战略相符合，筹资规模是否适当 2. 进行筹资方案的经济性评估，如筹资成本是否最低，资本结构是否恰当，筹资成本与资金收益是否匹配 3. 进行筹资方案的风险性评估，如筹资方案面临哪些风险，风险大小是否适当、可控，是否与收益匹配
筹资方案审批	选择批准最优筹资方案	1. 根据分级授权审批制度，按照规定程序严格审批经过可行性论证的筹资方案 2. 审批中应实行集体审议或联签制度，保证决策的科学性
编制筹资计划	制订切实可行的具体筹资计划，科学规划筹资活动，保证低成本、高效率筹资	1. 根据筹资方案，结合当时经济金融形势，分析不同筹资方式的资金成本，正确选择筹资方式和不同方式的筹资数量，财务部门或资金管理部门制订具体筹资计划 2. 根据授权审批制度报有关部门批准
实施筹资	保证筹资活动正确、合法、有效进行	1. 根据筹资计划进行筹资 2. 签订筹资协议，明确权利义务 3. 按照岗位分离与授权审批制度，各环节和各责任人正确履行审批监督责任，实施严密的筹资程序控制和岗位分离控制 4. 做好严密的筹资记录，发挥会计控制的作用
筹资活动评价及责任追究	保证筹集资金的正确有效使用，维护筹资信用	1. 促成各部门严格按照确定的用途使用资金 2. 监督检查，督促各环节严密保管未发行的股票、债券 3. 监督检查，督促正确计提、支付利息 4. 加强债务偿还和股利支付环节的监督管理 5. 评价筹资活动过程，追究违规人员责任

三、投资活动的主要风险

（一）投资活动与企业战略不符带来的风险

企业发展战略是企业投资活动、生产经营活动的指南和方向。企业投资活动应该以企业发展战略为导向，正确选择投资项目，合理确定投资规模，恰当权衡收益与风险。要突出主业，妥善选择并购目标，控制并购风险；要避免盲目投资，或者贪大贪快，乱铺摊子，以及投资无所不及、无所不能的现象。

（二）投资与筹资在资金数量、期限、成本与收益上不匹配的风险

投资活动的资金需求，需要通过筹资予以满足。不同的筹资方式，可筹集资金的数量、偿还期限、筹资成本不一样，这就要求投资应量力而为，不可贪大求全，超过企业资金实力和筹资能力进行投资；投资的现金流量在数量和时间上要与筹资现金流量保持一

致,以避免财务危机发生;投资收益要与筹资成本相匹配,保证筹资成本的足额补偿和投资盈利性。

(三) 投资活动忽略资产结构与流动性的风险

企业的投资活动会形成特定资产,并由此影响企业的资产结构与资产流动性。对企业而言,资产流动性和盈利性是一对矛盾,这就要求企业在投资中恰当处理资产流动性和盈利性的关系,通过投资保持合理的资产结构,在保证企业资产适度流动性的前提下追求最大盈利性,也就是解决好投资风险与收益均衡问题。

(四) 缺乏严密的授权审批制度和不相容职务分离制度的风险

授权审批制度是保证投资活动合法性和有效性的重要手段,不相容职务分离制度则通过相互监督与牵制,保证投资活动在严格控制下进行,这是堵塞漏洞、防止舞弊的重要手段。没有严格的授权审批制度和不相容职务分离制度,企业投资就会呈现出随意、无序、无效的状况,导致投资失误和企业生产经营失败。因此,授权审批制度和不相容职务分离制度是投资内部控制、防范风险的重要手段。同时,与投资责任制度相适应,还应建立严密的责任追究制度,使责权利得到统一。

(五) 缺乏严密的投资资产保管与会计记录的风险

投资是直接使用资金的行为,也是形成企业资产的过程,容易发生各种舞弊行为。在严密的授权审批制度和不相容职务分离制度以外,是否有严密的投资资产保管制度和会计控制制度,也是避免投资风险、影响投资成败的重要因素。企业应建立严密的资产保管制度,明确保管责任,建立健全账簿体系,严格账簿记录,通过账簿记录对投资资产进行详细、动态反映和控制。

四、投资活动的内部控制措施

投资活动的关键风险控制点、控制目标和对应的控制措施见表12-2。

表 12-2　　　　投资活动内部控制的关键风险控制点、控制目标及控制措施

关键风险控制点	控制目标	控 制 措 施
提出投资方案	进行投资方案可行性论证	1. 进行投资方案的战略性评估,包括是否与企业发展战略相符合 2. 投资规模、方向和时机是否适当 3. 对投资方案进行技术、市场、财务可行性研究,深入分析项目的技术可行性与先进性、市场容量与前景,以及项目预计现金流量、风险与报酬,比较或评价不同项目的可行性
投资方案审批	选择批准最优投资方案	1. 明确审批人对投资活动的授权批准方式、权限、程序和责任,不得越权 2. 审批中应实行集体决策审议或者联签制度 3. 与有关被投资方签署投资协议

续表

关键风险控制点	控制目标	控制措施
编制投资计划	制订切实可行的具体投资计划,作为项目投资的控制依据	1. 核查企业当前资金额及正常生产经营预算对资金的需求量,积极筹措投资项目所需资金 2. 制订详细的投资计划,并根据授权审批制度报有关部门审批
实施投资方案	保证投资活动正确、合法、有效进行	1. 根据投资计划进度,严格分期、按进度适时投放资金,严格控制资金流量和时间 2. 以投资计划为依据,按照职务分离制度和授权审批制度,各环节和各责任人正确履行审批监督责任,对项目实施过程进行监督和控制,防止各种舞弊行为,保证项目建设的质量和进度要求 3. 做好严密的会计记录,发挥会计控制的作用 4. 做好跟踪分析工作,及时评价投资的进展,将分析和评价的结果反馈给决策层,以便及时调整投资策略或制定投资退出策略
投资资产处置控制	保证投资资产的处理符合企业的利益	1. 投资资产的处置应该通过专业中介机构,选择相应的资产评估方法,客观评估投资价值,同时确定处置策略 2. 投资资产的处置必须经过董事会的授权批准

第三节 筹资与投资活动处理程序的设计

一、筹资活动处理程序的设计

筹资活动处理程序的主要内容包括股票发行业务程序、股利分配业务程序、债券发行业务程序和银行借款业务程序。

(一) 股票发行业务程序

股票发行业务程序包括股票发行业务的授权批准、记账与收款业务处理过程。如图12-1所示,股票发行业务程序设计的要点包括:

(1) 企业资金管理部门根据审批意见在核定的股份总额范围内授权委托证券公司销售股票,签订承销合同,一式两份,一份存档,一份交证券公司。

(2) 证券公司销售股票结束后将股东缴款单和股东名册交送资金管理部门。

(3) 企业资金管理部门审核后,登记股东名册,将股东缴款单交送财会部门。

(4) 出纳收到证券公司的缴款清单和银行送来的收款通知单后,经审核后填制收款凭证并登记银行存款日记账,将收款凭证和单据送交资金管理部门。

(5) 资金管理部门据以登记股东名册上的收款日期,并将收款凭证和单据送交财会部门做账务处理。

第十二章 筹资与投资内部控制制度设计

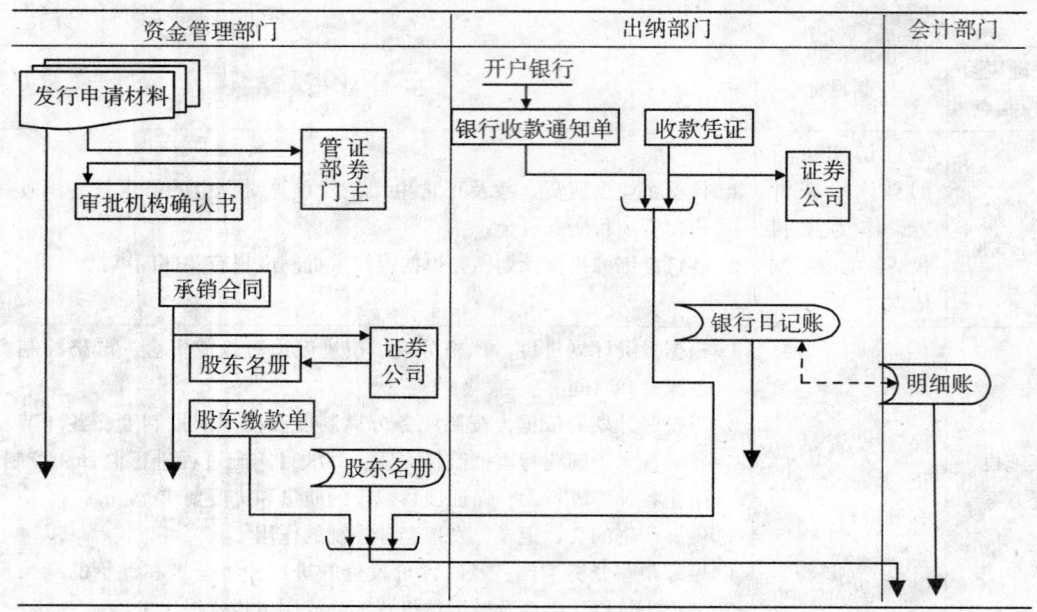

图 12-1 股票发行业务程序设计

该流程控制的关键点包括：(1) 股票发行、收款、记账职务要分离；(2) 出纳必须核对股东缴款单和银行存款通知单是否相符；(3) 企业要定期或不定期核对股东名册上的持有数同会计报表列示的发行股数是否相符。

（二）股利分配业务程序

股利分配业务程序反映了股利分配业务的审批、记账、付款的处理过程。如图 12-2 所示，股利分配程序设计的要点包括：

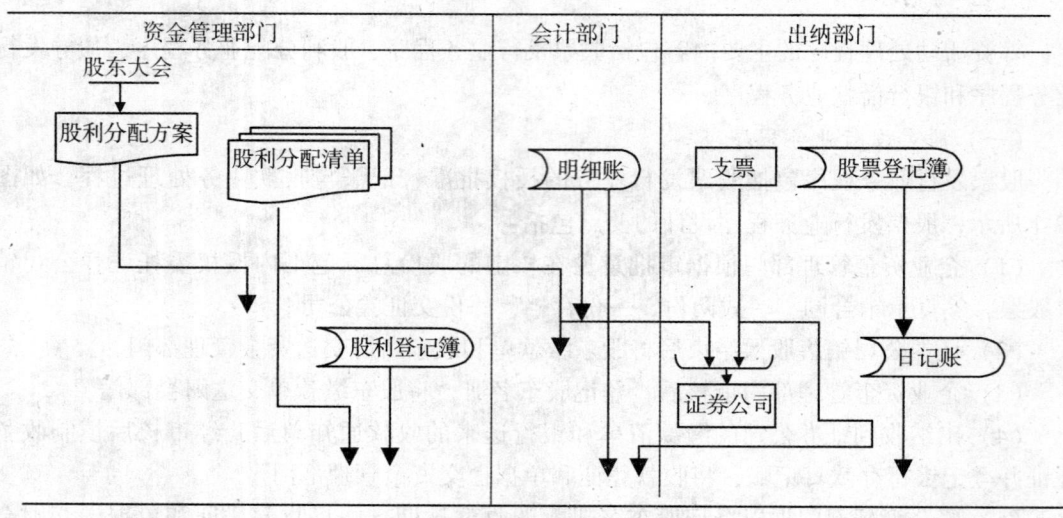

图 12-2 股利分配业务程序设计

（1）企业资金管理部门根据股东大会通过的股利分配方案进行分配，登记股利分配账簿，编制股利分配清单，一式三份，一份自留，两份交送财会部门。

（2）财会部门审核股利分配清单后，登记应付股利明细账，清单一份自留，一份交由出纳。

（3）出纳收到经审核的股利支付清单后，签发支票，会同清单交送资金管理公司发放股利，依据支票副本编制付款凭证，据以登记银行存款日记账，付款凭证和清单副本送交财会部门。

（4）财会部门复核后，登记应付股利明细账，通知资金管理部门在股利备查簿上登记股利支付日期。

该流程的关键控制点包括：（1）股利的发放、记录职务要分离；（2）股利分配清单与股东名册中的股东人数要相符；（3）企业要核查股利支付与股东收款金额的一致性，防止舞弊；（4）会计部门应定期核对，保证账账相符。

（三）债券发行业务程序

债券发行业务程序包括债券发行业务的批准、记账、收款的处理过程。如图 12-3 所示，债券发行程序设计的要点包括：

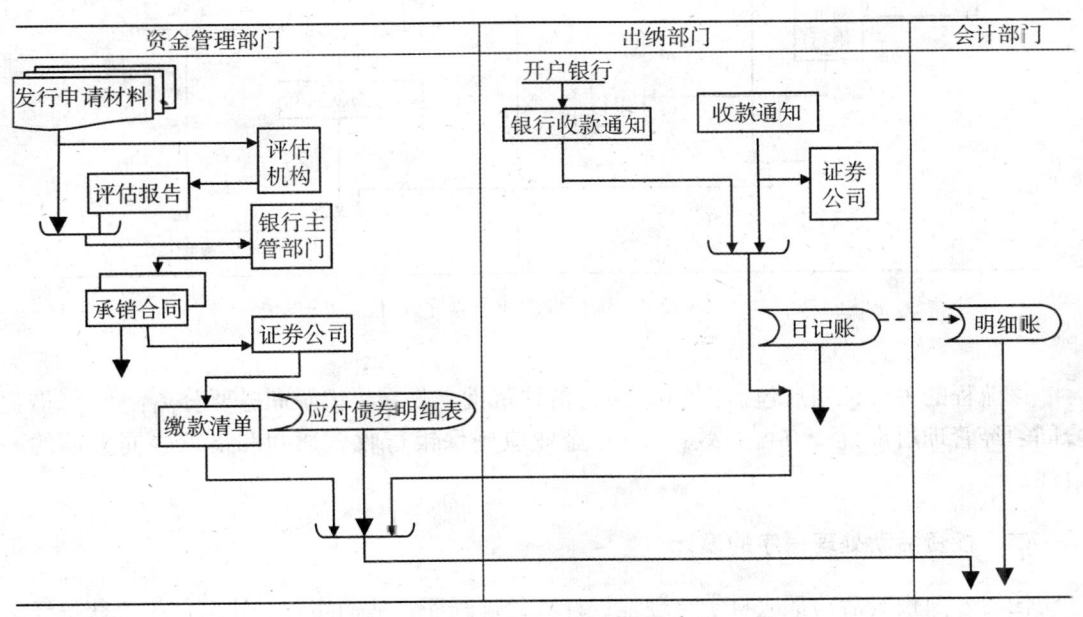

图 12-3　债券发行业务程序设计

（1）企业申请发行债券获得审批后，委托证券公司发行，并签订承销合同，一式两份，一份自留，一份交证券公司。

（2）证券公司发行结束后，将缴款清单送交企业资金管理部门，资金管理部门根据清单填制应付债券明细表，并将清单交送会计部门。

（3）出纳收到缴款清单和银行收款通知单后，经审核后编制收款凭证，登记银行存款日记账,然后将收款凭证和单据交资金管理部门。

(4) 资金管理部门据此在应付债券明细表上登记发行日期,然后将收款凭证和单据交送会计部门,会计部门做相应会计处理。

该流程的控制关键点包括:(1) 债券发行审批、收款、执行、记录职务要相分离;(2) 企业应确保缴款清单、应付债券明细表和银行收款通知单上的金额相符。

(四) 银行借款业务程序

企业根据短期和长期投资计划向银行举借短期、长期借款。如图12-4所示,银行借款业务程序设计的要点包括:

(1) 企业根据生产经营需要提出借款申请审批书送交银行审批。

(2) 银行审批贷款后,与企业签订借款合同,一式两份,银行据此办理具体借款业务,进行款项拨付。

(3) 企业会计部门根据借款合同和银行收款通知单,进行账务处理。

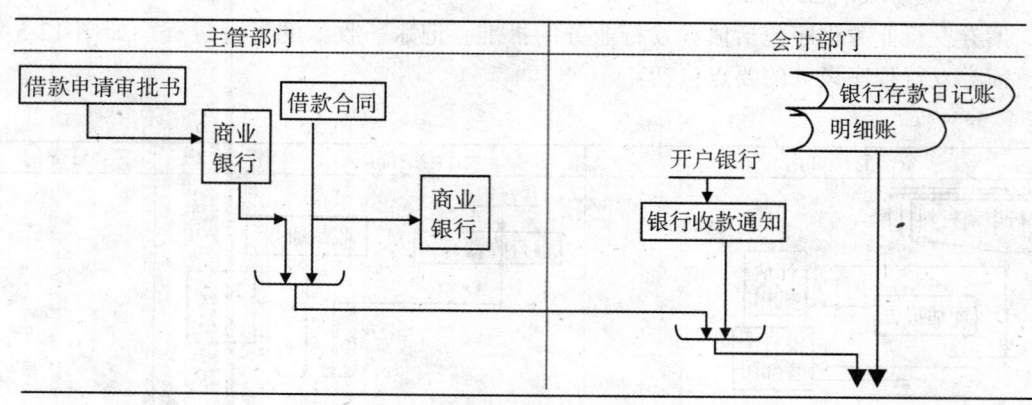

图 12-4 银行借款业务程序设计

该流程的关键控制点包括:(1) 银行借款审批、收款、记录职务要分离;(2) 借款合同须经管理层审批,方可有效;(3) 企业应确保银行收款通知和借款合同金额的一致性。

二、投资活动处理程序的设计

任何一项投资活动都应科学合理地设计其处理程序,从而实现企业对外投资获得经济利益的目标,同时防止侵害企业财产等违法行为的发生。投资按形式可分为直接投资和间接投资两类。直接投资的业务处理程序比较简单,而有价证券、交易性金融资产的流动性高,企业必须建立规范、严密的投资活动处理程序,以便对交易活动实施有效控制,保证投资核算资料的真实、完整。投资活动处理程序的设计主要分为有价证券的购入、出售、收益程序设计,以及交易性金融资产的处理程序设计。

(一) 有价证券购入程序设计

如图12-5所示,有价证券购入程序设计的要点包括:

（1）由投资活动部门编制"股票（债券）投资计划建议书"，经批准后据此填制"证券购入通知单"一式两联，一联留存，一联交财会部门审批，审批后交给出纳，要求付款。

（2）出纳根据通知单开具支票，经审核盖章并登记支票登记簿后交投资部门。

（3）投资部门将支票交证券公司，收到证券公司的交割单后，出纳部门根据交割单、支票存根及"证券购入通知单"编制付款凭证，并据以登记银行存款日记账。

（4）会计部门收到付款凭证和有关单据后，登记证券投资总账及明细账。

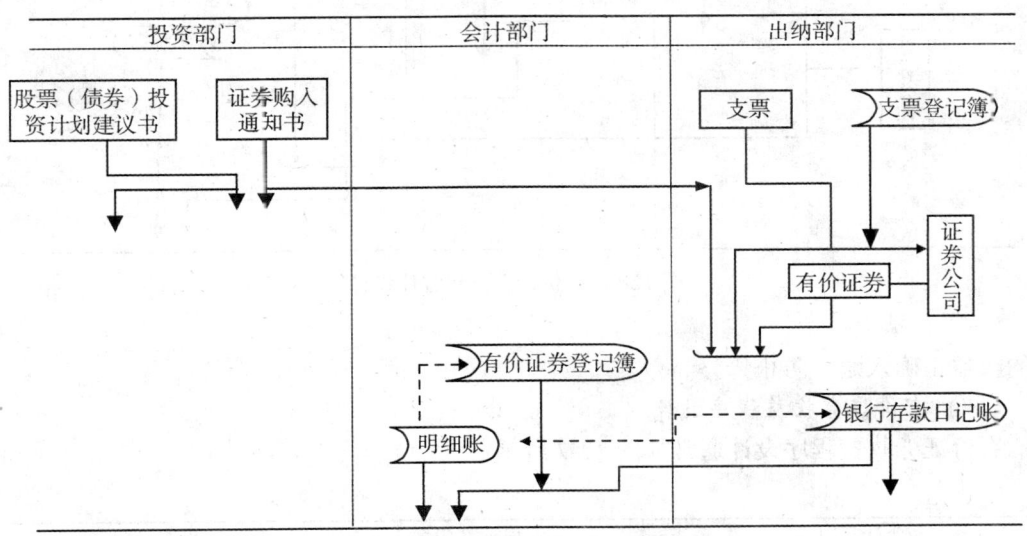

图 12-5　有价证券购入程序设计

该流程的关键控制点包括：(1) 投资计划的编制、审批、保管职能相分离；(2) 若投资数量较少，可由负责投资活动的经理审批，若投资数量较多，须经经理或董事会审批；(3) 财会部门在签发支票时，应根据"证券购入通知单"审批；(4) 企业应定期核对总账与明细账、各明细账与证券投资登记簿，重点审核投资数量、金额、品种是否相符；(5) 证券应由独立于证券业务的人员定期专门进行盘点。

（二）有价证券出售程序设计

如图 12-6 所示，有价证券出售程序设计的要点包括：

（1）投资部门根据证券市场情况，提出证券出售申请，经投资决策部门审批后编制"证券出售通知单"，交证券经纪人办理出售手续。

（2）财会部门收到交割单和银行转来的收款通知，与通知单核对后，交出纳部门编制收款凭证，并登记银行存款日记账。

（3）财会部门根据出纳转来的收款凭证和原始凭证，登记有关总账和明细账、证券投资登记簿。

该流程的关键控制点包括：(1) 证券出售要通过授权批准制度；(2) 投资部门、财会部门和出纳要定期核对证券出售通知单、收款通知单和证券出售交割单，以确保证券卖

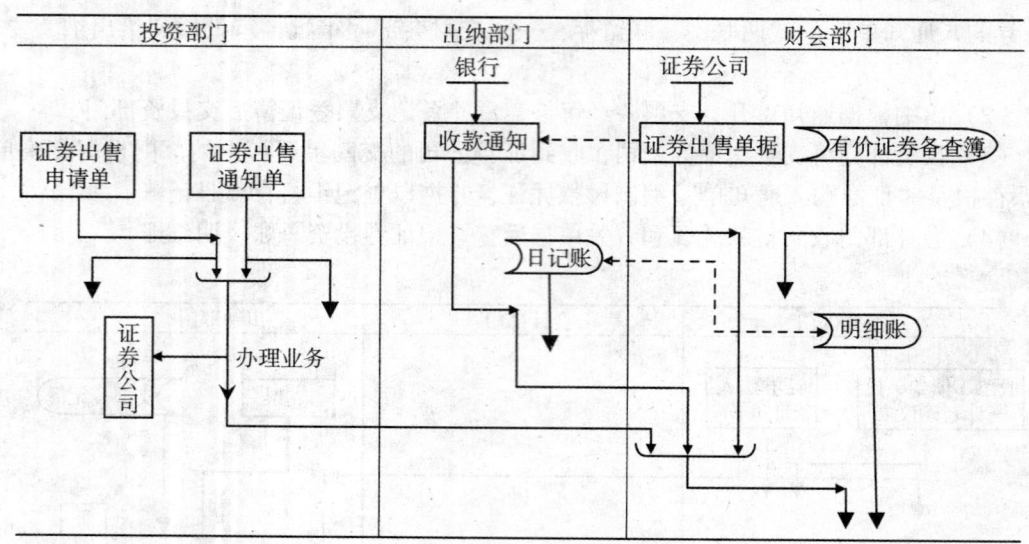

图 12-6 有价证券出售程序设计

出的收益正确入账，防止舞弊。

（三）有价证券收益程序设计

有价证券收益程序设计通常如图 12-7 所示：

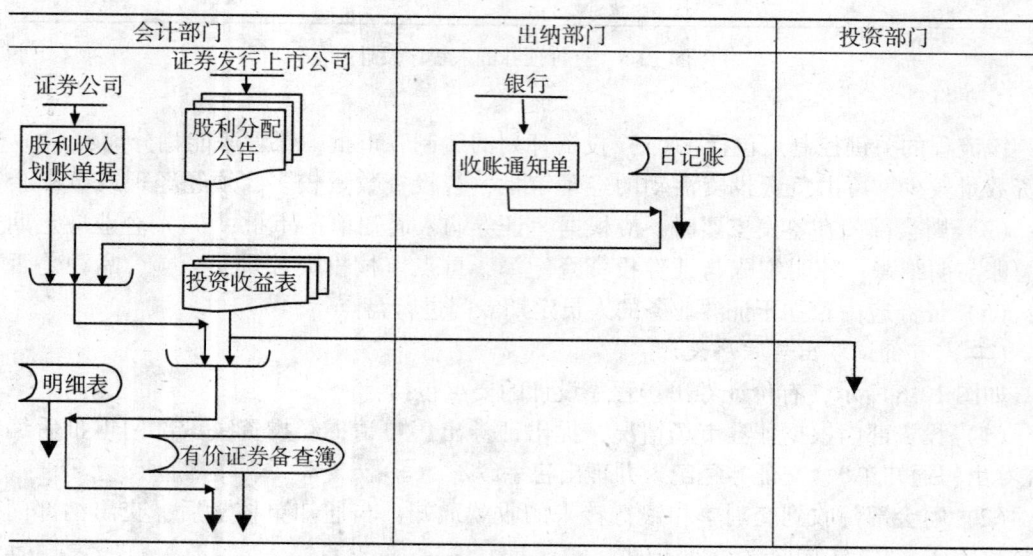

图 12-7 有价证券投资收益程序设计

（1）投资股票获得的股利投资收益业务处理如下：

①财会部门根据已公告的股利分配方案和证券股利收入划账单编制股利收益表，并据

以编制转账凭证、登记投资等相关账簿；

②财会部门根据银行转来的股利收入收账通知编制收款凭证。

（2）投资债券获得利息收益的业务处理如下：

①财会部门在期末根据债券的票面利率和面值计算应收利息，如果是溢价或折价购入还应计算本期的摊销额，填制债券溢价折价摊销表，并据此编制转账凭证，登记投资收益账簿。

②出纳依据银行转来的利息收入收款通知单编制收款凭证。

该流程的关键控制点包括：（1）编制投资收益表前应核对有关收账、转账凭证；（2）对已公告发放股利，但尚未收到股利的情况要及时查明原因；（3）相关部门要定期清查证券投资登记簿，检查各种有价证券投资收益是否正常，以确保账实相符。

（四）交易性金融资产处理程序设计

如图12-8所示，交易性金融资产处理程序设计包括：

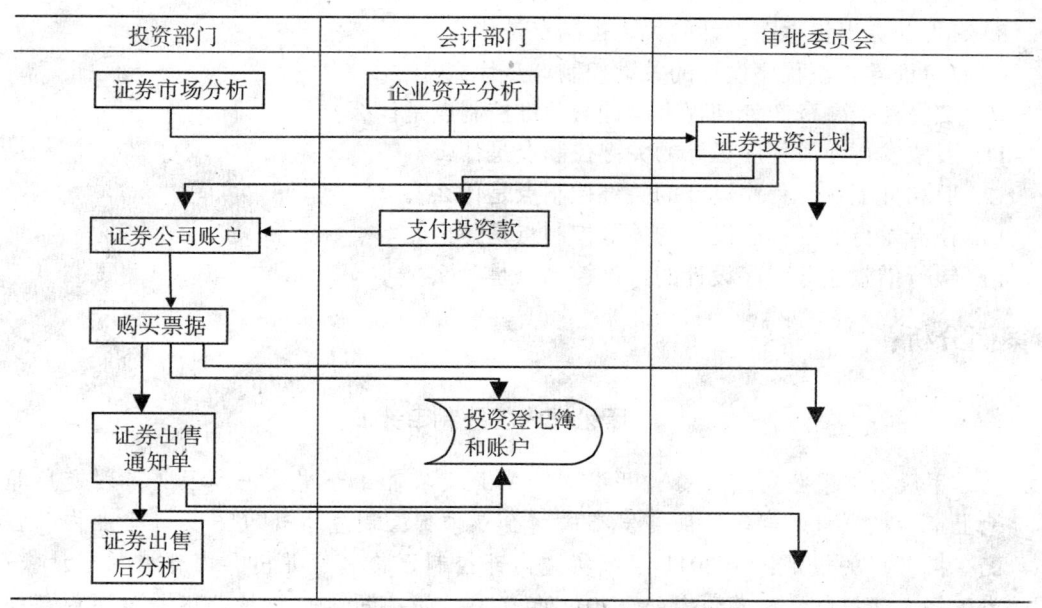

图12-8 交易性金融资产处理程序设计

（1）企业对外投资以前，财会部门根据现金实存数和经营活动短期需要支付的款项，进行综合分析，若企业资金有结余，可以利用闲置资金，作为交易性金融资产进行临时投资，以提高资金的使用效率。

（2）投资部门收集有关证券交易方面的资料进行分析，确定交易性金融资产的具体投资品种。

（3）投资部门将投资分析报告转给企业审批委员会审批，获得批准后，投资部门可进行购买活动。

（4）出纳人员根据有价证券的买卖情况，及时办理相应的付款手续。

（5）财会部门根据付款凭证编制记账凭证，登记相应账簿和投资备查簿。

（6）企业对投资获得的交易性金融资产进行妥善保管，防止各种证券及单据丢失毁损。

（7）企业投资部门根据投资审批委员会的授权可抛售有价证券。

☞**思考题：**

1. 投资活动内部控制与处理程序设计的意义是什么？
2. 筹资活动内部控制与处理程序设计的意义是什么？
3. 投资活动内部控制制度设计应包括哪些内容？
4. 筹资活动内部控制制度设计应包括哪些内容？
5. 投资活动的主要风险及其控制措施包括什么？
6. 筹资活动的主要风险及其控制措施包括什么？
7. 有价证券购入程序设计的关键控制点是什么？
8. 有价证券出售程序设计的关键控制点是什么？
9. 有价证券收益程序设计的关键控制点是什么？
10. 交易性金融资产处理程序设计的关键控制点是什么？
11. 股票发行业务程序设计的关键控制点是什么？
12. 股利分配业务程序设计的关键控制点是什么？
13. 债券发行业务程序设计的关键控制点是什么？
14. 银行借款业务程序设计的关键控制点是什么？

☞**案例分析：**

甲公司内部控制审计[①]

甲股份有限公司（下称"甲公司"）同时在上海证券交易所及香港联交所等四地上市。根据财政部等五部委发布的《企业内部控制基本规范》及《企业内部控制配套指引》的规定，从 2011 年起实施内部控制评价制度并出具内部控制审计报告。为了将内部控制措施落到实处，2011 年 7 月，甲公司内部审计部门对公司内部控制的建立健全和有效实施进行监督检查，发现如下情况：

（1）甲公司对内部控制工作极为重视，在董事会下设审计委员会，由审计委员会对公司内部控制负责，专门负责内部控制制度设计、评价，具体由内部控制部门进行内部控制制度的设计、由内部审计部门进行评价。为了提高审计委员会的权威性，由甲公司总经理亲自兼任审计委员会主任，成员包括财务总监、内部控制部门负责人、内部审计部门负责人等。

（2）在企业层面控制上，甲公司严格按照公司治理结构的要求，明确规定了董

[①] 郑庆华，赵耀，刘正兵，刘凤委. 2001 年《高级会计实务》自测试题参考答案. 财务与会计：理财版，2011（8）.

事会、监事会、经理层的职责权限、任职条件、议事规则和工作程序，做到决策权、执行权和监督权相互分离、形成制衡。董事长主要把握对外投资的重大方向和生产经营的重大战略决策，凡是对外投资额在500万元以上的项目，一律由董事长审批；总经理执行生产经营具体工作，凡是日常支出在200万元以上的，一律由总经理审批。

（3）资金是企业的血液，甲公司根据筹资战略目标和规划，结合年度全面预算拟订筹资计划。在资金筹集的过程中，首先由资金使用部门提出申请，财务部制订筹资方案，经财务经理审批后，通过发行股票、债券或到金融机构贷款等不同方式筹集资金。董事会强调，应当严格按照筹资方案确定的用途使用资金，严禁改变资金用途。

（4）甲公司2010年度财务报表审计由A会计师事务所出具了无保留意见审计报告。结束年度财务审计后，甲公司与A会计师事务所签订了承接2011年度财务报表审计和内部控制审计的业务约定书。双方约定，为了节约时间和人力，A会计师事务所只需对甲公司内部控制评价部门的工作底稿进行复核，无需进行单独测试。鉴于出具否定意见或无法发表审计意见的审计报告将对甲公司造成重大不利影响，A会计师事务所依据对甲公司多年年度审计中的了解，承诺将会出具无保留意见内部控制审计报告，而且只对财务报告内部控制的有效性发表意见。

要求：根据《企业内部控制基本规范》和《企业内部控制配套指引》，逐项判断甲公司内部审计部门发现的上述事项中是否存在不当之处；存在不当之处的，请指出并简要说明理由。

第十三章 工程项目内部控制制度设计

◎ 学习目标：
1. 了解工程项目内部控制制度设计的意义。
2. 了解工程项目的概念和特点。
3. 掌握工程项目内部控制的基本内容。
4. 了解工程项目的控制方法。

为了引导企业加强对工程项目的内部控制，防范工程项目管理中的差错与舞弊，提高资金使用效益，促进实现工程项目内部控制目标，企业应根据《企业内部控制基本规范》、《企业内部控制应用指引第 11 号——工程项目》以及国家有关法律法规，制定工程项目的内部控制制度。企业建立工程项目的内部控制制度有利于防止并及时发现、纠正错误及舞弊行为，保护项目资产的安全和完整；有利于确保国家有关法律法规和单位内部规章制度的贯彻执行；有利于保证工程项目的顺利实施，降低项目建设的风险；有利于确保建设单位工程项目管理活动的协调、有序进行，提高项目的经济效益。

第一节 工程项目内部控制概述

一、工程项目的概念

工程项目是指企业自行或委托其他单位所进行的建造、安装工程，具体是指在一个总体设计或总预算范围内，由一个或几个互有内在联系的单项工程组成，建成后在经济上可以独立核算经营，在行政上又可以统一管理的工程单位。

工程项目是最为常见的项目类型，工程项目建设是一种融投资行为和建设活动为一体的项目决策与实施活动，在工程项目的实施过程中，两者是密切结合在一起的。工程项目建设，实质上就是将人力、物力、财力等投资要素转为实物资产的经济活动过程。工程项目种类繁多，可以从不同的角度进行分类。不同类别的工程项目，包含的建设内容不一样，也就要求进行不同的管理。

二、工程项目的特点

（一）工程项目的综合性

工程项目的综合性是工程项目的内在要求，综合性表现为工程项目建设过程中工作关系的广泛性及项目操作的复杂性。工程项目建设经历的环节多，涉及的部门与关系复杂，包括规划、设计、施工、供电、供水、电讯、交通、教育、卫生、消防、环境和园林等部门。此外，工程项目的综合性还体现在它作为一个基本的物质生产部门，必须与本国、本地区各产业部门的发展相协调，脱离了国情、区情，发展速度过快或过缓，规模过大或过小都会给经济及社会发展带来不良影响。

（二）工程项目实施的时序性

尽管工程项目是一项涉及面广、比较复杂的经济活动，但是实施过程具有严格的操作程序。从项目的可行性分析到土地的获取、从资金的融通到项目的实施以及后期的销售、使用管理等，虽然头绪繁多，但先后有序。这不仅是由于各部门的行政管理使许多工作受到审批程序的制约，而且也与工程项目这种生产活动的内在要求有关。因此，工程项目的实施必须有周密的计划，使各个环节紧密衔接，协调进行，以缩短周期，降低风险。

（三）工程项目的地域性

工程项目是不可移动的。因此，工程项目的投资建设和效益的发挥具有强烈的地域性。在工程项目投资决策、勘探设计和可行性研究的过程中，也必须充分考虑工程项目所在地区和区域的各项影响因素。这些因素，从微观来看，牵涉到诸如交通运输、地形地质、升值潜力等很多与工程有关的因素，这些因素对工程项目的选址影响极大，从宏观上看，工程项目的地域性因素主要表现在投资地区的社会经济特征对项目的影响。每一个地区的投资开发政策、市场需求状况、消费者的支付能力等都不一样，这就需要认真研究当地市场，制订相应的工程项目建设方案。

（四）工程项目的风险性

与一般项目相比，工程项目的根本特征是投资额巨大、需要大量资金投入，在市场经济条件下，筹集巨额资金是有风险的。由于建设周期长，很多因素有可能变化，也会给工程项目带来一定的市场风险。工程项目的产品或者供人们居住，或者供人们从事商业经营，或者供人们进行工业生产。但无论是何种产品，都具有很强的刚性。也就是说，工程项目一旦建成，在相当长的时间里几乎没有重新建造的可能性。因此，工程项目建设是一项高风险的投资行为。

第二节　工程项目的内部控制制度设计

工程项目的基本流程包括工程立项、工程设计、工程招标、工程建设、工程验收和项目后评估六个环节。工程项目一般流程如图 13-1 所示。其中，工程项目内部控制制度设计的主要内容包括：项目决策控制、勘察设计及概预算控制、招投标及合同控制、施工过程控制、竣工验收及决算控制和监督检查控制六个方面。

一、项目决策控制

工程项目决策控制包括项目建议书、可行性研究、项目评估与决策三个阶段。企业应当指定专门机构归口管理工程项目，根据发展战略和年度投资计划，提出项目建议书，开展可行性研究，编制可行性研究报告。各部门的专家对项目建议书和可行性研究报告出具评审意见，并将该意见作为项目决策的重要依据。企业应按照规定的权限和程序对工程项

第十三章 工程项目内部控制制度设计

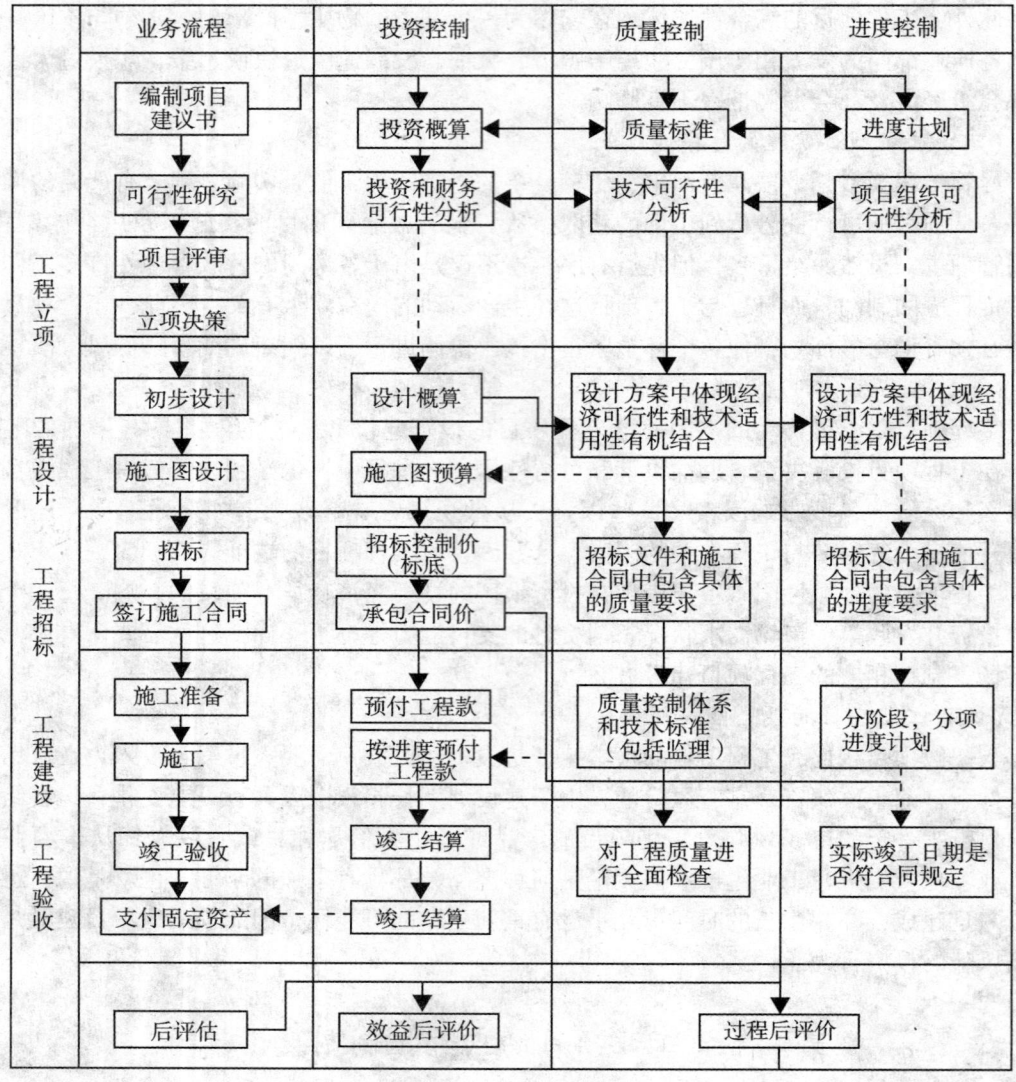

图 13-1 工程项目一般流程

目进行决策。

二、勘察设计及概预算控制

一般工业项目设计可分为初步设计和施工图设计两个阶段。初步设计是整个设计构思基本形成的阶段,其中一项重要工作是编制设计概算,即在初步设计阶段对建设项目投资额度的概略计算。施工图设计是通过图纸,把设计者的意图和全部设计结果表达出来,作为施工建造的依据。与施工图设计直接关联的是施工图预算,即根据施工图纸等资料编制预算造价。

三、招投标及合同控制

企业的工程项目一般应采用公开招标的方式，择优选择具有相应资质的承包单位和监理单位。建设单位依照法定程序，以公开招标或邀请招标等方式，鼓励潜在的投标人依据招标文件参与竞争。值得注意的是，招标过程是舞弊发生的高风险阶段，一般包括招标、投标、开标、评标和定标五个环节。中标人确定后，企业应与其在规定的期限内订立书面合同，明确双方的权利、义务和违约责任。

四、施工过程控制

工程建设的成本、进度和质量的具体控制主要在施工过程，包括的重要工作有工程监理、工程物资采购和工程价款结算等。企业应当加强对工程建设过程的监控，实行严格的概预算管理，切实做到及时备料，科学施工，保障资金，落实责任，确保工程项目达到设计要求。

五、竣工验收及结算控制

竣工验收指工程项目竣工后由建设单位会同设计、施工、监理单位以及工程质量监督部门等，对该项目是否符合规划设计要求以及建筑施工和设备安装质量进行全面检验的过程。在竣工验收环节，除对工程质量进行验收，还要进行竣工结算和竣工决算两项重要工作。

六、监督检查控制

企业应建立对工程项目业务的监督检查制度，明确监督检查机构或人员的职责权限，定期和不定期地检查。同时建立完工项目后评估制度，重点评价工程项目预期目标的实现情况和项目投资效益等，并以此作为绩效考核和责任追究的依据。

第三节 工程项目的内部控制要点和措施

从项目的可行性研究、勘察设计、招投标、工程施工直到竣工决算，建设单位对工程项目整个生命周期应该进行全过程、动态的控制，保证整个项目系统的有效运行。

一、项目决策控制

（一）编制项目建议书

此环节的内部控制措施包括：

（1）企业应当明确投资分析、编制和评审项目建议书的职责分工。

（2）企业应当全面了解所处行业和地区的相关政策规定，以法律法规和政策规定为依据，结合实际建设条件和经济环境变化趋势，客观分析投资机会，确定投资意向。

（3）企业应当根据国家和行业有关要求，结合本企业实际，规定项目建议书的主要内容和格式，明确编制要求；在编制过程中，要对工程质量标准、投资规模和进度计划等进行分析论证，做到协调平衡。

（4）对于专业性较强和较为复杂的工程项目，可以委托专业机构进行工程投资分析，编制项目建议书。

（5）企业决策机构应当对项目建议书进行集体审议，必要时，可以成立专家组或委托专业机构进行评审；承担评审任务的专业机构不得参与项目建议书的编制。

（6）根据国家规定应当报批的项目建议书必须及时报批并取得有效批文。

（二）可行性研究

此环节的内部控制措施包括：

（1）企业应当根据国家和行业有关规定以及本企业实际，确定可行性研究报告的内容和格式，明确编制要求。

（2）委托专业机构进行可行性研究的，应当制定专业机构的选择标准，确保可行性研究科学、准确、公正。

（3）切实做到投资、质量和进度控制的有机统一，即技术先进性和经济可行性要有机结合。

（三）项目评审与决策

此环节的内部控制措施包括：

（1）企业应当组建项目评审组或委托具有资质的专业机构对可行性研究报告进行评审。项目评审组成员不得参与可行性研究；评审组成员应当熟悉工程业务，并具有较广泛的代表性；评审组的决策机制不能简单采用"少数服从多数"原则，而要充分兼顾项目投资、质量、进度各方面的不同意见；项目评审应实行问责制，评审组成员要对其出具的评审意见承担责任。

（2）在项目评审中，要重点关注项目投资方案、投资规模、资金筹措、生产规模、布局选址、技术、安全、环境保护等方面的情况，核实相关资料的来源和取得途径是否真实、可靠，特别要对经济技术可行性进行深入分析和全面论证。

（3）企业应当按照规定的权限和程序对工程项目进行决策，决策过程必须有完整的书面记录，并实行决策责任追究制度。重大工程项目，应当报经董事会或者类似决策机构集体审议批准，任何个人不得单独决策或者擅自改变集体决策意见，防止出现"一言堂"、"一支笔"。

二、工程设计控制

（一）初步设计

此环节的内部控制措施包括：

（1）建设单位应当引入竞争机制，尽量采用招标方式确定设计单位，根据项目特点选择具有相应资质和经验的设计单位。

（2）在工程设计合同中，要细化设计单位的权利和义务，特别是一个项目由几个单位共同设计时，要指定一个设计单位为主体设计单位，主体设计单位对建设项目设计的合理性和整体性负责。

（3）建设单位应当向设计单位提供开展设计所需要的详细的基础资料，并进行有效的技术经济交流，避免因资料不完整造成设计保守、投资失控等问题。

（4）建立严格的初步设计审查和批准制度，通过严格的复核、专家评议等制度，层层把关，确保评审工作质量。

（二）施工图设计

此环节的内部控制措施包括：

（1）建立严格的概预算编制与审核制度。概预算的编制要严格执行国家、行业和地方政府有关建设和造价管理的各项规定和标准，完整、准确地反映设计内容和当时当地的价格水平。建设单位应当组织工程、技术、财会等部门的相关专业人员或委托具有相立资质的中介机构对编制的概算进行审核，重点审查编制依据、项目内容、工程量计算、定额套用等是否真实、完整和准确。

（2）建立严格的施工图设计管理制度和交底制度。在对施工图设计进行审查时，应重点关注施工图设计深度是否满足全面施工及各类设备安装的要求，施工图设计质量是否符合国家和行业规定，各专业工种之间是否做到了有效配合等。施工图设计基本完成后，应召开施工图会审会议，由建设单位、设计单位、施工单位、监理单位等共同审阅施工图文件，设计单位应进行技术交底，介绍设计意图和技术要求，及时沟通问题，修改不符合实际和有错误的图纸，会议应形成书面纪要。

（3）制定严格的设计变更管理制度。设计单位应当提供全面、及时的现场服务，避免设计与施工相脱节的现象发生，减少设计变更的发生。对确需进行的变更，应尽量控制在设计阶段，采用层层审批等方法，以使投资得到有效控制。因设计单位的过失造成设计变更的，应由设计单位承担相应责任。

（4）建设单位应当严格按照国家法律法规和本单位管理要求执行各项设计报批要求，上一环节尚未批准的，不得进入下一环节，杜绝出现边勘察、边设计、边施工的"三边"现象。

（5）可以引入设计监理，以提高设计质量。

三、工程招标控制

（一）招标

此环节的内部控制措施包括：

（1）建设单位按照《招标投标法》、《工程建设施工招标投标管理办法》等相关法律法规，结合本单位实际情况，本着公开、公正、平等竞争的原则，建立健全本单位的招投标管理制度，明确应当进行招标的工程项目范围、招标方式、招标程序，以及投标、开标、评标、定标等各环节的管理要求。

（2）工程立项后，对于是否采用招标，以及招标方式、标段划分等，应由建设单位工程管理部门牵头提出方案，报经建设单位招投标决策机构集体审议通过后执行。

（3）建设单位确需划分标段组织招标的，应当进行科学分析和评估，提出专业意见；划分标段时，应当考虑项目的专业要求、管理要求、对工程投资的影响以及各项工作的衔接，不得违背工程施工组织设计和招标设计方案，将应当由一个承包单位完成的工程项目肢解成若干部分发包给几个承包单位。

(4) 招标公告的编制要公开、透明，严格根据项目特点确定投标人的资格要求，不得根据"意向中标人"的实际情况确定投标人资格要求。建设单位不具备自行招标能力的，应当委托具有相应资质的招标机构代理招标。

(5) 建设单位应当根据项目特点决定是否编制标底；需要编制标底的，标底编制过程和标底应当严格保密。

（二）投标

此环节的内部控制措施包括：

(1) 对投标人的信息采取严格的保密措施，防止投标人串通舞弊。

(2) 科学编制招标公告，合理确定投标人资格要求，尽量扩大潜在投标人的范围，增强市场竞争性。

(3) 严格按照招标公告或资格预审文件中确定的投标人资格条件对投标人进行实质审查，通过查验资质原件、实地考察，或到工商和税务机关调查核实等方式，确定投标人的实际资质，预防假资质中标。

(4) 建设单位应当履行完备的标书签收、登记和保管手续。签收人要记录投标文件签收日期、地点和密封状况，签收标书后，应将投标文件存放在安全保密的地方，任何人不得在开标前开启投标文件。

（三）开标、评标和定标

此环节的内部控制措施包括：

(1) 开标工程应邀请所有投标人或其代表出席，并委托公证机构进行检查和公正。

(2) 依法组建评标委员会，确保其成员具有较高的职业道德水平，并具备招标项目专业知识和丰富经验。评标委员会成员名单在中标结果确定前应当严格保密。评标委员会成员和参与评标的有关工作人员不得私下接触投标人，不得收受投标人任何形式的商业贿赂。

(3) 建设单位应当为保证评标委员会独立、客观地进行评标工作创造良好条件，不得向评标委员会成员施加影响，干扰其客观判断。

(4) 评标委员会应当在评标报告中详细说明每位成员的评价意见以及集体评审结果，对于中标候选人和落标人要分别陈述具体理由。每位成员应对其出具的评审意见承担个人责任。

(5) 中标候选人是 1 个以上时，招标人应当按照规定的程序和权限，由决策机构审议决定中标人。

四、工程建设控制

（一）施工质量、进度和安全

此环节的内部控制措施包括：

工程质量内部控制方面：

(1) 承包单位应当建立全面的质量控制制度，按照国家相关法律法规和本单位质量控制体系的要求进行建设，并在施工前列出重要的质量控制点，报经监理机构同意后，在此基础上实施质量控制。

(2) 承包单位应按合同约定对材料、工程设备以及工程的所有部位及其施工工艺进行全过程的质量检查和检验,定期编制工程质量报表,报送监理机构审查。关键工序作业人员必须持证上岗。

(3) 监理机构有权对工程的所有部位及其施工工艺进行检查验收,发现工程质量不符合要求的,应当要求承包单位立即返工修改,直至符合验收标准为止。对主要工序作业,只有监理机构审验后,才能进行下一道工序。

工程进度内部控制方面:

(1) 监理单位应当建立监理进度控制体系,明确相关程序、要求和责任。

(2) 承包单位应按合同规定的工程进度编制详细的分阶段或分项进度计划,报送监理机构审批后,严格按照进度计划开展工作。

(3) 承包单位至少应按月对完成投资情况进行统计、分析和对比,工程的实际进度与批准的合同进度计划不符时,承包单位应提交修订合同进度计划的申请报告,并附原因分析和相关措施,报监理机构审批。

安全建设内部控制方面:

(1) 建设单位应当加强对施工单位的安全检查,并授权监理机构按合同约定的安全工作内容监督、检查承包单位安全工作的实施情况。建设单位在编制工程概算时,应当确定建设工程安全作业环境及安全施工措施所需费用。

(2) 工程监理单位和监理工程师应当按照法律、法规和工程建设强制性标准实施监理,并对建设工程安全生产承担监理责任。在实施监理过程中,发现存在安全事故隐患的,应当要求施工单位整改;情况严重的,应当要求施工单位暂时停止施工,并及时报告建设单位。

(3) 承包单位应当设立安全生产管理机构,配备专职安全生产管理人员,依法建立安全生产、文明施工管理制度,细化各项安全防范措施。承包单位应当对所承担的建设工程进行定期和专项安全检查,并做好安全检查记录。

(二) 工程物资采购

此环节的内部控制措施包括:

(1) 重大设备和大宗材料的采购应当采用招标方式。

(2) 对于由承包单位购买的工程物资,建设单位应当采取必要措施,确保工程物资符合设计标准和合同要求。首先,施工合同中,建设单位应具体说明建筑材料和设备应运到的质量标准,明确责任追究方式。其次,对于承包单位提供的重要材料和工程设备,应由监理机构进行检验,查验材料合格证明和产品合格证书,一般材料要进行抽检。未经监理人员签字,工程物资不得在工程上使用或安装,不得进行下一道工序施工。最后,运入施工场地的材料、工程设备,必须专用于合同工程,未经监理人员同意,承包单位不得运出施工场地或挪作他用。

(三) 工程价款结算

此环节的内部控制措施包括:

(1) 建设单位应当建立完善的工程价款结算制度，明确工作流程和职责权限划分，并切实遵照实行。财会部门应当安排专职的工程财会人员，认真开展工程项目核算与财务工作。

(2) 资金筹集和使用应与工程进度协调一致，建设单位应当根据项目组成结合时间进度编制资金使用计划，作为资产内部控制和工程价款结算的重要依据。

(3) 建设单位财会部门应当加强与承包单位和监理机构的沟通，准确掌握工程进度，确保财务报表能够准确、全面地反映资产价值，并根据施工合同约定，按照规定的审批权限和程序办理工程价款结算。

(4) 施工过程中，如果工程的实际成本突破了工程项目预算，建设单位应当及时分析原因，按照规定的程序予以处理。

（四）工程变更

此环节的内部控制措施包括：

(1) 建设单位要建立严格的工程变更审批制度，严格控制工程变更，确需变更的，要按照规定程序尽快办理变更手续，减少经济损失。对于重大的变更事项，必须经建设单位、监理机构和承包单位集体商议，同时严加审核文件，提高审批层级，依法需报有关政府部门审批的，必须取得同意变更的批复文件。

(2) 工程变更获得批准后，应尽快落实变更设计和施工，承包单位应在规定期限内全面落实变更指令。

(3) 由于人为原因引发工程变更，如设计失误、施工缺陷等，应当追究当事单位和人员的责任。

(4) 对工程变更价款的支付实施更为严格的审批制度，变更文件必须齐备，变更工程量的计算必须经过监理机构复核并签字确认，防止承包单位虚列工程费用。

五、工程验收控制

此环节的内部控制措施包括：

(1) 建设单位应当健全竣工验收的各项管理制度，明确竣工验收条件、标准、程序、组织管理和责任追究等。

(2) 竣工验收必须履行规定的程序，至少应经过承包单位初检、监理机构审核、正式竣工验收三个程序。正式竣工验收前，根据合同规定应当进行试运行的，应当由建设单位、监理单位和承包单位共同参与试运行。试运行符合要求的，才能进行正式验收。正式验收时，应当组成由建设单位、设计单位、施工单位、监理单位等组成的验收组，共同审验。重大项目的验收，可吸收相关方面专家组进行评审。

(3) 初检后，确定固定资产达到预定可使用状态的，承包单位应及时通知建设单位，建设单位会同监理单位初验后应及时对项目价值进行暂估，转入固定资产核算。建设单位财务部门应定期根据所掌握的工程项目进度核对项目固定资产暂估记录。

(4) 建设单位应当加强对工程竣工决算的审核，应先自行审核，再委托具有相应资质的中介机构实施审计；未经审计的，不得办理竣工验收手续。

（5）建设单位要加强对完工后剩余物资的管理。工程竣工后，建设单位对各种节约的材料、设备、施工机械工具等，要清理核实，妥善处理。

（6）建设单位应当按照国家有关档案管理的规定，及时收集、整理工程建设各环节的文件资料，建立工程项目档案。需报政府有关部门备案的，应当及时备案。

☞ 思考题：

1. 工程项目内部控制制度设计的意义是什么？
2. 工程项目的概念和特点是什么？
3. 工程项目内部控制制度设计的主要内容包括哪些？
4. 工程项目内部控制的要点包括哪些？
5. 工程项目内部控制方法有哪些？

☞ 案例分析[①]：

××风景区建筑施工事故

2012年某风景区建筑工地发生一起施工升降机坠落重大建筑施工事故，造成多人死亡，经济损失达1800万元。

经有关部门调查发现，造成事故的部分间接原因包括：

（1）总承包单位A。该公司管理混乱，将施工总承包一级资质出借给其他单位和个人承接工程；A公司使用非公司人员吴某的资格证书，在投标时将吴某作为东湖景园项目经理，但未安排吴某实际参与项目投标和施工管理活动；未落实企业安全生产主体责任，安全生产责任制不落实，未与项目部签订安全生产责任书；安全生产管理制度不健全、不落实，培训教育制度不落实，未建立安全隐患排查整治制度；对该景区施工和施工升降机安装使用的安全生产检查和隐患排查流于形式，未能及时发现和整改事故施工升降机存在的重大安全隐患。

（2）施工项目部B。该项目部系总承包单位A股东、党委书记易某以A公司名义组织成立。项目部现场负责人和主要管理人员均非A公司人员，现场负责人及大部分安全员不具备岗位执业资格；安全生产管理制度不健全、不落实，在该景区在无《建设工程规划许可证》、《建筑工程施工许可证》、《中标通知书》和《开工通知书》的情况下，违规进场施工，且施工过程中忽视安全管理，现场管理混乱，并存在非法转包；未依照《××市建筑起重机械备案登记与监督管理实施办法》，对施工升降机加节进行申报和验收，并擅自使用；联系购买并使用伪造的施工升降机"建筑施工特种作业操作资格证"；对施工人员私自操作施工升降机的行为，批评教育不够，制止管控不力。

---

① 本案例源自国家安全生产监督管理总局官网．某景区重大事故报告，作者进行了改编。

(3) 施工升降机的设备产权及安装、维护单位 C。安全生产主体责任不落实，安全生产管理制度不健全、不落实，安全培训教育不到位，企业主要负责人、项目主要负责人、专职安全生产管理人员和特种作业人员等安全意识薄弱；公司内部管理混乱，起重机械安装、维护制度不健全、不落实，施工升降机加节和附着安装不规范，安装、维护记录不全不实；安排不具备岗位执业资格的员工杜某负责施工升降机维修保养。

(4) 该景区建设管理单位 D。该公司不具备工程建设管理资质，在景区无《建设工程规划许可证》、《建筑工程施工许可证》和未履行相关招投标程序的情况下，违规组织施工、监理单位进场开工。未经规划部门许可和放、验红线，擅自要求施工方以前期勘测的三个测量控制点作为依据，进行放线施工；在施工过程中违规组织虚假招投标活动；在施工过程中只注重工程进度，忽视安全管理。

(5) 监理单位 E 公司。该公司安全生产主体责任不落实，未与分公司、监理部签订安全生产责任书，安全生产管理制度不健全，落实不到位；公司内部管理混乱，对分公司管理、指导不到位，未督促分公司建立健全安全生产管理制度；对景区《监理规划》和《监理细则》审查不到位；E 公司使用非公司人员曾某的资格证书，在投标时将曾某作为项目总监，但未安排曾某实际参与项目投标和监理活动。项目监理部负责人（总监代表）丁某和部分监理人员不具备岗位执业资格；安全管理制度不健全、不落实，在项目无《建设工程规划许可证》、《建筑工程施工许可证》和未取得《中标通知书》的情况下，违规进场监理；未依照《武汉市建筑起重机械备案登记与监督管理实施办法》，督促相关单位对施工升降机进行加节验收和使用管理，自己也未参加验收。

要求：请结合工程项目控制要点和方法，指出案例中出现的内部控制缺陷。

第十四章　担保内部控制制度设计

◎ 学习目标：
1. 了解担保的概念和基本分类。
2. 了解担保内部控制制度设计的意义。
3. 掌握担保内部控制的基本流程。
4. 了解担保业务的控制方法。

担保是企业内部控制中容易产生风险的业务活动之一。担保业务失控可能存在众多风险，例如违反国家法律法规，遭受处罚；因控制程序存在漏洞，导致经济损失；执行监控不当，导致企业经营效率低下或资产遭受损失等。为了防止担保业务失控，实现担保内部控制目标，企业应根据《企业内部控制基本规范》、《企业内部控制应用指引第12号——担保业务》以及国家有关法律法规，制定担保的内部控制制度。

第一节　担保业务内部控制概述

一、担保的概念

担保是指企业作为担保人按照公平、自愿、互利的原则与债权人约定，当债务人不履行债务时，依照法律规定和合同协议承担相应法律责任的行为。出于不同的原因，企业可能需要为其子公司、存在稳定关系的客户、其他单位等提供担保，因此企业存在履行担保责任的潜在风险。

二、担保的种类

根据《中华人民共和国担保法》，担保主要包括保证、抵押和质押等方式，其中保证又分为一般保证和连带责任保证。

（一）一般保证

当事人在保证合同中约定，当债务人不能履行债务时，由保证人承担保证责任的行为。

（二）连带责任保证

当事人在保证合同中约定保证人与债务人对债务承担连带责任的行为。连带责任保证的债务人在主合同规定的债务履行期限届满时没有履行债务的，债权人可以要求债务人履行债务，也可以要求保证人在其保证范围内承担保证责任。

（三）抵押

债务人或者第三人不转移对抵押财产的占有，而将该财产作为债权担保。债务人不履行债务时，债权人有权依法以抵押财产折价或者以拍卖、变卖该财产的价款优先受偿。

（四）质押

债务人或者第三人将其动产移交债权人占有，将该动产作为债权的担保。债务人不履行债务时，债权人有权依法以该动产折价或者以拍卖、变卖该动产的价款优先受偿。

三、担保内部控制的意义

担保业务是企业内部控制中容易产生弊端、给企业带来损失的业务活动之一。在担保业务中，担保方承担着债务人不按期偿还债务的连带责任，这种连带责任有可能形成担保方的一项或有负债，从而影响到担保方的资金周转，并进而使担保方利益受损，甚至直接威胁担保方的生存发展，风险性很强。

近年来，担保业务给企业造成的损失事件时有发生。企业应根据国家有关法律法规，结合本企业担保业务的实际情况，建立担保业务各项管理制度。担保业务的内部控制，有利于保证担保决策的正确性，降低担保风险；有利于避免违规担保为企业带来的不良后果，降低发生经济损失的可能性；有利于维护企业资产安全，保护企业担保权益；有利于保证企业经营管理效率，促进企业健康长远发展。由此可见，加强担保业务的内部控制设计具有重要的意义。

第二节 担保的内部控制流程

担保业务主要包括受理申请、调查和评估、审批、签订担保合同、进行日常监控等流程。其一般流程如图 14-1 所示。

一、受理申请

受理申请是企业办理担保业务的第一环节。这一环节的主要风险有：企业担保政策和相关管理制度不健全，导致难以对担保申请人提出的担保申请进行初步评价和审核；或者虽然建立了担保政策和相关管理制度，但对担保申请人提出的担保申请审查把关不严，导致申请受理流于形式。

此环节的关键控制点为：

（1）依法制定和完善本企业的担保政策和相关管理制度，明确担保的对象、范围、方式、条件、程序、担保限额和禁止担保的事项；

（2）严格按照担保政策和相关管理制度对担保申请进行审核。

二、调查和评估

企业在受理担保申请后对担保申请人进行资信调查和风险评估，是办理担保业务中不可或缺的重要环节，在相当程度上影响甚至决定担保业务的未来走向。这一环节的主要风险有：对担保申请人的资信调查不深入、不透彻，对担保项目的风险评估不全面、不科

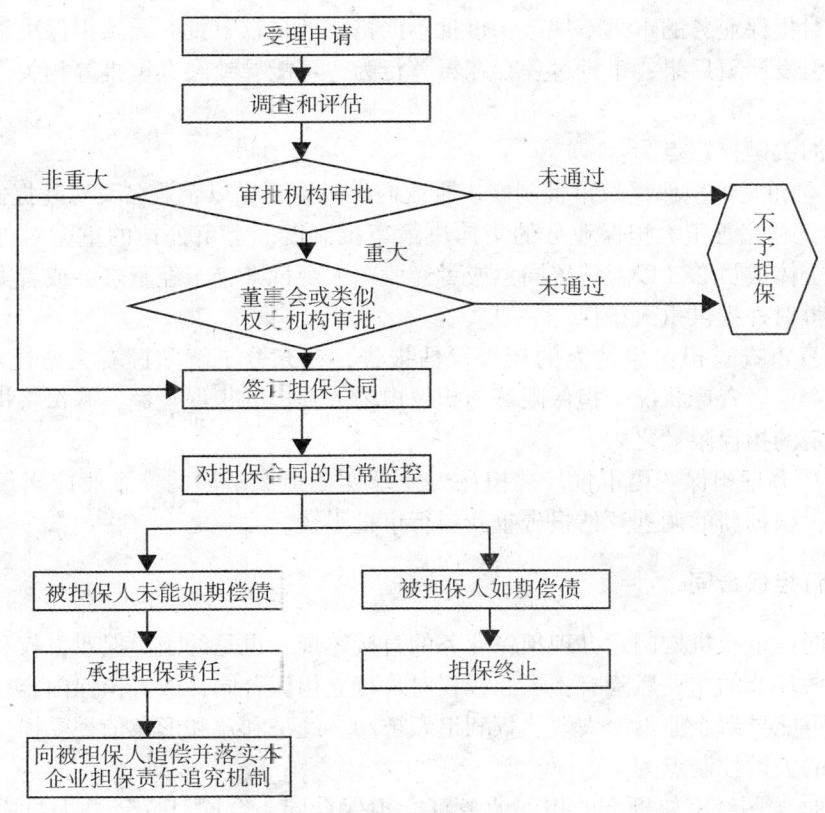

图 14-1 担保业务一般流程

学,导致对企业担保决策失误或遭受欺诈,为担保业务埋下巨大隐患。

此环节的关键控制点为:

(1) 委派具备胜任能力的专业人员开展调查和评估。调查评估人员与担保业务审批人员应当分离。担保申请人为企业关联方的,与关联方存在经济利益或近亲属关系的有关人员不得参与调查评估。

(2) 对担保申请人资信状况和有关情况进行全面、客观的调查评估。其中重点关注:担保业务是否符合国家法律法规和本企业担保政策的要求;担保申请人的资信状况,包括基本情况、资产质量、财务状况、经营情况、信用程度、行业前景等;担保申请人用于担保和第三方担保的资产状况及其权利归属;企业要求担保申请人提供反担保的,还应对与反担保有关的资产状况进行评估。

(3) 对担保项目经营前景和盈利能力进行合理预测。

(4) 形成书面评估报告,全面反映调查评估情况,为担保决策提供第一手资料。

三、审批

审批环节在担保业务中具有承上启下的作用,既是对调查评估结果的判断和认定,也是担保业务是否进入实际执行阶段的必经之路。这一环节的主要风险有：授权审批制度不健全，导致对担保业务的审批不规范；审批不严格或者越权审批，导致担保决策出现重大疏漏，可能引发严重后果；审批过程存在舞弊行为，可能导致经办审批等相关人员涉案或企业利益受损。

此环节的关键控制点为：

（1）建立和完善担保授权审批制度。企业内设机构不得以企业名义对外提供担保。

（2）建立和完善重大担保业务的集体决策审批制度。上市公司的重大对外担保，应取得董事会全体成员 2/3 以上签署同意或者经股东大会批准，未经董事会或者类似权力机构批准，不得对外提供重大担保。

（3）认真审查对担保申请人的调查评估报告，在充分了解掌握有关情况的基础上，权衡比较本企业净资产状况、担保限额与担保申请人提出的担保金额，确保将担保金额控制在企业设定的担保限额之内。

（4）从严办理担保变更审批。被担保人要求变更担保事项的，企业应当重新履行调查评估程序，根据新的调查评估报告重新履行审批手续。

四、签订担保合同

担保合同是审批机构同意办理担保业务的直接体现，也是约定担保双方权利义务的基础载体。这一环节的主要风险有：未经授权对外订立担保合同，或者担保内容存在重大疏漏和欺诈，可能导致企业诉讼失败、权利追索被动、经济利益和形象信誉受损。

此环节的关键控制点为：

（1）严格按照经审核批准的担保业务订立担保合同。合同订立经办人员应当在职责范围内，按照审批人员的批准意见拟订合同条款。

（2）认真审核合同条款，确保担保合同条款内容完整、表述严谨准确、相关手续齐备。在担保合同中应明确被担保人的权利、义务、违约责任等相关内容，并要求担保人定期提供财务报告和有关资料，及时通报担保事项的实施情况。

（3）实行担保合同会审联签，增强担保合同的合法性、规范性、完备性，有效避免权利义务约定、合同文本表述等方面的疏漏。

（4）加强对有关身份证明和印章的管理。

（5）规范担保合同的记录、传递和保管，确保担保合同运转轨迹清晰完整、有案可查。

五、日常监控

切实加强担保合同执行情况的日常监控，通过及时、准确、全面地了解掌握被担保人的经营状况、财务状况和担保项目运行情况，最大限度地实现企业担保权益，最大限度地降低企业担保责任，是一项艰巨而重要的任务。这一环节的主要风险有：重合同签订，轻后续管理，对担保合同履行情况疏于监控或监控不当，导致企业不能及时发现和妥善应对被担保人的异常情况，可能延误处置时机，加剧担保风险，加重经济损失。

此环节的关键控制点为：

（1）指定专人定期监测被担保人的经营情况和财务状况，对被担保人进行跟踪和监督，了解担保项目的执行、资金的使用、贷款的归还、财务运行及风险等情况，促进担保合同有效履行。

（2）及时报告被担保人异常情况和重要信息。

六、会计控制

担保业务直接涉及担保财产、费用收取、财务分析、债务承担、会计处理和相关信息披露等，决定了会计控制在担保业务经办中具有举足轻重的重要作用。这一环节的主要风险有：会计系统控制不力，可能导致担保业务记录残缺不全，日常监控难以奏效，或者担保会计处理和信息披露不符合有关监管要求，可能引发行政处罚。

此环节的关键控制点为：

（1）健全担保业务经办部门与财会部门的信息沟通机制，促进担保信息及时有效沟通。

（2）建立担保事项台账，详细记录担保对象、金额、期限、用于抵押和质押的物品或权利以及其他有关事项；同时，及时足额收取担保费用，维护企业担保权益。

（3）严格按照国家统一的会计准则制度进行担保会计处理，发现被担保人出现财务状况恶化、资不抵债、破产清算等情形的，应当合理确认预计负债和损失。

（4）切实加强对反担保财产的管理，妥善保管被担保人用于反担保的权利凭证，定期核实财产的存续状况和价值，发现问题及时处理，确保反担保财产安全完整。

（5）夯实担保合同基础管理，做到担保业务档案完整无缺。

七、代为清偿和权利追索

在实践中，由于某些原因，被担保人无法偿还到期债务，此时担保企业应按照担保合同约定代其清偿债务，并同时享有对被担保人的追索权。这一环节的主要风险有：违背担保合同约定不履行代为清偿义务，可能被银行等债权人诉诸法律成为连带被告，影响企业形象和声誉；承担代为清偿义务后向被担保人追索权利不力，可能造成较大经济损失。

此环节的关键控制点为：

（1）强化法制意识和责任观念，在被担保人确实无力偿付债务或履行相关合同义务时，自觉按照担保合同承担代偿义务，维护企业诚实守信的市场形象。

（2）运用法律武器向被担保人追索赔偿权利，在此过程中，企业担保业务经办部门、财会部门、法律部门等应当通力合作，做到在司法程序中举证有力。

（3）启动担保业务后评估工作，严格落实担保业务责任追究制度，对在担保中出现重大决策失误、未履行集体审批程序或不按规定管理担保业务的部门及人员严格追究其行政责任和经济责任。

第三节 担保的内部控制方法

企业在建立与实施担保业务内部控制的过程中，应加强对以下方面的控制：一是应当明确规范担保的职责分工、权限范围和审批程序,合理设置机构和配备人员;二是应当明确规范担保的对象、范围、条件、程序、限额和禁止担保的事项;三是进行科学严密的担保评估;四是建立充分有效的担保执行环节的控制措施。具体的内部控制方法如下:

一、建立岗位分工与权责划分制度

企业应当选用具有良好的职业道德、了解担保法等相关法律法规、熟悉担保业务流程、掌握担保专业知识的人员从事对外担保的各项工作,对担保业务建立严格的岗位责任制,明确相关部门和岗位的职责、权限,确保办理担保业务的不相容岗位相互分离、相互制约和互相监督。

担保业务不相容岗位至少包括:
(1) 担保业务的评估和审批分离。
(2) 担保业务的审批与执行分离。
(3) 担保业务的执行与核对分离。
(4) 担保业务相关财产保管和担保业务记录分离。

二、建立担保风险评估制度

企业应当对担保业务进行风险评估,确保担保业务符合国家法律法规和本单位的担保政策,防范担保业务风险。企业提供担保业务前,应当由担保风险评估部门对申请担保人的相关情况进行审查和评估。

(1) 对于申请担保人提供的业务材料,主要从完整性、合法性和符合性三方面进行审查。
(2) 企业可自行或委托会计师事务所、资产评估事务所、律师事务所等中介机构对担保业务进行风险评估,并将评估成果形成书面报告。评估报告应全面反映评估人员的意见,并经评估人员签章。被评估项目发生变更时,应当重新进行评估。
(3) 在审查中,如果发现被担保人出现以下情形之一的,企业不得提供担保:
①担保项目不符合国家法律、法规和企业担保政策规定的;
②申请担保人已进入重组、托管、兼并或破产清算程序的;
③申请担保人财务状况恶化、资不抵债的;
④申请担保人管理混乱、经营风险较大的;
⑤申请担保人与其他企业存在经济纠纷,可能承担较大赔偿责任的。

三、建立担保授权制度和审批控制制度

企业应该建立担保授权制度和审批制度,明确审批人对担保业务的授权批准方式、权限、程序、责任和相关控制措施,规定经办人办理担保业务的职责范围和工作要求,并按照规定的权限和程序办理担保业务。严禁未经授权的机构或人员办理担保业务。企业内设机构和分支机构不得对外提供担保。

授权批准制度应当明确以下授权审批要点:
(1) 严格审批担保政策;

(2) 担保业务发生之前,应经过正当审批;
(3) 没经过正当审批,不得签订担保合同;
(4) 企业应当实行集体决策审批制度。

经办人应当在职责范围内,按照审批人的批准意见办理担保业务,对于审批人超越授权范围审批的担保业务,经办人有权拒绝办理,并及时向审批人的上级报告。

此外,担保的授权审批制度还应当包括担保业务责任追究制度,对在担保中出现重大决策失误、未履行集体审批程序擅自越权签订担保合同或不按规定执行担保业务的部门及人员,应当严格追究责任人的责任。

四、建立担保执行控制制度

(一) 担保合同控制

企业有关部门或人员应根据职责权限,按规定的程序订立担保合同,对担保期限及担保收费等做出明确约定。订立担保合同前,应由财务部门组织相关人员对担保合同的合法性和完整性进行审核,重要担保合同的订立还应征询法律专家的意见,确保合同条款符合相关法律法规及企业担保政策的规定。

企业应加强对担保合同的管理,指定专门部门和人员妥善保管担保合同、与担保合同相关的主合同、反担保函或反担保合同,以及抵押、质押权利凭证和有关的原始资料,保证担保项目档案完整、准确和担保财产的安全,并定期进行检查。通常担保合同正本应由公司档案室保存,副本由财务部门及相关部门保存。

企业应当在担保合同协议到期时全面清理用于担保的财产、权利凭证,按照合同协议约定及时终止担保关系。

(二) 担保财产的管理和记录控制

企业应建立担保事项台账,详细记录担保对象、金额、期限、用于抵押和质押的物品、权利和其他相关事项,并妥善管理有关担保财产和权利的证明,定期对财产的存续状况和价值进行复核,发现问题及时处理。

企业要求申请担保人提供反担保的,应加强对反担保财产的管理,妥善保管被担保人用于反担保的财产和权利凭证,定期核实财产的存续情况和价值,发现问题及时处理,确保反担保财产安全完整。并且按照相关法律法规的规定,企业有权向反担保人追偿。

对外提供担保预计很可能承担连带赔偿责任的,还应按照国家统一的会计制度的规定对或有事项的规定进行确认、计量、记录和报告。

(三) 担保检测控制

担保合同生效后,企业应指定专门部门和人员,定期监测被担保人的经营情况和财务状况,定期对担保项目进行跟踪和监督,了解担保项目的执行、资金的使用、贷款的归还、财务运行及风险等方面的情况,定期出具监测报告。对于异常情况和问题,应当做到早发现、早预警、早报告。对于重大问题和特殊情况,应当及时向企业管理层或董事会报告。公司总经理、董事长接到异常报告后,应及时组织有关会议研究对策并实施,以化解担保风险。对被担保单位和被担保项目进行监测可以采取参加被担保单位与被担保项目有关的会议、对被担保工程项目的施工进度和财务进行审核以及派员进驻被担保单位工作等方式。

被担保人必须定期向担保人提供真实完整的有关经营情况的说明,担保人有权随时查询被担保人的财务状况。被担保人在担保债务到期前一个月,必须向担保人提供偿还债务情况报表或计划以及相关财务报表。被担保人每次归还债务必须向担保人书面报告并提供有效凭证,债务全部清偿之后,必须通知担保人,并提交有关归还债务凭证的复印件。债务履行期届满,被担保人不履行债务,由担保人承担责任履行担保义务后,担保人应在有效期限内及时向被担保人主张权利,确保担保人财产不受损失。

企业还应当建立适当的担保风险预警机制,以防范担保风险的产生。具体做法是,部门经理或总经理指令担保业务部门定期或不定期委托评估部门或机构评估被担保企业的行业风险、财务风险和经营风险。行业风险评估主要分析被担保企业所处行业的发展阶段、成长性;财务风险评估可以从偿债能力、盈利能力、资产管理能力和可持续发展能力等方面建立评价指标体系进行系统评估;经营风险评估主要评估被担保企业的内部控制、内部管理、发展计划和经营目标的履行情况等。对这些风险进行评估后,评估部门或机构出具评估报告并将其提交给担保业务部门,担保业务部门再转交给部门经理或总经理,从而使他们能够及时掌握被担保企业的资料信息。当被担保企业的风险值达到担保企业的警戒线时就要及时采取措施,如提取担保风险准备金,一旦担保企业未来发生损失,可以用担保风险准备金来弥补损失,不会由于履行连带偿债责任而导致大量的现金流出,形成债务危机,影响企业正常的生产和经营。或者可以对担保业务投商业保险,一旦发生损失可得到一笔保险赔偿,从而降低损失。

(四) 担保监督检查控制

企业应当建立对担保业务内部控制的监督检查制度,明确监督检查机构或人员的职责权限,定期或不定期地进行检查。监督检查的内容主要包括:

(1) 担保业务相关岗位及人员的设置情况,重点检查是否存在担保业务不相容职务混岗的现象。

(2) 担保业务授权批准制度的执行情况,重点检查担保对象是否符合规定,担保业务评估是否科学合理,担保业务的审批手续是否符合规定,是否存在越权审批的情况。

(3) 担保业务监测报告制度的落实情况,重点检查是否对被担保单位、被担保项目资金流向进行监测,是否定期了解被担保单位的经营管理情况并形成报告。

(4) 担保财产保管和担保业务记录制度落实情况,重点检查有关财产和权利证明是否得到妥善的保管,担保业务的记录和档案文件是否完整。

对于在检查监督过程中发现的担保内部控制中的薄弱环节,负责监督检查的部门应当告知有关部门,公司有关部门应当及时采取措施,加以纠正和完善。公司监督检查部门应当按照内部管理权限向上级有关部门报告担保内部控制监督检查情况和有关部门的整改情况。

五、建立担保内部控制程序

担保业务内部控制程序设计的要点主要包括:

(1) 由担保企业提出担保申请,担保业务部门接受担保企业申请资料;

（2）担保业务部门收到担保企业申请资料后，要求企业财务部门和其他相关部门对被担保企业的财务状况和经营情况进行风险评估，测算担保风险的大小；

（3）财务部门及相关部门把担保项目风险评估资料提交给担保业务受理部门；

（4）担保业务受理部门收到风险评估资料后，连同被担保企业提交的资料提交给总经理决策；

（5）总经理再提交给董事会进行集体决策，决定是否向被担保企业提供担保业务；

（6）董事会把审批决策意见交给担保业务部门办理；

（7）担保业务部门根据董事会的审批意见，会同法律部门给予被担保企业办理担保业务，签订担保合同，财务部门对担保业务做好充分的会计记录；

（8）担保业务办理后，担保业务部门要对被担保企业实行定期监控，建立风险预警机制，降低企业的担保风险；

（9）为了降低担保风险，还可以要求被担保企业提供反担保。

☞**思考题：**

1. 什么是担保？
2. 担保业务的关键控制环节包括哪些？
3. 担保业务的内部控制方法有哪些？

☞**案例分析①：**

新都违规担保陷债务泥潭

2014 年 5 月 14 日，深圳新都酒店股份有限公司发布重大诉讼公告称，2014 年 4 月 30 日，公司在自有资产核查时发现，公司名下新都酒店大楼以及在深圳市罗湖区文锦花园的房产被查封，经自查未发现公司有应披露而未披露的重大诉讼。

基于上述情况，5 月 4 日，ST 新都召开临时董事会，对此事项进行讨论，并正式向控股股东深圳市光耀地产集团有限公司及实际控制人郭耀名先生发出《知会函》，要求深圳市光耀地产集团有限公司、郭耀名先生如实向上市公司说明涉及上市公司的全部担保、诉讼等情况。

而除去为控股股东深圳市光耀地产集团有限公司违规担保外，根据深圳市光耀地产集团有限公司提供的法律文书及相关资料，就目前涉及 ST 新都担保及诉讼的案件还有 4 起。包括：周勃借款合同纠纷案、张文勋借款合同纠纷案、叶国权借款合同纠纷案、周瑞坤借款合同纠纷案，合计涉案金额超过 3.1 亿元。

根据披露的公告显示，*ST 新都在上述借款中均有为控股股东光耀地产、光耀集团或其他关联方提供借款担保。

公开资料显示，*ST 新都违规担保事件，是今年 4 月 30 日公司在自有资产核查时发现的，而独董陈述的其知悉并调查公司违规担保的过程是 4 月 24 日上午，公司

---

① 本案例参考了证券日报，2014-07-14，作者进行了整理。

实际控制人郭耀名、公司前任董事长兼总经理李聚全、时任董事长兼总经理袁克俭在董事会秘书的陪同下从深圳证监局汇报回来,时任董事长袁克俭告知公司因为对外提供担保引发诉讼导致7个银行账户被查封并报告了相关情况后,独董才知悉公司出现了违规担保事件。

　　*ST新都方面曾表示,前任董事长兼总经理李聚全、控股股东及实际控制人郭耀名借款以上市公司名义做借款担保,未经公司董事会、股东大会审议,是违反规定程序对外提供的担保,公司此前对担保事件并不知情。

　　违规担保事件被立案调查、受大股东拖累接连负债、股票被"*ST"等接踵而来,引起了*ST新都股价持续震荡。

　　要求:结合担保业务的内部控制方法,指出案例中出现的内部控制缺陷。

第十五章 会计信息化系统制度设计

◎ 学习目标：
1. 理解会计信息化系统的概念、结构，了解会计核算子系统各模块的主要任务。
2. 掌握会计信息化系统的特征，特别是会计科目、凭证、账簿、报表的设计与手工环境下的不同。
3. 理解会计信息化系统内部控制的概念、分类和设计策略。
4. 掌握会计信息化系统的一般控制和应用控制的设计。

第一节 会计信息化系统概述

一、会计信息化系统的概念

从 20 世纪 70 年代末 80 年代初开始，我国会计信息化经历了由"传统会计"到"会计电算化"，再到"会计信息化"的发展历程。2009 年 4 月 23 日，财政部发布了《关于全面推进我国会计信息化工作的指导意见》，提出要全面推进会计信息化工作，建立起我国的会计信息化管理体系。会计信息化是指将计算机、网络等信息技术广泛应用于会计工作的过程。它不仅是会计数据处理手段的重大变革，而且对会计理论和实践产生了深远影响。

会计信息化环境下的会计信息系统被称为会计信息化信息系统，简称为会计信息化系统。会计信息化系统作为企业管理信息系统的一个子系统，是一个用来处理会计业务，收集、存储、加工、传输各种会计数据，向会计信息使用者提供财务会计信息的面向价值管理的信息系统，其实质是使单位的会计工作实现业务流程的数字化和网络化。会计信息化系统依据会计管理理论、应用计算机信息技术，将会计业务流程与其他业务流程整合，实现了企业物流、资金流、信息流的三流合一，提升了企业的经济效益。

二、会计信息化系统的特征

会计信息化系统以传统的手工会计信息系统的原理为基础，二者都遵循相同的会计理论、会计准则和会计法规，具有相同的系统目标和工作内容。然而，随着计算机信息技术的深入应用，会计工作发生了深刻的变革，主要体现在以下几个方面：

（一）会计信息的处理方式不同

1. 数据的存储媒介不同

手工会计信息系统中，会计数据的载体是纸张。会计信息化系统中，会计数据以电子方式保存在各种磁性存储介质上。这些存储介质虽然具有体积小，存储密度大，易于会计信息传递、复制和保管的优点，但是有着数据容易被删改且删改后一般不留痕迹的弊端。

2. 数据的加工过程不同

手工会计信息系统中，会计数据被不同的责任人按会计账户转抄到日记账、明细分类账和总分类账之中，最终以报表形式列报。会计信息化条件下，数据处理自动化、集中化。当原始数据进入系统后，后续的加工都集中在计算机中进行，会计工作质量和效率有了极大提高。因此，对数据校验的控制提出了更高要求，可以采用合法性检查、凭证录入后机内审核等方法来保证录入数据的可靠性。

（二）会计信息的处理流程不同

手工会计信息系统中，会计数据的处理通常要经过取得或填制原始凭证、编制记账凭证、过账、结账、编制会计报表等步骤，数据处理流程清晰。并且按照凭证、账簿、报表相结合的方式不同，存在记账凭证核算形式、科目汇总表核算形式等多种会计核算形式。

会计信息化方式下，计算机能迅速、准确地对存储的会计信息进行分类汇总，按要求输出各种会计账簿和报表，总账、日记账、明细账都出自同一数据源，因而避免了对数据进行重复转抄以及账证核对、账账核对、账表核对等对账工作，也没有必要像手工环境下那样区分不同的会计核算形式。

（三）会计科目、凭证、账簿、报表设计的不同

1. 会计科目设计的不同

计算机环境下，所有会计科目的特征，如科目名称、科目代码、科目性质等被输入、保存在会计科目表文件中。为方便录入，系统可提供自动导入功能，比如系统可根据用户所选行业将总账科目添加进来，用户仅需设置明细科目。

（1）会计信息化环境下，为了提供管理所需的详细信息，可充分利用计算机运算速度快、存储量大的特点，将会计科目划分得比手工环境下的更细一些，如设置三级、四级明细科目。例如，对于固定资产科目，除了按性质分设二级明细科目（生产用、非生产用）之外，还可以再按类别分设三级明细科目（房屋、土地、设备等），如若需要还可再分设四级明细科目（设备还可分为运输设备和机械设备等）。

（2）手工会计信息系统中，会计科目通常用汉字标示，直观且容易理解；而会计信息化要求原始会计数据标准化、规范化，所以必须对会计科目统一编码，以便于计算机高效地进行处理。会计科目码通常采用层次码（也称群码）的编码方法，对总码长、级数、每级的码长等进行规定。每一层次对应一级科目代码，如第一层表示一级科目，第二层表示二级明细科目，依此类推。

（3）由于某些会计科目核算不能满足管理的需求，因而还需要设置辅助核算，比如往来、部门、项目等的辅助核算。会计信息化使手工模式下的辅助核算变得更加方便、经济、准确，还可以提供多项辅助核算的信息。例如，应收账款需要了解客户信息（如名称、地址、信誉等），在会计科目设置时，可将其账户类别定义为"往来"，将其明细科目从会计科目体系中分离出来，则系统自动建立往来辅助核算科目与会计科目间的对应关系。

2. 会计凭证设计的不同

（1）原始凭证

信息化环境下，为节约时间又确保输入数据的可靠性，可直接根据原始凭证输入计算机编制记账凭证。此时，原始凭证的清晰完整非常重要。为方便录入，设计自制的原始凭证时，除应具备原始凭证基本内容外，还可增加会计科目名称、代码等记账凭证的内容。

（2）记账凭证

记账凭证表文件是计算机环境下，用来存储记账凭证中每一项数据的数据库文件。它除了包含手工模式下记账凭证的内容，如制单日期、凭证号、摘要、科目名称、借贷方金额等之外，还包含计算机在进行数据处理时所需的各种标志，如科目代码。并且，在凭证输入时，如果所选的会计科目设置了辅助核算，如往来核算，则系统自动提示输入往来单位科目代码。

会计信息化系统使用的记账凭证格式一般模拟手工的格式。由于计算机处理数据精度高、速度快，方便查询和统计，因而一般可采用通用记账凭证格式，而不必区分为收款凭证、付款凭证、转账凭证格式。

3. 会计账簿设计的不同

实现会计信息化以后，会计账簿不再承担按会计账户分类存储会计数据的职责，而是一种在需要时，自动从会计科目表文件、科目余额发生额文件和记账凭证文件中提取数据，迅速地按会计账户格式要求输出的结构化的会计信息，账页格式一般与手工条件下的相同。

其中，由于计算机输出日记账非常快捷方便，因而所有科目都可以有日记账，同时又有明细账，可以按需要打印输出或查询输出。

4. 会计报表设计的不同

目前使用的会计报表子系统主要有：专用会计报表系统、电子报表系统和通用会计报表系统三类。其中，通用会计报表系统最为常用。它提供了自定义方式供单位自定义报表结构、报表内容、报表取数来源和计算公式等，系统可根据用户的定义自动从相关数据库中提取数据生成所需报表。

由于会计报表可以按事先定义好的参数、规则实时输出，因而在设计会计报表时，可根据管理的需要，适当地增加一些报表的种类和报送的次数，如可设计提供分析报表和预测报表；但也要注意防止编制不需要的报表。

（四）人员分工和组织机构不同

手工会计信息系统中，组织机构由相互牵制的专业组构成。实施会计信息化后，根据信息化实施程度不同，可以在总部设置信息中心，也可以在各个业务部门设置计算机应用组，或是仅在财务部门内部配以计算机操作人员、维护人员等。这些人员必须是既懂会计知识、又懂计算机知识的复合型人才。在此条件下，需要重新对各岗位的责权加以严格规定和控制，使不相容责权得以分离，以保证系统的有效运作。

（五）内部控制制度不同

会计信息化系统的应用使得会计信息存储、处理、传递的方式发生改变，这一方面提高了企业内部控制的效率与效果，如处理会计数据更加及时、准确，获取审计资料更加快捷、完整等；另一方面也带来了与手工环境不同来源、不同性质的风险，如电磁介质上的数据能被不留痕迹地修改和删除，手工会计系统中通过证、账、表间的钩稽关系来纠正控制差错的方法在信息化环境下失去了原有意义，计算机程序控制的失效只能在出现较严重的后果时才能被察觉等。

实现会计信息化后，部分内部控制自动化，以程序形式建立在计算机系统中。比如输入控制中的编码合法性检验、借贷平衡校验、机内凭证审核等方法，数据处理控制中的自动对账、自动结账等功能。内部控制的范围由以人为主，扩展到人、计算机软硬件资源、应用系统、数据等多种要素，企业要相应制订一些信息化环境下的内部控制制度，如操作管理制度、软硬件维护制度、会计档案保管制度等。

（六）管理与支持决策职能得以提升

手工会计信息系统中，会计工作的重点是事后的记账、算账和报账，体现会计反映和控制的基本职能，参与决策、预测只是更为广泛的衍生职能。会计信息化方式下，凭借计算机的优势，管理层能方便地利用数学方法分析、处理数据，建立实用的经济模型，如最优经济订货批量模型，提升了会计的管理与支持决策职能。

三、会计信息化系统的结构

按照会计信息服务层次的不同，会计信息化系统可划分为会计核算、会计管理和会计决策支持三个层次。

会计核算子系统以财务会计理论和核算方法为基础，按照会计核算业务可分为账务处理、工资核算、固定资产核算、采购与付款核算、存货核算、销售与收款核算、成本核算、报表处理等子系统。

会计管理子系统以成本管理和财务管理的理论和方法为基础，侧重对资金、成本、收入、利润的管理和控制，用来辅助管理层进行监督、控制和协调企业活动。具体可分为资金管理子系统、成本管理子系统、销售收入与利润管理子系统。

会计决策支持子系统则是在会计核算和会计管理子系统的基础上，对接收的内外部信息进行处理，为企业决策者制订科学的决策提供帮助。

下面具体介绍一下会计核算子系统各模块的主要任务：

1. 账务处理子系统

账务处理子系统主要负责凭证编制、审核、入账等日常账务处理，期末自动转账、期末对账、结账等账务处理以及查询或打印输出各种账、表。本系统还负责按部门、项目等进行辅助核算和管理以及数据备份、恢复等系统维护和管理工作。

2. 工资核算子系统

工资核算子系统的主要任务是：计算应发工资、个人所得税、各种代扣款、实发工资等项目，汇总与分配工资费用并生成相应的记账凭证、输出工资单、工资费用与福利费的分配表等。

3. 固定资产子系统

固定资产子系统主要负责对固定资产的增减变动（如新增、报废、盘盈、盘亏等）、折旧、修理费用等的核算与管理。

4. 采购与付款子系统

采购与付款子系统的主要任务是：审核采购订单、核算采购成本、生成付款凭单完成付款业务、核算应付账款等。

5. 存货核算子系统

存货核算子系统的主要任务是：对存货入库单、出库单、调拨单等单据进行输入、审核，完成材料结存核算、产成品结存核算等账务处理，完成库存计划、经济订货批量等库存统计分析。

6. 销售与收款子系统

销售与收款子系统的主要任务是：计算销售成本、销售费用、销售税金及附加，反映销售收入实现情况和货款回收情况，进行客户管理、信用管理等。

7. 成本核算子系统

成本核算子系统主要负责按成本对象，对相关费用进行归集和分配，即体现成本核算职能。该系统还可以进行成本分析与控制、成本预测与计划。

8. 报表处理子系统

报表处理子系统的任务是获取账务处理、工资、固定资产、存货等会计核算子系统以及其他业务子系统的数据，完成报表的编制、输出工作。

第二节　会计信息化系统内部控制制度设计

一、会计信息化系统内部控制

（一）会计信息化系统内部控制概念

会计信息化对企业组织管理、业务流程、会计核算体系产生了巨大的影响，为了应对与手工环境下不同来源、不同性质的风险，企业的内部管理制度也应作出相应调整。国外比较有影响的内部控制的模型或框架有：信息系统审计与控制协会的《信息及相关技术控制目标》（COBIT），国际内部审计师协会的《系统鉴证与控制》（SAC）和《电子系统确认与控制模型》（eSAC）等。我国《企业内部控制基本规范》中规定，"企业应当运用信息技术加强内部控制，建立与经营管理相适应的信息系统，促进内部控制流程与信息系统的有机结合，实现对业务和事项的自动控制，减少或消除人为操纵因素"。因而，企业应把握好内部控制和评价报告信息化，做好有效设计和执行内部控制制度方面的工作。

会计信息化系统的内部控制是指为了保护会计信息化系统的安全性、可靠性、效率性以及保证为企业内部和外部提供会计信息的准确性、可靠性和完整性，利用各种手段和技术，对会计信息化系统实施管理和控制的过程。

（二）会计信息化系统内部控制分类

为了便于对信息化环境下内部控制的理解、审查和评价，可按照一定的标准对会计信息化系统内部控制进行分类。

（1）依据控制的意图，内部控制可以分为预防性控制、检查性控制和纠正性控制。预防性控制用来防止不利事件的发生，是一种积极的控制；检查性控制用来检查发现已经发生的不利事件，试图在不利事件发生时就能发现；纠正性控制，也称恢复性控制，用来消除或减少不利事件造成的损失和影响,是一种相对消极的控制。

(2) 依据控制采取的手段,内部控制可以分为手工控制和程序控制。手工控制是直接通过手工操作实施的控制,程序控制是由计算机程序自动完成的控制。其中,手工控制不仅在手工会计系统中适用,它在信息化环境下仍然起着重要作用。

(3) 依据控制的范围和对象,内部控制可以分为一般控制和应用控制。

《中国注册会计师审计准则第 1211 号——了解被审计单位及其环境并评估重大错报风险》对一般控制和应用控制作了如下定义:信息技术一般控制是指与多个应用系统有关的政策和程序,有助于保证信息系统持续恰当的运行(包括信息的完整性和数据的安全性),支持应用控制作用的有效发挥,通常包括数据中心和网络运行控制,系统软件的购置、修改及维护控制,接触或访问权限控制,应用系统的购置、开发及维护控制。信息技术应用控制是指主要在业务流程层次运行的人工或自动化程序,与用于生成、记录、处理、报告交易或其他财务数据的程序相关,通常包括检查数据计算准确性,审核账户和试算平衡表,设置对输入数据和数字序号的自动检查以及对例外报告进行人工干预。

一般控制以程序为主,应用控制以数据为主。一般控制是应用控制的基础,它为数据处理提供了良好的环境,普遍适用于会计信息化系统和其他管理信息系统;应用控制是一般控制的深化,保证了数据处理的可靠性、准确性和完整性,针对不同的应用系统有不同的控制要求。这种对内部控制的分类方法比较常用。二者的关系如图 15-1 所示。

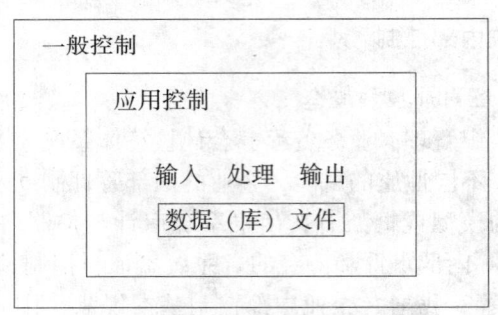

图 15-1 企业信息系统内部控制框架

(三) 会计信息化系统内部控制设计策略

针对会计信息化条件下内部控制的新特点,会计信息化系统内部控制设计要重点关注流程控制、组织控制、信息系统控制 3 个方面。

1. 流程控制

信息技术使得企业物流、信息流得以有效融合,因而在企业流程设计的过程中,首先,要把握好业务流程和信息流程的联系,并对其进行风险评估以确定风险重要程度。其次,再根据组织规模、员工素质、软硬件条件等因素为业务流程和信息流程制订具体的规则和程序。再次,依据风险重要程度确定业务流程和信息流程的关键控制点,设定风险控制参数与程序,并将其嵌入信息系统中,形成人机结合、事前与事中控制为主、业务流程和信息流程集合的控制机制。

2. 组织控制

信息技术环境下，流程决定企业的组织结构，因而企业的组织结构设计要适应流程管理与控制的要求，要与员工的信息使用权、决策权相匹配。在岗位设计方面，要实现不相容职责相分离；可在流程层面上定义各部门的职责和它们间的协调关系，然后再将这些流程细分为相关的作业，并以此设计岗位责任制度。

3. 信息系统控制

信息系统控制包括系统建设过程中的控制与使用过程中的控制。

（1）系统建设过程中的控制。系统开发前要做好可行性研究，加强对开发商的资质验证；在系统实施过程中，要明确项目实施各阶段的目标、任务，建立健全进度控制、质量控制、验收控制机制，以保证系统的质量。

（2）系统使用过程中的控制。具体包括操作权限控制、操作规程控制、安全管理控制、数据处理流程控制等方面的设计。

二、会计信息化系统的一般控制设计

一般控制也称为管理控制，是指对会计信息系统的开发、实施、维护、运行等方面进行的控制。主要包括组织控制、系统开发与维护控制、计算机操作控制、硬件和软件控制、安全管理控制、系统文档控制六个方面。

（一）组织控制

组织控制是通过建立对信息系统进行控制的组织结构，来防止或减少错误和舞弊的发生，主要有部门设置、人员分工、职责制订及权限划分等形式。组织控制的基本要求是职责分离和职责牵制，加强人事控制。

1. 职责分离

职责分离的一般原则是将业务授权、执行、记录、保管等不相容职责予以分开，主要体现在以下2个方面：

（1）会计信息化部门与用户部门的职责分离

会计信息化部门的主要职责是对数据进行处理和控制，用户部门是指提供处理前原始数据和使用处理后会计资料的部门或人员。会计信息化部门不能负责业务的授权和执行，不能保管除计算机系统以外的实物资产，主要是发挥记录的职能。用户部门即各业务部门是进行业务授权、执行、保管的部门。

（2）会计信息化部门内部的职责分离

会计信息化环境下，数据被统一处理、高度共享，这使得本应分离的某些不相容职责集中化，因而会计信息化系统内部也应适当分工。如系统开发人员不能在系统正式运行阶段随意接触系统，操作员应负责日常的业务数据处理而不能参与程序的分析、设计、编制与修改，资料保管员保管系统的一切文档以防止未经授权而使用数据资料的行为。

企业应根据信息化环境下会计工作的特点和内部控制的要求，建立岗位责任制度。与手工模式下的会计岗位设置相比，有的岗位与原先的有所交叉，比如会计信息化系统的主管可以由会计部门主管兼任，有的岗位只是工作方式有所改变而基本职责、性质并未改变，比如审核岗与档案管理岗。会计信息化系统设置的岗位主要有：系统主管、系统管理员、操作员、审核员、会计档案管理员。

①系统主管负责管理、协调、监督会计信息化系统正常运行；

②系统管理员负责建立系统的运行环境、定期检查软硬件的运行情况及数据的安全性和准确性、系统出现故障上报系统主管后进行故障排除或及时联系软件开发单位以解决问题；

③操作员负责输入记账凭证和原始凭证等会计数据，运行程序进行部分会计数据处理，按要求输出记账凭证、会计账簿、会计报表等，出纳会计要做到现金的日清月结；

④审核员负责对输入计算机的会计数据（记账凭证和原始凭证等）的真实性、合法性、完整性、规范性等进行审核，对审核通过的记账凭证进行签章确认；

⑤会计档案管理员负责对电子或纸质形式的各类数据分类保管、建立会计数据档案，并负责其安全保密工作。

2. 职责牵制

不相容职责分离后，并不能完全排除个人犯错的可能，为进一步降低风险，还应形成职责牵制机制。比如，系统管理员对数据进行修改和恢复时，负责该数据日常操作的人员应在场监督。

3. 人事控制

内部控制的成败还取决于相关人员的素质，高素质的人员是建立高质量系统的必要条件。特别是在单位规模较小、信息化系统较为简单的情况下，完全的职责分离不现实也不经济，因而可以在人事控制方面加强。企业可以通过建立人员招聘、在职教育、定期评价、轮换任职、奖惩制度等控制措施，来降低组织控制方面的风险。

（二）系统开发与维护控制

系统开发与维护控制是对新系统的分析、设计、实施以及现有系统的改进与维护实施的控制，应考虑新系统开发控制、系统维护控制及文档控制3个方面。

1. 系统开发控制

信息系统的开发方式主要有自主开发、委托开发和合作开发等。为保证系统开发的质量，作为系统的用户方，企业应对开发过程中各项活动的合法性和有效性实施严格控制。

（1）审批控制

信息系统开发过程中，在系统计划、系统分析、系统设计到系统实施的每一阶段，都应有相关人员的审批。这种审批包含两个方面：一方面是企业高层管理人员的审批，高管人员要从企业整体的角度考虑新系统的开发，并在系统开发的各个阶段进行评审；另一方面是会计部门派人参与评审，以保证系统的开发方向与应用需求不脱节。

（2）可行性及需求分析控制

首先要明确开发目标，从技术可行性与经济可行性两方面进行项目的可行性研究与分析。然后在此基础上，制订开发计划，包括系统目标、范围、要求、预算、进度等内容。在需求分析阶段，信息系统的用户应参与系统开发工作，使软件开发人员能深刻了解使用者的需求，并将控制措施嵌入到应用系统中；同时，内审和风险管理人员应对此过程予以监督，以保证会计控制功能全面融入系统逻辑模型中。

（3）设计开发控制

为了使系统开发过程按时按责地完成，需要注意以下方面：设计开发应依照开发方案进行，控制好开发进度和开发费用，避免系统开发的无序化；会计部门也应派人监督整个设计开发过程，如参加阶段性的系统评审、各阶段管理评审等，并在开发方未按规定落实开发方案时督促其改正。

（4）系统测试及转换控制

在系统开发后期，系统开发人员、用户和内审人员共同提出测试方案，对系统是否满足使用目标进行测试。应检验整个系统的完整性，并重点测试系统抗干扰能力、对非法数据的容错能力、对突发事件的应变能力以及系统遭到破坏后的恢复能力。在新旧系统的转换过程中，要对转制工作进行审批，在确保无误的情况下做好资源的整合配置及初始数据的安全导入工作，对关键性内容宜予以打印并进行检查核对。

（5）系统验收控制

系统验收是指系统开发管理人员、用户和内审人员对开发完毕的信息系统进行验收评审，以验证系统是否符合预期的目标和要求。若系统原设计功能未能实现，应由开发方负责系统程序修正和软件参数调整。

系统验收完成后，要将开发过程中的文档资料统一归档，作为会计资料保管，以便于系统日后的运行、维护和审计。

2. 系统维护控制

系统维护控制包括程序修改、文件修改、代码修改等方面，涉及系统功能结构的调整、扩充和完善。对系统维护要严格控制，以防止程序的意外毁损丢失、防止未经授权而更改系统。

（1）维护的授权与批准。系统维护往往会"牵一发而动全身"，因而对系统有任何修改要求时，必须有正式的维护或修改的申请、授权等程序。

（2）维护的标准规程与文档控制。系统维护工作应该按严密的标准规程执行，并建立规范化的文档。

（3）系统测试与文档更新控制。系统主管、用户和内审员应一起对修改过的系统进行测试和验收。验收后，系统主管要向系统操作人员及所有使用者发出通知，明确系统何时开始使用新版本，新的功能和修改的地方，必要时还应做适当的培训。

3. 文档控制

系统文档主要包括：可行性研究报告、项目开发计划、系统分析说明书、系统设计说明书、程序设计报告、测试计划、系统测试报告、用户手册、操作手册、运行维护记录等。文档控制要做到文档的制度化管理，文档应标准化、规范化，要建立文档的生成、保管、维护等制度。

（三）计算机操作控制

在对信息系统的操作过程中，需要对操作人员权限、操作规程等方面进行规范与审查，来保证信息处理的高质量，减少差错的发生和未经批准而使用数据和程序的可能，以确保仅限于经过批准的人员进行计算机操作、确保仅使用批准的程序、确保查出并更正计算机处理中的错误。计算机操作控制主要表现为操作权限控制和操作规程控制2个方面。

（1）操作权限控制指每个上机人员都应按照被授予的权限对系统进行操作，不得超越权限接触系统。比如系统管理员有系统硬、软件管理维护和网络资源分配的超级权限，而操作人员不得进行系统性操作、系统程序员不得进行业务性操作。

要建立系统资源访问授权和身份认证制度，对系统使用人员的口令密码进行严格规范。在会计主管（或系统管理员）设置好上机人员登记和操作权限之后，其他操作人员要设置自己的口令密码，以防止他人盗用自己的权限进行操作。若更换了操作人员或密码被泄露，则必须及时更改密码。若操作人员离开工作现场，则必须在离开前退出已经运行的程序。

（2）操作规程控制指系统操作必须遵循一定的标准操作规程。操作规程一般在操作指南中进行规定，主要有软硬件操作规程、作业运行规程、用机时间记录规程等。

①系统操作人员不得擅自进行系统软件的删除、拷贝、修改等操作，不得擅自升级、改变系统软件版本或更换系统软件，不得擅自改变软件系统的环境配置。

②建立上机日志记录。对用户身份、操作时间、操作内容、系统参数和状态、系统重要资源等进行实时监控和记录，并对日志文件定期进行安全检查和评估。上机日志记录可以用来提供检查线索，也是计算机审计取证的主要对象。上机操作日志可以由操作员记录，也可由系统自动生成，但都禁止被修改以保证记录的原始性和真实性。

（四）硬件和软件控制

1. 硬件控制

硬件控制是对会计信息化系统的计算机硬件系统的控制。硬件设备主要有计算机主机、数据输入与输出设备、计算机网络设施。

硬件控制通常是硬件生产厂商在计算机设备中实现的控制技术和方法，它能在无需程序或特殊指令的情况下，自动查出某些类型的错误。审计人员应定期对其控制效果进行测试，以防止硬件控制的失效。常见的控制方法有：（1）有效性检验：对比计算机实际操作与有效操作，以便发现错误；（2）设备自检：将控制手段构造在计算机集成电路板中，检查并更正错误；（3）重复处理控制：重复进行同样的操作，比较每次的结果以发现错误。

对硬件作业过程的控制主要有：（1）设备的新增、报废、更新、修复等工作要由相关人员提出申请，报上级主管人员审批，同时要建档进行登记；（2）对计算机设备要定期进行检测，对运行不稳定以及不满足功能的部件及时更换；（3）硬件系统出现故障时，应上报系统主管，由系统维护人员按照操作规程处理，当故障比较复杂无法解决时，应联系专业人员进行维修，切不可盲目处理。

2. 软件控制

系统软件是一组执行系统管理、支持应用程序以及控制等功能的软件，如操作系统、数据库管理系统。系统软件控制是为保证系统软件的正常运行而预先在系统软件内部设计的各种安全控制措施。其控制功能主要包括以下几种：

（1）错误处理：指操作系统能检查和纠正因软硬件问题引起的错误，比如读/写错误处理、记录长度检查、存储装置检查；

（2）程序保护：用来防止处理过程中受到其他程序的干扰、防止从程序库中调用程序时发生错误、防止未经批准而对应用程序进行修改，常见措施有边界保护、外部调用的

控制、库程序软件、控制参数修改程序等;

（3）文档保护：防止未经批准而对存储的文件进行使用或修改，控制措施有内部文件标签检查、存储保护、内存清理等方式;

（4）安全保护：系统软件可以在一定程度上防止系统在未经许可的情况下被使用。可以采取的控制方法有：操作系统自动记录系统使用情况、设置口令来控制对系统的接触。

对软件系统进行维护时的控制措施主要是：软件的完善和升级要经过仔细的调查和周密的计划且必须经过授权、审批、测试和记录，会计部门和系统开发部门之间要密切配合、合作完成。

（五）安全管理控制

安全管理控制是为了确保信息系统的硬件、软件和数据资源受到妥善保护，防止系统受到自然或人为因素的影响或破坏，防止系统中的信息资源受到篡改或泄露，确保信息系统能够持续正常运行而采取的措施。信息系统的安全管理控制包括本地安全控制和网络安全控制两个方面。

1. 本地安全控制

本地安全控制是对会计信息化系统内部的软硬件及数据资源的管理。

（1）硬件安全控制。一方面，严格限制无关人员接触计算机系统，可通过计算机机房及设备管理制度、岗位责任制和操作规程来防范风险，可以通过安装硬盘锁、IC卡身份验证等设备来提高安全性。另一方面，要保证良好的作业环境，机房要有防火、防水、防尘及应急后备电源等设施，对温度、湿度、洁净度等方面进行监控，有灾难补救计划。

（2）软件安全控制。选择、安装的操作系统和数据库管理系统要安全可靠，运行软件要严格按照操作规程；系统软件和应用软件都应被妥善保管，进行安全备份。为提高软件的安全保密性，一些会计软件应对数据文件的修改做到留有痕迹，能自动记录执行修改的操作人员口令、时间和修改内容等；还有些会计软件应在每次业务处理结束时都强制操作人员作数据备份，并提示把备份文件放在安全的地方。

（3）数据安全控制。数据资源是企业的重要资源，数据安全控制是为了防止系统内外人员对数据库的非法访问以及由于系统软硬件故障、操作人员的失误操作或故意破坏等原因造成的数据库毁损。

①访问控制。具体措施有：密码或身份鉴别（比如口令识别、指纹识别等）、存取权限控制（比如为不同用户确定其可存取数据的范围、确定哪些用户可以更新数据哪些用户只能读取数据）。

②数据备份及安全管理。制订数据的后备和恢复制度，周期性地转储备份数据，维护日志文件；在因自然或人为因素而造成数据丢失时，用备份文件恢复数据资料；恢复数据应授权专人负责，在操作时应认真注意系统提示，避免错误操作。重要的备份数据还应进行定期检查和复制，以保证备份的完整性和时效性。

③数据删除控制。在硬盘系统不够维持会计信息化系统的正常运行时，可以删除机内以前年度的数据。数据删除要经过严格的审批程序，且删除前要进行数据备份，以便在发生错误操作时可以进行恢复。

2. 网络安全控制

随着计算机网络的飞速发展，系统安全受到病毒与黑客的潜在威胁，网络安全的重要性日益提高，网络安全控制十分重要。控制措施主要包括物理隔离、软件隔离和病毒防杀。（1）存储重要会计数据的机器必须与互联网物理隔离；（2）系统中的其他客户终端机器如果要与互联网相连，则需设置外部访问区域、安装防火墙，还可以通过数字加密（对远程终端数据的输入及传输采用密码方式，待数据到达时再解密）、数字认证等技术保证通信安全；（3）系统中所有计算机要安装防病毒软件，防病毒软件要做到及时升级。

（六）系统文档控制

会计信息化系统文档，包括存储在计算机存储介质（如磁盘、光盘等）中的会计数据和纸介质形式的会计数据，具体包括记账凭证、会计账簿、会计报表等数据以及有关软件技术的文件（如系统可行性报告、系统分析与设计说明书、程序设计说明书、操作手册等）。系统文档既可以为系统维护提供必要的资料，也可以为审计工作提供依据。

1. 会计档案的生成与管理

建立和健全文档的立卷、归档、保管、调阅和销毁管理制度；打印输出的书面资料需经过输出人员和审核人员共同签字才能成为合法的会计档案，其保存期限按照《会计档案管理办法》的规定执行。

现金日记账和银行存款日记账要每天登记并打印输出，做到日清月结；科目汇总表、总分类账和各种明细分类账可每月打印一次，一般账簿可根据实际需要按月或季、年打印；打印输出的机制记账凭证上应有制单人（操作员）、审核人、记账人的签名和盖章，收付款凭证还应有出纳员的签名和盖章；会计报表等应按管理要求及时打印输出，经有关人员审核无误并签字盖章后方可生效；磁性介质的会计档案也要科学编号，建立好索引文件以便于查阅。

2. 会计档案的安全保密

（1）会计文档应由专人保管，数据在输入计算机前必须经过审验；

（2）存储在磁性介质上的会计资料，应有加密保护，而且要定期进行检查，以防止由于磁介质损坏而使会计档案丢失；

（3）系统软件、应用程序和数据文件应复制备份，以备文件毁损或数据丢失时恢复；

（4）会计档案要做好防磁、防火、防潮、防尘、防盗等工作，重要会计档案要进行备份且应存放在不同的地点；

（5）会计档案不得随意堆放，要严防毁损、散失和泄密，使用时必须经过批准，且对任何资料的借取都要登记。

三、会计信息化系统的应用控制的设计

应用控制是会计信息化应用方面的具体控制。它是为了确保数据处理的完整性、正确性，而对数据处理过程实施的控制。应用控制可以由人工实施控制，也可以由计算机程序自动实施控制。数据处理过程分为输入、处理和输出三个基本阶段，相应的应用控制也分为输入控制、处理控制和输出控制三个方面。三者间的关系如图15-2所示。

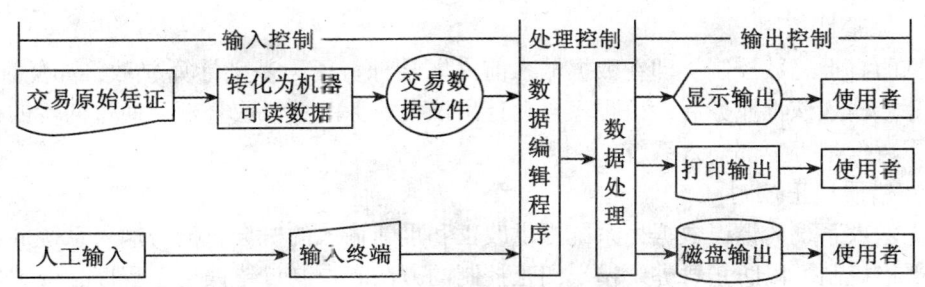

图 15-2　会计信息化系统应用控制示意图

（一）输入控制

输入控制是为了保证输入系统的数据正确、完整、可靠而施加的控制，是防止垃圾数据进入会计信息化系统的关键环节，是正确进行数据处理和数据输出的前提保障。常见的控制措施有：

1. 数据采集控制

数据采集控制是为了确保从业务部门收集得来的原始数据完整可靠，其控制措施主要有：（1）经济业务审批人、资产保管人、原始凭证编制人、原始凭证审核人之间要进行职责分离，并分别在原始凭证上签字，以明确各自的责任；（2）制订凭证编制程序，明确凭证类别、编制时间、编码使用、传递程序和时间等；（3）经济业务数据在进入系统之前，原始凭证审核人必须对凭证进行审查，包括审查业务数据的合法性、有效性、正确性、完整性等；（4）会计信息化部门发现原始数据有错时，应不予受理或交回业务部门更正后再受理。

2. 数据输入控制

数据输入控制是为了确保输入数据时没有错误、没有遗漏和重复，其控制措施主要有：

（1）正确性控制

人机结合的控制方法有：①屏幕显示目检法。将需要审核的凭证逐一显示在屏幕上，审核人员通过目测的方式对凭证进行审核，审核通过后签章。②打印输出核对法。将需要审核的凭证打印出来，由审核人员逐笔勾对后签字。③重输入控制。将同样的数据两次输入系统，由系统自动核对两次输入的结果，凡不一致的则拒绝接受并强制要求修改。

计算机程序控制方法有：①科目存在性检验。设置科目代码与科目名称对照文件，若输入的科目代码存在，则汉字提示对应科目名称以确认是否为正确科目，若输入的科目代码不存在，则提示重新输入正确代码。②非法对应科目检查。设置非法对应科目文件，将与某个科目不存在对应关系的所有科目都存入非法对应科目表中，以便在凭证输入时进行科目对应关系正确性检查，保证非法对应科目的凭证不被接收。③顺序校验。凭证号必须连续，不能有重号和漏号；凭证日期应随凭证号的递增而递增。④合理性检验。对某些输入的数据确定一定的范围，若输入数据超出合理范围，则系统给予提示，如规定职工工资、材料储量的上限。⑤平衡校验。若输入的记账凭证借贷金额不相等，则系统显示出错信息要求操作人员改正，否则系统拒绝执行新的命令。

（2）完整性控制

常见的有批总数控制。即在数据输入前先以某种特征为基础计算总数，如凭证张数、总金额等。输入该批业务后，由程序自动计出该批业务的数量或金额，通过两者的核对来判断业务数据是否全部输入系统。

（3）错误纠正控制

对于输入系统的错误数据，系统提供改正和重新输入的机会，但对输入系统的数据的修改要严格控制，以防止舞弊。错误纠正控制的方法有：制订错误更正程序、保留修改痕迹、编制更正错误报告等。

（二）处理控制

处理控制是为了保证系统能按照预定的程序对数据进行正确的加工处理，为了防止用错程序、用错文件、用错记录等而实施的控制。数据处理过程中人工干预较少，多是程序控制。处理控制措施主要包括如下内容：

1. 处理权限控制

系统程序中应设计处理权限控制功能，只有经过授权的人员才能执行处理操作。重要的处理环节如记账、结账等工作可指定专人处理。

2. 业务时序控制

许多会计业务数据处理都是有顺序关系的，违反顺序的处理会导致数据处理混乱，应通过预先设置的程序来控制。比如记账凭证未经审核则不能执行记账操作。

3. 数据有效性检验

为保证所处理的数据来自正确的文件和记录而采用的控制措施。（1）文件标签校验。在对数据文件处理之前，要检查数据文件的标签，确认要处理的文件是所需文件或所需版本。外部标签属于手工控制，内部标签属于程序化控制。（2）业务编码校验。业务数据处理文件包含各种类型的业务数据，应用程序通过识别不同业务类型的业务编码来决定由何种程序进行处理。（3）顺序校验。即使数据文件在处理前已经进行过顺序校验，如果用错文件或出现排序或合并操作的错误，也会导致业务记录的丢失。因此，应用程序要设置将每一项业务记录的关键字与前一业务记录的关键字相比较的顺序检验功能，保证既不丢失也不重复项。（4）配平测试。通过对两个等价交易或一批交易之和与一个控制总额是否相等的测试，来判断数据的正确性。

4. 程序处理有效性检验

（1）计算正确性测试。通过重复运算、逆向运算、溢出测试（检验计算结果是否在确定的数据项长度之内）等方法来发现运算中的逻辑错误。（2）数据合理性检验。用来发现超出预料结果的处理错误。（3）交叉汇总检验。包括表格中横行数字与纵行数字的汇总验证，还包括其他任何具有内在关系但属于不同来源渠道数字的汇总验证。

5. 审计线索控制

在数据处理过程中，应当保留审计线索，以便对各项交易进行追踪审查。尽量避免对数据作不留痕迹的修改或更新，对交易的处理应保留在交易日志中。

6. 断点技术控制

把一段需要较长时间进行的处理，用若干控制点断开，断点处可以通过外部干预（如提示是否继续）或监督程序控制（如与预期对比）的方法终止操作，从而及时发现和更正错误，并从断点处继续数据处理。

7. 错误更正控制

根据错误处理的方式建立相应的控制。对于通过有效性检验发现的错误，系统将停止继续操作，待错误更正后再进行处理。对于处理过程结束后发现的错误，不能采用直接删除原有错误记录的方式；如凭证入账后不能作不留痕迹的修改，只能采取补充凭证或红字冲销凭证的方式更正。

8. 备份及恢复控制

如果在对数据进行更新处理时出现系统意外中断，则数据资源将受到破坏。因而，应在处理数据之前做一些必要的备份，一旦处理过程中发生意外，则可恢复到处理前的状态。

（三）输出控制

输出控制是为了保证输出信息的正确性，为了确保输出信息能及时、完整地提供给经过授权的使用者而实施的控制。主要的控制措施有以下几种：

1. 输出权限控制

会计信息化系统的最终输出方式有屏幕显示输出、打印输出和写入存储器输出等。对于这三种主要输出方式都要设立相应的权限控制，只有经过授权批准的人员才能执行输出操作。其中打印输出的文件往往最具有法律效力，因而要重点控制。

2. 输出信息正确性控制

具体控制措施有：（1）总数控制。将初始的输入控制总数与最后的输出控制总数相比较，以便发现输出文件是否有重复、遗漏的内容。（2）数据稽核控制。根据凭证、账簿和报表之间的钩稽关系，设置控制程序对输出数据进行核对控制。（3）抽样统计控制。通过对某些特定的项目进行抽样统计，以保证数据的正确性。（4）对照检查控制。将输出文件中的有关数据与其他文件进行对照检查来判断输出的正确性。

3. 输出数据审核控制

业务部门在使用输出信息之前，要从形式、内容两方面进行审核，通过与自己保存的原始凭证清单逐一核对，确保输出数据的完整性和正确性。对于与实物有关的数据应核对实物。内部审计人员也要定期对输出信息进行审核。

4. 输出信息分发传送控制

为确保输出文件安全正确地分发传送，应建立相应的制度加以控制。输出并分送文件要建立登记簿，编制文件分送清单，记录时间、发送份数、接收人等项目。为保障传送文件的安全性，还可以采取数字加密、数字签名等技术。

5. 错误更正控制

即使采用了上述的控制措施，输出控制中也难免会发生差错，因而要设计错误纠正程序或设置相应的控制日志，对发现的输出错误应及时查明原因并予以更正。

输入、处理和输出是计算机处理数据过程中相互联系、依次继起的三个环节，一个环节的控制会影响到另外两个环节的控制作用。因而，应用控制的设计应从整体上加以考虑，并从具体的控制手段着手。各个单位应根据控制的成本效益原则设置适合自己的控制制度。

☞**思考题：**

1. 会计信息化系统与传统的手工会计信息系统相比，有什么不同？
2. 会计信息化系统的岗位可以怎样设置？各有哪些责任？
3. 会计信息化系统内部控制设计的意义何在，其内部控制可以如何分类？其设计策略包含哪几个方面？
4. 一般控制主要有哪几个方面，其主要内容有哪些？
5. 应用控制主要有哪几个方面，其主要内容有哪些？

☞**案例分析：**①

资料：某企业集团采用了 ERP 系统（Enterprise Resource Planning），实现了信息化管理。ERP 环境下，企业销售与收款业务具有如下特征：(1) ERP 系统能自动完成顾客信用审查、库存检查以及价格的核对；(2) 销售与收款循环的会计原始凭证电子化；(3) 对系统网络和信息系统的安全性要求更严格；(4) 制度控制更多地被系统程序控制所代替；(5) 对销售与收款数据的维护与接触控制更显重要；(6) 授权与审批活动的在线处理、实时性更明显。

ERP 环境下，该企业在销售与收款业务流程中可能会出现如下风险：

1. 接受顾客订单。在 ERP 环境下，这一重要的环节存在如下风险：未经授权人员非法进入系统；所接受的订单不符合企业的授权标准；接受了企业生产和库存无法满足的订单。

2. 合同审核。在这一环节中，企业对业务员与顾客签订的销售合同一般都有一定的合同的审核程序。其可能的风险是：合同审核人越权审批超越职权范围内的合同以及合同未经审核被录入系统。

3. 订单录入。经审核通过的合同文本才能被录入系统，这一环节可能的风险是未经授权人员进入系统，或篡改系统的初始设置，抑或将未经审核的合同文本录入系统。

4. 赊销信用审批与库存检查。ERP 环境下，如果赊销信用批准均由系统自动完成，可能会出现由于赊销政策设置不合理、更新不及时、系统设置被人篡改或程序出错而引起企业的销售不理想或销售款无法回笼的风险。

5. 仓库供货。ERP 环境下，经过赊销批准的销售单将自动传递给仓库的存货子系统，并由配送站主管确认触发生成出库单。在这一环节中，确保网络的安全和只有授权人员才能进入企业的存货子系统，并进行仓库出货的确认极为重要。此外，这一环节还涉及发货过程，所以，发货过程可能会发生被人冒领或发货错误的风险。

---

① 本案例源自段吴琼，张忠军.ERP 系统环境下销售与收款业务风险分析和内部控制设计——基于某企业集团实施 ERP 案例的思考 [J].中国管理信息化，2005，5. 作者进行了改编。

6. 开具虚拟销售发票。当经过配送主管的确认之后，系统自动开具虚拟销售发票，其目的是便于企业满足用户对销售发票多样性的要求。这一环节如果系统程序运行正常或系统设置未被人更改其出错的可能性很小。

7. 发票申报和金税发票生成。发票申报是由业务员根据顾客的要求向企业分部会计部门提出申请，由企业分部会计部门根据申请做借贷项凭单和发票，并向总部申报开具金税发票。总部会计根据分部会计部门申报的要求，将访问税务部门的系统，并自动生成金税发票后交分部会计部门。这两个环节都是基于人工环境下执行的。

8. 虚拟发票过账。当生成金税发票后，企业会计部门就可以对虚拟发票进行过账操作。因此，可能的风险是未授权人员进入系统将未开具金税发票的虚拟发票过账或系统出错使得虚拟发票过账发生错误。

9. 办理和记录收款。这一环节涉及货币资金的管理和记录以及应收账款记录的更新等活动。可能的风险是货币资金没有及时存入银行，未及时入账，现金被挪用，并导致应收账款更新的不及时而影响到客户的赊销额度，进而影响到企业的销售活动。

10. 办理和记录销售退回、销售折扣与折让。企业售出的商品可能由于质量问题或其他原因发生销售退回、销售折扣与折让等。相应的风险是，退回的商品未经过审批，未及时入库，也没有相应的记录；销售折扣与折让未经过授权人员的审批，没有相应的财务记录而发生舞弊现象。

11. 注销坏账。这一环节的执行，必须获得无法收回的货款的确凿证据，保证其真实性，并经过授权人员的审批，因此，可能的风险是，无法收回的货款证据不真实和批准注销坏账的理由不当；执行坏账处理的人未经授权。

12. 提取坏账准备。企业坏账准备的计提比例和方法在系统的初始化阶段进行设置，这一环节是由系统按照已经设置好的程序自动完成。其存在的主要风险是系统的初始设置发生非法更改，使得系统自动提取的坏账准备出错。

13. 清账。清账是销售与收款循环的最后一环，是由总部会计在月末或期末对企业的应收账款进行清理，其可能的风险是清账不及时影响顾客的信用额度，并进而影响到企业销售以及未授权人员进入系统操作等。

要求：根据销售与收款循环各环节的特点，从一般控制和应用控制两方面对该企业会计信息化环境下内部控制制度作出设计。

参考文献

1. 赵岩,崔国萍.企业会计制度设计［M］.上海:立信会计出版社,2009.
2. 欧阳电平.会计信息系统［M］.北京:科学出版社,2008.
3. 张文贤.会计制度设计案例［M］.上海:立信会计出版社,2003.
4. 廖洪.新编会计制度设计［M］.北京:中国审计出版社,1996.
5. 李敏.企业内部控制［M］.上海:上海财经大学出版社,2009.
6. 徐玉德.企业内部控制设计与实务［M］.北京:经济科学出版社,2009.
7. 孙光国,陈艳利,刘英明.会计制度设计［M］.大连:东北财经大学出版社,2007.
8. 李凤鸣.会计制度设计［M］.上海:复旦大学出版社,2005.
9. 孙永尧.内部控制案例分析［M］.北京:中国时代经济出版社,2007.
10. 阎德玉.会计制度设计［M］.北京:中国财政经济出版社,2008.
11. 付同青,李凤鸣.会计制度设计学习指导［M］.上海:复旦大学出版社,2007.
12. 企业内部控制研究组.企业内部控制配套指引——讲解与案例分析［M］.大连:东北财经大学出版社,2010.